H. Simon / G. Funk-Baker

Einführung in das deutsche Recht und

die deutsche Rechtssprache

D1706123

Einführung in das deutsche Recht und die deutsche Rechtssprache

von

Heike Simon und Dr. Gisela Funk-Baker (†)

5., neubearbeitete Auflage

C.H. Beck München
C.H. Beck Warschau
DJØF, Kopenhagen
Helbing Lichtenhahn, Basel

2013

Über die Autorinnen

Heike Simon arbeitet als Rechtsanwältin und juristische Fachübersetzerin in Bayreuth. Außerdem lehrt sie als Maître de conférences associée an der Universität Lille 2 (Frankreich) die Grundlagen des deutschen Rechts und der deutschen Rechtssprache. Das vorliegende Buch entstand während ihrer langjährigen Tätigkeit als DAAD-Fachlektorin für Rechtswissenschaft an der School of Law der University of Warwick (Großbritannien).

Dr. Gisela Funk-Baker hat an der University of Warwick in Vergleichender Literaturwissenschaft promoviert und war lange Jahre am Sprachenzentrum tätig. Sie unterrichtete akademische Deutschkurse aller Stufen sowie die Fachsprachenkurse „Deutsch für Historiker" und „Deutsche Rechtssprache".

Verlag C.H. Beck im Internet:
www.beck.de

ISBN C.H. Beck München 978-3-406-63658-5
ISBN C.H. Beck Warschau 978-83-255-4617-5
ISBN DJØF 978-87-574-2565-9
ISBN Helbing Lichtenhahn 978-3-7190-3337-8

© 2013 Verlag C.H. Beck oHG
Wilhelmstraße 9, 80801 München
Druck und Bindung: Nomos Verlagsgesellschaft
In den Lissen 12, 76547 Sinzheim

Satz: ottomedien, 64295 Darmstadt

Gedruckt auf säurefreiem, alterungsbeständigem Papier
(hergestellt aus chlorfrei gebleichtem Zellstoff)

Vorwort

Die 4. Auflage dieses Buches war nach weniger als drei Jahren ausverkauft. Die Neuauflage wurde auf Wunsch vieler Studierender um Abschnitte zur Europäischen Menschenrechtskonvention und zum Umweltrecht, ein umfangreiches Verzeichnis von Internetadressen sowie ausgewählte Literaturhinweise erweitert. Sie berücksichtigt zahlreiche gesetzliche Änderungen, z. B. das Gesetz über das Verfahren in Familiensachen und in den Angelegenheiten der freiwilligen Gerichtsbarkeit (FamFG) und die Neubekanntmachung des EG-Vertrags durch den Vertrag über die Arbeitsweise der Europäischen Union. Die Grundideen und die Struktur des Buches wurden beibehalten. Anregungen von Studierenden, Leserschaft und Rezensenten wurden eingearbeitet, soweit der Umfang des Werkes dies zuließ.

Das Buch wendet sich sowohl an ausländische Jurastudierende, die im Rahmen von Austauschprogrammen einen Teil ihres Studiums an der juristischen Fakultät einer deutschen Universität absolvieren und die dort zu erwartenden Aufgabenstellungen bewältigen müssen, als auch an deutsche Studienanfänger, die sich einen schnellen und aktuellen Überblick über das deutsche Recht verschaffen wollen und anhand der Übungen ihr juristisches Verständnis überprüfen können. Aber auch Übersetzer, die juristische Fachübersetzungen bewältigen wollen, können das Buch mit Gewinn benutzen. Es bietet eine Einführung in grundlegende Bereiche des deutschen Rechts, vermittelt anhand von Fallbeispielen, juristischen und sprachlichen Übungen Einsichten in den Umgang mit deutscher Gesetzestechnik und erleichtert den Einstieg in die Methode der Fallbearbeitung.

Für eine leistungsgerechte Arbeit mit dem Buch sind fortgeschrittene Deutschkenntnisse auf dem Niveau des englischen oder französischen Abiturs bzw. des Zertifikats Deutsch als Fremdsprache (Goethe-Institut, ca. 400 Unterrichtsstunden) erforderlich. Juristische Grundkenntnisse werden nicht unbedingt vorausgesetzt. Das Buch kann sowohl in juristischen Lehrveranstaltungen als auch im Fachsprachen-Unterricht an universitären Sprachenzentren oder Übersetzungsinstituten vom ersten Semester an eingesetzt werden.

Als kombiniertes Lern-und Übungsbuch mit Glossar und Übungsschlüssel zum juristischen und sprachlichen Teil eignet es sich außerdem zum Selbststudium. Dadurch bietet es auch ausländischen praktizierenden Juristen und am deutschen Recht interessierten Nicht-Juristen die Möglichkeit, sich wesentliche Kenntnisse im deutschen Recht anzueignen.

Dieses Buch ist aus mehrjähriger Lehrerfahrung an der juristischen Fakultät und am Sprachenzentrum der University of Warwick (England) erwachsen. Es wurde

seitdem permanent in Lehrveranstaltungen an den Universitäten Lille 2 und Bayreuth weiterentwickelt. Besonderer Dank gebührt erneut Frau Susanne Haupt-
mann (Verlag C. H. Beck, München) für die verständnisvolle Betreuung des Ma-
nuskripts.

Hinweise und Anregungen unserer Leser sind uns jederzeit willkommen!

Bayreuth   *Heike Simon*
im Juli 2012
                                                        heike.simon@gmx.de

Methodische Hinweise

I. Lernziele

Die Anlage des Buches ist darauf ausgerichtet, ausländische Jurastudierende gezielt auf ihren Studienaufenthalt an einer juristischen Fakultät in Deutschland vorzubereiten.

Die Studierenden sollen

1. sich allgemeine Kenntnisse über juristische Ausbildung und Berufsmöglichkeiten aneignen, die ihnen den Einstieg in die Arbeitsweise der juristischen Fakultät erleichtern und juristisch orientierte allgemeine Kommunikation ermöglichen,

2. Grundkenntnisse in den Rechtsgebieten, die zum Kernbestand der juristischen Ausbildung gehören, erwerben, damit sie in deutschen Lehrveranstaltungen aktiv mitarbeiten können,

3. sich einen Fachwortschatz für grundlegende Bereiche des deutschen Rechts erarbeiten und zu einem gewissen Leseverständnis von Gesetzestexten und anderen juristischen Texten gelangen,

4. juristische Arbeitsmethoden einüben, die dazu befähigen, selbstständig zu erkennen, welche Gesetzesbestimmungen auf gegebene Sachverhalte zutreffen, und Fallbeispiele in rechtsüblichem Deutsch zu diskutieren.

II. Hinweise zur Benutzung des Buches

Für die Durcharbeitung des Buches sind etwa 50–70 Stunden anzusetzen. Es ist empfehlenswert, das Buch von Anfang fortlaufend durchzuarbeiten, aber nicht unbedingt notwendig. Jedes Kapitel beginnt mit einer kurzen Einführung, die das darzustellende Rechtsgebiet im Zusammenhang des deutschen Rechtssystems verortet. Bezüge zu bereits Behandeltem sind durch deutliche Verweise gekennzeichnet und können daher leicht nachgelesen werden. Die inhaltlichen Übungen weisen zwar eine gewisse Steigerung des Schwierigkeitsgrads auf und verlassen sich fortschreitend auf die Anwendung bereits eingeübter Arbeitsmethoden. Aber sie sind in ihrer Abfolge nicht direkt voneinander abhängig, sondern in erster Linie auf das im Text dargestellte Rechtsgebiet und sich daraus ergebende Aufgabenstellungen bezogen. Abhängig vom sprachlichen Vorwissen ist es also durchaus möglich, jedes Kapitel als in sich abgeschlossene Einführung in ein bestimmtes Rechtsgebiet zu lesen.

Das Buch ist mit einem *Lösungsschlüssel* versehen. Allerdings wird bei reinen Inhaltsfragen zum dargestellten Text auf Lösungen verzichtet, da die Antworten jeweils direkt im Text auffindbar sind. Beide *Glossare* sind als rechtssprachliche alphabetische Wortlisten organisiert. Bei den Übersetzungen ins Englische und Französische ist zu berücksichtigen, dass sich die Unterschiedlichkeit von Rechtssystemen auch in der Sprache niederschlägt, so dass sich die Suche nach Entsprechungen mitunter mit annähernden Erklärungen begnügen muss.

Um eine effektive Arbeit mit diesem Buch zu ermöglichen, sollten im Rahmen von Lehrveranstaltungen alle Studierenden ihre eigene deutsche Ausgabe des Grundgesetzes (GG), des Bürgerlichen Gesetzbuchs (BGB) und des Strafgesetzbuchs (StGB) zur Verfügung haben. Davon gibt es preisgünstige Taschenbuchausgaben, z. B. die gängigen „Beck-Texte im dtv".

III. Struktur des Buches

Das vorliegende Buch besteht aus zehn Kapiteln. Jedes Kapitel enthält im Anschluss an die Darstellung des betreffenden Gebiets Übungen zum juristischen Inhalt (A) und zum Wortschatz (B). Die folgenden Angaben beziehen sich überwiegend auf Schwerpunkte im inhaltlichen Teil.

Kapitel 1: Die juristische Ausbildung und die juristischen Berufe

Dieses Kapitel vermittelt die wichtigsten Informationen über die verschiedenen juristischen Ausbildungswege und Berufsorientierungen. Im Vordergrund steht dabei die Darstellung von Studienverlauf und Anforderungen an der juristischen Fakultät und der notwendigen Voraussetzungen für den Beruf des Richters und Staatsanwalts sowie Rechtsanwalts und Notars.

Die inhaltlichen Übungen betreffen die Anwendung des für den kommunikativen Bereich nützlichen Vokabulars.

Kapitel 2: Zugang zum Recht

Dieses Kapitel gibt eine Übersicht über die Rangordnung der Rechtssätze und Möglichkeiten der Rechtsfortbildung und macht die Studierenden damit vertraut, welche Arten juristischer Literatur ihnen bei ihrer Arbeit begegnen werden. Außerdem erfolgt eine durch Beispiele veranschaulichte Einführung in unterschiedliche Methoden der Falllösung und in die von Studierenden erwartete Benutzung des Gutachtenstils. Daran schließen sich Hinweise auf andere Besonderheiten der deutschen Rechtssprache an.

Die inhaltlichen Übungen stellen insbesondere darauf ab, dass Studierende lernen, die richtige Zitierweise von Gesetzen anzuwenden und sich anhand des juristisch umformulierten „Rotkäppchen" des Unterschieds zwischen Normal- und Rechtssprache bewusst zu werden.

Kapitel 3: Das Verfassungsrecht

Dieses Kapitel erörtert die in der Verfassung festgeschriebenen Grundrechte und beschreibt die staatliche Organisation der Bundesrepublik. Damit verbunden ist die Beschreibung des Gesetzgebungsverfahrens und der Funktion des Bundesverfassungsgerichts als Hüters der Verfassung und eine Darstellung des Wahlsystems. Wiederholt wird auf den historischen Zeitpunkt der Abfassung des Grundgesetzes Bezug genommen, um zu verdeutlichen, welche Verfassungsbestimmungen in direktem Gegensatz zur nationalsozialistischen Zeit entwickelt wurden.

Die inhaltlichen Übungen führen in die selbstständige Benutzung der im zweiten Kapitel beschriebenen juristischen Literatur sowie in die eigenständige Arbeit mit einem Gesetzbuch ein. Die Zuordnung von Fallbeispielen zu den entsprechenden Grundrechtsartikeln hilft, das Verständnis der einzelnen Grundrechte zu vertiefen. Andere Übungen stellen auf bestimmte Termini wie „Drittwirkung der Grundrechte", „Verfassungsbeschwerde" und „Rechtsbehelfe" ab, um das selbstständige Auffinden von Lösungen durch den Umgang mit dem Gesetzbuch zu üben.

Kapitel 4: Verträge und andere Rechtsgeschäfte

Dieses Kapitel ist dadurch besonders wichtig, dass es mit der besonderen Gesetzestechnik des Bürgerlichen Gesetzbuchs (BGB) vertraut macht und gleichzeitig Grundbegriffe des Bürgerlichen Rechts einführt.

Die inhaltlichen Übungen zielen darauf ab, sowohl diese Grundbegriffe auf vorgegebene Sachverhalte anzuwenden als auch Methoden bereitzustellen, die die selbstständige Zuordnung von Tatbestandsvoraussetzungen und Rechtsfolgen erproben und festigen.

Kapitel 5: Familien- und Erbrecht

In einem eigenen Kapitel behandelt werden diese ebenfalls im BGB geregelten, praktisch wichtigen und rechtspolitisch umkämpften Rechtsgebiete.

Die inhaltlichen Übungen eignen sich besonders gut für die mündliche Produktion, da zum einen die zu beantwortenden Fragen direkt aus dem Text erschließbar sind und zum anderen die hier eingeführte Funktion eines juristischen Beraters ein direktes Modell für Rollenspiele abgibt.

Kapitel 6: Handels-, Gesellschafts- und Arbeitsrecht

Dieses Kapitel befasst sich mit drei Sondergebieten des Zivilrechts, deren Wichtigkeit für die juristische Grundausbildung sich daraus ergibt, dass die darin niedergelegten Rechtsbestimmungen für alle am Erwerbsleben teilnehmenden Bürger relevant sind. Auf die Erörterung des Kaufmannsbegriffs nach Maßgabe des Handelsgesetzbuchs (HGB) folgt die der kaufmännischen Rechtsgeschäfte. Dabei wird vielfach darauf hingewiesen und durch Beispiele erläutert, wie sehr Sondervorschriften des HGB die Regelungen des BGB ergänzen oder davon abweichen. Innerhalb der Darstellung der Personen- und Kapitalgesellschaften sowie der Sonderform der Genossenschaft wird der Begriff der juristischen Person in seiner gesellschaftsrechtlichen Funktion erläutert.

Die Beschreibung des Arbeitsrechts enthält die Unterscheidung von Arbeits- und Dienstvertrag. Darüber hinaus wird ausführlich auf unterschiedliche Regelungen zum BGB eingegangen, soweit insbesondere Beschränkungen der vertraglichen Gestaltungsfreiheit durch gesetzlich vorgeschriebene Arbeitsbedingungen und des Kündigungsrechts und Schadensersatzes betroffen sind.

Im Rahmen der Ausführungen zum kollektiven Arbeitsrecht werden Bedeutung und Funktion des Grundsatzes der Tarifautonomie erklärt und das Günstigkeitsprinzip erörtert. Außerdem wird auf grundsätzliche Regelungen des Arbeitskampfrechts und der betrieblichen Mitbestimmung der Arbeitnehmer eigegangen.

Die inhaltlichen Übungen fördern auf der Grundlage eigenständiger Arbeit mit Gesetzbuch und Rechtswörterbuch eine vertiefende Durchdringung im Handelsrecht üblicher Grundsätze und Grundbegriffe und suchen das selbstständige

Auffinden und Begründen definitorischer Unterscheidungsmerkmale zu erweitern und zu festigen.

Kapitel 7: Das Strafrecht

Dieses Kapitel erläutert die Grundsätze, die der Anwendung des Strafrechts zu Grunde liegen, und beschreibt strafrechtliche Grundbegriffe entweder in der Form definitorischer Erklärungen oder in der Form von Fallbeispielen.

Außerdem wird auf die notwendige Unterscheidung zwischen dem Begriff Strafe im allgemeinen Sprachgebrauch und im Anwendungsbereich des Strafrechts hingewiesen, eine Abgrenzung des Strafrechts gegenüber Vereins- und Betriebsjustiz und Ordnungswidrigkeiten vorgenommen und die Unterordnung des Strafrechts unter das Grundgesetz betont.

Die inhaltlichen Übungen fördern eigenständiges Durchdenken von Fallbeispielen und das selbstständige Auffinden von Falllösungen mit direktem Bezug auf Strafrechtsparagraphen. Gleichzeitig führen sie in den Klausureinstieg ein.

Kapitel 8: Das Verwaltungsrecht

Dieses Kapitel betrifft wie Verfassungs- und Strafrecht ein Gebiet des Öffentlichen Rechts. Skizziert werden zunächst die wichtigsten Grundsätze des Allgemeinen Verwaltungsrechts, wobei der Begriff des Ermessensspielraums breiten Raum einnimmt. Innerhalb der Darstellung der verschiedenen Gebiete des Besonderen Verwaltungsrechts werden u. a. die Besonderheit des deutschen Beamtenrechts vorgestellt, die Bedeutung des kommunalen Selbstverwaltungsrechts hervorgehoben und die Abgrenzung der Kompetenzen von Bund und Ländern erwähnt. Außerdem wird der Unterschied zwischen Eingriffs- und Leistungsverwaltung erläutert und Letztere anhand des Sozialrechts skizziert. Den Abschluss bilden eine Einführung in Grundzüge des Steuerrechts und eine Übersicht über die Verwaltungsbehörden. Durchgehend werden Bezüge zum Grundgesetz hergestellt, um zu verdeutlichen, in welchem Maße der Staat entweder berechtigt oder beschränkt ist, in die Rechtssphäre des Bürgers einzugreifen, oder auch angehalten ist, Grundrechtsbestimmungen auszufüllen.

Die inhaltlichen Übungen fördern selbstständiges Durchdenken von Problemfällen. Hier sind zum einen begründete Entscheidungen darüber zu treffen, welche Fallbeispiele dem Öffentlichen Recht oder dem Privatrecht zuzuordnen sind, zum anderen soll ein vertieftes Verständnis verfahrensrechtlicher Grundsätze erreicht werden, um entscheiden zu können, wann ein Verwaltungsakt vorliegt und welche Lösungen sich aufgrund des Gesetzes für verwaltungsrechtliche Probleme anbieten.

Kapitel 9: Das Verfahrensrecht

Dieses Kapitel gibt eine Übersicht über die verschiedenen Gerichtszweige und ihren Aufbau, stellt die ordentlichen Gerichte mit ihrer Funktion vor, beschreibt wesentliche Verfahrensgrundsätze und erläutert mit Beispielen die Unterschiedlichkeit von Verfahrensordnungen in verschiedenen Gerichtszweigen. Dabei wird besonders auf die unterschiedliche gerichtliche Zuständigkeit (z. B. hinsichtlich der Einlegung der Rechtsmittel Berufung und Revision) und teils unterschiedlichen Verfahrensgrundsätze (z. B hinsichtlich der die Beweismittel betreffenden Anforderungen) bei Zivil- und Strafsachen hingewiesen. Die getrennte Darstellung des Ablaufes von Zivil- und Strafprozessen hebt ebenfalls wesentliche Unterschiede hervor.

Die inhaltlichen Übungen zielen auf eine vertiefende Durchdringung des im Text Dargestellten ab. Gleichzeitig wird die Fähigkeit zu eigener Lösungsfindung weiterentwickelt, indem eine Reihe von Streitigkeiten den zuständigen Gerichten und den im Text erläuterten Grundsätzen zugeordnet werden müssen.

Kapitel 10: Internationales Privatrecht, Europäisches Gemeinschaftsrecht und Europäische Menschenrechtskonvention

Dieses Kapitel gibt eine knappe erste Einführung in das Internationale Privatrecht (IPR), das europäische Gemeinschaftsrecht und das Recht der Europäischen Menschenrechtskonvention. Im IPR werden die wesentlichen Fachbegriffe wie Verweisung, Renvoi, Statut etc. erklärt. Im Gemeinschaftsrecht werden insbesondere die Rolle des Europäischen Gerichtshofs und die einzelnen Verfahrensarten vorgestellt. Bezüglich der Europäischen Menschenrechtskonvention wird kurz auf die in ihr geregelten Menschenrechte und Grundfreiheiten und den zu ihrem Schutz geschaffenen Europäischen Gerichtshof für Menschenrechte eingegangen.

Die inhaltlichen Übungen fördern aufgrund verschiedenartigster Fälle das Kennenlernen der wesentlichen Rechtsnormen sowohl des IPRs als auch des Europäischen Gemeinschaftsrechts und der Europäischen Menschenrechtskonvention und machen mit den schwierigen Fachbegriffen dieser Rechtsgebiete vertraut.

Kapitel 11: Musterklausuren

Dieses Kapitel stellt je eine Musterklausur aus dem Zivilrecht, dem Strafrecht und dem Öffentlichen Recht (Verfassungsrecht) sowie ein Urteil vor. Dabei folgen auf die Darstellung des Sachverhalts jedes Mal zunächst allgemeine Vorgehenshinweise zur Lösung des Falles aus dem entsprechenden Rechtsgebiet. Diese heben jeweils die typische Fragestellung hervor, die den unterschiedlichen Klausuren zugrunde liegt oder liegen kann. Außerdem werden Empfehlungen gegeben, welche Reihenfolge sich bei der Prüfung der Anspruchsgrundlagen (Zivilrecht), Tatbestände (Strafrecht) und Grundrechte (Verfassungsrecht) im Rahmen der Fallbearbeitung anbietet. Am Ende steht jeweils eine ausführliche Musterlösung der Klausur.

Rechtswörterbücher

Deutschsprachige Rechtswörterbücher

Der Klassiker (mit CD-ROM): Creifelds Rechtswörterbuch, 20. Aufl. 2011

Der moderne Konkurrent (mit CD-ROM): Alpmann Brockhaus, Fachlexikon Recht, 3. Aufl. 2010

Die preiswerte Taschenbuchalternative: Duden Recht A–Z, 2. Aufl. 2010

Zweisprachige Rechtswörterbücher

Englisch/Deutsch, Deutsch/Englisch:

Bugg/Simon: Fachwörterbuch Kompakt Recht (auch mit CD-ROM), 2. Aufl. 2009

Dietl/Lorenz: Wörterbuch für Recht, Wirtschaft und Politik, 6. Aufl. 2000

Romain/Bader/Byrd: Wörterbuch der Rechts- und Wirtschaftssprache (englisch/deutsch), 5. Aufl. 2000

Zweisprachige Rechtswörterbücher, teilweise mit CD-ROM, zu anderen Sprachen sind z. B. bei Brandstetter, C. H. Beck, Cornelsen, Hueber, Klett, Langenscheidt, Nomos, Pons und Vahlen (und auch bei vielen ausländischen Verlagen) erschienen.

Werke zur deutschen Rechtssprache

Werke zur Rechtssprache, die in erster Linie das linguistisch oder rechtswissenschaftlich interessierte Publikum ansprechen, veröffentlichen der Verlag Peter Lang und der Selbstverlag des BDÜ.

Zweisprachige oder fremdsprachige Werke

Für die Übersetzung von Urkunden, Zeugnissen etc. wird auf die Schriftenreihe des Übersetzungsbüros Dr. Feix in Saarbrücken hingewiesen.

Für die Übersetzung von Gesellschaftsverträgen etc. wird auf folgende Werke hingewiesen:

Stummel, Dieter: Standardvertragsmuster zum Handels-und Gesellschaftsrecht, Deutsch-Englisch, 4. Aufl. 2008

Lainé, Hugues/Leutner, Gerd: Standardvertragsmuster zum Handels- und Gesellschaftsrecht, Deutsch-Französisch, 2. Aufl. 2012

Schütze, Rolf A./Weigert, Lutz (Hrsg.): Münchener Vertragshandbuch, Band 4: Wirtschaftsrecht III (mit englischsprachigen Formularen), 6. Aufl. 2012

Walz, Robert (Hrsg.): Beck'sches Formularbuch Zivil-, Wirtschafts- und Unternehmensrecht Deutsch-Englisch, 2. Aufl. 2010

Das Presse-und Informationsamt der Bundesregierung gibt Übersetzungen einiger Gesetzestexte in zahlreichen Sprachen heraus. www.bundesregierung.de

Weitere Literaturhinweise zu den einzelnen Kapiteln erhalten Sie im Anschluss.

Literaturhinweise zu den einzelnen Kapiteln

Kapitel 1

Gramm/Wolff: Jura – erfolgreich studieren, 6. Aufl. 2012

Köbler: Wie werde ich Jurist? 5. Aufl. 2007

Vehslage/Bergmann/Kähler/Zabel: Referendariat und Berufseinstieg, 2. Aufl. 2007

Kapitel 2

Kühl/Reichold/Ronellenfitsch: Einführung in die Rechtswissenschaft, 2011

Möllers: Juristische Arbeitstechnik und wissenschaftliches Arbeiten, 6. Aufl. 2012

Robbers: Einführung in das Deutsche Recht, 5. Aufl. 2012

Schlüter-Ellner: Juristendeutsch verständlich gemacht und Treffende Verben in der deutschen Rechtssprache, 2011

Kapitel 3

Epping/Lenz/Leydecker: Grundrechte, 5. Aufl. 2012

Schlaich/Korioth: Das Bundesverfassungsgericht, 8. Aufl. 2010

Zippelius/Würtenberger: Deutsches Staatsrecht, 32. Aufl. 2008

Kapitel 4

Rüthers/Stadler: Allgemeiner Teil des BGB, 17. Aufl. 2011

Brox/Walker: Allgemeiner Teil des BGB, 36. Aufl. 2012; Allgemeines Schuldrecht, 36. Aufl. 2012; Besonderes Schuldrecht, 36. Aufl. 2012

Wolf/Wellenhofer: Sachenrecht, 27. Aufl. 2012

Kapitel 5

Schlüter: BGB Familienrecht, 14. Aufl. 2012

Brox/Walker: Erbrecht, 25. Aufl. 2012

Leipold: Erbrecht, 19. Aufl. 2012

Kapitel 6

Brox/Henssler: Handelsrecht, 21. Aufl., 2011

Eisenhardt: Gesellschaftsrecht I, 15. Aufl. 2011

Dütz: Arbeitsrecht, 16. Aufl. 2011

Kapitel 7

Wessels/Hettinger: Strafrecht Allgemeiner Teil, 37. Aufl. 2007
Strafrecht Besonderer Teil 1, 35. Aufl. 2011
Wessels/Hillenkamp: Strafrecht Besonderer Teil 2, 34. Aufl. 2011

Kapitel 8

Maurer: Allgemeines Verwaltungsrecht, 18. Aufl. 2011
Pieroth/Schlick/Kniesel: Polizei- und Ordnungsrecht, 6. Aufl. 2010
Muckel: Sozialrecht, 4. Aufl. 2011

Kapitel 9

Lüke: Zivilprozessrecht, 10. Aufl. 2011
Beulke: Strafprozessrecht, 10. Aufl. 2010
Schilken: Gerichtsverfassungsrecht, 4. Aufl. 2007

Kapitel 10

Grabenwarter/Pabel: Europäische Menschenrechtskonvention, 5. Aufl. 2011
Hakenberg: Europarecht, 6. Aufl. 2012
Streinz: Europarecht, 9. Aufl. 2012
Koch/Magnus/Winkler von Mohrenfels: IPR und Rechtsvergleichung, 4. Aufl. 2010

Kapitel 11

Hemmer/Wüst/Gold: Das Zivilurteil, 2012
Ziegler, Theo: Das Strafurteil, 4. Aufl. 2012
Reihen:
Skripten des Repetitoriums Alpmann-Schmidt, Münster; www.repetitorium-hofmann.de (kostenloses ZPO-Skript)
Prüfe dein Wissen, C. H. Beck, München
Juristische Examensklausuren, Springer, Berlin

Hilfreiche Internetadressen

Gesetze

www.gesetze-im-internet.de   Bundesgesetze und zahlreiche Landes-
                                     gesetze

I. Gerichte

1. Bundesgerichte

www.bundesverfassungsgericht.de	Bundesverfassungsgericht
www.bundesgerichtshof.de	Bundesgerichtshof
www.bundesarbeitsgericht.de	Bundesarbeitsgericht
www.bundessozialgericht.de	Bundessozialgericht
www.bundesverwaltungsgericht.de	Bundesverwaltungsgericht
www.bundesfinanzhof.de	Bundesfinanzhof
www.bundespatentgericht.de	Bundespatentgericht

2. Europäische Gerichte

www.curia.europa.eu	Europäischer Gerichtshof (EuGH)
www.curia.europa.eu	Gericht (EuG)
www.curia.europa.eu	Gericht für den öffentlichen Dienst
www.echr.coe.int	Europäischer Gerichtshof für Menschen-rechte (EGMR)

II. Bundesorgane

www.bundeskanzler.de	Bundeskanzler
www.bundespraesident.de	Bundespräsident
www.bundesrat.de	Bundesrat
www.bundestag.de	Bundestag
www.bundesverfassungsgericht.de	Bundesverfassungsgericht

III. Juristische Websites

www.aegee.de	Website der Association des Etat Généraux des Etudiants de l'Europe, einer Studentenorganisation
www.arbeitsrechtslinks.de	Linksammlung zum deutschen und internationalen Arbeitsrecht
www.bmj.de	Website des Bundesjustizministeriums (Besonders empfehlenswert: Abonnement des Newsletters!)
www.brak.de	Website der Bundesrechtsanwaltskammer
www.dav.de	Website des Deutschen Anwaltsvereins
www.djb.de	Website des Deutschen Juristinnenbundes
www.elsa-germany.org	Website von The European Law Students' Association, der weltgrößten Jurastudentenvereinigung
www.jurabasics.de	Informationen für Jurastudierende und Rechtsreferendare
www.juracafe.de	Informationen zum Studium und Links zu rechtlichen Themen (u. a. Deutsche und Dt.-Ausländische Juristenvereinigungen)
www.juraforum.de	Informationen für Jurastudierende und Rechtsreferendare
www.jura-lotse.de	Urteile, Gesetze und zahlreiche interessante Informationen
www.jusline.de	Informationen für Jurastudierende und Rechtsreferendare
www.rechtslupe.de	Informationen für Juristen

Auch viele juristische Fakultäten, Lehrstühle, Praktiker und sonstige mit juristischen Fragestellungen befassten Organisationen bzw. Personen bieten interessante Websites an.

IV. Juristische Zeitschriften

www.ja-aktuell.de	Juristische Arbeitsblätter (JA)
www.degruyter.com	Juristische Ausbildung (Jura)

www.degruyter.com	Juristische Rundschau (JR)
www.beck.de	Juristische Schulung (JuS)
www.njw.de	Neue Juristische Wochenschrift (NJW)

V. Stipendien für Studenten

Über die nachfolgenden Links erhalten Sie nützliche Informationen sowie Tipps zu Stipendien, Studium, Forschung und Arbeit im Allgemeinen:

www.humboldt-foundation.de	Alexander von Humboldt Stiftung
www.auslandserfahrungen.de/ Auslandsprogramme/Stipendien.htm	Auslandserfahrungen
www.bw-stipendium.de/	Baden-Württemberg-Stipendium
www.bafoeg.bmbf.de	BAFöG
www.kfw-foerderbank.de	Bildungsfinanzierung
www.daad.de	DAAD
www.studentenwerke.de	Deutsches Studentenwerk
www.student.de	Diverses
www.fes.de	Friedrich-Ebert Stiftung
www.goethe-institut.de	Goethe Institut
www.hss.de	Hanns-Seidel-Stiftung
www.boell.de	Heinrich-Böll Stiftung
www.kas.de	Konrad-Adenauer Stiftung e.V.
www.promotionbasis.de	Promotionbasis
www.begabtenfoerderung.de	Stiftung Begabtenförderungswerk

VI. Juristische Verlage

www.alpmann-schmidt.de	Alpmann & Schmidt
www.beck.de	C. H. Beck Verlag
www.heymanns.com	Carl Heymanns Verlag
www.degruyter.de	De Gruyter
www.hjr-verlag.de	Verlagsgruppe Hüthing Jehle Rehm
www.luchterhand-fachverlag.de	Luchterhand
www.mohr.de	Mohr Siebeck
www.nomos.de	Nomos
www.vahlen.de	Vahlen

VII. Links für jedermann

1. Rechtssendungen im Fernsehen:
www.ard-ratgeber.de

2. Sendungen, die oft aktuelle Rechtsprobleme behandeln:

www.wdr.de/tv/diestory	Die Story
www.wdr.de/tv/monitor	Monitor
www.panorama.de	Panorama
www.wdr.de/tv/frautv	WDR Frau TV
www.monalisa.zdf.de	ZDF Monalisa
www.37grad.zdf.de	37 Grad

3. Bekannte Krimiserien:

www.bellablock.zdf.de	Bella Block
www.daserste.de/polruf/	Polizeiruf 110
www.tatort.de	Tatort

VIII. Europarecht

www.publications.europa.eu	Amt für amtliche Veröffentlichungen der Europäischen Gemeinschaften
www.cor.europa.eu	Ausschuss der Regionen
www.eib.org	Europäische Investitionsbank
www.europarl.europa.eu	Europäisches Parlament
www.ecb.int	Europäische Zentralbank
www.curia.eu	Gerichtshof und Gericht der Europäischen Gemeinschaften
www.ec.europa.eu	Kommission der Europäischen Gemeinschaften
www.consilium.europa.eu	Rat der Europäischen Union
www.eca.europa.eu	Rechnungshof der Europäischen Gemeinschaft
www.eu-vertretung.de	Ständige Vertretung der Bundesrepublik Deutschland bei der EU
www.eesc.europa.eu	Wirtschafts- und Sozialausschuss

IX. Internationales Privatrecht

www.hcch.net	Haager Konferenz für Internationales Privatrecht
www.unidroit.org	UNIDROIT Grundregeln für internationale Handelsverträge

X. Die besten Links für englische Korrespondenz

www.babelfish.com	Babel Fish, die Online-Übersetzung
www.dict.cc	Wörterbuch für Englisch-Deutsch
www.leo.org	Online Wörterbuch LEO
www.linguee.de	Wörterbuch und Suche in Übersetzungen
www.proz.com	Seite für Übersetzer und Dolmetscher

XI. Kostenpflichtige juristische Datenbanken

beck-online.beck.de	Datenbank mit Modulen für einzelne Rechtsgebiete und Interessen
www.juris.de	Umfassende Datenbank für Entscheidungen und Literatur

Abkürzungsverzeichnis I (Gesetze, Behörden, Zeitschriften)

Abkürzung	deutsch	englisch	französisch
AG	Aktiengesellschaft (f)	Public Limited Company (Br.)	Société anonyme
AGG	Allgemeines Gleichbehand-lungsgesetz	General Equal Treatment Act	Loi générale sur l'égalité de traitement
AO	Abgabenordnung (f)	Tax code	Code des impôts
AtomG	Atomgesetz (n)	Atomic Energy law	Loi allemande sur l'énergie nucléaire
BAFöG	Bundesausbildungsförde-rungsgesetz (n)	Federal law concerning the Promotion of Education	Loi fédérale sur la promo-tion de la formation profes-sionelle
BauGB	Baugesetzbuch (n)	Town and Country Planning Code	Code de la construction
BayVerfGH	Bayerischer Verfassungs-gerichtshof (m)	Constitutional Court of Bavaria	Cour Constitutionnelle de Bavière
BGB	Bürgerliches Gesetzbuch (n)	Civil Code	Code civil
BGH	Bundesgerichtshof (m)	Federal Supreme Court	Cour fédérale de justice de la République fédérale d'Allemagne
BKGG	Bundeskindergeldgesetz (n)	Child Benefits Act	Loi fédérale sur les allo-cations familiales
BtMG	Betäubungsmittelgesetz (n)	Narcotics act	Loi sur les stupéfiants
BVerfG	Bundesverfassungsgericht (n)	Federal Constitutional Court	Cour Constitutionnelle de la République fédérale d'Allemagne
BVerfGE	Entscheidungen des Bun-desverfassungsgerichts (f.pl)	Review of the decisions of the Federal Constitutional Court	Recueil des décisions de la Cour Constitutionnelle de la RFA
DVBl.	Deutsches Verwaltungs-blatt (n)	Journal relating to administrative matters	Bulletin de jurisprudence administrative
EG	Europäische Gemeinschaft; Vertrag zur Gründung der Europäischen Gemeinschaft	European Community; Treaty establishing the European Community	Communauté Européenne; Traité instituant la Communauté Européenne
EGBGB	Einführungsgesetz zum Bürgerlichen Gesetzbuch	Introductory Act to the Civil Code	Loi d'introduction au Code civil
EGMR	Europäischer Gerichtshof für Menschenrechte	European Court of Human Rights	Cour Européenne des Droits de l'Homme
EMRK	Europäische Menschen-rechtskonvention (f)	European Convention for the Protection of Human Rights and Fundamental Freedoms	Convention européenne des Droits de l'Homme
GbR	Gesellschaft des bürger-lichen Rechts (f)	Partnership under the Civil Code	Société civile
GG	Grundgesetz (n)	Constitution	Loi fondamentale (Con-stitution de l'Allemagne)

Abkürzung	deutsch	englisch	französisch
GmbH	Gesellschaft mit beschränkter Haftung (f)	Limited Liability Company	Société à responsabilité limitée
HGB	Handelsgesetzbuch (n)	Commercial Code	Code de commerce
KG	Kommanditgesellschaft (f)	Limited Partnership	Société en commandite
LG	Landgericht (n)	Regional court, Provincial (High) court	Tribunal régional, tribunal de grande instance
MDR	Monatsschrift für Deutsches Recht (f)	German Law Monthly	Revue juridique mensuelle
NJW	Neue Juristische Wochenschrift (f)	New Weekly Legal Journal	Nouvelle revue juridique hebdomadaire
OHG	offene Handelsgesellschaft (f)	General Partnership	Société en nom collectif
OLG	Oberlandesgericht (n)	Higher Regional Court	Cour d'appel
OWiG	Gesetz über Ordnungswidrigkeiten (n)	Law governing public order offences	Loi allemande relative aux sanctions administratives
SGB	Sozialgesetzbuch (n)	Code of Social Law	Code de la sécurité sociale
StGB	Strafgesetzbuch (n)	Criminal Code	Code pénal
StPO	Strafprozessordnung (f)	Code of Criminal Procedure	Code de procédure pénale
StVG	Straßenverkehrsgesetz (n)	Road Traffic Act	Code de la route
VO	Verordnung (f)	Statutory order, decree	Règlement, décret
VwVfG	Verwaltungsverfahrensgesetz (n)	Law governing administrative procedure	Loi relative à la procédure administrative
WiStG	Wirtschaftsstrafgesetz (n)	Economic Offences Act	Loi pénale économique et financière
WoGeldG	Wohngeldgesetz (n)	law on residence allowances	Loi allemande relative aux allocations-logement
ZPO	Zivilprozessordnung (f)	Code of Civil Procedure	Code de procédure civile

Abkürzungsverzeichnis II (Politik, Allgemeines)

Abkürzung	deutsch	englisch	französisch
Abs.	Absatz (m)	Section	paragraphe, alinéa
Art.	Artikel (m)	Article	article
BRD	Bundesrepublik Deutschland (f)	Federal Republic of Germany (FRG)	République fédérale d'Allemagne (RFA)
bzw.	beziehungsweise	Respectively; or	respectivement; ou
CDU	Christlich Demokratische Union (f)	Christian Democratic Union	Union démocrate-chrétienne
CSU	Christlich Soziale Union (f)	Christian Social Union	Union sociale-chrétienne
DDR	Deutsche Demokratische Republik (f)	German Democratic Republic (GDR)	République démocratique allemande (RDA)
FDP	Freie Demokratische Partei (f)	Liberal Democratic Party	Parti libéral-démocrate
ff.	folgende	pp.	suivants
KPD	Kommunistische Partei Deutschlands (f)	Communist Party of Germany	Parti communiste allemand
Nr.	Nummer (f)	number	numéro
PDS	Partei des Demokratischen Sozialismus (f)	Party of Democratic Socialism	Parti du socialisme démocrate
S.	Satz	sentence	phrase
sog.	so genannter/e/es	so-called	Ledit, ladite, lesdites
SPD	Sozialdemokratische Partei Deutschlands	Social Democratic party of Germany	Parti social-démocrate de l'Allemagne
usw.	und so weiter	etc.	etc.
vgl.	vergleiche	see (cf.)	confère (cf.)
z. B.	zum Beispiel	for example (e. g.)	par exemple

Inhaltsverzeichnis

Erstes Kapitel
Die juristische Ausbildung und die juristischen Berufe

I. Die juristische Ausbildung

Die juristische Ausbildung in Deutschland ist vom Leitbild des **Einheitsjuristen** geprägt. Das bedeutet, dass jeder, der einen juristischen Beruf einschlagen will, für den eine akademische Vorbildung gefordert wird, die gleiche Ausbildung durchlaufen muss. Während der Zeit der Ausbildung ist eine Spezialisierung nur in sehr beschränktem Umfang möglich.

Das hat Vor- und Nachteile: Vorteilhaft ist, dass derjenige, der die Ausbildung mit Erfolg abgeschlossen hat, in **allen** juristischen Berufen arbeiten kann und deshalb Aussichten auf einen Arbeitsplatz auch dann hat, wenn er in seinem Wunschberuf nicht zum Zuge kommt. Auf der anderen Seite macht es die Ausbildung zum Einheitsjuristen unmöglich, alle Kenntnisse zu vermitteln, die der Berufsanfänger in seinem konkreten Beruf benötigt. Dazu ist das Rechtssystem zu komplex und die Menge des Wissens zu groß. Jeder Berufsanfänger braucht daher eine längere Einarbeitungszeit.

Die juristische Ausbildung gliedert sich in zwei Abschnitte. Sie beginnt mit dem **Hochschulstudium,** das mit der **Ersten Juristischen Prüfung** abgeschlossen wird. Darauf folgt der **Vorbereitungsdienst,** der mit der **Zweiten Juristischen Prüfung** endet. Im ersten Abschnitt steht die theoretische, im zweiten Abschnitt die praktische Ausbildung im Vordergrund. Ein Reformversuch in den Siebzigerjahren des letzten Jahrhunderts versuchte, durch eine einstufige Ausbildung Theorie und Praxis besser zu verbinden. Dabei wurde die strenge Trennung zwischen theoretischer und praktischer Ausbildung aufgehoben, und die Studierenden verbrachten abwechselnd immer einige Monate an der Universität und einige Monate in der Praxis. Die einstufige Ausbildung ist aber inzwischen in allen Bundesländern wieder aufgegeben worden.

Inzwischen ist am 1. 7. 2003 eine weitere Ausbildungsreform in Kraft getreten. Sie gilt für alle Studierenden, die ab diesem Stichtag ihr Jurastudium aufnehmen, und ist in den nächsten Abschnitten dargestellt; einige Länder haben das neue Konzept schon vorzeitig umgesetzt. Für Studierende, die unter der Geltung der alten Ausbildungsordnungen mit ihrem Studium begonnen haben, gelten die bisherigen Vorschriften weiter. Beibehalten wurde die Zweistufigkeit der Ausbildung und das Modell des Einheitsjuristen, der aber künftig besser auf den jeweiligen juristischen Beruf, insbesondere den des Anwalts vorbereitet sein soll.

1. Das Hochschulstudium

Das Hochschulstudium dauert – je nach Bundesland – mindestens sieben oder acht Semester (= dreieinhalb oder vier Jahre). Nur wenige Studierende beenden ihr Studium aber nach dieser Mindestdauer. Durchschnittlich studieren sie neun oder zehn Semester, aber auch ein Studium von zwölf Semestern ist keine Seltenheit. Während der Studienzeit muss der Studierende an der **juristischen Fakultät** einer Universität eingeschrieben sein. Es besteht aber grundsätzlich **keine Anwesenheitspflicht**. Der Studierende kann seine Kenntnisse deshalb auch außerhalb der Vorlesungen erwerben.

Nach einer für alle Studiengänge geltenden gesetzlichen Bestimmung muss während des Studiums eine Zwischenprüfung stattfinden. Sie hat aber keine praktische Bedeutung, da drei Leistungsnachweise (die so genannten **Scheine**), die der Studierende erwerben muss, nämlich die Scheine in den wichtigsten Rechtsgebieten, dem Bürgerlichen Recht, dem Strafrecht und dem Öffentlichen Recht, als Zwischenprüfung behandelt werden; ihr Erwerb stellt für kaum einen Studierenden ein Hindernis für das weitere Studium dar.

Die in den Scheinen erzielten Leistungen zählen nicht für die Note der Prüfung; sie sind lediglich die Zulassungsvoraussetzung zur Prüfung. Auch können in der Prüfung die gleichen Fälle und Fragen noch einmal gestellt werden. Die Scheine nehmen also nicht Teile der Prüfung vorweg, sondern bereiten auf sie vor.

Vorlesungen und Übungen finden oft in sehr großem Rahmen statt. 200 bis 300 Teilnehmer in den Vorlesungen sind an den meisten Universitäten keine Seltenheit. Da – von den Scheinen abgesehen – keine Anwesenheitspflicht besteht, nutzen viele Studierende die Möglichkeiten des Universitätsunterrichts nicht, sondern besuchen in den letzten zwei bis drei Semestern vor der Prüfung ein **Repetitorium**. Repetitorien sind private Einrichtungen, in denen der Prüfungsstoff in komprimierter Form dargeboten wird. Die Wissensvermittlung erfolgt nicht systematisch, sondern gezielt im Hinblick auf die Erfordernisse der Prüfung. Auf Zusammenhänge wird kein Wert gelegt. Repetitorien sind eine „typisch deutsche" Einrichtung. Sie weisen sicher auf Defizite der Universitätsausbildung hin, zeigen aber auch das mangelnde Interesse vieler Studierender an einem soliden Erwerb der Grundlagenkenntnisse.

Gegenstand des Universitätsstudiums sind die wichtigsten allgemeinen Rechtsgebiete (so genannte **Pflichtfächer**), besondere Rechtsgebiete nach Wahl des Studierenden (so genannte **Schwerpunktbereiche**) und der Erwerb von fachspezifischer Kompetenz in einer Fremdsprache. Die Schwerpunktbereiche sollen eine berufsbezogene wissenschaftliche Ergänzung des Studiums darstellen und sowohl eine frühzeitige Orientierung auf einen bestimmten juristischen Beruf ermöglichen als auch die Fähigkeit zu wissenschaftlichem Arbeiten fördern. Wie ein Schwerpunktbereich ausgestaltet wird, ist Sache der einzelnen Universität.

Der Katalog der Pflichtfächer ist je nach Bundesland etwas unterschiedlich, aber überall ziemlich umfassend. Er umfasst z. B. in Bayern folgende Fächer:
– das Bürgerliche Recht (Allgemeiner Teil, Schuldrecht, Sachenrecht, Grundzüge des Familienrechts und des Erbrechts),
– das Handels- und Gesellschaftsrecht,
– das Arbeitsrecht,
– das Strafrecht,
– das Verfassungsrecht,
– das Allgemeine Verwaltungsrecht und Teile des Besonderen Verwaltungsrechts (z. B. Baurecht, Polizeirecht),
– Grundzüge des Europarechts,
– das Zivil- und Strafprozessrecht.

Während des Hochschulstudiums muss der Studierende eine **praktische Studienzeit** von drei Monaten ableisten. Er kann dies bei einem Gericht, bei einer Behörde, bei einem Rechtsanwalt oder einem Notar tun. Die praktische Studienzeit kann auch im Ausland verbracht werden. Für die Prüfung hat die praktische Studienzeit keine Bedeutung.

Alle Universitäten und Hochschulen (siehe unten) bieten die Möglichkeit, ein Studienjahr an einer ausländischen Universität zu verbringen. Diese Chance, gleichzeitig die Sprachkenntnisse zu verbessern und Grundlagen eines ausländischen Rechts kennenzulernen, wird von mehr und mehr Studierenden genutzt. Einige wenige juristische Studiengänge sind bi-nationale Studienprogramme, bei denen die Studierenden das Recht zweier Länder studieren und juristische Abschlüsse beider Länder erwerben. Die Zugangshürden sowie die Arbeitsbelastung sind in letzteren bereits aufgrund der notwendigen ausgezeichneten Sprachkenntnisse und der umfangreichen Lektüre sehr hoch.

Studierende haben unter bestimmten Voraussetzungen die Möglichkeit, finanzielle Unterstützung durch BaFöG (Leistungen nach dem Bundesausbildungsförderungsgesetz) oder Stipendien von politischen Stiftungen zu erhalten. Für deutsche Studierende, Doktoranden und Lehrende, die eine gewissen Zeit im Ausland studieren oder forschen wollen, sowie für ausländische Studierende, Doktoranden und Lehrende, die dies in Deutschland tun möchten, ist regelmäßig die Förderung durch den Deutschen Akademischen Austauschdienst (DAAD) attraktiv. Dieser unterstützt auch die Teilnahme an sogenannten Sommeruniversitäten. Solche Sommerhochschulkurse gibt es inzwischen auch zur juristischen Fachsprache und zu diversen Aspekten des deutschen Rechts.

2. Die Erste Juristische Prüfung

Wenn der Studierende meint, ausreichende Kenntnisse erworben zu haben, frühestens aber nach der vorgeschriebenen Mindeststudienzeit, meldet er sich zur Ersten Juristischen Prüfung an. Der Ablauf der Prüfung ist in den einzelnen Bundesländern unterschiedlich geregelt. Überall ist die Prüfung aber in eine Prüfung des Schwerpunktbereichs an der Universität („Juristische Universitätsprüfung") und eine Pflichtfachprüfung durch die Landesjustizbehörde („Erste Juristische Staatsprüfung")aufgeteilt, die im Verhältnis 30 % zu 70 % gewichtet werden. Dadurch ist der Schwerpunktbereich gegenüber den früheren Wahlfächern erheblich aufgewertet worden. Das Landesrecht kann die Fremdsprachenkompetenz auch in den Prüfungen berücksichtigen.

Welche Prüfungsleistungen im Schwerpunktbereich verlangt werden, bestimmt das Landesrecht, das insoweit sehr unterschiedliche Regelungen enthält. Teilweise erfolgt die Prüfung nur schriftlich, teilweise nur mündlich; anderswo besteht sie aus beiden Teilen; in den Ländern mit nur mündlicher Prüfung und den meisten anderen Ländern muss außerdem eine schriftliche Hausarbeit angefertigt werden, in Bayern muss z. B. eine 30minütige mündliche Prüfung abgelegt und in einem Oberseminar eine ca. 30-seitige studienbegleitende wissenschaftliche Arbeit („Studienarbeit") angefertigt werden.. Das Landesrecht kann auch bestimmen, dass Prüfungsleistungen bereits während des Studiums – aber nicht vor dem 6. Semester – erbracht werden können.

Dagegen sind die Staatsprüfungen gegenüber dem früheren Rechtszustand vereinheitlicht worden. Während sie in Norddeutschland früher dreiteilig waren und aus einer Hausarbeit, mehreren Klausuren und einer mündlichen Prüfung bestanden, ist heute in allen Bundesländern die zweiteilige Prüfung eingeführt; sie besteht aus (je nach Bundesland) fünf bis sieben **Klausuren,** in denen der Studierende unter Aufsicht in normalerweise fünf Stunden einen juristischen Fall bearbeiten muss, und einer **mündlichen Prüfung,** die mit einem Gewicht von 25–40 % in die Gesamtnote einfließt; in einigen Bundesländern ist ein Aktenvortrag Teil der mündlichen Prüfung.

Prüfungsgegenstand sind jeweils alle Pflichtfächer. Die schriftlichen Arbeiten werden **anonym bewertet.** Sie werden nicht mit dem Namen des Prüflings, sondern lediglich mit einer Nummer versehen; der Prüfer weiß nicht, welcher Prüfling welche Nummer hat. Dadurch soll die Chancengleichheit aller Bewerber ohne Ansehen der Person garantiert werden.

Alle Prüfungsleistungen werden nach einer für ganz Deutschland einheitlichen Notenskala bewertet. Die sieben Noten reichen von der sehr seltenen Note „sehr gut" bis zu den Noten „mangelhaft" und „ungenügend". Ist die Durchschnittsnote des Prüflings „mangelhaft" oder „ungenügend", hat er die Prüfung nicht bestanden. Das ist bei 15–25 % der Kandidaten der Fall. Der größte Teil der Studierenden erzielt die nächstbessere Note „ausreichend"; verhältnismäßig wenige

Studierende erhalten die Prädikate „befriedigend", „vollbefriedigend" oder „gut".

Hat der Studierende die Prüfung nicht bestanden, kann er sie einmal wiederholen. Hat er den ersten Versuch spätestens ein Semester nach Ablauf der Mindeststudienzeit unternommen (sogenannter „Freischuss", offiziell: Freiversuch) darf er die Prüfung zweimal wiederholen. Wer die Erste Juristische Prüfung bestanden hat, darf sich **Referendar** nennen. Die Erste Juristische Prüfung wird deshalb auch als **Referendarexamen** bezeichnet. Viele Universitäten verleihen inzwischen ihren Absolventen den Titel „Diplom-Jurist".

3. Der Vorbereitungsdienst

Referendare haben – wenn sie Deutsche sind oder aus einem Mitgliedstaat der Europäischen Union (EU) stammen – einen Rechtsanspruch darauf, in den Vorbereitungsdienst übernommen zu werden. Während des Vorbereitungsdienstes sind die Referendare Beamte oder Angestellte des Bundeslandes, in dem sie tätig sind, und werden entsprechend vergütet.

Der Vorbereitungsdienst soll mit der praktischen Arbeit in den klassischen juristischen Berufen vertraut machen. Er dauert zwei Jahre und ist in verschiedene Abschnitte (so genannte **Stationen**) eingeteilt. Je nach Bundesland gibt es hier – auch im Hinblick auf die Reihenfolge – gewisse Unterschiede. Am weitesten verbreitet ist folgende Einteilung:
- 3 bis 5 Monate bei einem Zivilgericht,
- 3 bis $4^1/_2$ Monate bei einem Strafgericht,
- 3 bis 4 Monate bei der öffentlichen Verwaltung,
- 9 bis 10 Monate bei einem Rechtsanwalt,
- 3 bis 6 Monate bei einer vom Referendar selbst gewählten Stelle, der sein besonderes Interesse gilt (Wahlstation).

Gegenüber den früheren Ausbildungsordnungen, bei denen der Schwerpunkt der Ausbildung im Vorbereitungsdienst bei den Aufgaben der Richter und Staatsanwälte (also vor allem dem Entwerfen von Anklageschriften und Urteilen) lag, hat sich der Schwerpunkt in die Anwaltsausbildung verlagert. Diese Neuerung trägt der Tatsache Rechnung, dass nur ein Zehntel der Absolventen nach bestandener Prüfung als Richter oder Staatsanwalt arbeiten wird, die meisten hingegen nur eine Perspektive im Anwaltsberuf haben. In den Staatsprüfungen werden allerdings noch immer überdurchschnittlich viele Aufgaben gestellt, in denen die Kandidaten einen Fall aus der Perspektive des Richters lösen sollen.

Nur die Wahlstation ermöglicht dem Referendar eine gewisse Spezialisierung. Während dieser Zeit kann er an den gerade genannten Einrichtungen, aber auch bei einem Notar, einem Verband, einem Wirtschaftsunternehmen oder an einer juristischen Fakultät tätig sein. Die Wahlstation kann auch im Ausland abgeleistet werden. Von dieser Möglichkeit machen die Referendare zunehmend Gebrauch. Die Leistungen in den Ausbildungsstationen haben keine Bedeutung für die Zweite Juristische Prüfung.

4. Die Zweite Juristische Staatsprüfung

Nach Abschluss des Vorbereitungsdienstes findet die Zweite Juristische Staatsprüfung statt. Sie ist eine reine Staatsprüfung, mit der die Universitäten nicht mehr befasst sind. Wie im Pflichtfachteil der Ersten Juristischen Prüfung werden die Aufgaben zentral gestellt und anonym bewertet. Die Zweite Juristische Staatsprüfung besteht aus bis zu elf Klausuren, die in jeweils fünf Stunden zu bearbeiten sind, einer mündlichen Prüfung und – in den meisten Bundesländern – einem Aktenvortrag.

Auch die Zweite Juristische Staatsprüfung kann nur einmal, ganz ausnahmsweise auch zweimal wiederholt werden, wenn sie vom Referendar nicht bestanden wird. Wer die Zweite Juristische Staatsprüfung bestanden hat, darf den Titel **Assessor** tragen. Die zweite Staatsprüfung wird deshalb auch als **Assessorexamen** bezeichnet.

Wer die Zweite Juristische Staatsprüfung bestanden hat, hat damit zugleich die **„Befähigung zum Richteramt"** erworben. Das bedeutet nicht, dass er einen Anspruch darauf hätte, als Richter in den Staatsdienst eingestellt zu werden. Die dort freiwerdenden Stellen sind nur Assessoren mit einer überdurchschnittlichen Examensnote zugänglich. Die „Befähigung zum Richteramt" macht aber zugleich den **Volljuristen** aus. Sie ist die Voraussetzung für die meisten juristischen Berufe. Nur Volljuristen können Richter, Staatsanwälte, Rechtsanwälte und Notare werden; auch die Möglichkeit, in den höheren Verwaltungsdienst eingestellt zu werden, ist überwiegend noch Volljuristen vorbehalten. Selbst die meisten Wirtschaftsunternehmen stellen für juristische Aufgaben bevorzugt Volljuristen ein.

Die Examensnote in der Zweiten Juristischen Staatsprüfung spielt für die Berufschancen der Assessoren eine sehr große Rolle. Assessoren mit guten Examensergebnissen finden ohne weiteres eine Anstellung bei der Justiz oder in der öffentlichen Verwaltung, wenn sie eine solche anstreben. Diese beiden Bereiche sind in Deutschland wegen der sicheren Arbeitsplätze und teilweise sehr angesehenen Positionen (z. B. Richter) stark begehrt. Bei Wirtschaftsunternehmen spielt die Examensnote keine so entscheidende Rolle. Assessoren, die die Zweite Juristische Staatsprüfung mit „ausreichend" bestanden haben, werden größere Schwierigkeiten haben, in dem von ihnen gewünschten Beruf unterzukommen. Eine Anstellung im Staatsdienst ist ihnen regelmäßig verwehrt. Sie können sich aber jederzeit als Rechtsanwälte niederlassen.

5. Andere Ausbildungswege

Neben der Ausbildung zum Volljuristen gibt es zwei weitere Ausbildungswege zu einem juristischen Beruf mit akademischer Vorbildung.

Viele spezialisierte Aufgaben bei der Justiz werden heute nicht mehr von Richtern, sondern von juristischen Staatsbeamten des gehobenen Dienstes, den **Rechtspflegern**, wahrgenommen. Sie werden an Hochschulen (früher Fachhochschulen genannt) gezielt auf ihre späteren Aufgaben ausgebildet, z. B. im Grundbuchrecht, im Kostenrecht oder im Zwangsvollstreckungsrecht.

Ein kurzlebiger Ausbildungsweg war der Studiengang des **Diplom-Wirtschaftsjuristen**. Er fand an Hochschulen statt und wurde im Zug der Vereinheitlichung der Universitätsabschlüsse durch den **Bachelor (LL.B.)** und den **Master (LL.M.)** ersetzt, die sowohl an Universitäten (z. B. an der Technischen Universität Dresden) als auch an Hochschulen (z. B. an der Hochschule Wismar) angeboten werden. Allen diesen Studiengängen ist gemein, dass sie nicht zu einem staatlichen Abschluss, sondern zu einem Abschluss der Hochschule führen. Die Ausbildung unterscheidet sich vom traditionellen Jurastudium an einer Universität durch eine stärkere Betonung des Gesellschafts-, Wirtschafts- und internationalen Rechts. Dafür entfallen das Strafrecht und das Prozessrecht. Die Studiengänge sind bisher in der Öffentlichkeit weithin unbekannt und leiden daher noch an erheblichen Akzeptanzproblemen. Sie zielen darauf ab, die Absolventen für den Einsatz in mittleren und größeren Wirtschaftsunternehmen vorzubereiten; für die sich dort stellenden Aufgaben bietet das herkömmliche Studium wenig.

Populärer als diese neuen Studiengänge sind wirtschaftswissenschaftliche Zusatzausbildungen, die den staatlichen Abschluss ergänzen und zur Führung einer besonderen Berufsbezeichnung berechtigen; so darf sich beispielsweise der Absolvent der betreffenden Ausbildung der Universität Bayreuth „Wirtschaftsjurist (Univ. Bayreuth)" nennen.

Rechtspflegern und Absolventen der Bachelor- und Masterstudiengänge fehlt die „Befähigung zum Richteramt". Die klassischen juristischen Berufe sind ihnen somit versperrt. Durch ihre stärkere Spezialisierung sind sie aber auf ihrem jeweiligen Aufgabengebiet den Volljuristen sicherlich überlegen.

Universitäten und Hochschulen sind in Deutschland traditionellerweise staatliche Einrichtungen. Inzwischen gibt es vereinzelt private Universitäten und Hochschulen, die mit hochwertigen juristischen Studiengängen und kurzen Studienzeiten werben. Für eine Prognose, ob sie sich durchsetzen werden, erscheint es noch zu früh.

Eine weitere Veränderung tritt gerade aufgrund der Forderung nach lebenslangem Lernen ein. Während die traditionellen juristischen Studiengänge die Anwesenheit der Studierenden am Universitätsstandort voraussetzen, gibt es – neben der inzwischen schon traditionsreichen Fernuniversität Hagen – vermehrt innovative Studiengänge, die im Fernunterricht mit Präsenzphasen angeboten werden, um Berufstätigen die Ausbildung oder Weiterbildung zu ermöglichen. Auch hier ist es für eine Bewertung der Entwicklung noch zu früh; sie ist jedoch grundsätzlich wegen der Öffnung für Berufstätige und der Diversifizierung der Studienangebote zu begrüßen.

II. Die juristischen Berufe

Im Jahre 2010 bestanden 8.358 Juristinnen und Juristen die Zweite Juristische Prüfung. Rechtlich stehen ihnen nun alle juristischen Berufe offen. Die Justiz und die öffentliche Verwaltung benötigen jährlich jedoch nur etwa 600 bis 1.000 Berufsanfänger. Diejenigen, die nicht im öffentlichen Dienst arbeiten wollen oder dort nicht zum Zuge kommen, müssen daher einen anderen juristischen Beruf einschlagen.

1. Die Richter

Im Gegensatz zu anderen europäischen Ländern ist in Deutschland die Zahl der Richter sehr groß. Das hat mehrere Gründe. Zum einen liegt nach allen Verfahrensordnungen die Führung des Prozesses weitgehend nicht in den Händen der Parteien, sondern in den Händen der Richter. Die meisten Gerichte sind Kollegialgerichte. Es entscheidet also nicht ein Einzelrichter über den Fall, sondern ein Kollegium von meist drei Richtern. Bei den Obergerichten gibt es daneben Senate von fünf Richtern und beim Bundesverfassungsgericht sogar von acht Richtern. Ferner ist die Begründung gerichtlicher Urteile in Deutschland üblicherweise besonders eingehend und umfassend. Schließlich spielt die Neigung der Deutschen, ihre Streitigkeiten im Zweifel vor Gericht auszutragen, eine Rolle, was durch die weite Verbreitung von Rechtsschutzversicherungen wahrscheinlich noch verstärkt wird.

Ein Berufsanfänger kann sich daher in Deutschland durchaus das Berufsziel setzen, als Richter zu arbeiten. Der Beruf des Richters ist durch die **richterliche Unabhängigkeit** geprägt. Sie bedeutet, dass der Richter bei seiner Rechtsprechungstätigkeit keinen Anweisungen seitens seiner Vorgesetzten unterliegt. Niemand kann einem Richter vorschreiben, wann und wie er einen konkreten Fall zu entscheiden hat. Er ist nur Recht und Gesetz unterworfen. Diese Unabhängigkeit ist rechtlich dadurch gesichert, dass die Richter auf Lebenszeit (bis zur Pensionsgrenze) ernannt sind und gegen ihren Willen weder versetzt noch abgesetzt werden können.

Eine gewisse tatsächliche Beschränkung der richterlichen Unabhängigkeit liegt darin, dass auch Richter befördert werden können. Der Richter an einem Kollegialgericht kann zum Vorsitzenden seines Kollegiums ernannt werden; der Richter an einem unteren Gericht kann an ein oberes Gericht berufen werden. Es ist nicht auszuschließen, dass ein Richter seine Entscheidungen bewusst oder unbewusst daran ausrichtet, sich eine solche Chance nicht zu verbauen.

Die Richter an den Gerichten der Länder werden vom jeweiligen Justizministerium ernannt; die Bundesrichter vom Bundespräsidenten. Bei den Bundesrichtern sind auch Gremien des Bundestags und des Bundesrats an dem Ernennungsverfahren beteiligt, um die Möglichkeit „politischer" Entscheidungen der jeweils amtierenden Regierung in Grenzen zu halten. Augenfällig ist diese Gefahr bei der Ernennung der Richter des Bundesverfassungsgerichts.

Außer den Berufsrichtern gibt es in der Handels-, Straf-, Arbeits-, Verwaltungs- und Sozialgerichtsbarkeit **Laienrichter**. Das sind Bürger ohne juristische Ausbildung, die zusammen mit Berufsrichtern gleichberechtigt an der Entscheidung von Rechtsfällen beteiligt sind. Sie werden nach Vorschlagslisten der Gemeinden ausgewählt. Ihre Zahl ist sehr groß, da der einzelne Laienrichter nur wenige Male im Jahr zu einer Sitzung herangezogen wird.

2. Die Staatsanwälte

Die Anklage des Täters einer Straftat vor Gericht ist grundsätzlich Sache des Staatsanwalts. Er führt das Ermittlungsverfahren, überwacht dabei die Tätigkeit der Polizei und vertritt die Anklage in der Hauptverhandlung vor dem Strafgericht.

Die Laufbahnen der Richter und Staatsanwälte sind in den meisten Bundesländern durchlässig. Wer als Staatsanwalt angestellt wurde, kann später Richter sein und umgekehrt. In einigen Bundesländern kann sogar nur derjenige zum Richter auf Lebenszeit ernannt werden, der zuvor als Staatsanwalt tätig gewesen ist. Im Gegensatz zum Richter ist der Staatsanwalt nicht unabhängig, sondern Beamter, der den Anweisungen seiner Vorgesetzten zu folgen hat. Er muss deshalb auch – anders als ein Richter – festgesetzte Dienststunden einhalten.

Staatsanwaltschaften bestehen bei allen Gerichten, bei denen Strafsachen verhandelt werden, also bei den Gerichten der Länder und beim Bundesgerichtshof. In jedem Land amtiert ein Generalstaatsanwalt, der die Aufsicht über die Staatsanwälte in diesem Land führt. Dagegen übt der Generalbundesanwalt beim Bundesgerichtshof keine Aufsicht über die Staatsanwälte der Länder aus.

3. Die Rechtsanwälte

Die Vertretung der rechtlichen Interessen der Bürger vor Gericht oder vor Verwaltungsbehörden und ihre Beratung in allen Rechtsangelegenheiten ist Sache der Rechtsanwälte. Rechtsanwälte sind freiberuflich tätig. Für den Beruf des Rechtsanwalts gibt es keine zahlenmäßigen Beschränkungen. Jeder Jurist, der die Zweite Juristische Prüfung bestanden hat, kann die **Zulassung** als Rechtsanwalt beanspruchen. Durch die hohe Zahl von Absolventen, die keine Anstellung in einem anderen juristischen Beruf gefunden haben, ist die Zahl der Rechtsanwälte – besonders in Großstädten – in den letzten Jahren stark angestiegen. Es gibt in Deutschland über 155.000 Rechtsanwälte.

Der Rechtsanwalt vertritt nur seinen Auftraggeber. Er muss dessen Interessen wahrnehmen. Die gleichzeitige Beratung der anderen Partei in derselben Sache ist ihm ausdrücklich verboten. Der Rechtsanwalt hat gleichzeitig ein Beratungsmonopol: Andere Personen als Rechtsanwälte dürfen die geschäftsmäßige Rechtsberatung und die Vertretung vor Gericht grundsätzlich nicht betreiben.

Rechtsanwälte sind Berater ihrer Auftraggeber in **allen** Rechtsangelegenheiten. Allerdings hat die zunehmende Kompliziertheit der einzelnen Rechtsgebiete dazu geführt, dass sich auch Rechtsanwälte spezialisiert haben. Wenn sie sich auf einem bestimmten Gebiet fortgebildet haben, dürfen sie sich nach Beibringung von Leistungszeugnissen und Nachweisen über eine bestimmte Praxis als „**Fachanwalt**" bezeichnen und auch ohne eine solche Prüfung Schwerpunkte ihrer Tätigkeit angeben. Das früher sehr strenge Werbeverbot ist in den letzten Jahren durch die Rechtsprechung zunehmend gelockert worden; große Zeitungsanzeigen und auffällige Werbeschilder sind heute zulässig, solange die Werbung sachlich ist und potentielle Mandanten nicht unaufgefordert direkt angesprochen werden.

Mehrere Rechtsanwälte verbinden sich häufig untereinander oder auch mit Angehörigen anderer Berufe, wie Wirtschaftsprüfern oder Steuerberatern, zur gemeinsamen Ausübung des Berufs. Auch das ermöglicht eine Spezialisierung auf bestimmte Tätigkeitsbereiche.

4. Die Notare

Die Notare sind anders als die Rechtsanwälte unabhängige und unparteiliche Betreuer der Bürger in nichtstreitigen Rechtsangelegenheiten, besonders beim Abschluss von Verträgen, die aufgrund gesetzlicher Bestimmungen nur von einem Notar beurkundet werden können. Der Notar muss den Willen der Beteiligten ermitteln und verhindern, dass bei einem Vertragsteil Unkenntnis oder Unerfahrenheit ausgenutzt werden. Er ist auch für die Errichtung von Testamenten und für die Beglaubigung von Unterschriften zuständig.

Der Zugang zum Notarberuf ist in den einzelnen Bundesländern unterschiedlich geregelt. In einigen Bundesländern ist Notar ein besonderes Amt, das nicht gleichzeitig mit anderen Berufen ausgeübt werden darf. Diese so genannten **Nurnotare** werden in einem dreijährigen Vorbereitungsdienst, der sich an die Zweite

Juristische Prüfung anschließt, auf ihre Aufgaben vorbereitet. In anderen Bundesländern können Anwälte nach Ablegung einer „Notariellen Fachprüfung" zu Notaren bestellt werden; sie sind sogenannte **Anwaltsnotare**. Auch ein Anwaltsnotar darf allerdings in der gleichen Sache nur entweder als Anwalt oder als Notar tätig sein. In beiden Systemen ist die Zahl der Notare beschränkt und wird jeweils von der Justizverwaltung festgelegt. Neue Notare werden nur dann ernannt, wenn Stellen frei geworden sind.

5. Die juristischen Verwaltungsbeamten

Die Zweite Juristische Prüfung ist auch Voraussetzung dafür, bei einer Bundes-, Landes- oder Gemeindebehörde die Laufbahn eines juristischen Beamten im höheren Dienst einschlagen zu können. Natürlich arbeiten in jeder Verwaltung auch Dienstkräfte ohne volljuristische Ausbildung; die Führungspositionen sind aber Juristen vorbehalten, die die Zweite Juristische Prüfung abgelegt haben.

In Deutschland sind auch die leitenden Beamten von Fachbehörden wie etwa Umweltämtern, Landwirtschaftsämtern oder Gewerbeaufsichtsämtern normalerweise nicht Absolventen der einschlägigen Fachrichtung, sondern Juristen. Man spricht geradezu vom **Juristenprivileg**.

Diese Erscheinung ist nicht rechtlich, sondern rein historisch bedingt. Sie führt dazu, dass eine sehr große Zahl von Juristen ihren Arbeitsplatz in Behörden findet, bei denen die Mehrzahl der Mitarbeiter eine technische oder naturwissenschaftliche Ausbildung haben, die leitenden Beamten aber Juristen sind.

Erst recht sind natürlich in der eigentlichen Staatsverwaltung und in den Ministerien vornehmlich Juristen mit der Ausführung und Anwendung, aber auch mit der Ausarbeitung der gesetzlichen Bestimmungen und mit der Aufsicht über die Fachbehörden befasst. Die Zahl der juristischen Verwaltungsbeamten dürfte insgesamt höher sein als die der in den klassischen juristischen Berufen arbeitenden Juristen.

6. Die Wirtschaftsjuristen

Zahlenmäßig sehr groß ist auch die Zahl derjenigen Juristen, die weder in einem klassischen juristischen Beruf noch in der öffentlichen Verwaltung, sondern in einem Wirtschaftsunternehmen tätig sind. Hier spielen der Abschluss in der Zweiten Staatsprüfung und die Examensnote keine so entscheidende Rolle wie im Staatsdienst. Auch Juristen, die die Zweite Staatsprüfung nicht bestanden haben oder aus irgendwelchen Gründen ihre Ausbildung nach der Ersten Staatsprüfung abgebrochen haben, können als Wirtschaftsjuristen tätig sein.

Vor allem auf Tätigkeitsfeldern, auf denen die juristische Beurteilung eines Sachverhalts normalerweise einfach ist, werden sie von Unternehmen wegen ihrer
geringeren Gehälter gerne eingestellt, z. B. als Sachbearbeiter bei Versicherungs-
gesellschaften. Leitende Stellungen sind aber auch hier normalerweise den Volljuristen vorbehalten.

Die Tätigkeit des Wirtschaftsjuristen unterscheidet sich ihrem Charakter nach
erheblich von der eines Richters oder Rechtsanwalts. Während die Tätigkeit
dieser Berufe und auch die juristische Ausbildung weithin darauf ausgerichtet
sind, in streitigen Kategorien, also in den Begriffen von Anspruch, Klage und
Urteil zu denken, sieht der Wirtschaftsjurist das Ziel seiner Tätigkeit vor allem
in der Streit- und Problemvermeidung. Er hat deshalb vielfach mit dem Entwerfen oder Überprüfen von Verträgen und mit der außergerichtlichen Rechtsverfolgung und Rechtsverteidigung zu tun. Kommt es zu Rechtsstreitigkeiten, muss
er beurteilen, wie die Prozesschancen seines Unternehmens sind.

Der Wirtschaftsjurist spezialisiert sich regelmäßig auf die Rechtsfragen, die in
seinem Unternehmen tatsächlich zu beurteilen sind, und hat auf diesen Gebieten
oft wesentlich umfassendere Kenntnisse als ein durchschnittlicher Rechtsanwalt.
Die Führung von Prozessen für seinen Arbeitgeber gehört normalerweise nicht
zum Aufgabenbereich des Wirtschaftsjuristen. Hier wird das Unternehmen in der
Regel einen externen Rechtsanwalt beauftragen, den der Wirtschaftsjurist dann
informiert und mit dem er zusammenarbeitet.

Eine besondere Form des Wirtschaftsjuristen ist der **Syndikusanwalt**. Darunter
versteht man einen Wirtschaftsjuristen, der bei einem Unternehmen fest angestellt ist, aber gleichzeitig als Rechtsanwalt zugelassen ist. Syndikusanwälte müssen deshalb stets Volljuristen sein. An der Vertretung ihres Unternehmens in Prozessen sind sie aber regelmäßig durch Vorschriften des Prozessrechts gehindert.

7. Die Hochschullehrer

Juristen können nach ihrer Ausbildung auch weiterhin an der Universität arbeiten mit dem Berufsziel, **Universitätsprofessor** zu werden. Rechtlich vorgeschrie-
ben ist hierfür nur die Erste Juristische Prüfung. Man kann aber davon ausgehen,
dass heute jeder juristische Hochschullehrer auch die Zweite Juristische Prüfung
abgelegt hat. Erforderlich ist zunächst die **Promotion** zum Doktor der Rechts-
wissenschaften, die außerhalb des Universitätsbereichs nur etwa 10 % der Juristen aufweisen. Während der Abfassung der Doktorarbeit arbeiten diese Juristen
meist als Hochschulassistenten und sammeln in dieser Stellung bereits erste Lehr-
erfahrungen. An die Promotion schließt sich eine zweite wissenschaftliche Arbeit, die **Habilitation**, an. Wer die Habilitation erfolgreich abgeschlossen hat,
darf sich **Privatdozent** nennen. Mit diesem Titel ist aber keine besoldete Stelle
verbunden. Vielmehr müssen sich die Privatdozenten auf freie Professorenstellen
bewerben, auf die sie dann nach kürzerer oder längerer Zeit berufen werden. In

der Regel sind sie zu diesem Zeitpunkt bereits 35 bis 40 Jahre alt. Bis zu ihrer Berufung können sie Vertretungen freier Professorenstellen übernehmen.

Universitätsprofessoren haben in Deutschland ein sehr hohes gesellschaftliches Ansehen und sind im Vergleich zu anderen Ländern auch recht gut bezahlt. Die Lehraufgaben an der Universität liegen in Deutschland grundsätzlich ausschließlich in der Hand von Professoren. Vorlesungen und Übungen werden zwar teilweise auch von Hochschulassistenten und Lehrbeauftragten abgehalten; diese haben aber keine Stellen auf Lebenszeit, sondern auf wenige Jahre befristete Verträge. Ein akademischer „Mittelbau" unterhalb der Ebene der Professoren ist an den deutschen juristischen Fakultäten nicht vorhanden. Allerdings wurde zur Verjüngung der Professorenschaft die Juniorprofessur eingeführt. Diese kommt an den juristischen Fakultäten noch sehr selten vor. Frauen sind, was juristische Lehrstühle angeht, deutlich unterrepräsentiert.

Universitätsprofessoren haben in Deutschland meistens keinerlei praktische Erfahrung in einem juristischen Beruf. Sie sind nach der Zweiten Juristischen Prüfung fast ausschließlich im Universitätsunterricht und in der Forschung tätig, aber haben, wenn sie zum Professor ernannt werden, meist nie eine juristische Tätigkeit außerhalb der Universität ausgeübt. Das ist für den Praxisbezug der Juristenausbildung sicher nicht günstig. Trotzdem sind die wissenschaftlichen Arbeiten deutscher Universitätsjuristen bei den Gerichten und beim Gesetzgeber sehr angesehen. Vor allem die oberen Gerichte setzen sich in ihren Entscheidungen ausführlich mit wissenschaftlichen Lehrmeinungen auseinander und zitieren die entsprechenden Arbeiten. Auch der Gesetzgeber nimmt die Erkenntnisse von in der Wissenschaft arbeitenden Juristen oft zum Ausgangspunkt gesetzlicher Änderungen oder Reformen.

Grundsätzlich anders ist der Berufsweg zum **Hochschulprofessor**. Hierfür ist lediglich die Promotion Voraussetzung; außerdem wird die Anwendung wissenschaftlicher Erkenntnisse in der Praxis erwartet. Die meisten Hochschulprofessoren haben auch etwas Lehrerfahrung. Entscheidend ist aber, dass Hochschulprofessoren eine mindestens fünfjährige Berufspraxis aufweisen müssen. Man geht davon aus, dass sie damit der Aufgabe der Hochschulen, gezielt berufspraktische Kenntnisse zu vermitteln, besser gerecht werden können.

III. Juristen im Ausland

Eine Tätigkeit im Ausland ist für Juristen mit besonderen Schwierigkeiten verbunden. Das gilt sowohl für deutsche Juristen, die im Ausland tätig sein wollen, als auch für ausländische Juristen, die in Deutschland arbeiten wollen.

Die Probleme liegen zum einen in der Unterschiedlichkeit der Rechtsordnungen, die eine Arbeit im Ausland nur möglich machen, wenn man auch das ausländische Recht genau kennt, andererseits in Vorschriften des jeweiligen nationalen

Rechts, die bestimmte Berufe den eigenen Staatsangehörigen vorbehalten. So sind in Deutschland diejenigen Berufe, die mit einem öffentlichen Amt verbunden sind, nämlich die des Richters, des Staatsanwalts, des juristischen Verwaltungsbeamten und des Notars, deutschen Staatsangehörigen vorbehalten. Dagegen kann jeder Ausländer, der in Deutschland die Zweite Juristische Prüfung abgelegt hat, Rechtsanwalt werden. In vielen anderen europäischen Ländern ist dagegen auch der Beruf des Rechtsanwalts Ausländern nicht zugänglich.

Juristen aus Mitgliedstaaten der Europäischen Union (EU) können sich in jedem Land der EU niederlassen und in ihrem jeweiligen Beruf arbeiten. Als ausländische Rechtsanwälte können sie jedoch nicht bei Gericht auftreten, sofern sie nicht als Rechtsanwälte in Deutschland zugelassen sind. Die Prozessvertretung können sie nur im Einvernehmen mit einem bei dem jeweiligen Gericht zugelassenen deutschen Rechtsanwalt übernehmen. Diese Regelungen setzen der allgemeinen Berufstätigkeit ausländischer Rechtsanwälte in Deutschland enge Grenzen. Große Kanzleien beschäftigen aber in zunehmendem Umfang ausländische Mitarbeiter zur Bearbeitung von Fällen, in denen das Recht deren Heimatstaates eine Rolle spielt. Juristen aus einem Mitgliedstaat der EU können eine Eignungsprüfung ablegen, die die selbstständige Tätigkeit als Rechtsanwalt ermöglicht. Dafür gibt es inzwischen sogar spezielle Privatrepetitorien. Die Regeln zur Tätigkeit europäischer Anwälte sind im Gesetz über die Tätigkeit europäischer Rechtsanwälte in Deutschland (EuRAG) festgelegt.

Ähnlich ist es mit der Tätigkeit deutscher Rechtsanwälte im Ausland. Diese durften sich bis 1989 im Ausland nicht als Rechtsanwälte bezeichnen, da sie mit dem Ortswechsel ins Ausland ihre Rechtsanwaltszulassung verloren. Diese Beschränkung besteht heute nicht mehr. Deutsche Rechtsanwälte dürfen deshalb in dem Umfang im Ausland tätig sein, den das ausländische Recht gestattet.

Übungsteil

A. Rechtliche Aspekte

1 Fragen zum Text

1. Was versteht man unter dem Leitbild des Einheitsjuristen innerhalb der juristischen Ausbildung in Deutschland?

2. Was stellen die sog. Scheine für die Erste Juristische Prüfung dar und wofür erhält man sie?

3. Was ist die Funktion von Repetitorien?

4. Welche Aufgaben müssen die Studierenden in der Ersten Juristischen Prüfung erfüllen?

5. Welche Ziele verfolgt der Vorbereitungsdienst (= Referendarzeit)?

6. Warum wird die Zweite Juristische Staatsprüfung abgelegt, und wozu eröffnet sie den Zugang?

7. Welche zwei weiteren Ausbildungswege zu juristischen Berufen mit akademischer Vorbildung gibt es neben der Ausbildung zum Volljuristen? Inwiefern unterscheidet sich ihre Zielsetzung von der traditionellen Juristenausbildung?

2 Skizze zur juristischen Ausbildung. Setzen Sie die Wörter ein, die für die juristische Ausbildung kennzeichnend sind:

a) **1. Ausbildungsphase:**

b) Bezeichnung der Person:

....

(männlich/weiblich)

c) Abschlussprüfung:

(= ....)

d) **2. Ausbildungsphase:**

e) Bezeichnung der Person:

....

(männlich/weiblich)

f) Abschlussprüfung:

(= ....)

g) Titel der Person   .... (= Ass. jur.)
   nach der Abschlussprüfung: *(männlich/weiblich)*

3 Was raten Sie der bzw. dem Betreffenden?

1. A hat gerade das Abitur bestanden und überlegt, welches Fach sie studieren könnte. Sie interessiert sich für gesellschaftliche Konflikte und ihre Lösungen, liebt logisches Denken und Argumentieren und möchte später beruflich viel mit Menschen zu tun haben. Sie möchte nicht richten, sondern beraten und vertreten.

2. B studiert im vierten Semester Jura. Er ist der Meinung, dass die Universität ihn nicht ausreichend auf die Erste Juristische Prüfung vorbereitet, und hätte deshalb gerne ein wenig professionelle Nachhilfe. Außerdem hat er Angst, dass er durch die Prüfung fallen könnte und zu alt für den Arbeitsmarkt wird, falls er sich nicht frühzeitig zum Examen anmeldet.

3. C ist Referendarin. Sie möchte gerne Rechtsanwältin werden und sich auf Streitfragen, die in Zusammenhang mit ausländischem Recht stehen, spezialisieren. Sie überlegt, welche Station ihres Vorbereitungsdienstes sie in einer ausländischen Rechtsanwaltskanzlei ableisten könnte. Ihre Anwaltsstation hat sie bereits in einer deutschen Rechtsanwaltskanzlei verbracht, da sie vor dem ausländischen Recht das deutsche Recht in der Praxis kennen lernen wollte.

4. D hat die Prüfung mit einer mittelmäßigen Note bestanden. Er möchte in einem Wirtschaftsunternehmen arbeiten und hat sich dafür in wirtschaftswissenschaftlichen Fragen und Fremdsprachen mit ausgezeichnetem Ergebnis weitergebildet. Er findet, dass ein Doktortitel in Deutschland immer noch vorteilhaft ist.

5. E hat ein ausgezeichnetes Zweites Juristisches Examen abgelegt. Ihre Leidenschaft besteht darin, Konflikte zu schlichten. Sie möchte in einer hoch angesehenen Position an einem Gericht arbeiten und absolut unabhängig sein.

6. F hat nach der Zweiten Juristischen Prüfung mit *summa cum laude* promoviert und möchte unbedingt weiterhin wissenschaftlich tätig sein. Neben vielen kleinen Publikationen wie Aufsätzen in juristischen Zeitschriften möchte er noch eine größere wissenschaftliche Abhandlung verfassen und später einerseits weiterhin forschen und publizieren, andererseits sein Wissen an Jurastudierende weitergeben.

7. G arbeitet seit vielen Jahren als „Solicitor" in Großbritannien. Allmählich wird ihr diese Tätigkeit langweilig, und sie möchte für ein paar Jahre in Deutschland praktizieren. Allerdings möchte sie allein und selbstständig arbeiten und auch vor Gericht auftreten. Da sie ausgezeichnet Deutsch spricht und auch über gute Kenntnisse des deutschen Rechts verfügt, wäre sie auch bereit, eine Prüfung abzulegen.

8. H hat zehn Jahre als Rechtsanwalt gearbeitet. In den letzten Jahren hat er nebenberuflich einige Stunden Vertragsrecht an einer Universität gelehrt. Zu dieser Tätigkeit hatte ihm unter anderem sein Doktortitel verholfen. Da er den Beruf des Rechtsanwalts inzwischen als zu stressig empfindet, er andererseits aber auch nicht forschen und publizieren möchte, sucht er eine Tätigkeit, die ihm ein geregeltes Einkommen sichert, nicht mit zu vielen Arbeitsstunden verbunden ist und ihm erlaubt, seine im Beruf erworbenen Kenntnisse weiterzugeben.

4 Erklären Sie kurz mit Ihren eigenen Worten, was die folgenden Personen machen:

1. Studentin / Student (= Studierende)
2. Referendarin / Referendar
3. Rechtspflegerin / Rechtspfleger
4. Diplom-Wirtschaftsjuristin / Diplom-Wirtschaftsjurist
5. Richterin / Richter
6. Laienrichterin / Laienrichter
7. Staatsanwältin / Staatsanwalt
8. Rechtsanwältin / Rechtsanwalt
9. Notarin / Notar
10. Juristische Verwaltungsbeamtin / Juristischer Verwaltungsbeamter
11. Wirtschaftsjuristin / Wirtschaftsjurist

5 Für welche der oben genannten Tätigkeiten wird die Zweite Juristische Prüfung benötigt? Nennen Sie mögliche Gründe.

6 Nennen Sie die genauen Bezeichnungen für die Richter an den einzelnen Gerichten und erklären Sie, worin ihre Tätigkeit besteht!

Beispiel: Amtsgericht – Amtsrichter

1. Zivilgericht ....
2. Strafgericht ....
3. Verwaltungsgericht ....
4. Arbeitsgericht ....
5. Sozialgericht ....

6. Finanzgericht   ....

7. Verfassungsgericht   ....

7 a) Für die verschiedenen Spezialisierungen der Rechtsanwälte gibt es Fachanwaltsbezeichnungen, die nur unter bestimmten Voraussetzungen getragen werden dürfen. Nennen Sie diese jeweils und erläutern Sie anhand von Beispielen, welche Information sie über die Tätigkeitsfelder des Anwalts enthalten.

Beispiel: Verwaltungsrecht – Fachanwalt für Verwaltungsrecht

1. Arbeitsrecht

2. Steuerrecht

3. Familienrecht

4. Sozialrecht

5. Strafrecht

6. Insolvenzrecht

b) Finden Sie anhand des Internets oder mithilfe von juristischen Zeitschriften heraus, welche zusätzlichen Fachanwaltsbezeichnungen zugelassen sind, und erklären Sie, für welche Fragestellungen diese Fachanwälte intensiv ausgebildet werden.

8 Rechtspolitische Frage:

Erscheint Ihnen die traditionelle deutsche Juristenausbildung noch zeitgemäß? Erläutern Sie Ihre Meinung und berücksichtigen Sie dabei insbesondere die zahlreichen neuen Studiengänge an Hochschulen.

9 Rechtsvergleichende Anregungen

1. Vergleichen Sie die juristische Ausbildung in Ihrem Heimatstaat mit derjenigen in Deutschland. Gehen Sie dabei insbesondere darauf ein, wie das Universitätsstudium aufgebaut ist, ob es obligatorische Praktikumszeiten gibt und wie man Zugang zu den einzelnen juristischen Berufen erhält.

2. Vergleichen Sie die Zulassungsbedingungen für ausländische Rechtsanwälte in Deutschland mit der Situation für ausländische Rechtsanwälte in Ihrem Heimatland. Berücksichtigen Sie nicht nur die rechtliche, sondern auch die tatsächliche Situation: Gibt es ausländische Rechtsanwälte in Ihrem Land? Wie sind sie typischerweise organisiert (Einzelanwalt, mittelständische Kanzlei, Großkanzlei) und auf welchen Fachgebieten sind sie hauptsächlich tätig?

3. Vergleichen Sie die rechtliche und die tatsächliche Situation der Frauen in der juristischen Ausbildung und den juristischen Berufen in ihrem Herkunftsland und in Deutschland. Gehen Sie dabei insbesondere auf die Besetzung von höheren Positionen durch Juristinnen (z. B. Justizministerin-

nen, Gerichtspräsidentinnen, Juraprofessorinnen) und ihren Einfluss auf das Recht (z. B. als Autorinnen von Fachbüchern) ein. Versuchen Sie, Erklärungen für die Gemeinsamkeiten und Unterschiede zu finden.

B. Sprachliche Aspekte

1 Ergänzen Sie im Zusammenhang mit dem Wortfeld Universität mit Hilfe von Kapitel 1 die fehlenden **Nomen**.

Jurastudierende müssen an der juristischen _____ (1) einer Universität eingeschrieben sein. Sie benötigen für das Jurastudium meistens acht bis zehn _____ (2). In Deutschland besteht das akademische _____ (3) aus einem Winter- und einem Sommersemester. Gegenstand des Jurastudiums sind als _____ (4) die wichtigsten allgemeinen Rechtsgebiete und ein _____ (5). Während ihres Studiums müssen Jurastudierende _____ (6) erbringen. Diese so genannten _____ _____ (7) dienen als _____ (8) zur Ersten _____ _____ (9). Drei Scheine werden auf den wichtigsten Rechtsgebieten erworben, der vierte belegt die erfolgreiche Teilnahme an einem _____ (10). In letzterem ist eine juristische _____ (11) zu verfassen. Die Juristische Prüfung besteht nach Bundesland verschieden meist aus mehreren _____ (12), einer mündlichen _____ (13) und einem _____ (14).

2 Ergänzen Sie im Zusammenhang mit dem Wortfeld „Juristische Tätigkeiten" mit Hilfe von Kapitel 1 passende **Verbformen**.

1. Der Rechtsanwalt _____ die rechtlichen Interessen der Bürger vor Gericht und Verwaltungsbehörden.

2. Rechtsanwälte _____ in allen Rechtsangelegenheiten.

3. Der Notar _____ Bürger in nichtstreitigen Rechtsangelegenheiten.

4. Notare _____ bestimmte Verträge, _____ den Willen der Beteiligten, _____ Testamente und _____ Unterschriften.

5. Der Richter ist nur dem Recht und Gesetz _____.

6. Ein Richter _____ keinen Anweisungen seiner Vorgesetzten.

7. Die Prozessführung _____ weitgehend in den Händen von Richtern.

8. Meist _____ ein aus drei Richtern beste-
   hendes Richterkollegium über den Fall.

9. Oft sind Laienrichter an der Entscheidung von Rechtsfällen _____

   _____.

10. Der Staatsanwalt _____ den Täter einer Straftat vor
    Gericht _____.

11. Es ist Sache des Staatsanwalts, das Ermittlungsverfahren zu _____,
    dabei die Tätigkeit der Polizei zu _____ und die Anklage
    in der Hauptverhandlung vor dem Strafgericht zu _____.

12. Staatsanwälte müssen den Anweisungen ihrer Vorgesetzten _____.

Zweites Kapitel:
Zugang zum Recht

Für den juristischen Laien und den Anfänger, der eine juristische Ausbildung beginnt, ist der Zugang zum Recht schwierig. Das liegt zum einen an der besonderen Arbeitsmethode der Juristen, zum anderen an ihrer von der Alltagssprache stark abweichenden Fachsprache. Hinzu kommt, dass die Rechtsquellen und andere Materialien, mit denen die Juristen arbeiten, oft nicht leicht zugänglich sind. Manche dieser Hindernisse stellen sich in jeder Rechtsordnung in gleicher oder ähnlicher Weise, andere sind für eine bestimmte Rechtsordnung charakteristisch.

I. Die Rechtsquellen

Anders als z. B. im englischen Recht ist in Deutschland die Hauptrechtsquelle das geschriebene Recht. Nur auf wenigen Rechtsgebieten sind wesentliche Fragen nicht durch Gesetze und Verordnungen geregelt. Dazu gehört besonders das Arbeitsrecht. In den meisten anderen Rechtsgebieten hat das **Gewohnheitsrecht** nur eine außerordentlich geringe Bedeutung.

1. Rangordnung der Rechtssätze

Zum **geschriebenen Recht** gehören Rechtssätze, die sich danach unterscheiden, wer sie erlassen hat und wo sie gelten. Sie haben unterschiedlichen Rang, der dann von Bedeutung ist, wenn ihr Inhalt widersprüchlich ist. An der Spitze stehen die Verfassung des Bundes (das **Grundgesetz**) und die Verfassungen der Länder sowie die allgemeinen Regeln des Völkerrechts, im Rang darunter die formellen Bundes- und Landesgesetze, die das Bundesparlament (der Bundestag) oder die Länderparlamente erlassen haben. Den untersten Rang nehmen die Verordnungen und Satzungen ein, die die Bundes- oder eine Landesregierung, eine Gemeinde oder ein Gemeindeverband erlassen haben. Diese sind nur gültig, wenn dazu in einem formellen Gesetz ermächtigt wurde. Vom Bund erlassene Rechtsvorschriften gelten in der ganzen Bundesrepublik, die von einem Land erlassenen nur auf dem Gebiet des betreffenden Landes; entsprechend ist es bei Gemeinden. Widersprechen sich Vorschriften des Bundes und Vorschriften eines Landes, so gilt immer der **Vorrang des Bundesrechts**. Das bedeutet, dass sogar eine Verordnung des Bundes Vorrang vor den Bestimmungen in einer Landesverfassung hat.

Alle Rechtssätze müssen zu ihrer Wirksamkeit amtlich verkündet sein. Dies geschieht für das Recht des Bundes im Bundesgesetzblatt, für das Recht der Länder in deren jeweiligem Gesetz- und Verordnungsblatt, für das Recht der Gemeinden und Gemeindeverbände in deren Amtsblatt. Die praktisch wichtigsten Gesetze sind ganz oder teilweise in Sammlungen abgedruckt, die Juristen in der Praxis und auch die Studierenden an den Hochschulen nahezu ausschließlich verwenden. Für jede Prüfung wird besonders festgelegt, welche **Gesetzessammlung** der Prüfling bei seinen schriftlichen Arbeiten verwenden darf. Die Vorschriften des Bundesrechts kann man auch im Internet unter www.gesetze-im-internet.de in der jeweils neuesten Fassung nutzen. Übersetzungen deutscher Gesetzestexte in zahlreiche Fremdsprachen gibt das Presse- und Informationsamt der Bundesregierung heraus.

Das genaue **Zitieren** der auf den jeweiligen Sachverhalt anwendbaren Gesetzesbestimmung hat im deutschen Recht große Bedeutung. Es wird vom Studierenden in jeder schriftlichen Fallbearbeitung erwartet; im akademischen Unterricht wird oft auf eine Gesetzesbestimmung verwiesen, ohne dass ihr Wortlaut wiedergegeben wird. Die ständige Benutzung des Gesetzes ist deshalb eine unbedingte Notwendigkeit für jeden Jurastudierenden.

Rechtssätze sind regelmäßig entweder in Paragraphen (§) oder in Artikel (Art.) gegliedert. Das Grundgesetz ist in Artikel unterteilt, die meisten anderen Rechtssätze des Bundesrechts dagegen in Paragraphen. In einigen Bundesländern wird grundsätzlich die Zählung nach Artikeln bevorzugt.

Es gibt auch Gesetze, in denen die beiden Methoden in der Weise kombiniert sind, dass zu einem Artikel mehrere Paragraphen gehören; das ist aber nur ausnahmsweise der Fall. Besteht ein Paragraph oder Artikel nur aus einem einzigen Satz, so ist kein weiterer Zusatz nötig; das Gesetz steht in seiner Kurzbezeichnung nach dieser Angabe. So wird § 985 des Bürgerlichen Gesetzbuchs z. B. als § 985 BGB zitiert. Besteht der Paragraph oder Artikel aus mehreren Sätzen, so wird nach dem Artikel der Satz (S.) zitiert, z. B. § 250 S. 2 BGB. Oft ist ein Paragraph oder Artikel in Absätze untergliedert, die optisch getrennt und in der Regel durch eine arabische Ziffer in Klammern gekennzeichnet sind. So besteht z. B. Paragraph 433 des Bürgerlichen Gesetzbuchs aus zwei Absätzen, die als § 433 Abs. 1 BGB und § 433 Abs. 2 BGB zitiert werden. Ein Absatz (Abs.) kann mehrere Sätze umfassen. So gibt es z. B. § 433 Abs. 1 S. 1 BGB und § 433 Abs. 1 S. 2 BGB. Ein Absatz kann auch mehrere Alternativen (Alt.) regeln, die an dem Wort „oder" zu erkennen sind. Es ist z. B. wichtig, zwischen § 812 Abs. 1 S. 1 1. Alt. BGB und § 812 Abs. 1 S. 1 2. Alt. BGB zu unterscheiden. Hat ein Paragraph mehrere Absätze, werden bei abgekürzter Zitierweise Absätze mit römischen, Sätze mit arabischen Ziffern bezeichnet. So wird § 986 Absatz 1 Satz 2 des Bürgerlichen Gesetzbuches z. B. als § 986 Abs. 1 S. 2 BGB oder kurz als § 986 I 2 BGB zitiert. Manche Herausgeber von Gesetzestexten erleichtern die Lesbarkeit, indem sie die einzelnen Sätze mit hochgestellten arabischen Ziffern kennzeichnen.

Die Anordnung der Rechtssätze dient nicht nur der Gliederung des im Gesetz behandelten Stoffes, sondern ist auch ein Mittel der systematischen Interpretation des Norminhalts. Besteht eine Vorschrift z. B. aus zwei Absätzen mit unterschiedlichen Regelungen und folgt diesen z. B. eine Bestimmung über die Anwendbarkeit, dann kann diese an den Absatz 2 als letzter Satz angefügt sein oder einen besonderen Absatz 3 bilden; hieraus ergibt sich, ob sich die Bestimmung nur auf Absatz 2 oder auf die gesamte Vorschrift bezieht.

Beispiele: (1) § 556 b BGB regelt in Absatz 1 die Fälligkeit der Miete und in Absatz 2 das Aufrechnungs- und Zurückbehaltungsrecht des Mieters. Abs. 2 Satz 2 lautet: „Eine zum Nachteil des Mieters abweichende Vereinbarung ist unwirksam." Aus der Stellung dieses Satzes ist zu entnehmen, dass er sich lediglich auf Absatz 2 (also auf das Aufrechnungs- und Zurückbehaltungsrecht des Mieters bezieht); dagegen kann von der Regelung des Absatzes 1 auch zum Nachteil des Mieters abgewichen werden.

(2) § 559 BGB regelt die Mieterhöhung bei einer Modernisierung, und zwar in Absatz 1 den zulässigen Umfang und Absatz 2 den Verteilungsmaßstab. Absatz 3 lautet: „Eine zum Nachteil des Mieters abweichende Vereinbarung ist unwirksam." Aus der Stellung dieses Satzes ist zu entnehmen, dass er sich sowohl auf Absatz 1 als auch auf Absatz 2 bezieht; von den Regelungen beider Absätze kann nicht zum Nachteil des Mieters abgewichen werden.

2. Richterrecht

Auch im deutschen Recht reichen die geschriebenen Rechtssätze jedoch oft zur Beurteilung eines Falles nicht aus. Viele Probleme sind erst nach Erlass eines Gesetzes entstanden und vom Gesetzgeber nicht zum Anlass einer Änderung oder Ergänzung genommen worden; die Lösung anderer Probleme hat der Gesetzgeber bewusst der Rechtsprechung überlassen. Hier müssen neben den geschriebenen Rechtssätzen die Gerichtsentscheidungen, vor allem die des obersten Gerichts des jeweiligen Gerichtszweigs, herangezogen werden.

Manchmal klärt eine Entscheidung nur Auslegungsfragen bei der Anwendung einer Norm oder andere Zweifelsfragen von eher marginaler Bedeutung. In einer Reihe von Fällen haben sich die Gerichte aber auch für befugt gehalten, Rechtsregeln ohne eine gesetzliche Grundlage (**praeter legem**) oder gar gegen den Gesetzeswortlaut (**contra legem**) zu entwickeln, weil sich die Gerechtigkeitsvorstellungen geändert haben. Diese Art der richterlichen Rechtsfortbildung wird heute nicht mehr als Verstoß gegen das Gebot der Rechtsbindung der Gerichte angesehen.

Beispiel für Rechtsfortbildung **praeter legem**: Das BGB verpflichtet denjenigen zum Schadensersatz, der eine Sache beschädigt hat (§ 823 I BGB). Die Bestimmungen über den Umfang des
Schadensersatzes (§§ 249–252 BGB) enthalten aber keine Bestimmung darüber, ob man auch
für die Tatsache Schadensersatz verlangen kann, dass man die beschädigte Sache während der
Dauer der Reparatur nicht benutzen konnte. Der Bundesgerichtshof hat für diese Fälle die
Rechtsregel aufgestellt, dass wegen der entgangenen Benutzungsmöglichkeit dann Schadensersatz verlangt werden kann, wenn die Nutzungsmöglichkeit „kommerzialisiert" ist und es
sich um „Lebensgüter von zentraler Bedeutung" handelt. Deshalb kann nach der Rechtsprechung Schadensersatz für die entgangene Benutzung eines Kraftfahrzeugs, aber nicht für die
entgangene Nutzung eines Pelzmantels verlangt werden.

Beispiel für Rechtsfortbildung **contra legem**: Das BGB schließt in § 253 I die Zubilligung von
Schadensersatz wegen solcher Schäden, die nicht Vermögensschäden sind, aus. Der Bundesgerichtshof hat gleichwohl entschieden, dass bei schweren Verletzungen des Persönlichkeitsrechts, z. B. unerlaubter Verwertung illegal erlangter Photographien oder Tagebuchaufzeich-
nungen, eine Geldentschädigung verlangt werden kann.

Richterliche **Rechtsfortbildung** geschieht zwar aus Anlass und anhand eines konkreten Falles, wird aber dann von dem urteilenden Gericht als allgemeiner
Rechtsgrundsatz entwickelt. Anders als im Präjudizienrecht berufen sich spätere
Entscheidungen dieses Gerichts oder anderer Gerichte deshalb nicht auf den Fall,
der Anlass zur Entwicklung des neuen Rechtsgrundsatzes gegeben hat, sondern
auf die neue Rechtsregel selbst.

Beispiel (nach BVerfG, NJW 1990, 563): „Das BVerfG hat entschieden, dass es einen innners-
ten Bereich privater Lebensgestaltung gibt, der der öffentlichen Gewalt schlechthin entzogen
ist. Selbst schwerwiegende Interessen der Allgemeinheit können Eingriffe in diesen Bereich
nicht rechtfertigen; eine Abwägung nach Maßgabe des Verhältnismäßigkeitsgrundsatzes findet nicht statt (BVerfG, NJW 1973,891). Das gilt auch hier."

II. Die juristische Literatur

Der Jurist muss sich mit verschiedenen Gattungen juristischer Literatur vertraut
machen, deren Art und Bedeutung sich aus den Rechtsquellen ergeben. Der großen Bedeutung des geschriebenen Rechts entspricht es, dass die **Kommentare** die
größte praktische Bedeutung haben. Sie erläutern ein Gesetz oder eine andere
Rechtsnorm in der Reihenfolge der Paragraphen. Dort stellen sie die bei der Auslegung der Vorschrift aufgetretenen oder voraussichtlich künftig auftretende
Zweifelsfragen dar und weisen Gerichtsentscheidungen und Meinungen in der
Literatur zu den erörterten Fragen durch Zitate nach. Zu den wichtigeren Gesetzen gibt es meist mehrere Kommentare verschiedenen Umfangs und verschiedener Gewichtung. Die einen legen mehr Wert auf die Rechtsprechung, andere
streben auch eine Berücksichtigung der Literatur an. Das Ziel großer Kommentare ist es, alle Fragen vollständig zu erörtern; kürzere Kommentare treffen eine
Auswahl. Alle Kommentare dienen praktischen Zwecken. Sie sind dazu be-

stimmt, den Rechtsanwälten oder Richtern möglichst schnellen Zugriff auf das gesuchte Problem zu gewähren. Sie haben keine didaktische Zielsetzung, wenn auch größere Kommentare oft in Einleitungen eine systematische Darstellung der Problemkreise geben.

In stärkerem Umfang auf die Bedürfnisse der Jurastudierenden zugeschnitten sind die **Lehrbücher.** Sie stellen ein Rechtsgebiet systematisch dar. Große Lehrbücher verarbeiten wie große Kommentare die gesamte Rechtsprechung und Literatur; kürzer gefasste Grundrisse, so genannte „Lernbücher", vermitteln gezielt das für die Prüfungen benötigte Wissen, ohne auf alle umstrittenen Fragen einzugehen. Für die Kernfächer der juristischen Ausbildung, z. B. den Allgemeinen Teil des BGB, gibt es oft bis zu einem Dutzend aktueller Lehrbücher. Die Meinung der führenden Lehrbücher wird oft auch in obergerichtlichen Entscheidungen zitiert; in der Praxis der Rechtsanwälte spielen sie nur eine geringe Rolle.

Noch geringer ist die praktische Bedeutung der **Monographien.** Dabei handelt es sich oft um Dissertationen oder Habilitationsschriften oder aus solchen entstandene Bücher. Sie stellen nicht ein ganzes Rechtsgebiet dar, sondern eine einzelne wichtige Rechtsfrage, z. B. den Schadensersatz bei Verletzungen der persönlichen Ehre oder die Formvorschriften bei Grundstücksgeschäften. Sie wollen den Meinungsstand vollständig darstellen und zugleich einen Beitrag zur Forschung leisten. In obergerichtlichen Entscheidungen werden sie durchaus manchmal berücksichtigt; auch in der Gesetzgebung bleiben sie oft nicht ohne Wirkung. Für die juristische Ausbildung und die Praxis der Rechtsanwälte haben sie dagegen keine Bedeutung.

Aktuelle Entwicklungen vermitteln die **juristischen Zeitschriften.** Sie sind für die Praxis ebenso wichtig wie für die Ausbildung der Jurastudierenden. Teilweise geben sie nur neue, bedeutsame Gerichtsentscheidungen wieder, meist enthalten sie daneben aber Aufsätze, in denen diese Entscheidungen oder andere aktuelle Themen kritisch behandelt werden. Dabei decken allgemeine juristische Zeitschriften (z. B. die Neue Juristische Wochenschrift – NJW) das ganze Spektrum des Rechts ab, während Spezialzeitschriften (z. B. die Zeitschrift für Zivilprozess – ZZP) nur einzelne Rechtsgebiete behandeln und Ausbildungszeitschriften (z. B. die Juristische Schulung – JuS) ihre Auswahl unter dem Gesichtspunkt der Bedeutung des Themas für den Jurastudierenden treffen und auf didaktische Vermittlung der Entscheidungsinhalte Wert legen. Wenn man sich auf Gerichtsentscheidungen beruft, zitiert man sie nicht nach dem Datum oder dem Aktenzeichen oder den Namen der Parteien, sondern gibt an, wo sie in einer oder mehreren Zeitschriften veröffentlicht sind, wobei normalerweise das Jahr (nicht der Jahrgang) und die Seite genannt werden. Zitiert man z. B. „BVerfG, NJW 1980, 277", dann meint man damit diejenige Entscheidung des Bundesverfassungsgerichts, die in der Neuen Juristischen Wochenschrift des Jahres 1980 auf der Seite 277 abgedruckt ist.

Für die Entscheidungen der Obergerichte bestehen daneben **Entscheidungssammlungen,** die aber nicht dieselbe praktische Bedeutung haben, da sie meist nur in Bibliotheken zu finden sind, während jede Anwaltskanzlei mindestens eine der allgemeinen Zeitschriften zur Verfügung hat. Viele neuere Entscheidungen können auch im **Internet** (s. oben „Hilfreiche Intertnetadressen") kostenlos gelesen werden, z. B. alle Entscheidungen des BGH ab dem Jahr 2000 (www. bundesgerichtshof.de) und die wichtigsten Entscheidungen des BVerfG (www. bundesverfassungsgericht.de).

Auch andere wichtige juristische Informationen finden Studierende im Internet, zum einen über die allgemeinen Suchmaschinen (z. B. www.google.de), aber auch auf speziellen Seiten, beispielsweise www.jura-lotse.de, www.jura.uni-sb.de, www.unige.ch und www.ratgeberrecht.de. Die letzte Seite ist aus der Fernsehsendung „ARD-Ratgeber Recht" hervorgegangen, die seit Jahren kurzweilige Informationen über juristische Themen für interessierte Laien vermittelt.

III. Die juristischen Methoden

Die Tätigkeit in den „klassischen" juristischen Berufen und die Juristenausbildung bestehen zu einem wesentlichen Teil aus der Anwendung von Rechtsvorschriften auf vorgegebene Sachverhalte, die so genannten **Fälle**, für die eine Lösung zu finden ist. Nur in den einfachsten Fällen genügt es dabei, eine gesetzliche Bestimmung zu nennen. Meist muss diese ausgelegt werden, um eine Antwort auf die gestellte Frage zu finden.

Beispiel: Verlangt der Käufer eines Fahrzeugs Nachbesserung mit der Begründung, das Fahrzeug sei mangelhaft, und wendet der Verkäufer ein, der Anspruch sei in jedem Fall verjährt, dann beantwortet § 438 BGB die Frage, innerhalb welcher Frist die Verjährung eintritt. Eine Auslegung ist nicht erforderlich. Aber schon die Klärung der Frage, ob eine bestimmte Eigenschaft eines Fahrzeugs einen Mangel darstellt oder nicht, verlangt die vorherige Auslegung des Begriffs „Mangel".

1. Arten der Auslegung

In der Rechtslehre unterscheidet man traditionell vier Arten der Auslegung. Die erste, die **wörtliche** Auslegung, die nach dem Wortsinn des Gesetzesbegriffes fragt, ist im Grunde keine juristische Methode, sondern eine Anwendung von Erkenntnissen der Sprachwissenschaft. Demgegenüber fragt die **systematische** Auslegung nach der Stellung der auszulegenden Vorschrift im Gesetz und in der Rechtsordnung überhaupt und entnimmt daraus Argumente. Die **historische** Auslegung ermittelt aus den Gesetzesmaterialien (der Begründung des Gesetzesentwurfes, den Debatten im Parlament und der Beratung in seinen Ausschüssen sowie den Ergebnissen parlamentarischer Anhörungen), wie der Gesetzgeber eine Bestimmung verstanden hat; auch daraus ergeben sich Anwendungshilfen.

Die **teleologische** Auslegung ermittelt den Sinn und Zweck eines Gesetzes und legt es so aus, dass es der Zielsetzung auch gerecht werden kann. Es ist klar, dass die Auslegung nach diesen verschiedenen Methoden auch ein verschiedenes Ergebnis haben kann.

Im Strafrecht darf die Auslegung wegen des **Analogieverbotes** (nulla poena sine lege) nicht über den möglichen Wortsinn hinausgehen. Die anderen Auslegungsmittel dürfen hier deshalb nur zur Einschränkung, nicht zur Erweiterung der Strafbarkeit gebraucht werden.

Beispiel: Nach § 240 des Strafgesetzbuches (StGB) wird unter anderem derjenige bestraft, der mit „Gewalt" einen anderen zu einer Handlung zwingt. Viele Gerichte haben diese Bestimmung auch auf Demonstranten angewendet, die sich auf eine Straße gesetzt und sie dadurch blockiert haben. Diese Gerichte haben das Vorgehen der Demonstranten unter den Begriff „Gewalt" subsumiert. Das Bundesverfassungsgericht hat diese Entscheidungen aufgehoben, da diese Entscheidungen die im Strafrecht zulässige Auslegung überschritten haben. Sitzen auf der Straße ist im Wortsinn keine Gewalt. Solange es im Strafgesetzbuch keine Bestimmung gibt, die das ausdrücklich für strafbar erklärt, können solche Demonstranten nicht nach § 240 StGB bestraft werden. Sie haben lediglich gegen die Straßenverkehrsordnung verstoßen.

2. Technik der Falllösung

Die dem Richter in einem Prozess ebenso wie dem Jurastudierenden in einer Klausur vorgelegte Frage geht meist dahin, ob einer der Beteiligten gegen den anderen einen **Anspruch** hat, also – nach der Definition des § 194 Abs. 1 BGB – von ihm ein bestimmtes Tun oder Unterlassen verlangen kann. Um diese Frage beantworten zu können, muss der Jurist feststellen, ob es einen Rechtssatz gibt, aus dem sich die gewünschte Rechtsfolge abstrakt ergibt (so genannte **Anspruchsgrundlage**). Ist dies der Fall, muss weiter untersucht werden, ob die Voraussetzungen dieses Rechtssatzes im konkreten Fall gegeben sind. Wenn nötig, muss die Vorschrift dazu ausgelegt werden.

3. Die Subsumtion

Bei der Beantwortung der Frage, ob die jeweilige Anspruchsgrundlage anwendbar ist (sog. **Prüfung der Anspruchsgrundlagen**), geht man üblicherweise folgendermaßen vor:

- Zunächst wird geprüft, ob ein Anspruch nach der betreffenden Anspruchsgrundlage entstanden ist.
- Sodann muss gefragt werden, ob der Anspruch erloschen ist oder ihm eine andere Einwendung oder Einrede entgegensteht. Einwendungen sind vom Gericht von Amts wegen zu beachten, Einreden nur nach Sachvortrag durch die Partei.

Der Anspruch des Verkäufers gegen den Käufer auf Zahlung des Kaufpreises entsteht durch den Abschluss des Kaufvertrages.

Dieser Anspruch kann dadurch erloschen sein, dass der Käufer bereits gezahlt hat. Es kann ihm die Einwendung entgegenstehen, dass der Kaufvertrag (z. B. wegen Wuchers) nichtig ist. Denkbare Einreden des Käufers sind z. B. die Einrede des nichterfüllten Vertrages, wenn der Verkäufer Zahlung verlangt, obwohl er selbst noch nicht geliefert hat, oder die Einrede der Verjährung der Kaufpreisforderung.

Unter die Voraussetzungen der Anspruchsgrundlage (sog. Tatbestandsvoraussetzungen) und die Voraussetzungen der Vorschriften, die sie ausschließen, muss jeweils subsumiert werden. Subsumtion bedeutet, dass das tatsächliche Geschehen mit den Voraussetzungen des anzuwendenden Rechtssatzes verglichen und eine Schlussfolgerung gezogen wird.

Der Sachverhalt lautet beispielsweise: „A verlangt von B Rückzahlung des Kaufpreises mit der Behauptung, er sei wegen eines Mangels vom Vertrag zurückgetreten. A behauptet einen Benzinverbrauch von 9 Litern je 100 km statt der vom Verkäufer angegebenen 6 Liter. B meint dagegen, dass es sich dabei nicht um einen Mangel des Autos handle, da seine Fahreigenschaften nicht betroffen sind. Außerdem sei der Rücktritt unwirksam, weil A das Auto am 1. 3. 2010 erhalten habe und erst am 2. 9. 2012 vom Vertrag zurückgetreten sei.

Die Subsumtion unter die anwendbaren gesetzlichen Vorschriften lautet: „Voraussetzung für einen Anspruch auf Rückzahlung des Kaufpreises ist nach § 323 I BGB, dass A wirksam zurückgetreten ist, weil B seine Leistung nicht vertragsgemäß erbracht hat. Das ist dann der Fall, wenn das Auto einen Mangel hat (§ 433 I 2 BGB). Eine Sache ist frei von Sachmängeln, wenn sie eine Beschaffenheit aufweist, die bei Sachen der gleichen Art üblich ist und die der Käufer nach der Art der Sache erwarten kann (§ 434 I Nr. 2 BGB). Ein wesentlich zu hoher Benzinverbrauch ist somit ein Sachmangel, weil der Benzinverbrauch als eine für die Benutzung eines Autos wesentliche Beschaffenheit angesehen wird, auch wenn die Fahreigenschaften nicht betroffen sind. Der Rücktritt ist allerdings unwirksam, wenn der Nacherfüllungsanspruch verjährt ist und der Schuldner sich hierauf beruft (§ 218 I 1 BGB). Der Nacherfüllungsanspruch des Käufers verjährt in zwei Jahren, beginnend mit der Ablieferung der Sache (§§ 438 I Nr. 3; 437 Nr. 1 BGB). Da der Rücktritt erst nach mehr als zweieinhalb Jahren erklärt wurde, ist er unwirksam.

4. Der Gutachtenstil und der Urteilsstil

Die Tätigkeit des Studierenden bei der Lösung einer Klausur und die Tätigkeit des Richters bei der Abfassung seines Urteils unterscheiden sich bei den bisher beschriebenen Arbeitsschritten nicht. Unterschiedlich ist aber die Art und Weise der Darstellung des gefundenen Ergebnisses.

Vom Studierenden wird die Erstellung eines **Gutachtens** verlangt. Das Ergebnis muss hier am Ende der Überlegungen stehen. Zunächst ist die gestellte Frage aufzuwerfen. Dann wird der Sachverhalt unter die in Betracht kommenden Anspruchsgrundlagen subsumiert. Vor längeren Darstellungen ist die darin behandelte Frage ihrerseits aufzuwerfen, nach längeren Ausführungen sollte ein Zwischenergebnis stehen. An die Untersuchung aller denkbaren Anspruchsgrundlagen und der denkbaren Einwendungen und Einreden schließt sich das Endergebnis an. Der Gutachtenstil verlangt, dass die zu stellenden Fragen im Konjunktiv dargestellt werden; die Ergebnisse werden dagegen im Indikativ formuliert.

Im oben genannten Beispiel würde das vom Studierenden anzufertigende Gutachten deshalb folgendermaßen lauten: „A könnte gegen B einen Anspruch auf Rückzahlung des Kaufpreises für das Auto haben. Voraussetzung für einen Anspruch auf Rückzahlung des Kaufpreises ist nach § 323 I BGB, dass A wirksam zurückgetreten ist, weil B seine Leistung nicht vertragsgemäß erbracht hat. Das ist dann der Fall, wenn das Auto einen Mangel hat (§ 433 I 2 BGB). Eine Sache ist frei von Sachmängeln, wenn sie eine Beschaffenheit aufweist, die bei Sachen der gleichen Art üblich ist und die der Käufer nach der Art der Sache erwarten kann (§ 434 I Nr. 2 BGB). Der wesentlich überhöhte Bezinverbrauch könnte einen solchen Mangel darstellen. Zwar ändert der Benzinverbrauch nichts an den Fahreigenschaften, er wird jedoch im Rechtsverkehr als eine für die Benutzung eines Autos wesentliche Beschaffenheit angesehen. Der Rücktritt könnte allerdings verspätet und deshalb unwirksam sein. Der Rücktritt ist unwirksam, wenn der Nacherfüllungsanspruch verjährt ist und der Schuldner sich hierauf beruft (§ 218 I 1 BGB). Der Nacherfüllungsanspruch des Käufers verjährt in zwei Jahren, beginnend mit der Ablieferung der Sache (§§ 438 I Nr. 3; 437 Nr. 1 BGB). Da der Rücktritt erst nach mehr als zweieinhalb Jahren erklärt wurde und B sich auf die Unwirksamkeit berufen hat, ist er unwirksam. Ergebnis: A kann daher von B Rückzahlung des Kaufpreises nicht verlangen."

Vom Richter wird dagegen die Formulierung eines **Urteils** verlangt. Hier steht das Ergebnis als Urteilsformel am Anfang der Darstellung und wird durch die folgenden Erwägungen begründet. Beim Urteilsstil steht der gesamte Text im Indikativ.

Im Urteilsstil ist die Lösung des obigen Fallbeispiels deshalb folgende: „A kann von B die Rückzahlung des Kaufpreises nicht verlangen. Der Käufer ist vom Kaufvertrag nicht wirksam zurückgetreten. Zwar weist das verkaufte Fahrzeug einen Mangel auf. Obwohl der Benzinverbrauch nichts an den Fahreigenschaften ändert, wird er im Rechtsverkehr als eine für die Benutzung eines Autos wesentliche Beschaffenheit angesehen. Der wegen des Mangels an sich gegebene Rücktritt (§ 437 Nr. 2 BGB) ist jedoch unwirksam, da er erst nach Verjährung des Nacherfüllungsanspruchs erfolgte und der Verkäufer sich darauf berufen hat (§ 218 I 1 BGB). Der Nacherfüllungsanspruch des Käufers verjährt in zwei Jahren, beginnend mit der Ablieferung der Sache (§§ 438 I Nr. 3; 437 Nr. 1 BGB). Der Rücktritt wurde jedoch erst nach mehr als zweieinhalb Jahren erklärt."

Gutachten- und Urteilsstil sind in der praktischen Anwendung nicht so gegen-
sätzlich, wie es zunächst den Anschein hat. Auch im Gutachten brauchen einfache Überlegungen nicht gutachtlich ausgebreitet zu werden, und auch im Urteil wird das Gericht die wirklich zweifelhaften Fragen ausführlich nach Art
eines Gutachtens diskutieren. Wichtig ist in beiden Fällen, die Anspruchsgrundlagen sowie diejenigen Rechtsbegriffe zu erkennen, unter die subsumiert
werden muss.

IV. Die juristische Fachsprache

Juristische Darlegungen, mögen es Gutachten, Urteile oder wissenschaftliche Ab-
handlungen sein, sind für Laien oft nur schwer verständlich. Das hat oft die gleichen Gründe wie bei anderen Fachsprachen, nämlich Mängel in der sprachlichen
Ausdrucksfähigkeit der Verfasser und die besondere Terminologie, die sich in
jeder Fachsprache findet. Die deutsche juristische Sprache weist aber neben dieser allgemeinen Schwierigkeit noch andere Eigenschaften auf, die sie unverständlich machen. Zudem ist sie alles andere als geschlechtsneutral.

1. Die Unverständlichkeit der juristischen Fachsprache

In § 184 des Gerichtsverfassungsgesetzes ist bestimmt, dass die Gerichtssprache
deutsch ist. Leider erschöpft sich die Bedeutung dieser Vorschrift darin, dass
jeder Beteiligte seine Argumente in deutscher (und nicht z. B. in englischer oder
französischer Sprache) vorbringen muss, wenn er damit Gehör finden will. Sie
bedeutet nicht, dass der Durchschnittsbürger in der Lage wäre, die Sprache der
Juristen zu verstehen. Die juristische Fachsprache zeichnet sich durch **hohe Ab-
straktion**, eigene Begriffe und einen umständlichen Stil mit langen Sätzen und vielen Substantiven aus. Deshalb ist eine für den Juristen sehr klare und treffende
Ausdrucksweise für den Laien oft völlig unverständlich.

Die Schwierigkeiten beginnen bereits bei dem speziellen juristischen **Wortschatz**.
Viele Gesetze und andere Rechtssätze haben ihren Ursprung in der Rechtstradition
und verwenden von daher heute noch Begriffe, die sonst aus der Sprache völlig
verschwunden sind. So gibt es zum Beispiel im Sachenrecht die dinglichen Rechte
„Nießbrauch“ und „Reallast“. Nicht nur der rechtliche Inhalt, sondern bereits
die Bedeutung dieser beiden Wörter ist dem Normalbürger völlig unbekannt.

Ein weiteres Charakteristikum der juristischen Sprache ist die Verwendung besonders vieler Substantive. So lautet § 253 I der Zivilprozessordnung:

> „Die Erhebung der Klage erfolgt durch die Zustellung eines Schriftsatzes
> (Klageschrift).“

Immerhin ist dieser Satz zumindest seinem sprachlichen Inhalt nach allgemein verständlich. Dies gilt jedoch nicht für alle Rechtssätze. So bestimmt § 986 I 2 BGB:

> „Ist der mittelbare Besitzer dem Eigentümer gegenüber zur Überlassung des Besitzes an den Besitzer nicht befugt, so kann der Eigentümer von dem Besitzer die Herausgabe der Sache an den mittelbaren Besitzer oder, wenn dieser den Besitz nicht wieder übernehmen kann oder will, an sich selbst verlangen."

Es ist klar, dass Normalbürger und Studienanfänger mit dem Versuch überfordert sind, diesen Satz inhaltlich zu verstehen.

Die Schwierigkeiten beruhen nicht – wie in anderen Rechtssprachen – darauf, dass die deutschen Juristen in großem Umfang Wörter aus Fremdsprachen, etwa aus dem Lateinischen, verwenden würden, wie dies etwa im englischen Recht der Fall ist. Alle Gesetzesbegriffe sind der deutschen Sprache entnommen, und auch die Rechtswissenschaftler verwenden nur wenige Fremdwörter. Allerdings beruhen die wichtigsten Zivilgesetze auf der Übernahme des römischen Rechts. Es handelt sich nicht um Kodifikationen eines Volksrechts, sondern um von den Juristen des 19. Jahrhunderts in deutsche Begriffe übertragene Rechtsregeln, die auf mehreren Jahrhunderten Rechtstradition in lateinischer Sprache beruhen. Das unterscheidet beispielsweise das deutsche BGB von den Zivilgesetzbüchern anderer Länder, etwa vom französischen *code civil*, und auch von früheren deutschen Zivilgesetzbüchern, etwa dem Preußischen Allgemeinen Landrecht, das 1794 in Kraft gesetzt wurde. Letzteres erscheint aus heutiger Sicht zwar unsystematisch, ist aber in seinem Inhalt oft verständlicher als das BGB. Der Grund für die Unverständlichkeit der deutschen Rechtssprache wird heute oft in dem Bestreben der Juristen gesehen, sich ihr „Monopol" zu erhalten, das Recht für die Normalbürger durchzusetzen, und die allgemeine Vorstellung am Leben zu erhalten, Rechtswissenschaft sei etwas besonders Schwieriges. Eine einfachere Rechtssprache könnte beiden Zielen zuwiderlaufen.

Allerdings unterscheiden sich nicht nur die juristischen Begriffe, sondern auch die juristischen Argumentationstechniken erheblich von der Ausdrucksweise, die sonst im täglichen Leben oder in anderen Wissenschaften benutzt wird. Da stets nur das erörtert wird, was für die Beantwortung der gestellten Frage erheblich ist, geht jede juristische Darstellung von einem erheblichen **Vorwissen** aus. Juristische Schriftsteller erörtern regelmäßig die Probleme, die die Beantwortung der gestellten Frage nicht weiterbringen, nicht, weil sie davon ausgehen, dass die Leser – wie sie selbst – wissen, „worauf es ankommt". Anders ist es lediglich bei Darstellungen, die sich an Laien oder Anfänger in der juristischen Ausbildung wenden. Diese legen kein Vorwissen zugrunde und erörtern deshalb auch, warum es auf bestimmte Dinge in einem vorgegebenen Zusammenhang nicht ankommt.

Die juristische Fachsprache wird in der nichtjuristischen Öffentlichkeit oft kritisiert und von den Juristen ihrerseits verteidigt. Beide Haltungen sind erklärlich. Die Juristen gehen davon aus, dass eine Fachsprache nicht für jedermann verständlich sein kann, sondern die Komplexität des Rechts und die Vielzahl der zu diskutierenden Fragen nur durch eine kurze, prägnante (aber oft schwer verständliche) Sprache zu bewältigen sind. Die Öffentlichkeit hingegen sieht darin oft lediglich ein Mittel, das Recht ihrer Kontrolle zu entziehen.

In der juristischen Fachsprache wird in großem Umfang mit **Abkürzungen** gearbeitet. Die meisten der gängigen Gesetze werden nicht mit ihrem vollständigen Titel, sondern in abgekürzter Form zitiert; dasselbe gilt für die Bezeichnungen der Gerichte und die Namen der juristischen Zeitschriften. Auch in der juristischen Wissenschaft seit langem eingeführte Standardwerke werden oft nur mit ihrem Begründer zitiert, auch wenn dieser seit langem verstorben ist und die Bearbeiter des Werks seitdem mehrfach gewechselt haben. Meist werden in selbstständigen Veröffentlichungen diese Abkürzungen in einem Abkürzungsverzeichnis aufgelöst. Zur bequemen Benutzung von Zeitschriften ist es aber erforderlich, dass sich Jurastudierende die wichtigsten Abkürzungen einprägen.

2. „Die Rechtssprache ist männlich"

Eine Erscheinung, die die deutsche Rechtssprache mit den Rechtsterminologien aller Sprachen teilt, die ein grammatisches Geschlecht kennen (also z. B. mit allen romanischen Sprachen, teilweise auch mit dem Englischen, nicht dagegen z. B. mit dem Türkischen), ist es, dass in Rechtsbegriffen stets nur die männliche Form verwendet wird, selbst dann, wenn nur eine weibliche Person gemeint sein kann, wie etwa in § 2 I des Hebammengesetzes: „Eine Erlaubnis ist auf Antrag zu erteilen, wenn der Antragsteller..." oder in § 181 a des Strafgesetzbuches, wo geregelt ist, wie ein Zuhälter bestraft wird, der die nach dieser Vorschrift strafbaren Handlungen „gegenüber **seinem Ehegatten**" vornimmt. Mag es sich hierbei mehr um Kuriositäten handeln, ist das eigentliche Problem schwerwiegender: Dadurch, dass in Gesetzen nur die männliche Form verwendet wird, wird der weiblichen Hälfte der Bevölkerung die Möglichkeit genommen, sich mit dem Gesetz und den in ihm enthaltenen Ansprüchen und Möglichkeiten zu identifizieren.

Es handelt sich dabei um mehr als nur um terminologische Fragen. Dies beweist auch die Tatsache der Einfügung eines § 611 b im Jahre 1980 in das BGB. Diese Vorschrift schrieb vor, dass Arbeitsstellen geschlechtsneutral auszuschreiben sind. Wer also eine Schreibkraft sucht, darf nicht die Stelle „einer Sekretärin" ausschreiben, sondern muss „einen Sekretär/eine Sekretärin" suchen; wer Elektriker sucht, muss die Stellen für „Elektriker/Elektrikerinnen" ausschreiben. Allerdings hat sich der Gesetzgeber bei der Abfassung des Paragraphen – wie üblich – nicht um geschlechtsneutrale Formulierung bemüht, sondern erlegte die Pflicht zur geschlechtsneutralen Ausschreibung „**dem Arbeitgeber**" auf, obwohl es doch auch erfolgreiche Unternehmerinnen gibt. Heute gilt für die Ausschreibung § 11 AGG.

Hier Abhilfe zu schaffen, ist zugegebenermaßen schwierig, da eine durchgehende Verwendung der männlichen und der weiblichen Form die Rechtssprache oft noch schwerfälliger und komplizierter machen würde, als sie es ohnehin schon ist. Beispielsweise wäre die oben in Abschnitt IV. 1. mitgeteilte Bestimmung des § 986 I 2 BGB, die ohnehin schon kompliziert ist, kaum noch lesbar, wenn „der Eigentümer" und die anderen männlichen Substantive jeweils durch „der Eigentümer oder die Eigentümerin" ersetzt würden. In manchem Zusammenhang könnte allerdings helfen, von „der Person" zu sprechen, also z. B. statt von „dem Minderjährigen" von „der minderjährigen Person" zu sprechen.

Konsequent durchgeführt ist der Grundsatz der geschlechtsneutralen Ausdrucksweise in der Verfassung des Landes Schleswig-Holstein. Gerade hier zeigt sich aber die Schwerfälligkeit der praktischen Durchführung dieses Grundsatzes. So lautet ein Artikel im Abschnitt über die Landesregierung: „Endet das Amt der Ministerpräsidentin oder des Ministerpräsidenten, so sind er oder sie und mit ihm oder ihr die Landesregierung..."

Übungsteil

A. Rechtliche Aspekte

1️⃣ Fragen zum Text

1. Warum ist die Rangordnung der Rechtssätze wichtig? Welches Gesetz steht an der Spitze der Rangordnung?

2. Was wird im deutschen Recht außer dem geschriebenen Recht oft zur Lösung eines Falles herangezogen?

3. Worin liegt bei der richterlichen Rechtsfortbildung der Unterschied zum Präjudizienrecht (z. B. in England)?

4. Wozu wird die Auslegung von gesetzlichen Bestimmungen benötigt?

5. Wie sieht es mit der Auslegung im Strafrecht aus? Warum?

6. Aus welchen Gründen ist die juristische Fachsprache für Nicht-Juristen schwer zu verstehen?

7. Inwiefern ist die Rechtssprache männlich? Welche Probleme sind damit verbunden?

2 Ergänzen Sie die folgenden beiden Skizzen

1. Skizze 1:

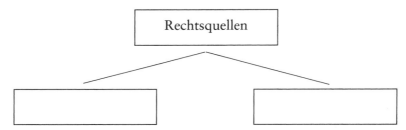

Skizze 2:

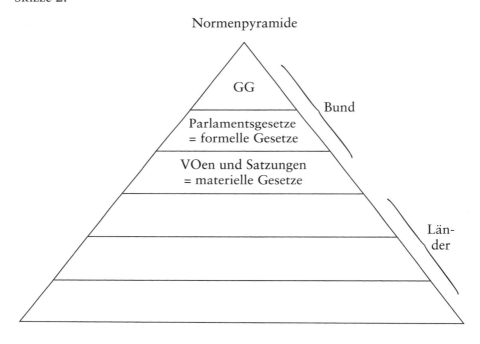

3 Lesen Sie die nachfolgenden Paragraphen des BGB und zitieren Sie die fett
   gedruckten Passagen. Denken Sie daran, genau, also ggf. mit Absatz und Satz
   zu zitieren! Benutzen Sie einmal die ausführliche (a) und einmal die ab-
   gekürzte (b) Zitierweise.

Beispiel: § 194 | a) § 194 Abs. 1 BGB | | b) § 194 I BGB |
Gegenstand der Verjährung.
(1) **Das Recht, von einem anderen ein**
Tun oder Unterlassen zu verlangen
(Anspruch), unterliegt der Verjährung.

(2) Ansprüche aus einem familienrechtlichen Verhältnis unterliegen der Verjährung nicht, soweit sie auf die Herstellung des dem Verhältnis entsprechenden Zustandes für die Zukunft gerichtet sind.

1. *§ 249 Art und Umfang des Schadensersatzes.*
(1) Wer zum Schadensersatze verpflichtet ist, hat den Zustand herzustellen, der bestehen würde, wenn der zum Ersatze verpflichtende Umstand nicht eingetreten wäre.
(2) [1]**Ist wegen Verletzung einer Person oder wegen Beschädigung einer Sache Schadensersatz zu leisten, so kann der Gläubiger statt der Herstellung den dazu erforderlichen Geldbetrag verlangen.** Bei der [2]Beschädigung einer Sache schließt der nach Satz 1 erforderliche Geldbetrag die Umsatzsteuer nur mit ein, wenn und soweit sie tatsächlich angefallen ist.

2. *§ 250 Schadensersatz in Geld nach Fristsetzung.*
[1]**Der Gläubiger kann dem Ersatzpflichtigen zur Herstellung eine angemessene Frist mit der Erklärung bestimmen, dass er die Herstellung nach dem Ablauf der Frist ablehne.** [2]Nach dem Ablauf der Frist kann der Gläubiger den Ersatz in Geld verlangen, wenn nicht die Herstellung rechtzeitig erfolgt; der Anspruch auf die Herstellung ist ausgeschlossen.

3. *§ 251 Schadensersatz in Geld ohne Fristsetzung.*
(1) Soweit die Herstellung nicht möglich oder zur Entschädigung des Gläubigers nicht genügend ist, hat der Ersatzpflichtige den Gläubiger in Geld zu entschädigen.
(2) [1]**Der Ersatzpflichtige kann den Gläubiger in Geld entschädigen, wenn die Herstellung nur mit unverhältnismäßigen Aufwendungen mög-**

a)   b)

lich ist. [2]Die aus der Heilbehandlung eines verletzten Tieres entstandenen Aufwendungen sind nicht bereits dann unverhältnismäßig, wenn sie dessen Wert erheblich übersteigen.

4. § 252 Entgangener Gewinn.
[1]Der zu ersetzende Schaden umfasst auch den entgangenen Gewinn. **[2]Als entgangen gilt der Gewinn, welcher nach dem gewöhnlichen Laufe der Dinge oder nach den besonderen Umständen, insbesondere nach den getroffenen Anstalten und Vorkehrungen, mit Wahrscheinlichkeit erwartet werden konnte.**

4 Unterstreichen Sie jetzt die zitierten Passagen in den angegebenen Paragraphen bzw. Artikeln.

Der Plural von Paragraph heißt übrigens Paragraphen und wird §§ abgekürzt, der Plural von Artikel heißt Artikel und wird „Artt." (oder auch nur „Art.") abgekürzt.

Beispiel:

§ 433 Abs. 1 S. 2 BGB   § 433 Vertragstypische Pflichten beim Kaufvertrag. (1) [1]Durch den Kaufvertrag wird der Verkäufer einer Sache verpflichtet, dem Käufer die Sache zu übergeben und das Eigentum an der Sache zu verschaffen. [2]Der Verkäufer hat dem Käufer die Sache frei von Sach- und Rechtsmängeln zu verschaffen.
(2) Der Käufer ist verpflichtet, dem Verkäufer den vereinbarten Kaufpreis zu zahlen und die gekaufte Sache abzunehmen.

1. § 812 Abs. 1 S. 1   § 812 Herausgabeanspruch. (1) [1]Wer durch die Leistung eines
1. Alt. BGB   anderen oder in sonstiger Weise auf dessen Kosten etwas ohne rechtlichen Grund erlangt, ist ihm zur Herausgabe verpflichtet. [2]Diese Verpflichtung besteht auch dann, wenn der rechtliche Grund später wegfällt oder der mit einer Leistung nach dem Inhalte des Rechtsgeschäfts bezweckte Erfolg nicht eintritt.
(2) Als Leistung gilt auch die durch Vertrag erfolgte Anerkennung des Bestehens oder des Nichtbestehens eines Schuldverhältnisses.

2. § 823 Abs. 1 BGB   § 823 Schadensersatzpflicht. (1) Wer vorsätzlich oder fahrlässig das Leben, den Körper, die Gesundheit, die Freiheit, das Eigentum oder ein sonstiges Recht eines anderen widerrechtlich verletzt, ist dem anderen zum Ersatze des daraus entstehenden Schadens verpflichtet.

(2) ¹Die gleiche Verpflichtung trifft denjenigen, welcher gegen ein den Schutz eines anderen bezweckendes Gesetz verstößt. ²Ist nach dem Inhalte des Gesetzes ein Verstoß gegen dieses auch ohne Verschulden möglich, so tritt die Ersatzpflicht nur im Falle des Verschuldens ein.

3. *§ 828 Abs. 2 S. 2 BGB*   *§ 828 Minderjährige.* (1) Wer nicht das siebente Lebensjahr vollendet hat, ist für einen Schaden, den er einem anderen zufügt, nicht verantwortlich.

(2) ¹Wer das siebente, aber nicht das zehnte Lebensjahr vollendet hat, ist für den Schaden, den er bei einem Unfall mit einem Kraftfahrzeug, einer Schienenbahn oder einer Schwebebahn einem anderen zufügt, nicht verantwortlich. ²Dies gilt nicht, wenn er die Verletzung vorsätzlich herbeigeführt hat.

(3) Wer das 18. Lebensjahr noch nicht vollendet hat, ist, sofern seine Verantwortlichkeit nicht nach Absatz 1 oder 2 ausgeschlossen ist, für den Schaden, den er einem anderen zufügt, nicht verantwortlich, wenn er bei der Begehung der schädigenden Handlung nicht die zur Erkenntnis der Verantwortlichkeit erforderliche Einsicht hat.

4. *§ 986 Abs. 1 S. 1 BGB*   *§ 986 Einwendungen des Besitzers.* (1) ¹Der Besitzer kann die Herausgabe der Sache verweigern, wenn er oder der mittelbare Besitzer, von dem er sein Recht zum Besitz ableitet, dem Eigentümer gegenüber zur Überlassung des Besitzes berechtigt ist. ²Ist der mittelbare Besitzer dem Eigentümer gegenüber zur Überlassung des Besitzes an den Besitzer nicht befugt, so kann der Eigentümer von dem Besitzer die Herausgabe der Sache an den mittelbaren Besitzer oder, wenn dieser den Besitz nicht wieder übernehmen kann oder will, an sich selbst verlangen.

(2) Der Besitzer einer Sache, die nach § 931 durch Abtretung des Anspruchs auf Herausgabe veräußert worden ist, kann dem neuen Eigentümer die Einwendungen entgegensetzen, welche ihm gegen den abgetretenen Anspruch zustehen.

5. *Art. 1 Abs. 3 GG*   *Art. 1 [Schutz der Menschenwürde]* (1) Die Würde des Menschen ist unantastbar. Sie zu achten und zu schützen ist Verpflichtung aller staatlichen Gewalt.

(2) Das Deutsche Volk bekennt sich darum zu unverletzlichen und unveräußerlichen Menschenrechten als Grundlage jeder menschlichen Gemeinschaft, des Friedens und der Gerechtigkeit in der Welt.

(3) Die nachfolgenden Grundrechte binden Gesetzgebung, vollziehende Gewalt und Rechtsprechung als unmittelbar geltendes Recht.

5 Beurteilen Sie, in welchem Stil die folgenden Fälle dargestellt sind, und begründen Sie Ihre Meinung.

Fall 1: Die Schnecke im Salat (nach NJW 1986, 2647)

Der Kläger könnte gegen den Beklagten Anspruch auf Zahlung von 76 € aus § 433 II BGB haben. Nach dieser Vorschrift ist der Käufer verpflichtet, dem Verkäufer den vereinbarten Kaufpreis zu zahlen. Zweifelhaft ist, um was für einen Vertrag es sich bei dem zwischen den Parteien geschlossenen Vertrag handelt, durch den sich der Kläger verpflichtet hatte, dem Beklagten in seinem Restaurant die bestellten Speisen und Getränke zu servieren. Dieser Vertragstyp ist im BGB nicht näher geregelt, er enthält Elemente des Dienst-, Werksowie des Kaufvertrags. Schwerpunkt des Vertrags ist jedoch das Kaufvertragelement, nämlich das Bereitstellen von Speisen und Getränken gegen Entgelt, was rechtfertigt, den Zahlungsanspruch aus dem Kaufrecht herzuleiten. Voraussetzung für den Anspruch des Klägers ist, dass ein Kaufvertrag über Speisen und Getränke im Gesamtwert von 76 € geschlossen wurde. Der Beklagte hat diese Speisen und Getränke bestellt, der Kläger hat sie auch angeliefert.

Ein Kaufvertrag ist also geschlossen worden. Der Beklagte könnte aber berechtigt sein, die Zahlung zu verweigern, wenn er den Kaufpreis durch Erklärung gegenüber dem Käufer gemindert hätte (§ 441 BGB). Dazu müssten die Speisen mangelhaft gewesen sein (§§ 437, 434 Abs. 1 BGB). In einem der gelieferten Salate befand sich eine Schnecke. Ein Salat, in dem sich eine Schnecke befindet, hat nicht die für in einem Restaurant servierten Salate übliche Beschaffenheit, die der Käufer erwarten kann. Er ist also mangelhaft...

Fall 2: Der Wellensittich im Koma (nach NJW 1990, 2264)

Der Betroffene wollte zwar nach seiner unwiderlegten Einlassung einen im Koma liegenden Wellensittich retten. Die Geschwindigkeitsüberschreitung war deshalb jedoch nicht wegen Notstands gem. § 16 OWiG gerechtfertigt. Diese Vorschrift setzt voraus, dass bei Abwägung der widerstreitenden Interessen das geschützte Interesse das beeinträchtigte *wesentlich* überwiegt. In diese Erwägungen sind auch die Rangordnungen der betroffenen Rechtsgüter einzubeziehen. Steht z. B. – wie hier – die Beeinträchtigung der Sicherheit des Straßenverkehrs und damit die Gefahr für Leib und Leben von Menschen auf dem Spiel, so tritt demgegenüber die Rettung eines Tieres grundsätzlich zurück. Der Beweggrund, ein erkranktes Tier möglichst rasch behandeln zu lassen, rechtfertigt daher die Verletzung von Sicherheitsvorschriften im Straßenverkehr, zu denen auch Geschwindigkeitsbeschränkungen gehören, regelmäßig nicht. Ein Ausnahmefall liegt hier nicht vor. Die Überschreitung der zulässigen Höchstgeschwindigkeit um 54 km/h war nicht wegen Rettung eines Wellensittichs gerechtfertigt...

6 Ordnen Sie folgende (in Deutschland sehr bekannte) Titel den fünf Kategorien „Kommentar, Lehrbuch, Monographie, juristische Zeitschrift, Entscheidungssammlung" zu! Schauen Sie die Titel nötigenfalls in der Bibliothek oder dem Literatur- oder Abkürzungsverzeichnis eines Lehrbuchs oder Kommentars nach.

1. Entscheidungen des Bundesverfassungsgerichts (BVerfGE)

2. Brox: Allgemeiner Teil des BGB

3. Neue Juristische Wochenschrift (NJW)

4. Palandt: Bürgerliches Gesetzbuch

5. Raiser: Dingliche Anwartschaften

7 Gem. § 194 Abs. 1 BGB ist ein Anspruch „das Recht, von einem anderen ein Tun oder ein Unterlassen zu verlangen". Der Anspruch ist üblicherweise als Recht (a) oder als Verpflichtung (b) formuliert.

Beispiel:

a) § 985 BGB   *§ 985 [Herausgabeanspruch]* Der Eigentümer **kann** von dem Besitzer die Herausgabe der Sache **verlangen**.

b) *§ 433 Abs. 1 S. 1 BGB* § 433 [Grundpflichten des Verkäufers und des Käufers] (1) Durch den Kaufvertrag **wird** der Verkäufer einer Sache **verpflichtet**, dem Käufer die Sache zu übergeben und das Eigentum an der Sache zu verschaffen.

Bitte entscheiden Sie, ob es sich bei den folgenden Paragraphen des BGB um eine Anspruchsgrundlage handelt oder nicht, und begründen Sie Ihre Meinung.

Anspruchsgrundlage	ja	nein	warum?
§ 1			
§ 105 Abs. 1			
§ 433 Abs. 2			
§ 535 Abs. 1 S. 1			
§ 823 Abs. 1			
§ 903 S. 1			
§ 1004 Abs. 1 S. 1			

Überlegen Sie anschließend, warum die Kenntnis der Anspruchsgrundlagen für die Praxis große Bedeutung hat.

8 Finden Sie mit Hilfe eines Abkürzungsverzeichnisses heraus, wie die folgenden für Jurastudierende wichtigen Zeitschriften heißen.

1. JA   = ...

2. Jura   = ...

3. JuS   = ...

⑨ Anschließend finden Sie das Märchen „Rotkäppchen", wie es ein Verwaltungsjurist möglicherweise formulieren würde. Allerdings ist die Reihenfolge durcheinander geraten. Kopieren Sie den Text, schneiden Sie die einzelnen Absätze aus und versuchen Sie, das Märchen in der richtigen Reihenfolge zusammenzusetzen.

Rotkäppchen

1. Der sich auf einem Dienstgang befindliche Förster F. vernahm verdächtige Schnarchgeräusche und stellte deren Urheberschaft seitens des Wolfsmaules fest.

2. Sie machte sich infolge Nichtbeachtung dieser Vorschrift straffällig und begegnete beim Überschreiten des diesbezüglichen Blumenpflückverbotes einem polizeilich nicht gemeldeten Wolf ohne festen Wohnsitz.

3. Als in unserer Stadt wohnhaft ist eine Minderjährige aktenkundig, welche infolge ihrer hierorts üblichen Kopfbedeckung Rotkäppchen genannt zu werden pflegt.

4. Die Beinhaltung des Getöteten weckte in dem Schussabgeber die Vermutung, dass der Leichnam Personen beinhalte.

5. Durch die unverhoffte Wiederbelebung bemächtigte sich der beiden Personen ein gesteigertes, amtlich nicht zulässiges Lebensgefühl.

6. Er reichte bei seiner vorgesetzten Dienststelle ein Tötungsgesuch ein, welches zuschlägig beschieden wurde.

7. Dieser verlangte in unberechtigter Amtsanmaßung Einsichtnahme in den zum Transport von Konsumgütern dienenden Korb und traf zwecks Tötungsabsicht die Feststellung, dass die R. zu ihrer verwandten und verschwägerten Großmutter eilends war.

8. Zwecks diesbezüglicher Feststellung öffnete er unter Zuhilfenahme eines Messers den Kadaver zur Einsichtnahme und stieß hierbei auf die noch lebende R. nebst Großmutter.

9. Da bei dem Wolfe Verknappungen auf dem Ernährungssektor vorherrschend waren, beschloss er, bei der Großmutter der R. unter Vorlage falscher Papiere vorsprechig zu werden.

10. Vorher wurde die R. seitens ihrer Mutter über das Verbot betreffs Verlassens der Waldwege auf Kreisebene belehrt.

11. Dieser wurde nach Infangnahme der Kugel ablebig.

12. Daraufhin gab er einen Schuss ab auf den Wolf.

13. Die R. beabsichtigte, ihrer ordnungsgemäß im Außenbereich wohnhaften Großmutter einen Besuch abzustatten.

14. Bei der später eintreffenden R. täuschte er seine Identität mit der Großmutter vor, stellte der R. nach und durch Zweitverschlingung derselben seinen Tötungsvorsatz unter Beweis.

15. Der Vorfall wurde von den Brüdern Grimm zu Protokoll gegeben.

16. Da dieselbe wegen Augenleidens krankgeschrieben war, gelang dem Wolf die diesfällige Täuschungsabsicht, worauf er unter Verschlingung der Bettlägrigen einen strafbaren Mundraub ausführte.

10 Rechtspolitische Frage:

Erscheint Ihnen eine Vereinfachung der Rechtssprache nicht überfällig? Erörtern Sie Ihre Ansicht und gehen Sie dabei insbesondere auf das Vorbild der schweizerischen Rechtssprache ein.

11 Rechtsvergleichende Anregungen

1. Vergleichen Sie die Rechtsquellen Ihres Heimatrechts mit denjenigen des deutschen Rechts. Arbeiten Sie die Unterschiede heraus und erläutern Sie, welche Auswirkungen diese haben.

2. Nehmen Sie einen Vergleich zwischen den juristischen Methoden in Ihrer Heimat und in Deutschland vor. Gehen Sie dabei auf den Aufbau eines Urteils ein und zeigen Sie Ähnlichkeiten und Differenzen auf.

3. Vergleichen Sie die Rechtssprache in Ihrem Herkunftsstaat mit der deutschen Rechtssprache und legen Sie dar, inwieweit ähnliche Probleme bestehen und inwieweit Probleme zufrieden stellend vermieden werden.

B. Sprachliche Aspekte

1 Ergänzen Sie im Zusammenhang mit Anspruchsgrundlagen im Gesetz im nachfolgenden Text Wörter aus der Liste.

Anspruch / Ansprüche / auf / geltend / Herausgabe / kann / klagen / Klagerecht / machen / Schadens / Tun / Unterlassen / verlangen / verpflichtet / Verpflichtung

§ 194 I BGB enthält die Definition des Begriffes _____ (1). Danach kann derjenige, der einen Anspruch hat, vom anderen ein bestimmtes _____ (2) oder _____ (3) verlangen. Im Gesetz wird gelegentlich unter direkter Benutzung des Wortes „Anspruch" auf _____ (4) verwiesen, die in vorhergehenden Paragraphen in anderer Weise formuliert sind. So z. B. in § 651 g I BGB. Demzufolge sind Ansprüche nach den §§ 651 c bis 651 f BGB vom Reisenden innerhalb eines Monats nach der vertraglich vorgesehenen Beendigung der Reise gegenüber dem Reiseveranstalter _____ (5) zu _____ (6). Die Formulierung von Ansprüchen ist im Gesetz häufig am Gebrauch bestimmter Verben erkennbar. § 985 BGB bestimmt beispielsweise, dass der Eigentümer vom Besitzer die _____ (7) der Sache _____ (8) kann.

Andere Paragraphen gewähren ein _____ (9). Nach § 1004 I 2 BGB
kann der Eigentümer z. B. bei bestimmten Beeinträchtigungen des Besitzes
_____ (10) Unterlassung _____ (11).

Ein Anspruch entsteht meist, wenn ein Beteiligter eine gesetzlich bestimmte
Verpflichtung nicht erfüllt hat. Dementsprechend ist die Grundlage für einen
Anspruch sehr oft in der _____ (12) zu finden, die im Gesetz
formuliert ist. § 433 II BGB _____ (13) z. B. den Käufer, den durch
Kaufvertrag vereinbarten Kaufpreis zu zahlen und die gekaufte Sache abzunehmen. Nach § 280 I 1 BGB _____ (14) der Gläubiger Ersatz des
_____ (15) verlangen, der dadurch entsteht, dass der Schuldner
eine Pflicht aus dem Schuldverhältnis verletzt.

2 Der Konjunktiv II im Gutachtenstil

Der Konjunktiv II ist vom Imperfekt abgeleitet und dient zum Ausdruck von
Hypothesen. Deshalb wird die Erörterung der möglichen Anspruchsgrundlage (1) durch den Konjunktiv II eingeführt, ebenso die Erörterung der Tatbestandsmerkmale (2), Einwendungen und Einreden (3).
Relevante Formen sind die 3. Person Singular (-e) und Plural (-en).
Es gibt eine zunehmende Tendenz, den Konjunktiv II durch das **Konditional**
zu ersetzen (würde + Infinitiv). Das ist besonders dann der Fall, wenn die Formen des Konjunktiv II und des Imperfekt Indikativ identisch sind.

→ **Beachten Sie:**   Modalverben sowie Formen von „sein" und „haben"
                             sind nicht durch das Konditional zu ersetzen

Beispiele aus dem Textbeispiel über den Autokauf in Kapitel 2:

1. A **könnte** gegen B einen Anspruch auf Rückgängigmachung des Kaufvertrags haben.

2. Der wesentlich überhöhte Benzinverbrauch **könnte** einen solchen Mangel
   darstellen.

3. Dem Anspruch **könnte** daher die Einrede der Verjährung entgegenstehen.
   Ergänzen Sie die passenden Formen des Konjunktiv II.

1. E _____ gegen S einen Anspruch auf Nacherfüllung nach §§ 634
   Nr. 1, 635 BGB haben.

2. Voraussetzung dafür _____, dass das Werk nicht die vereinbarte
   Eigenschaft hat.

3. A _____ gegen B einen Anspruch auf Herausgabe der
   Sache nach § 985 BGB haben.

4. Dann _____ Eigentümer der Sache sein.

5. Es _____ zweifelhaft sein, ob eine wirksame Übereignung
   stattgefunden hat.

③ Geschlechtsneutrale Ausdrucksweise

Möglichkeiten sind die Benutzung von männlicher und weiblicher Form, der Plural oder der Ersatz durch „die Person". Auch verbale Strukturen können statt nominaler Strukturen benutzt werden.

Versuchen Sie, folgende Vorschriften aus dem BGB und GG so umzuformen, dass grammatisch ersichtlich ist, dass Mann und Frau gemeint sind. Beachten Sie dabei auch die Pronomen.

a)
Art. 54 GG Wahl durch die Bundesversammlung
Der Bundespräsident wird ohne Aussprache von der Bundesversammlung gewählt. Wählbar ist jeder Deutsche, der das Wahlrecht zum Bundestag besitzt und das vierzigste Lebensjahr vollendet hat.

b)
§ 1569 BGB Anspruch auf Unterhalt
Kann ein Ehegatte nach der Scheidung nicht selbst für seinen Unterhalt sorgen, so hat er gegen den anderen Ehegatten einen Anspruch auf Unterhalt nach den folgenden Vorschriften.

c)
§ 985 BGB Herausgabeanspruch
Der Eigentümer kann von dem Besitzer die Herausgabe der Sache verlangen.

d)
§ 433 Abs. 2 BGB Grundpflichten des Verkäufers und des Käufers
Der Käufer ist verpflichtet, dem Verkäufer den vereinbarten Kaufpreis zu zahlen und die gekaufte Sache abzunehmen.

e)
§ 117 BGB Scheingeschäft
Wird eine Willenserklärung, die einem anderen gegenüber abzugeben ist, mit dessen Einverständnis nur zum Schein abgegeben, so ist sie nichtig.

Drittes Kapitel
Das Verfassungsrecht

Wie die meisten Staaten hat auch die Bundesrepublik Deutschland eine geschriebene Verfassung, die in einer Verfassungsurkunde niedergelegt ist. Diese ist allerdings nicht als Verfassung bezeichnet, sondern trägt die Überschrift **Grundgesetz**. Das hat historische Gründe. Als nach dem Zweiten Weltkrieg aus der amerikanischen, der britischen und der französischen Besatzungszone die Bundesrepublik Deutschland gebildet wurde, hielt der neue Staat seine Verfassungsordnung für „provisorisch" und wählte deswegen nicht die Bezeichnung „Verfassung", sondern den neutralen Begriff „Grundgesetz", weil die Bürger im Osten Deutschlands von der Mitwirkung ausgeschlossen waren.

Demgemäß bestimmte Art. 146 des seit 23. Mai 1949 gültigen Grundgesetzes auch, dass es außer Kraft treten würde, wenn eine neue Verfassung für alle Teile Deutschlands beschlossen würde. Nach dem Beitritt der DDR, der am 3. Oktober 1990 wirksam geworden ist, wurde jedoch keine neue Verfassung in Kraft gesetzt, sondern lediglich das Grundgesetz in einigen wenigen Punkten geändert; seine Überschrift wurde beibehalten. Außer dem Grundgesetz gibt es die Verfassungen der Bundesländer, die meist auch als solche bezeichnet werden und deren Geltung auf das Gebiet des jeweiligen Landes beschränkt ist.

I. Die Grundrechte

Anders als in den meisten Verfassungen stehen im Grundgesetz die Menschen- und Bürgerrechte (so genannte Grundrechte) an der Spitze der Verfassungsurkunde (Art. 1 bis 19); lediglich die die Rechtsprechung betreffenden Grundrechte sind weiter hinten eingeordnet (Art. 101 bis 104). Auch diese Besonderheit ist historisch begründet. Nach den Erfahrungen der nationalsozialistischen Gewaltherrschaft, die die Menschenrechte aufs Gröbste missachtet hatte, sollte auch äußerlich klar erkennbar werden, dass die Gewährleistung der elementaren Rechte des Individuums den wichtigsten Teil der Verfassungsordnung der Bundesrepublik darstellt.

1. Die einzelnen Grundrechte

a) Die Menschenwürde

Die meisten Grundrechte sind Menschenrechte, stehen also nicht nur den deutschen Staatsangehörigen, sondern allen Bürgern zu. Das gilt natürlich auch für den **Schutz der Menschenwürde** (Art. 1 I GG): „Die Würde des Menschen ist unantastbar. Sie zu achten und zu schützen ist Verpflichtung aller staatlichen Gewalt."

b) Die Freiheitsrechte

Auch die Freiheitsrechte, die sich im Katalog der Grundrechte anschließen, sind ganz überwiegend Menschenrechte. Das umfassende Freiheitsrecht ist das auf **freie Entfaltung der Persönlichkeit** (Art. 2 I GG). Es besteht zwar lediglich im Rahmen der verfassungsmäßigen Ordnung, ist also durch jede verfassungsgemäß zustande gekommene Rechtsvorschrift beschränkbar, hat aber trotzdem große Bedeutung, da es den Bürger umfassend gegen jede denkbare Beeinträchtigung seiner Lebensentfaltung durch den Staat ohne gesetzliche Grundlage schützt. Das BVerfG, zu dessen wichtigsten Aufgaben die Auslegung der Grundrechte zählt, rechnet nämlich nicht nur den Persönlichkeitskern, sondern jede Ausübung von Rechten zur Persönlichkeitsentfaltung. Damit gehören zum Schutzbereich dieses Grundrechts auch Lebensbereiche, die im normalen Sprachgebrauch nicht mehr zur Persönlichkeitsentfaltung gerechnet würden.

Beispiel: Nach § 517 I ZPO beträgt die Frist zur Einlegung eines Rechtsmittels gegen die Entscheidung eines Zivilgerichts einen Monat ab Zustellung des Urteils. Ein Bürger hatte den Brief, mit dem er gegen ein Urteil, das ihm am 29. 12. 1989 zugestellt worden war, ein Rechtsmittel einlegte, am 29. 1. 1990 um 23 Uhr in den Briefkasten des Gerichts geworfen. Das Gericht hatte sein Rechtsmittel als verspätet angesehen, weil um 23 Uhr kein Personal zur Entgegennahme des Rechtsmittels mehr vorhanden ist. Das BVerfG hält diese Meinung für eine Verletzung des Grundrechts aus Art. 2 I GG mit folgender Begründung: Wenn § 517 I ZPO eine Frist von einem Monat bestimmt, bedeutet das, dass man am letzten Tag der Frist bis 24 Uhr das Rechtsmittel einlegen kann.

Art. 2 I GG schützt auch das allgemeine Persönlichkeitsrecht des Menschen. Das BVerfG hat aus Art. 2 I GG in Verbindung mit der Garantie der Menschenwürde in Art. 1 I GG ein Recht auf **informationelle Selbstbestimmung** abgeleitet. Der Einzelne kann grundsätzlich selbst entscheiden, wem die Daten über seine persönlichen Verhältnisse zugänglich sein sollen; nur im überwiegenden Allgemeininteresse auf einer gesetzlichen Grundlage sind Einschränkungen möglich. Dadurch ist beispielsweise das Recht des Staates zur Datenerhebung bei einer Volkszählung erheblich eingeschränkt.

Die persönliche Freiheit garantieren die Art. 2 II 2 und 104 GG: Nur aufgrund eines Gesetzes darf jemand festgehalten werden; die Polizei darf eigenmächtig niemanden länger als bis zum Ende des Tages nach der Verhaftung festhalten; dann muss ein Richter darüber entscheiden, ob ein Haftbefehl erlassen wird oder der Verhaftete freizulassen ist.

Weitere Freiheitsrechte sind die Freiheit des religiösen oder weltanschaulichen Bekenntnisses, des Glaubens und des Gewissens sowie die Freiheit der Religionsausübung (Art. 4 GG) und die Freiheit der **Meinungsäußerung** (Art. 5 I GG). Dieses Grundrecht garantiert auch die Pressefreiheit und verbietet jede vorherige Zensur von Druckerzeugnissen.

Zu den Menschenrechten gehören auch die Freiheit von Kunst und Wissenschaft, Forschung und Lehre (Art. 5 III GG) und die Koalitionsfreiheit, nämlich das Recht, Gewerkschaften und Arbeitgeberverbände zu bilden und ihnen beizutreten (Art. 9 III GG), sowie das Recht, sich mit Bitten oder Beschwerden an die zuständigen Stellen oder an das Parlament zu wenden (Petitionsrecht, Art. 17 GG).

Andere Freiheitsrechte stehen nur deutschen Staatsangehörigen zu (sog. Bürgerrechte). Diese sind die **Versammlungsfreiheit** (Art. 8 GG) und die **Vereinigungsfreiheit** (Art. 9 I, II GG) sowie die Freizügigkeit (Art. 11 GG) und die Freiheit der Berufswahl (Art. 12 GG). Die Versammlungsfreiheit umfasst insbesondere auch das Demonstrationsrecht. Zwar können Versammlungen unter freiem Himmel gesetzlich beschränkt werden und sind durch das Versammlungsgesetz auch tatsächlich zahlreichen Beschränkungen unterworfen worden, trotzdem hat das BVerfG der Demonstrationsfreiheit gegenüber Eingriffen der Staatsgewalt große Wirksamkeit verschafft.

Beispiel: Eine Großdemonstration mit etwa 50.000 Teilnehmern, mit der gegen die Errichtung eines Atomkraftwerks protestiert werden sollte, war verboten worden, weil befürchtet wurde, dass es durch gewalttätige Teilnehmer zu Ausschreitungen kommen könnte. Das BVerfG hat dieses Verbot als einen Verstoß gegen Art. 8 GG angesehen. Da bei Großdemonstrationen immer damit zu rechnen ist, dass sich ihnen zumindest kleine Gruppen Gewalttätiger anschließen, könnte nach seiner Ansicht mit dieser Begründung praktisch jede Großdemonstration verboten und das Grundrecht damit ausgehöhlt werden (BVerfGE 69, 315).

c) Der Gleichheitssatz

Neben diesen Freiheitsrechten gehört der allgemeine Gleichheitssatz (Art. 3 I GG) zu den Grundrechten. Er gewährleistet, dass wesentlich gleiche Sachverhalte gleich und verschiedene Sachverhalte nach ihrer Eigenart verschieden beurteilt werden müssen. Unsachliche Differenzierungen sind dadurch verboten; insbesondere nach dem Geschlecht (Art. 3 II GG) und aus rassischen, religiösen, sprachlichen, politischen und ähnlichen Gründen (Art. 3 III GG). Darüber hinaus entnimmt das BVerfG diesem Artikel ein allgemeines **Willkürverbot**, das dann eingreift, wenn die Anwendung eines Gesetzes oder einer sonstigen Rechtsnorm unter keinem Gesichtspunkt mehr als sinnvoll und angemessen angesehen werden kann.

d) Die Unverletzlichkeitsrechte

Eine weitere Gruppe der Grundrechte bilden die Unverletzlichkeitsrechte. Das sind Grundrechte, die Ansprüche darauf geben, dass die Staatsgewalt Eingriffe in Rechtsgüter unterlässt. Dazu zählt das Recht auf Leben und körperliche Unversehrtheit(Art. 2 II 1 GG); in diesen Zusammenhang gehört auch das Verbot der Todesstrafe (Art. 102 GG). Ein weiteres Unverletzlichkeitsrecht, das auch die Freiheit der Telekommunikation umfasst, ist das **Brief- und Postgeheimnis** (Art. 10 GG); das Fernsprechgeheimnis ist aber durch das so genannte Abhörgesetz wesentlich beschränkt worden. Das BVerfG hat diese Beschränkungen im Interesse einer wirksamen Verbrechensbekämpfung als zulässig angesehen. Zu den Unverletzlichkeitsrechten gehören auch die Unverletzlichkeit der Wohnung (Art. 13 GG) und die Garantie von Eigentum und Erbrecht (Art. 14 GG).

e) Die sozialen Grundrechte

Soziale Grundrechte oder Teilhaberechte beschreiben die Mitwirkungsrechte der Bürger an sozialen Gemeinschaften. Das Grundgesetz regelt insbesondere das Recht der Eltern auf Pflege und Erziehung ihrer Kinder (Art. 6 GG), das eine staatlich angeordnete Gemeinschaftserziehung verbietet, das Recht auf Einrichtung privater Schulen (Art. 7 IV GG), das Verbot, einem Deutschen die deutsche Staatsangehörigkeit zu entziehen oder ihn an das Ausland auszuliefern (Art. 16 GG), und das **Asylrecht** für politisch verfolgte Ausländer (Art. 16 a I GG), dessen Inhalt im Jahre 1994 allerdings durch eine Verfassungsänderung wesentlich eingeschränkt worden ist. Nicht ausdrücklich im Grundrechtsteil geregelt, aber wegen des Sozialstaatsprinzips (Art. 20 I GG) und als Folgerung aus der Menschenwürde trotzdem allgemein anerkannt ist der Anspruch auf Sozialhilfe für solche Bürger, die nicht selbst für ihren Lebensunterhalt sorgen können. Schließlich ist auch noch das Recht auf gleichen Zugang zu allen öffentlichen Ämtern (Art. 33 II GG) ein soziales Grundrecht.

f) Die Justizgrundrechte

Die letzte Gruppe der Grundrechte bilden die so genannten Justizgrundrechte (Art. 101 und 103 GG). Die Bestimmung, dass niemand seinem **gesetzlichen Richter** entzogen werden darf (Art. 101 I 2 GG), gibt es in den Verfassungen vieler anderer Länder, auch wenn diese sonst einen hohen Rechtsschutzstandard bieten, nicht. Das Grundgesetz hat sie nach den Erfahrungen der nationalsozialistischen Zeit aufgenommen, in der trotz des Fortbestehens der ordentlichen Gerichte Justizterror durch Sonder- und Ausnahmegerichte ausgeübt wurde.

Dagegen finden sich der Grundsatz **„nulla poena sine lege"** (Art. 103 II GG; vgl. dazu Kapitel 2, Abschn. III 1.) und der Anspruch auf **rechtliches Gehör** (Art. 103 I GG) wohl in den Rechtsordnungen aller Kulturstaaten. Vor allem dem Recht auf Gehör hat das BVerfG eine außerordentliche Tragweite zuerkannt, unter anderem dadurch, dass es jeden Fehler im Gerichtsverfahren, durch den eine Partei eine Äußerungsmöglichkeit verliert, als einen Verstoß gegen dieses Grundrecht ansieht. Der Anspruch auf rechtliches Gehör ist dadurch zu dem zahlenmäßig am häufigsten geltend gemachten Grundrecht geworden.

2. Schutz der Grundrechte

Die Grundrechte haben in der deutschen Rechtswirklichkeit eine außerordentliche Bedeutung. Nicht nur Juristen befassen sich damit, auch den einzelnen Bürgerinnen und Bürgern sind sie, wenn nicht im Einzelnen, so doch jedenfalls als Einrichtung der Rechtsordnung bekannt. Sie gehören zum Alltag jedes Richters, aber auch jedes Jurastudierenden. Die Lösung von Fällen ganz gleich ob aus dem Zivilrecht, dem Strafrecht oder dem Verwaltungsrecht ist ohne Kenntnis und Anwendung der Grundrechte nicht denkbar. Das hat mehrere Gründe.

Die Grundrechte des Grundgesetzes sind nicht nur Programmsätze, sondern „binden Gesetzgebung, vollziehende Gewalt und Rechtsprechung als unmittelbar geltendes Recht" (Art. 1 III GG). Wer durch die öffentliche Gewalt in seinen Rechten verletzt wird, kann sich an die Gerichte wenden (Art. 19 IV GG); es gibt also keinen rechtsfreien Raum, der der gerichtlichen Kontrolle entzogen wäre. Diese Bindung erschöpft sich nicht darin, Maßnahmen, die gegen ein Grundrecht gerichtet sind, zu unterlassen. Vor allem die Freiheitsgrundrechte „durchdringen" auch andere Rechtsvorschriften, die im Licht der Grundrechte auszulegen sind.

Beispiel: Auch Politiker sind gegen Verunglimpfung ihrer Person durch die Strafvorschriften über Beleidigung, üble Nachrede und Verleumdung (§§ 185–187 StGB) geschützt. Allerdings darf das Grundrecht der Meinungsfreiheit nicht unbeachtet bleiben, wenn ein Politiker in der Öffentlichkeit durch persönliche Vorwürfe oder beleidigende Äußerungen angegriffen wird. Nach der Rechtsprechung des BVerfG kann deshalb auch scharfe und verletzende Kritik gerechtfertigt sein, wenn damit die Äußerung einer bestimmten Meinung verbunden ist. Dabei gilt der Grundsatz, dass dies umso mehr gilt, je mehr der Betreffende selbst persönliche Angriffe gegen politische Gegner in ähnlicher Form vorgenommen hat.

Wenn auch die Menschen- und Bürgerrechte historisch gesehen vor allem Abwehrrechte des Bürgers gegen den Staat waren, so beschränkt sich ihre Wirkung heute nicht mehr darauf.

Vielmehr können die in den Grundrechten verankerten Wertentscheidungen auch im Verhältnis der Bürger untereinander nicht unbeachtet bleiben. Das gilt besonders gegenüber Trägern gesellschaftlicher Macht wie Gewerkschaften, Medien, großen Wirtschaftsunternehmen. Diese so genannte **Drittwirkung der**

Grundrechte wird insbesondere bei der Auslegung von Generalklauseln im bürgerlichen Recht deutlich.

Beispiele: (1) Der Boykottaufruf gegen ein Wirtschaftsunternehmen kann den Tatbestand der vorsätzlichen sittenwidrigen Schädigung nach § 826 BGB erfüllen. Bei der Auslegung des Tatbestandsmerkmals „sittenwidrig" darf aber das Recht auf freie Meinungsäußerung nicht unberücksichtigt bleiben. Wer also dazu aufruft, Erzeugnisse eines Unternehmens nicht mehr zu kaufen, weil diese in grausamen Tierversuchen getestet werden, kann sich auf Art. 5 I GG berufen und erfüllt nicht die Voraussetzungen des § 826 BGB.
(2) Nach § 573 BGB hat ein Mieter unter anderem dann keinen unbefristeten Kündigungsschutz, wenn der Vermieter durch eine Fortsetzung des Mietverhältnisses an einer „angemessenen wirtschaftlichen Verwertung" des Grundstücks gehindert würde. Bei der Auslegung dieser Voraussetzung darf die Eigentumsgarantie des Art. 14 GG nicht unberücksichtigt bleiben. Eine Auslegung, die dazu führt, dass Miethäuser praktisch unverkäuflich werden, würde dieses Grundrecht des Eigentümers verletzen.

Besonderen Schutz genießen die Grundrechte in dem Fall, dass ein Gericht ihre Bedeutung nicht ausreichend berücksichtigt hat. Jeder Bürger hat gegen jede gerichtliche Entscheidung, die nicht mehr durch ein Rechtsmittel angegriffen werden kann, die Möglichkeit der **Verfassungsbeschwerde**. Die Verfassungsbeschwerde ist ein besonderer Rechtsbehelf, der nur darauf gestützt werden kann, dass das Urteil den Beschwerdeführer in seinen Grundrechten verletzt. Zahlreiche Urteile auch der obersten Bundesgerichte sind auf Verfassungsbeschwerde hin aufgehoben worden. Das BVerfG hat dadurch einen erheblichen Beitrag zur Rechtsentwicklung geleistet.

Die große Bedeutung und Tragweite der Grundrechte vor allem dort, wo sie Abwehrrechte gegen den Staat sind, könnte für den Gesetzgeber eine Versuchung darstellen, diese Rechte der Bürger wieder zu beseitigen oder einzuschränken. Das Grundgesetz hat deshalb eine Änderung der Grundrechtsbestimmungen bewusst erschwert. Zunächst kann – wie bei jeder Verfassungsänderung – eine Änderung nur mit Zweidrittelmehrheit erfolgen (Art. 79 III GG). Der in Art. 1 GG enthaltene Grundsatz der Menschenwürde ist jeder Abänderung entzogen. Ohne Verfassungsänderung kann ein Grundrecht durch ein Gesetz nur eingeschränkt werden, wenn dies in dem jeweiligen Grundrecht ausdrücklich gestattet ist. Nicht alle Grundrechte enthalten einen entsprechenden **Gesetzesvorbehalt**. Das Grundrecht der Kunst- und Wissenschaftsfreiheit ist beispielsweise nicht gesetzlich einschränkbar. Aber auch dort, wo eine Einschränkung durch Gesetz gestattet ist, darf das Grundrecht nicht in seinem Wesensgehalt angetastet werden (Art. 19 II GG).

II. Die Staatsorganisation

1. Der Staatsaufbau und die Staatsorgane des Bundes

a) Die Grundsätze des Art. 20 GG

Art. 20 I und II 1 GG kennzeichnen die Bundesrepublik Deutschland als einen demokratischen und sozialen Bundesstaat, dessen Staatsgewalt vom Volk ausgeht. „Bundesstaat" ist die Bundesrepublik im Gegensatz zu einem Einheitsstaat, in dem die Regionen lediglich staatliche Verwaltungsbezirke sind (wie z. B. in Frankreich), aber auch im Gegensatz zu einem Staatenbund, in dem sich mehrere selbstständig bleibende Staaten zu gemeinsamen Zwecken verbunden haben (wie z. B. die Europäische Union). Die Bundesländer wirken sowohl an der Gesetzgebung (Legislative) als auch an der Ausführung der Gesetze (Exekutive) mit.

Der Staat ist eine Republik. Staatsoberhaupt ist also nicht ein Monarch, sondern ein gewählter Präsident. Der Staat ist außerdem eine Demokratie. Es gilt also der Grundsatz der Volkssouveränität. Das Volk übt die Staatsgewalt „durch Wahlen und Abstimmungen" aus (Art. 20 II 2 GG).

In der Praxis haben aber Abstimmungen in der Bundesrepublik keinerlei Bedeutung: Volksabstimmungen sind im Grundgesetz nur bei einer etwaigen Neugliederung des Bundesgebiets (Art. 29 GG) vorgesehen. Es gibt deshalb (anders als z. B. in der Schweiz und in einigen Bundesländern) keine Elemente unmittelbarer (plebiszitärer) Demokratie.

Die Staatsgewalt wird „durch besondere Organe der Gesetzgebung, der vollziehenden Gewalt und der Rechtsprechung" ausgeübt (Art. 20 II 2 GG). Es gilt daher der Grundsatz der **Gewaltenteilung** zwischen Legislative, Exekutive und Judikative.

b) Der Bundestag und die Wahlrechtsgrundsätze

Das Gesetzgebungsorgan ist der Bundestag. Für die Wahlen zum Bundestag gilt Art. 38 GG, der die Wahlrechtsgrundsätze enthält. Hiernach gelten die Grundsätze der allgemeinen, unmittelbaren, freien, gleichen und geheimen Wahl. Diese Wahlrechtsgrundsätze gelten auch in den Ländern (Art. 28 I GG). „Freie" Wahl bedeutet, dass auf die Willensbildung der Wähler kein Zwang ausgeübt werden darf. Eine Wahlpflicht wäre damit zu vereinbaren, ist aber im Wahlgesetz nicht angeordnet.

Die Unmittelbarkeit der Wahl verbietet eine Bestimmung der Gewählten durch Wahlmänner (wie z. B. bei der Wahl des Präsidenten der USA), die geheime Wahl verhindert, dass einem Wähler aus seinem Abstimmungsverhalten irgendwelche Nachteile entstehen können. Das Grundgesetz bestimmt lediglich, dass die Wahl „gleich" sein, also jede Stimme den gleichen Zählwert haben muss. Hingegen legt sich die Verfassung nicht auf ein bestimmtes Wahlsystem fest, sondern überlässt dies dem Wahlgesetz (Art. 38 III GG); das Wahlsystem könnte also ohne Verfassungsänderung geändert werden.

Das geltende Bundeswahlgesetz bestimmt, dass der Bundestag jeweils auf die Dauer von vier Jahren gewählt wird und aus mindestens 598 Abgeordneten besteht. Das gültige Wahlsystem ist das der **modifizierten Verhältniswahl** und versucht dadurch sowohl die Nachteile des Mehrheitswahlrechts als auch des Verhältniswahlrechts zu vermeiden. Mehrheitswahlrecht bedeutet, dass (wie z. B. in England) in einem Wahlbezirk der Kandidat gewählt ist, der die meisten Stimmen erhalten hat. Die für die unterlegenen Kandidaten abgegebenen Stimmen bleiben bei der Zusammensetzung des Parlaments unberücksichtigt. Beim reinen Verhältniswahlrecht bestimmt sich die Zahl der Abgeordneten für jede Liste nach dem Verhältnis der für diese Liste abgegebenen Stimmen zur Gesamtzahl der abgegebenen Stimmen; in welchem Wahlbezirk die Stimmen abgegeben wurden, ist ohne Bedeutung. Demgegenüber gibt das Wahlgesetz zum Bundestag jedem Wähler zwei Stimmen. Die Hälfte der Abgeordneten, also 299, sind Wahlkreisabgeordnete; sie bestimmt der Wähler mit seiner ersten Stimme nach dem Mehrheitswahlrecht. Die andere Hälfte der Abgeordneten werden über die Listen der Parteien bestimmt. Welcher Liste er den Vorzug gibt, bestimmt der Wähler mit der zweiten Stimme. Die Zusammensetzung des Bundestags bestimmt sich grundsätzlich nach dem Verhältniswahlrecht, da die Wahlkreisabgeordneten einer Partei auf ihre Liste angerechnet werden; allerdings behalten alle Wahlkreisabgeordneten ihr Mandat, auch wenn ihrer Partei insgesamt weniger Sitze zustehen als Wahlkreisabgeordnete gewählt wurden (sog. **Überhangmandate**). Dadurch kann sich die Zahl der Mitglieder des Bundestags über die gesetzliche Mindestzahl erhöhen. Aktuell, das heißt in der 17. Wahlperiode, gibt es 24 Überhangmandate. Wegen der Möglichkeit eines negativen Stimmgewichts muss allerdings bis zur nächsten Bundestagswahl das Wahlgesetz geändert werden. Damit nicht zu viele kleine Parteien die Arbeit im Parlament lähmen, bleiben Parteien bei der Verteilung der Abgeordnetenmandate unberücksichtigt, wenn sie nicht entweder 5 % der Stimmen erhalten oder drei Abgeordnete als Wahlkreisabgeordnete gewählt werden.

Beispiele: (1) Bei der Bundestagswahl 2005 wurden Abgeordnete der Parteien CDU, CSU, SPD, FDP, Bündnis 90/Die Grünen und Die Linke in den Bundestag gewählt. Da aber CDU und SPD insgesamt 16 erfolgreiche Wahlkreisabgeordnete mehr hatten als ihnen Sitze zustanden, bestand der Bundestag aus 614 Abgeordneten.
(2) Bei der Bundestagswahl 1994 wurden Abgeordnete der Parteien CDU, CSU, SPD, FDP und Bündnis 90/Die Grünen in den Bundestag gewählt. Die anderen Parteien erhielten weniger als 5 % der Stimmen. Da aber die PDS (heute: Die Linke) in vier Wahlkreisen die meisten Erststimmen erhielt, wurde auch sie bei der Verteilung der Stimmen berücksichtigt.

Die Abgeordneten des Bundestags sind an Aufträge und Weisungen nicht gebunden und nur ihrem Gewissen unterworfen (Art. 38 I 2 GG); es gibt also kein
imperatives Mandat, vielmehr gilt der Grundsatz der **auftragsfreien Repräsenta-
tion**. Ein Abgeordneter verliert also seinen Sitz nicht, wenn er gegen die Partei
stimmt, aus deren Liste er gewählt worden ist, nicht einmal dann, wenn er die
Partei wechselt. Allerdings besteht in der Praxis doch der so genannte „Fraktionszwang", da ein Abgeordneter, der bei wichtigen Abstimmungen mehrfach gegen seine Partei stimmt, damit rechnen muss, bei der nächsten Wahl nicht mehr
als Kandidat aufgestellt zu werden.

Gesetze können beim Bundestag von der Bundesregierung, dem Bundesrat oder
einer Gruppe von mindestens 30 Abgeordneten des Bundestags eingebracht werden (**Gesetzesinitiative**, Art. 76 GG). In der Praxis werden fast drei Viertel der
Gesetze durch die Bundesregierung eingebracht, da diese aufgrund ihres Beam-
tenapparats am ehesten in der Lage ist, vor allem komplizierte Gesetze zu entwerfen und zu formulieren.

c) Der Bundesrat

Der Bundesrat ist die Vertretung der Bundesländer, durch den diese an der Bundesgesetzgebung mitwirken (Art. 50 GG). Er ist aber kein dem Bundestag gleich-
rangiges Organ, so dass kein echtes „Zweikammersystem" (wie z. B. in den USA)
vorliegt. Die Mitglieder des Bundesrats haben auch keine unmittelbare demo-
kratische Legitimation, da sie nicht von den Landesbürgern oder den Landtagen
gewählt, sondern von den jeweiligen Landesregierungen entsandt werden. Die
Anzahl richtet sich nach der Größe des Landes; kleine Länder entsenden im Verhältnis zu ihrer Bevölkerungszahl mehr Mitglieder. Während der Bundesrat von
seinem Recht der Gesetzesinitiative nur selten erfolgreich Gebrauch macht, sind
die Rechte des Bundesrats, gegen jedes Bundesgesetz Einspruch einzulegen und
den Bundestag zu erneuter Beschlussfassung zu zwingen, und Gesetze, die Län-
derinteressen besonders berühren, durch Verweigerung der Zustimmung zu verhindern, praktisch umso bedeutsamer (Einzelheiten in Abschnitt 2).

d) Der Bundespräsident

Staatsoberhaupt der Bundesrepublik Deutschland ist der Bundespräsident. Er
wird von der Bundesversammlung auf die Dauer von fünf Jahren gewählt; seine
Wiederwahl ist nur einmal zulässig. Die Bundesversammlung ist ein nur zu diesem Zweck zusammentretendes Gremium, das zur Hälfte aus den Mitgliedern
des Bundestags und zur anderen Hälfte aus von den Landtagen gewählten Vertretern besteht. Deutschland ist aber **keine Präsidialdemokratie**. Der Bundespräsident steht außerhalb der Politik; seine Stellung ist nicht der des französischen
oder amerikanischen Präsidenten vergleichbar, sondern mit der des Monarchen
in einer parlamentarischen Monarchie. Seine Anordnungen bedürfen, um gültig
zu sein, der Gegenzeichnung durch den Bundeskanzler oder den zuständigen

Bundesminister (Art. 58 GG). Allerdings ist es seine Aufgabe, die Gesetze auszufertigen und im Bundesgesetzblatt zu verkünden. Dies umfasst die Prüfung, ob das Gesetz in einem ordnungsgemäßen Verfahren zustande gekommen ist. Nicht entschieden ist vom Grundgesetz die Frage, ob der Bundespräsident die Ausfertigung eines Gesetzes mit der Begründung verweigern kann, er halte es für verfassungswidrig. Die Bundespräsidenten haben diese Befugnis stets für sich in Anspruch genommen, aber in unterschiedlichem Umfang ausgeübt. In einigen wenigen Fällen haben sie das Inkrafttreten von Gesetzen verhindert, indem er sie nicht ausgefertigt hat. Der Bundestag hat dies bisher stets hingenommen.

e) Die Bundesregierung

Die tatsächliche Exekutivgewalt ist durch das Grundgesetz der Bundesregierung zugewiesen, die aus dem Bundeskanzler und den Bundesministern besteht (Art. 62 GG). Dem **Bundeskanzler** ist dabei eine herausgehobene Stellung dadurch zugewiesen, dass er die Richtlinien der Politik bestimmt (Art. 65 S. 1 GG). Nur er ist dem Parlament verantwortlich, nicht die Bundesminister, die auf seinen Vorschlag vom Bundespräsidenten ernannt und entlassen werden. Einem einzelnen Bundesminister kann das Parlament zwar das Misstrauen aussprechen, seine Entlassung aber nicht erzwingen. Auch ein Misstrauensvotum gegen den Bundeskanzler ist nur unter der weiteren Voraussetzung möglich, dass der Bundestag einen neuen Bundeskanzler wählt (Art. 67 GG). Das Grundgesetz erreicht damit, dass stets eine handlungsfähige Regierung vorhanden ist.

Die Bundesregierung ist auch an der Rechtssetzung beteiligt, indem ihr in zahlreichen Parlamentsgesetzen die Befugnis zum Erlass von **Rechtsverordnungen** eingeräumt ist. Rechtsgrundlage dafür ist Art. 80 GG, der weiter bestimmt, dass eine solche Ermächtigung auch einem einzelnen Bundesminister oder den Landesregierungen erteilt werden kann und dass Inhalt, Zweck und Ausmaß der Ermächtigung im Gesetz bestimmt sein müssen. Jede Rechtsverordnung muss ihre Ermächtigungsgrundlage angeben. Solche Rechtsverordnungen, die die Interessen der Länder berühren, bedürfen der Zustimmung des Bundesrates.

f) Die Judikative

Die rechtsprechende Gewalt ist den Richtern anvertraut (Art. 92 GG). Während die übrigen Gerichte des Bundes und der Länder im Abschnitt über die Gerichte (9. Kapitel) besprochen werden, gehört das **Bundesverfassungsgericht** zu den Verfassungsorganen. Das Grundgesetz hat – auch wieder aufgrund der Erfahrungen in nationalsozialistischer Zeit – der Kontrolle von Legislative und Exekutive durch unabhängige Gerichte einen hohen Stellenwert zugewiesen. Das Bundesverfassungsgericht (BVerfG), zu dem Genaueres im Bundesverfassungsgerichtsgesetz (BVerfGG) geregelt ist, hat dabei die Rolle eines **Hüters der Verfassung**. Es hat seinen Sitz in Karlsruhe und besteht aus zwei Senaten mit je acht Richtern.

Jeder Senat entscheidet als „das Bundesverfassungsgericht". Ein Teil seiner Zuständigkeiten ist den Kammern übertragen, die aus je drei Richtern eines Senats gebildet werden. Die Richter werden je zur Hälfte vom Bundestag und vom Bundesrat gewählt; hierfür ist eine Zweidrittelmehrheit erforderlich. Ihre Amtszeit beträgt 12 Jahre; sie können nicht wiedergewählt werden. Der Sinn dieser Regelungen besteht darin, die Richter am Bundesverfassungsgericht möglichst jeder politischen Einflussnahme zu entziehen. Zwar hat das BVerfG nur über rechtliche Fragen zu entscheiden. Es ist allerdings unausweichlich, dass seine Urteile auch politische Relevanz haben.

Die wichtigsten dem BVerfG zugewiesenen Aufgaben sind folgende:

aa) Es entscheidet über die Vereinbarkeit von Gesetzen und anderen Rechtssätzen mit dem Grundgesetz (**Normenkontrolle**). Hält ein Gericht eine Vorschrift für verfassungswidrig, muss es das Verfahren aussetzen und die Frage dem BVerfG vorlegen. Dieses entscheidet dann, ob die Bedenken des Gerichts zutreffen; seine Entscheidung bindet alle Gerichte und Behörden und hat Gesetzeskraft. Außer dieser Normenkontrolle anhand eines konkreten Falles kann ein Gesetz auch abstrakt auf seine Verfassungsmäßigkeit überprüft werden. Den Antrag kann aber nur die Bundesregierung, eine Landesregierung oder ein Drittel der Mitglieder des Bundestags stellen, nicht ein einzelner Bürger; eine **Popularklage** gibt es also **nicht**.

bb) Jeder Bürger kann aber mit der Begründung, durch eine Maßnahme der öffentlichen Gewalt in einem seiner Grundrechte verletzt zu sein, **Verfassungsbeschwerde** erheben. Die Maßnahme der öffentlichen Gewalt kann sowohl ein Gesetz sein als eine Maßnahme der Verwaltung als auch eine Gerichtsentscheidung. Da gegen Maßnahmen der Verwaltung aber der Weg zu den Gerichten eröffnet ist (Art. 19 IV GG), muss der Bürger zunächst versuchen, bei den allgemeinen Grichten eine Aufhebung der Entscheidung herbeizuführen, bevor er das BVerfG anruft.

Beispiele: (1) Würde ein Gesetz vorsehen, dass das Eröffnen von weiteren Bekleidungsgeschäften in einer Stadt nur dann zulässig ist, wenn dort noch nicht genügend Geschäfte vorhanden sind und deshalb ein Bedürfnis besteht, könnte derjenige, der ein solches Geschäft eröffnen will, wegen Verletzung seines Grundrechts auf Berufsfreiheit (Art. 12 GG) unmittelbar Verfassungsbeschwerde erheben.
(2) Verbietet die Verwaltungsbehörde die Abhaltung einer Demonstration gegen die Erhöhung der Telefongebühren, dann muss der Bürger, der demonstrieren möchte, zunächst bei den Verwaltungsgerichten die Aufhebung des Verbots beantragen. Erst wenn sein Antrag dort abgewiesen worden ist, kann er Verfassungsbeschwerde wegen Verletzung seines Grundrechts auf Versammlungsfreiheit (Art. 8 GG) erheben.
(3) Wird ein Angeklagter von einem Strafgericht letztinstanzlich verurteilt, ohne dass er nach den Ausführungen des Staatsanwalts noch einmal Gelegenheit zur Äußerung hatte (das „letzte Wort", § 258 StPO), kann er gegen dieses Urteil Verfassungsbeschwerde wegen Verletzung seines Grundrechts auf rechtliches Gehör (Art. 103 I GG) erheben.

Das BVerfG hat in vielen Fällen den Grundrechten erst zur Durchsetzung verholfen. Es genießt deshalb in der Öffentlichkeit hohes Ansehen. Es ist selbstverständlich, dass manche seiner Entscheidungen auch Kritik gefunden haben. Im Gegensatz zu allen anderen Gerichten dürfen die Richter am Bundesverfassungsgericht einem Urteil eine abweichende Meinung (**dissenting opinion**) beifügen, wenn sie bei der Urteilsberatung überstimmt worden sind. Auch ein unterlegener Beschwerdeführer kann dadurch das Gefühl vermittelt bekommen, dass man seine Rechtsmeinung mit guten Gründen vertreten kann. Die Zahl der Verfassungsbeschwerden ist sehr hoch (etwa 5.000 bis 6.000 jährlich). Allerdings sind die meisten deshalb unbegründet, weil viele Bürger nicht wissen oder nicht wahrhaben wollen, dass man beim BVerfG nicht einfach geltend machen kann, eine Entscheidung sei unrichtig, sondern nur, dass sie gegen Grundrechte verstößt.

2. Die Gesetzgebung des Bundes

Die Eigenschaft der Bundesrepublik Deutschland als Bundesstaat wirkt sich sowohl in der Exekutive als auch in der Legislative aus. Das Grundgesetz grenzt die Zuständigkeiten des Bundes und der Länder in Art. 73, 74 GG durch Zuständigkeitskataloge nach Sachgebieten ab. Nachdem sich das Schwergewicht der Gesetzgebung seit 1949 sowohl nach dem Verfassungstext als auch vor allem in der Rechtswirklichkeit auf allen Gebieten (mit Ausnahme des Schul- und Kulturbereichs) immer mehr von den Ländern zum Bund verschoben hatte, hat die am 1. 9. 2006 in Kraft getretene **Föderalismusreform** die Abgrenzung in zahlreichen Punkten geändert und insgesamt das Gewicht der Länder wieder gestärkt. So sind beispielsweise seitdem der Strafvollzug, das Ladenschluss- und das Gaststättenrecht, das Versammlungsrecht und die Besoldung der Landesbeamten ausschließlich Ländersache.

Das Grundgesetz unterscheidet nur noch die ausschließliche und die konkurrierende Zuständigkeit des Bundes; die Rahmengesetzgebungskompetenz des Bundes als dritte Art der Zuständigkeit wurde abgeschafft. Auf dem Gebiet der ausschließlichen Zuständigkeit (z. B. Verteidigung, Währung, Zollwesen, Staatsangehörigkeit) sind die Länder von der Gesetzgebung ausgeschlossen. Bei der konkurrierenden Zuständigkeit gibt es drei Gruppen von Sachgebieten: Bei den Kernkompetenzen (Art. 72 I GG; hierzu gehören z. B. das Zivilrecht, das Luftverkehrsrecht, das Waffenrecht und das Verlagsrecht) dürfen die Länder nur Bestimmungen treffen, solange der Bund dies nicht getan hat. Bei den Bedarfskompetenzen (Art. 72 II; hierzu gehören z. B. die Wissenschaftsförderung, das Lebensmittelrecht und das Gentechnikrecht) darf der Bund nur Gesetze erlassen, wenn eine einheitliche Regelung erforderlich ist. Bei den Abweichungskompetenzen (Art. 72 III GG; hierzu gehören z. B. das Jagdrecht, das Naturschutzrecht und das Recht der Hochschulzulassung) handelt es sich um im Wortsinn konkurrierende Gesetzgebung: Sowohl der Bund als auch die Länder dürfen Gesetze erlassen; haben sowohl der Bund als auch das Land ein Gesetz erlassen, gilt das spätere Gesetz.

Ein Gesetz kann vom Bundestag mit einfacher Mehrheit beschlossen werden; nach dem Gesetzesbeschluss muss es dem Bundesrat zugeleitet werden. Die Funktion des Bundesrats hängt entscheidend davon ab, ob das Gesetz nach einer der zahlreichen, über das ganze GG verstreuten Bestimmungen seiner Zustimmung bedarf (sog. **Zustimmungsgesetz**). Vor der Föderalismusreform waren über 60 % der Bundesgesetze solche Zustimmungsgesetze. Wenn verschiedene Parteien die Mehrheit in Bundestag und Bundesrat haben – eine nicht seltene Situation –, können Zustimmungsgesetze nur erlassen werden, wenn sich die Parteien einigen; andernfalls droht ein Stillstand des Gesetzgebungsverfahrens. Um die Zahl derartiger Zustimmungsgesetze zu reduzieren, verzichteten die Länder im Gegenzug zur Erweiterung ihrer Gesetzgebungszuständigkeiten auf das Zustimmungserfordernis, das immer dann bestand, wenn ein Bundesgesetz die Behördenzuständigkeit und das Verwaltungsverfahren regelte. Seit der Föderalismusreform ist ein solches Gesetz nur noch dann zustimmungspflichtig, wenn das Recht der Länder, Behördenzuständigkeit und Verwaltungsverfahren abweichend zu regeln, ausgeschlossen oder beschränkt wird. Daneben gibt es jedoch zahlreiche Sachgebiete der konkurrierenden und sogar der ausschließlichen Bundesgesetzgebung, auf denen alle Bundesgesetze Zustimmungsgesetze sind (z. B. die Terrorismusabwehr, das Staatshaftungsrecht und die Eisenbahnverkehrsverwaltung). Man schätzt, dass künftig etwa 35–40 % der Bundesgesetze Zustimmungsgesetze sein werden.

Gesetze, die nicht zustimmungsbedürftig sind, kann der Bundesrat lediglich verzögern, indem er Einspruch einlegt und den Vermittlungsausschuss anruft, der sich je zur Hälfte aus Mitgliedern des Bundestags und des Bundesrats zusammensetzt. Kommt es nicht zu einer Einigung, tritt das Gesetz trotzdem in Kraft, wenn der Bundestag den Einspruch des Bundesrats mit absoluter Mehrheit überstimmt (Art. 77 III, IV GG).

3. Die Ausführung der Bundesgesetze

Anders als bei der Gesetzgebung liegt das Schwergewicht der Verwaltung bei den Ländern. Diese sind grundsätzlich für die Erfüllung aller staatlichen Aufgaben zuständig (Art. 30 GG), auch dort, wo sie Bundesgesetze ausführen. Der Bund verfügt über keinen Verwaltungsunterbau, so dass beispielsweise auch der Bau und die Verwaltung der Bundesstraßen und Bundesautobahnen Sache der Länder ist, die sie im Auftrag des Bundes durchführen (Art. 90 Abs. 2 GG). Eine eigene Bundesverwaltung gibt es nur auf wenigen, im Grundgesetz eigens aufgezählten Gebieten (Diplomatischer Dienst, Bundeswehr); im Übrigen darf der Bund auf den Gebieten, auf denen ihm die Gesetzgebung zusteht, nur Bundesoberbehörden (z. B. das Umweltbundesamt) und bundesunmittelbare Körperschaften und Anstalten des öffentlichen Rechts errichten. Dagegen ist es dem

Bund durch Art. 87 III 2 GG ausdrücklich verboten, hier eine eigene Verwaltung (Mittel- und Unterbehörden) ohne Zustimmung des Bundesrats zu errichten. Da die Länder über ihre Kompetenzen eifersüchtig wachen, ist eine solche Zustimmung noch nie erteilt worden.

Bund und Länder sind also bei Gesetzgebung und Verwaltung vielfach aufeinander angewiesen. Deshalb gibt es seit langem Reformüberlegungen, die darauf abzielen, einen Teil der Gesetzgebungszuständigkeiten an die Länder zurückzugeben und dafür die Zahl der Zustimmungsgesetze zu vermindern. Mit einer Umsetzung dieser Vorschläge ist aber in absehbarer Zeit nicht zu rechnen.

4. Europarecht und deutsches Recht

Neben den Rechtsvorschriften des Bundes und der Länder gewinnen zunehmend die Vorschriften des europäischen Gemeinschaftsrechts Bedeutung. Die vom Rat erlassenen Verordnungen sind in Deutschland rechtsverbindlich, ohne dass sie dazu zunächst in innerstaatliches Recht umgesetzt werden müssten. Die Europäische Union ist eine Organisation mit eigener Hoheitsgewalt, deren Rechtssetzung die Behörden und Bewohner der Mitgliedstaaten bindet. Die verfassungsrechtliche Grundlage dieser Geltung des europäischen Rechts im innerstaatlichen Bereich bildet Art. 24 GG.

Wo für die Auslegung einer Rechtsnorm ein Spielraum besteht, ist die Auslegung zu wählen, die im Einklang mit dem Gemeinschaftsrecht steht. Steht das innerstaatliche Recht aber im Gegensatz zum Gemeinschaftsrecht, dann verlangt der Europäische Gerichtshof, in diesem Fall das Gemeinschaftsrecht anzuwenden. Dieser „Anwendungsvorrang" des Gemeinschaftsrechts besteht aber nur im konkreten Fall; anders als beim Vorrang des Bundesrechts vor dem Landesrecht (vgl. Kapitel 2, Abschn. I.1) ist das nationale Recht nicht automatisch unwirksam, wenn es dem Gemeinschaftsrecht widerspricht.

Dieser Vorrang des Gemeinschaftsrechts gilt grundsätzlich auch gegenüber den Bestimmungen des Grundgesetzes. Allerdings hat das BVerfG einschränkend festgestellt, dass eine Überprüfung des europäischen Rechts am Maßstab der Grundrechte nur so lange nicht stattfinde, als die europäische Rechtsordnung einen dem deutschen GG entsprechenden Grundrechtsstandard biete. Auch nimmt das BVerfG für sich die Prüfung der Frage in Anspruch, ob der durch Gemeinschaftsrecht geregelte Gegenstand dem europäischen Gesetzgeber überhaupt übertragen war. Entsprechendes gilt für innerstaatliches Recht, das Richtlinien des europäischen Rechts umsetzt. So hat das BVerfG im Jahre 2005 das Gesetz über den Europäischen Haftbefehl für verfassungswidrig erklärt, weil das Grundrecht der Auslieferungsfreiheit (Art. 16 II 2 GG) nicht ausreichend beachtet wurde und das Gesetz die Auslieferung an das EU-Ausland in Fällen ermöglichte, in denen eine Strafverfolgung vor dem GG keinen Bestand haben kann.

Übungsteil

A. Rechtliche Aspekte

1 Fragen zum Text

1. Was ist im Grundgesetz geregelt?

2. Was verstehen Sie unter Gewaltenteilung?

3. Was ist der Bundestag, wie setzt er sich zusammen und welche Aufgaben erfüllt er?

4. Was ist der Bundesrat, woher kommen seine Mitglieder und welche Kompetenzen hat er?

5. Was wissen Sie über den Bundespräsidenten?

6. Wie setzt sich die Bundesregierung zusammen und worin besteht ihre Hauptfunktion?

7. Inwiefern ist das Bundesverfassungsgericht der „Hüter der Verfassung"?

2 Bitte geben Sie eine kurze Erklärung und je einen Grundgesetzartikel als Beispiel zu den angegebenen Begriffen. Nehmen Sie dazu außer dem Grundgesetz ein Lehrbuch, einen Kommentar zum GG oder ein juristisches Wörterbuch zu Hilfe.

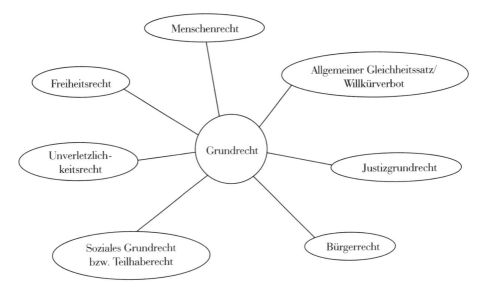

1. Unter Grundrecht versteht man _____

   Ein Grundrecht ist z. B. die Meinungsfreiheit in Art. 5 GG.

2. Ein Menschenrecht ist ein Recht, das _____

3. Der Begriff „Freiheitsrecht" umfasst alle Rechte, die _____

4.

5.

6.

7.

8.

3 Entscheiden Sie für die drei folgenden Fälle, worum es sich handelt:

   (a) (direkte) Grundrechtswirkung

   (b) (unmittelbare) Drittwirkung der Grundrechte

   (c) mittelbare Drittwirkung der Grundrechte

1. Die Arbeitgeberin A verbietet ihrem Angestellten G, Mitglied einer Gewerkschaft zu werden. G ist der Meinung, dieses Verhalten der A verstoße
   gegen die Koalitionsfreiheit gem. Art. 9 III GG.

2. Im Strafprozess vergisst der junge Richter R, dem Angeklagten A das
   letzte Wort zu erteilen. A meint, in seinem Recht auf rechtliches Gehör
   gem. Art. 103 I GG verletzt zu sein.

3. Die umweltbewusste Supermarktkette „Kaufmarkt" droht dem Fernsehsender ITV, keine Werbespots mehr in Auftrag zu geben, wenn ITV weiter
   Werbeaufträge der Holzfirma Beierlein entgegennimmt, die in Brasilien
   Regenwald abholzt. ITV beendet daraufhin die Geschäftsbeziehung mit
   Beierlein, dessen Umsatz stark zurückgeht. Beierlein verklagt Kaufmarkt
   wegen sittenwidriger Schädigung (§ 826 BGB), Kaufmarkt beruft sich auf
   die Meinungsfreiheit (Art. 5 GG).

4 Erarbeiten Sie aus Art. 20 GG, der auch „Verfassung in Kurzform" genannt
   wird, die weiteren vier Staatsziele in der folgenden Skizze und erklären Sie
   alle Begriffe kurz mit Ihren eigenen Worten. Außer dem Grundgesetz können
   Sie ein Lehrbuch, einen Kommentar zum GG oder ein juristisches Wörterbuch zu Rate ziehen.

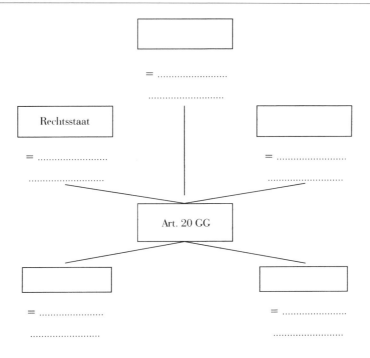

5 Die folgenden Zitate stammen aus Urteilen des Bundesverfassungs- oder des Bundesverwaltungsgerichts. Überlegen Sie, auf welchen Artikel des Grundgesetzes sie sich beziehen, und setzen Sie fehlende Wörter sowie Artikel ein.

Benutzen Sie dazu das Grundgesetz und nötigenfalls einen Kommentar zum Grundgesetz.

1. Art. _____ (_____) gewährleistet allen Deutschen das Recht, sich friedlich und ohne Waffen zu versammeln. Geschützt sind nicht allein Veranstaltungen, bei denen Meinungen in verbaler Form ausgetauscht werden, sondern auch solche, bei denen die Teilnehmer ihre Meinungen zusätzlich oder ausschließlich auf andere Weise, auch in Form einer Sitzblockade zum Ausdruck bringen (BVerfG, NJW 2002, 1031, 1032).

2. Art. _____ (_____):
   Diese Bestimmung garantiert lediglich die Freiheit, privatrechtliche Vereinigungen zu gründen, ihnen beizutreten oder fernzubleiben (BVerfGE 19, 89, 102).

3. In der Werteordnung des Grundgesetzes ist die _____ in Art. _____ der oberste Wert (BVerfGE 6, 32, 41).

4. Das Grundrecht des Art. _____ GG (_____) schützt nicht nur das Äußern einer Meinung als solche, sondern auch das geistige Wirken durch die Meinungsänderung (BVerfGE 7, 198).

5. Der Begriff _____ i. S. des Art. _____ GG ist weit auszulegen; er umfasst auch Arbeits-, Betriebs- und Geschäftsräume (BVerfG DVBl. 1971, 892).

6. Art. _____ GG (_____) garantiert den Eltern gegenüber dem Staat den Vorrang als Erziehungsträger (BVerfG MDR 1969, 27).

7. Art. _____ GG (_____):
   Das Bundesverfassungsgericht hat eine verschiedene Behandlung von Mann und Frau so weit als berechtigt anerkannt, als die Unterschiede funktional oder biologisch begründet sind (BVerwGE 15, 226, 229).

8. Der Begriff des Berufs im Sinne des Art. _____ GG (_____ _____) ist weit auszulegen und umfasst grundsätzlich jede sinnvolle, erlaubte Tätigkeit (BVerfGE 7, 377, 397).

9. Die in Art. _____ GG verbürgte _____ schützt die Eigenständigkeit der Presse von der Beschaffung der Information bis zur Verbreitung der Nachrichten und Meinungen (BVerfG, NJW 2002, 592).

10. _____ i. S. des Art. _____ GG bedeutet das Recht, unbehindert durch die deutsche Staatsgewalt an jedem Ort innerhalb des Bundesgebietes Aufenthalt und Wohnsitz zu nehmen, auch zu diesem Zweck in das Bundesgebiet einzureisen (BVerfGE 2, 266).

6 Bitte finden Sie jeweils die Artikel des Grundgesetzes, um die es im Einzelnen geht, und beantworten Sie die gestellten Fragen.

1. Frau A möchte an der staatlichen Universität U Physik studieren. Die Universität lehnt Frau As Zulassung mit der Begründung ab, Frauen seien für ein naturwissenschaftliches Studium nicht geeignet; sie solle lieber Pädagogik oder Fremdsprachen studieren. Welchen Artikel des Grundgesetzes wird Frau A heranziehen, um ihre Verfassungsbeschwerde zum Bundesverfassungsgericht zu begründen?

2. Student S findet die französischen Atomversuche inakzeptabel. Er stellt sich deshalb mit einem Transparent zu einer Gruppe Demonstranten in der Fußgängerzone und protestiert lautstark gegen die französische Regierungspolitik. Die Polizistin P hält die Demonstration für unzulässig und schickt die einzelnen Teilnehmer, auch S, nach Hause. S fühlt sich in mehreren Grundrechten verletzt. Welchen? Artikel?

3. Richterin R findet, dass sie lange genug Richterin am Oberlandesgericht war. Sie möchte über wichtige Fragen entscheiden können und insbesondere viel mit der Verfassung arbeiten. Auf welches Gericht sollte sie ihre Karrierewünsche konzentrieren? Wo ist dieses Gericht im Grundgesetz (GG) erwähnt? Wie kann R dort Richterin werden? Artikel?

4. Bürger B meint, dass er im Staat zu wenig mitzureden (= mitzubestimmen) hat. Allein wählen zu können findet er nicht ausreichend. Auch die Mitgliedschaft in einer politischen Partei und diversen Bürgerinitiativen genügt ihm nicht. Er möchte höchstpersönlich an der Schaffung und inhaltlichen Ausgestaltung von Gesetzen mitwirken. Was raten Sie ihm? Artikel?

5. Die Journalistin J spricht mehrere Sprachen und liebt es zu reisen. Außerdem interessiert sie sich für politische Fragen und repräsentiert gerne. Sie möchte in Zukunft auf internationalem Parkett arbeiten und die Bundesrepublik völkerrechtlich vertreten, insbesondere Verträge mit auswärtigen Staaten abschließen. Im Inland möchte sie entscheiden, wer begnadigt wird und welche Bundesgesetze verkündet werden dürfen. Um welches Amt sollte sie sich bemühen? Artikel?

6. Geschichtslehrer G ist politisch sehr aktiv und allgemein sehr ehrgeizig. Seine Tätigkeit als Geschichtslehrer langweilt ihn. Ein Bundestagsmandat interessiert ihn nicht, weil er in dieser Position nicht genügend Macht besäße und lediglich an der Gestaltung des Staates mitbestimmen dürfte. Er möchte die wichtigsten Linien der Politik der Bundesrepublik selbst bestimmen, die Bundesminister vorschlagen und Regierungschef sein. Zu welcher Position raten Sie ihm? Artikel?

7. Die Apothekerin A ist Mitglied der bayerischen Staatsregierung und möchte dies auch bleiben. Sie möchte jedoch gleichzeitig an der Gesetzgebung und Verwaltung des Bundes mitwirken. Bundestagsabgeordnete will sie nicht werden. Was raten Sie ihr? Artikel?

8. Die Gemeinde G möchte einen Radweg bauen. Dazu benötigt sie einen Teil des Grundstückes des Bürgers Q, der sich gerne als Querulant betätigt. Q hasst Radfahrer und weigert sich, auch nur einen Quadratmeter seines Grundstückes für den Radweg herzugeben. Alle Verhandlungen scheitern. Schließlich enteignet die Gemeinde den Q und zahlt ihm eine geringe Entschädigung. Q fühlt sich in seinem Eigentumsrecht verletzt. Auf welchen Artikel des Grundgesetzes (GG) wird er sich berufen? Worauf wird sich die Gemeinde G stützen?

7 Wie lautet das jeweilige Fremdwort für die deutsche Bezeichnung und wer nimmt diese Funktion in der Bundesrepublik jeweils wahr?

1. Gesetzgebende Gewalt = ...

....

2. Ausführende Gewalt = ...

....

3. Rechtsprechende Gewalt = ...

....

8 Entscheiden Sie mit Hilfe des Grundgesetzes oder eines Kommentars zum Grundgesetz, welcher Rechtsbehelf zum Bundesverfassungsgericht im einzelnen Fall einschlägig ist:

a) Verfassungsbeschwerde gem. Art. 93 I Nr. 4 a GG

b) Verfassungsbeschwerde gem. Art. 93 I Nr. 4 b GG

c) Konkrete Normenkontrolle gem. Art. 100 I GG

d) Abstrakte Normenkontrolle gem. Art. 93 I Nr. 2 GG

1. Die Landesregierung L weist die Gemeinde G an, eine Müllverbrennungsanlage zu errichten. G meint, sie sei dadurch in ihrem Selbstverwaltungsrecht aus Art. 28 II GG verletzt. Sie möchte den Rechtsweg zum Bundesverfassungsgericht beschreiten.

2. Die Strafrichterin S ist der Ansicht, die Bestrafung wegen Eigenkonsums von geringen Mengen Haschisch verstoße gegen den Gleichheitsgrundsatz in Art. 3 I GG, denn schließlich werde der Konsum von Alkohol und Zigaretten, der damit vergleichbar sei, auch nicht bestraft. Sie möchte deshalb den Strafprozess gegen den Haschischkonsumenten K aussetzen und die Frage, ob die Strafbarkeit von Haschischverbrauch gegen das Grundgesetz verstößt, dem Bundesverfassungsgericht vorlegen.

3. Der Bürger B wurde während einer Demonstration stundenlang auf einem von der Polizei umzingelten öffentlichen Platz gegen seinen Willen festgehalten. Er fühlt sich in seiner Demonstrationsfreiheit gem. Art. 8 GG und in seiner körperlichen Bewegungsfreiheit i. S. des Art. 2 II GG verletzt und will dies vom Bundesverfassungsgericht bestätigt bekommen.

4. Nachdem der Bundestag das „Gesetz zur Beendigung der Diskriminierung gleichgeschlechtlicher Gemeinschaften" verabschiedet hat, möchte die Landesregierung von Sachsen es vom Bundesverfasssungsgericht für unvereinbar mit dem Grundgesetz erklären lassen.

9 Entscheiden Sie, um welchen der folgenden Rechtssätze es sich jeweils handelt, und begründen Sie Ihre Ansicht: Satzung, Verordnung, Bundesgesetz (Einspruchsgesetz), Bundesgesetz (Zustimmungsgesetz), Verfassungsartikel

1. Der Bundestag beschließt: „Alle Fahrräder müssen ab sofort mit Nummernschildern gekennzeichnet sein. Diese werden durch die Landratsämter und kreisfreien Städte ausgegeben."

2. In das Grundgesetz wird eine Bestimmung eingefügt, die Haustiere unter den besonderen Schutz des Staates stellt.

3. Die Bundesregierung führt ein neues Verkehrszeichen für den Kreisverkehr ein.

4. Der Bundestag beschließt: „Es werden ab sofort Münzen im Nennwert von 15 € ausgegeben."

5. Die Universität erlässt eine Benutzungsordnung für ihre Bibliothek.

10 Rechtspolitische Frage:

Anlässlich der Gnadengesuche mehrerer zu lebenslangen Freiheitsstrafen ver-
urteilter Terroristen wurde diskutiert, ob für die Begnadigungsentscheidung
des Bundespräsidenten nicht mehr Transparenz nötig sei. Nehmen Sie zu der
Frage Stellung.

11 Rechtsvergleichende Anregungen

1. Erörtern Sie, inwieweit die Grundrechtsgewährung in Ihrem Heimatland
   derjenigen in Deutschland ähnelt bzw. sich von ihr unterscheidet. Berücksichtigen Sie dabei, inwieweit die gewährten Grundrechte selbst vergleichbar sind und inwieweit ihre tatsächliche Durchsetzung vergleichbar
   erscheint.

2. Erläutern Sie, in welcher Hinsicht die Staatsorganisation in Ihrer Heimat
   und Deutschland ähnlich ausgestaltet sind und in welchen konkreten Be-
   reichen gravierende Unterschiede bestehen. Erörtern Sie dabei auch, welche Konsequenzen die Unterschiede mit sich bringen.

3. Legen Sie dar, durch welche Institutionen in Ihrem Heimatrecht und im
   deutschen Verfassungsrecht die Menschenrechte geschützt werden. Vergleichen Sie dabei Aufbau und Funktionsweise dieser Institutionen.

B. Sprachliche Aspekte

1 Ergänzen Sie im Zusammenhang mit dem Wortfeld Gesetz die fehlenden
Nomen aus der folgenden Liste

**Gesetz / Gesetze / Gesetzes / Gesetzeskraft / Gesetzgebers /
Gesetzgebung / Gesetzgebungsorgan / Gesetzgebungsrechts /
Gesetzesvorbehalt / Grundgesetz**

Die Verfassung der Bundesrepublik Deutschland trägt die Bezeichnungg
_____ (1). Die darin aufgeführten Grundrechte binden
als unmittelbar geltendes Recht _____ (2), vollzie-
hende Gewalt und Rechtsprechung. Eine Änderung von Grundrechtsbestimmungen ist nur mit Zweidrittelmehrheit des _____ (3)
möglich. Sie kann jedoch nur dann vorgenommen werden, wenn dies im betreffenden Grundrecht erlaubt ist. Aber selbst wenn dieser _____
_____ (4) vorhanden ist, darf eine Einschränkung durch
_____ (5) den Wesensgehalt des Grundrechts nicht verändern.

Das _____ (6) ist der Bundestag. Die Bundes-
regierung ist befugt, zur Regelung der praktischen Durchführung eines
_____ (7) Rechtsverordnungen zu erlassen. Um eine Aushöhlung des _____ (8) des Parlaments zu verhindern, muss
die Ermächtigung zu Rechtsverordnungen im Gesetz selbst nach Inhalt,
Zweck und Ausmaß bestimmt sein. Nur auf wenigen Rechtsgebieten wie z. B.

dem Schul- und Kulturbereich liegt die Gesetzgebung bei den einzelnen Bundesländern.

Als so genanntem Hüter der Verfassung ist es Aufgabe des Bundesverfassungsgerichts (BVerfG) zu prüfen, ob _____ (9) und andere Rechtssätze mit dem Grundgesetz vereinbar sind. Die Entscheidungen des BVerfG haben _____ (10).

2 Ergänzen Sie die richtigen **Formen des Verbs** in Klammern.

1. Gesetze werden vom Bundespräsidenten _____ und im Bundesgesetzblatt _____. (ausfertigen / verkünden)

2. Gesetzesvorlagen können aus der Mitte des Bundestages, durch die Bundesregierung oder den Bundesrat _____ werden. (einbringen)

3. Die meisten Gesetzentwürfe werden von der Bundesregierung _____ _____. (vorlegen)

4. Bundesgesetze werden vom Bundestag _____. (beschließen)

5. Der Bundesrat _____ ein vom Bundestag beschlossenes Gesetz gelegentlich _____. (ablehnen)

6. Bestimmte Gesetze _____ nur mit Zustimmung des Bundesrats _____. (zustande kommen).

7. Bei anderen Gesetzen hat der Bundesrat nur ein Einspruchsrecht und kann vom Bundestag _____ werden. (überstimmen)

8. Das Gesetz wurde vom Bundestag _____. (verabschieden)

9. Das Gesetz ist am 1. 1. 2012 in Kraft _____. (treten)

10. Ein Gesetz kann _____ werden. (ändern)

11. Art. 76 ff. GG regeln das Gesetzgebungsverfahren, nach dem Gesetze _____ werden. (erlassen)

12. Im Bereich des Strafrechts muss strafbares Verhalten als solches in einem Gesetz _____ sein. (bestimmen) Bei Entscheidungen über die Straftat muss das Gesetz _____ werden (anwenden), das zur Zeit der Tat _____. (gelten)

3 Das Nomen „Recht" und Komposita in Verbindung mit Verben. Ersetzen Sie das Verb durch ein Nomen + Genitiv

Beispiel:
ein Recht geltend machen – *die Geltendmachung eines Rechts*

1. elementare Rechte gewährleisten   – ....
2. die Grundrechte auslegen   – ....
3. die Grundrechte kennen und
   anwenden   – ....
4. ein Rechtsmittel einlegen   – ....
5. ein Grundrecht verletzen   – ....
6. das allgemeine Persönlichkeitsrecht
   schützen   – ....

4 Ergänzen Sie im Zusammenhang mit dem Wortfeld Wahl passende Wörter aus der Liste.

> **gewählt / Stimmen / Verhältniswahl / Verhältniswahlrecht / Wahl /
> Wähler / Wahlgesetz / Wahlkreisabgeordneten / Wahlpflicht /
> Wahlrechtsgrundsätze / Wahlsystem / Zweidrittelmehrheit**

1. Art. 38 GG enthält die _____.

2. Der Bundestag wird auf die Dauer von vier Jahren _____
   _____.

3. Im _____ ist keine _____ angeordnet.

4. Das gültige _____ sieht eine modifizierte _____
   _____ vor.

5. Die Zusammensetzung des Bundestages bestimmt sich nach dem _____
   _____.

6. Jeder _____ hat zwei _____.

7. Nur eine Partei mit mindestens 5 % der Stimmen oder drei gewählten
   _____ kann Abgeordnetenmandate im Par-
   lament erhalten.

8. Für die _____ eines Richters ans Bundesverfassungsgericht ist
   eine _____ erforderlich.

Viertes Kapitel
Verträge und andere Rechtsgeschäfte

I. Die ersten drei Bücher des BGB

Das Thema der beiden nächsten Kapitel ist das Bürgerliche Recht, also derjenige Teil des Zivilrechts, der für die allgemeinen Rechtsbeziehungen der Bürger untereinander gilt. Davon zu unterscheiden sind die Sondergebiete des Bürgerlichen Rechts, nämlich das Handels- und Gesellschaftsrecht, das seine Bedeutung vor allem im Wirtschaftsverkehr hat, und das Arbeitsrecht, das das Recht der Arbeitsverhältnisse regelt. Das Bürgerliche Recht ist heute fast vollständig im Bürgerlichen Gesetzbuch (BGB) geregelt; die meisten „Nebengesetze" wurden in den letzten Jahren wieder in das BGB integriert. Das BGB besteht aus fünf Büchern, von denen die ersten drei das gesamte Vertragsrecht und das Recht der beweglichen Sachen und der Immobilien behandeln. Die drei Bücher sind „Allgemeiner Teil", „Recht der Schuldverhältnisse" und „Sachenrecht" überschrieben. Das Buch 2 „Recht der Schuldverhältnisse" (Schuldverhältnis ist dabei eine nicht sehr geglückte und sonst in der Sprache ungebräuchliche Eindeutschung des Begriffs „Obligation") gliedert sich wiederum in zwei Teile, einen Allgemeinen Teil und einen Besonderen Teil. Einzelne Vertragstypen, wie der Kaufvertrag, der Darlehensvertrag, der Mietvertrag, der Dienstvertrag oder die Auslobung sind in diesem Besonderen Teil geregelt.

Der Überblick über den Inhalt der drei ersten Bücher des BGB zeigt eine Besonderheit dieses Gesetzbuchs: Es ist zur Vermeidung von Wiederholungen sehr systematisch und logisch aufgebaut. Allgemeine Bestimmungen, die für die weiteren Bücher jeweils in gleicher Weise gelten, sind im Allgemeinen Teil zusammengefasst. Die allgemeinen Bestimmungen, die für alle Vertragstypen gelten, sind im Buch 2 wiederum in einem allgemeinen Teil zusammengefasst. Die Gesetzestechnik des BGB ist also vorbildlich; für Jurastudierende ist aber zumindest am Anfang ihrer Ausbildung die Arbeit mit diesem Gesetz besonders schwierig.

Beispiel: A hat von B ein Auto gekauft. Den Kaufvertrag hat A persönlich abgeschlossen; für B hat dessen Angestellter C gehandelt. Das Auto sollte am 1. August bezahlt werden. A hat den Kaufpreis erst am 1. September bezahlt. B möchte wissen, ob er für die Zeit vom 1. 8. bis 1. 9. Zinsen verlangen kann, A wüsste gerne, ob denn überhaupt ein Kaufvertrag zustande gekommen ist und – wenn ja – welche Rechte er hat, wenn das Auto Mängel haben sollte.

Den Kaufvertrag regelt das BGB in den §§ 433 ff. Aber nur die letzte der gestellten Fragen lässt sich aus diesen Vorschriften heraus beantworten (nämlich aus § 437 BGB). Dagegen findet sich die Antwort auf die Frage nach den Zinsen im allgemeinen Teil des Schuldrechts (nämlich in den §§ 286, 288 BGB) und die Regelung des Vertragsschlusses durch einen Vertreter im 1. Buch des BGB (§ 164 BGB).

Eine weitere Besonderheit des deutschen Rechts sorgt für zusätzliche Schwierigkeiten. Das Schuldrecht regelt nur die Verpflichtungen, die die Beteiligten untereinander haben, aber nicht die Handlungen, die sie zu ihrer Erfüllung vornehmen müssen. Diese sind im 3. Buch „Sachenrecht" geregelt. Der Grund ist darin zu suchen, dass zwischen der Verpflichtung und Verfügung rechtlich getrennt wird. Das Verpflichtungsgeschäft kann wirksam und das Verfügungsgeschäft unwirksam sein und umgekehrt. Diese Regel bezeichnet man als das **Abstraktionsprinzip**.

Fortsetzung des Beispiels: Über den Kaufvertrag im obigen Beispiel enthält der besondere Teil des Schuldrechts nur die Aussage, dass unter anderem A verpflichtet ist, dem B das Eigentum an dem Auto zu verschaffen (§ 433 I 1 BGB). Wie dies geschieht, steht dagegen im Sachenrecht (§ 929 BGB). Das Sachenrecht regelt auch, welche Folgen es hat, wenn das Auto, das A dem B übergeben hat, dem A gar nicht gehört (in den §§ 932, 935 BGB).

Es ist deshalb im Grunde nicht möglich, die ersten drei Bücher des BGB getrennt zu studieren, da für nahezu jeden zu lösenden Fall aus dem Vertragsrecht alle drei Bücher zusammen herangezogen werden müssen.

II. Die Rechtsgeschäfte

Die Begründung und Erfüllung rechtlicher Verpflichtungen erfolgt durch das Rechtsgeschäft. Das Rechtsgeschäft besteht aus einer oder mehrerer Willenserklärungen; eine Willenserklärung ist die Erklärung einer Partei zur Herbeiführung einer Rechtsfolge im Rechtsverkehr. Rechtsgeschäft ist demnach der Oberbegriff für Verträge, die den größten Teil der Rechtsgeschäfte ausmachen, und die einseitigen Rechtsgeschäfte, zu denen etwa die Kündigung oder die Erteilung einer Vollmacht gehören. Dabei kommen die Verträge durch zwei übereinstimmende **Willenserklärungen** zustande. Diese Willenserklärungen heißen Antrag (auch: Angebot) und Annahme. Es spielt dabei keine Rolle, von wem das Angebot ausgeht. Im einfachsten Fall, bei der gleichzeitigen persönlichen Anwesenheit beider Vertragsteile, werden diese Willenserklärungen oft **konkludent**, nämlich ohne ausdrückliche Erklärung des Willens, ein Rechtsgeschäft vornehmen zu wollen, abgegeben.

Beispiel: Legt A, der der deutschen Sprache nicht mächtig ist, in einem Bäckerladen 15 Cent auf den Ladentisch und deutet auf eine Semmel und händigt ihm daraufhin die Bäckersfrau wortlos eine Semmel aus, sind damit bereits sechs Willenserklärungen abgegeben worden: das

Angebot des A, gegen Zahlung von 15 C eine Semmel kaufen zu wollen, die Annahme dieses Angebots durch die Bäckersfrau, das Angebot der Bäckersfrau, dem A die Semmel zu übereignen, die Annahme dieses Angebots durch A, das Angebot des A, der Bäckersfrau 15 c zu übereignen, und die Annahme dieses Angebots durch die Bäckersfrau.

Es besteht grundsätzlich weder eine Verpflichtung, einen Vertrag abzuschließen noch hierbei auf bestimmte Bedingungen einzugehen. Man bezeichnet das als den Grundsatz der Vertragsfreiheit (**Privatautonomie**), die ihrerseits die Abschlussfreiheit und die Gestaltungsfreiheit umfasst. Die Bäckersfrau ist also nicht verpflichtet, A die Semmel zu verkaufen, selbst wenn dies aus dem zu missbilligenden Grund geschehen sollte, dass A der deutschen Sprache nicht mächtig ist. Das Gegenteil dieser Abschlussfreiheit ist der **Kontrahierungszwang**, der nur für einzelne Unternehmen ausdrücklich angeordnet ist, die rechtlich oder tatsächlich eine Monopolstellung haben, wie dies etwa bei der Post, Stromlieferungsunternehmen oder den öffentlichen Verkehrsmitteln der Fall ist.

Außer dieser Abschlussfreiheit besteht auch die inhaltliche Gestaltungsfreiheit. Beim Kaufpreis ist das ohnehin klar. Es ist der Bäckersfrau unbenommen, ihre Semmeln für 20, 30 oder 40 Cent anzubieten. Aber auch sonst gelten die Bestimmungen des Schuldrechts regelmäßig nur dann, wenn die Vertragspartner nichts anderes vereinbaren; Ausnahmen müssen im Gesetz besonders erwähnt sein. Grundsätzlich ist die Verpflichtung aus einem Vertrag sofort zu erfüllen (§ 271 I BGB). Die Bäckersfrau kann sich, wenn A kein Geld bei sich hat, auf die Vereinbarung einlassen, dass er die Semmel am nächsten Tag bezahlt, sie kann aber auch erklären, dass sie Kaufverträge nur gegen sofortige Barzahlung abschließt.

Die inhaltliche Gestaltungsfreiheit ist angemessen, wenn beide Vertragspartner wie in dem Beispiel wirtschaftlich gleich stark sind. Ist dagegen ein Vertragspartner wirtschaftlich schwächer, muss er vor einem Missbrauch der inhaltlichen Gestaltungsfreiheit geschützt werden. Das geschieht zum einen durch das Verbot, wucherische Geschäfte abzuschließen (§ 138 BGB), und andererseits dadurch, dass eine Reihe vom Gesetz aufgezählter Klauseln, und überhaupt alle Klauseln, die einen Vertragspartner unangemessen benachteiligen, nicht in **Allgemeinen Geschäftsbedingungen** verwendet werden dürfen. Allgemeine Geschäftsbedingungen sind von einem Vertragspartner (normalerweise dem wirtschaftlich Größeren, Mächtigeren) formulierte Vertragsbedingungen, die er seinem Vertragspartner mitteilt und dabei erklärt, er werde grundsätzlich nur zu diesen Bedingungen abschließen. Die in Allgemeinen Geschäftsbedingungen verbotenen Bestimmungen sind aber nicht allgemein verboten. In einem von den Vertragspartnern individuell ausgehandelten Vertrag dürfen sie verwendet werden. Was in Allgemeinen Geschäftsbedingungen zulässig ist und was nicht, regeln die §§ 305 ff. BGB.

Beispiel: Nach § 309 Nr. 6 BGB ist eine Vereinbarung, nach der der Mieter eines Fahrrads im Falle verspäteter Rückgabe eine Vertragsstrafe – also einen Geldbetrag, der ohne Rücksicht darauf geschuldet ist, ob der Vermieter dadurch überhaupt einen Schaden hatte – zu bezahlen hat, unwirksam. Deshalb kann ein Fahrradvermieter eine solche Bestimmung nicht in seine

Allgemeinen Geschäftsbedingungen aufnehmen. Verleiht oder vermietet aber A dem B sein Fahrrad durch einen von diesen individuell ausgehandelten Vertrag, dann ist diese Vereinbarung ohne weiteres möglich.

Neben den gerade erwähnten Beschränkungen der Wirksamkeit von Rechtsgeschäften durch das Verbot wucherischer und überhaupt sittenwidriger Geschäfte (§ 138 BGB) und bestimmter Formularklauseln müssen Rechtsgeschäfte etlichen weiteren Bedingungen entsprechen, um wirksam zu sein:

– Sie dürfen nicht gegen ein gesetzliches Verbot verstoßen (§ 134 BGB). Verkauft A dem afrikanischen Staat B also Maschinengewehre oder andere Kriegswaffen ohne Genehmigung, dann ist dieser Kaufvertrag nichtig.

– Wenn gesetzliche Formvorschriften bestehen, müssen diese eingehalten werden. Will A dem B ein Grundstück verkaufen, dann ist der Kaufvertrag nur gültig, wenn der Vertrag von einem Notar beurkundet ist (§ 311 b BGB). Will sich C gegenüber der Bank für einen Kredit seiner Tochter T verbürgen, muss seine Bürgschaftserklärung schriftlich erfolgen (§ 766 BGB). Von diesen im BGB seltenen Fällen abgesehen gilt aber, dass Rechtsgeschäfte **formfrei** abgeschlossen werden können. Dass wichtige Verträge normalerweise schriftlich abgeschlossen werden, dient also lediglich dazu, über ihren Inhalt später keinen Streit entstehen zu lassen. Rechtlich erforderlich ist es nicht.

– Ein Vertrag kommt auch dann nicht wirksam zustande, wenn die Willenserklärungen rechtzeitig **widerrufen** worden sind. Die Frage des Widerrufs stellt sich natürlich nur dann, wenn es nicht zum unmittelbaren Vertragsschluss kam, sondern Angebot und Annahme schriftlich übermittelt wurden. Eine Willenserklärung wird (anders als z. B. im englischen Recht) nicht schon mit der Absendung, sondern erst mit dem Zugang beim Vertragspartner wirksam, und ein Vertrag kommt nicht zustande, wenn dem Anbieter gleichzeitig mit der Annahme ein Widerruf zugeht (§ 130 BGB).

– Die Vertragspartner müssen **geschäftsfähig** sein. Zwar ist jeder Mensch von Geburt an rechtsfähig (§ 1 BGB). Selbst ein Säugling kann also etwas erben, Besitz haben und als Besitzer auch Verpflichtungen (z. B. Steuern zu zahlen, bei Glatteis zu streuen usw.) haben. Ein Säugling kann aber keine Rechtsgeschäfte selbst abschließen, ist also nicht geschäftsfähig. Die volle Geschäftsfähigkeit tritt mit dem 18. Geburtstag ein (Volljährigkeit). Kinder unter 7 Jahren und Geisteskranke sind geschäftsunfähig; Kinder und Jugendliche zwischen 7 und 18 Jahren sind beschränkt geschäftsfähig. Beschränkt Geschäftsfähige können grundsätzlich nur solche Rechtsgeschäfte allein abschließen, die für sie rechtlich vorteilhaft sind (z. B. ein Geschenk annehmen; Einzelheiten und Ausnahmen §§ 106–114 BGB). Zu anderen Geschäften (z. B. Kaufverträgen) brauchen sie die Zustimmung ihrer **gesetzlichen Vertreter** (normalerweise der Eltern); für Geschäftsunfähige können überhaupt nur die gesetzlichen Vertreter handeln.

– Erliegt ein Vertragsteil bei der Abgabe seiner Willenserklärung einem **Irrtum**, dann kommt trotzdem ein Vertrag zunächst einmal zustande. Jedoch kann derjenige, der sich geirrt hat, seine Willenserklärung anfechten (§ 119 BGB). Tut er das, dann ist sie und damit der Vertrag nichtig (§ 142 BGB). Dasselbe gilt, wenn ein Vertragsteil durch eine Täuschung oder durch Bedrohung zum Vertragsschluss veranlasst wurde.

Beispiel: Wollte A beim Versandhaus B 12 Paar Socken kaufen, schreibt er auf den Bestellschein aber versehentlich „21" statt „12", dann kommt mit der Lieferung des B der Vertrag über 21 Paar Socken zustande. A kann aber anfechten, da er diese Erklärung gar nicht abgeben wollte; dann ist der Kaufvertrag nichtig. A kann aber auch auf die Anfechtung verzichten, wenn er meint, im Laufe der Zeit auch 21 Paar Socken zu brauchen und dass der Preis günstig war. In diesem Fall bleibt der Kaufvertrag trotz des Irrtums gültig.

Ist der Vertrag nicht durch die Vertragspartner persönlich abgeschlossen worden, sondern durch **Stellvertreter,** dann ist er nur wirksam, wenn die Vertreter hierzu berechtigt waren. Bei **gesetzlichen Vertretern** (Eltern für ihr Kind, der Vorstand für einen Verein) kommt es darauf an, ob das Gesetz die Vertretungsbefugnis gewährt, bei Bevollmächtigten darauf, ob die Vollmacht das Handeln des Vertreters abdeckt (§ 164 BGB). Ist dies nicht der Fall, kommt es für die Wirksamkeit darauf an, ob der Vollmachtgeber nachträglich sein Einverständnis mit dem Geschäft erklärt (es „genehmigt"). Tut er das, kommt der Vertrag zustande. Lehnt er es ab, dann ist nur derjenige verpflichtet, der als Vertreter gehandelt hat. Ein Vertreter darf grundsätzlich nicht gleichzeitig für seinen Auftraggeber und für einen anderen oder sich selbst handeln (Verbot des **Selbstkontrahierens,** § 181 BGB). Wegen des möglichen Interessenkonflikts ist das nur dann erlaubt, wenn es dem Vertreter ausdrücklich gestattet ist.

Beispiel: A hat ein neues Auto gekauft und den Händler H beauftragt, einen Käufer für seinen Gebrauchtwagen zu suchen und auch gleich den Kaufvertrag abzuschließen. H kann nun im Namen des A das Auto an jeden beliebigen Dritten verkaufen – aber nicht an sich selbst und auch nicht an einen Dritten, der seinerseits dem H Vollmacht erteilt hat, für ihn ein Auto zu kaufen. Das wäre ihm nur erlaubt, wenn A ihm dies ausdrücklich gestattet hätte, weil er bedingungsloses Vertrauen zu H hat oder einen Mindestverkaufspreis festgelegt hat.

III. Die einzelnen Vertragstypen

Das Buch 2 des BGB regelt zuerst die allgemeinen Bestimmungen, die für alle Schuldverhältnisse des BGB (z. B. die Ausgestaltung des Schadensersatzes in §§ 249 ff. oder das Erlöschen einer Forderung nach §§ 362 ff.) und anderer Gesetze, z. B. des Produkthaftungsgesetzes oder des Handelsgesetzbuchs gelten, soweit dort nicht etwas anderes geregelt ist. Danach regelt das Buch 2 des BGB einzelne Arten von Verträgen durch eine Reihe besonderer Bestimmungen, so z. B. den Kaufvertrag (§§ 433–479), die Schenkung (§§ 516–534) und den Mietvertrag (§§ 535–580 a).

Das bedeutet nicht, dass andere als die dort geregelten Vertragstypen unzulässig wären, es besteht im Schuldrecht, also dem Recht der Verpflichtungsgeschäfte,

kein Typenzwang. Was geregelt und was nicht geregelt ist, erklärt sich aus den tatsächlichen wirtschaftlichen Verhältnissen des Jahres 1896, als das BGB erlassen wurde. So enthält das BGB beispielsweise eine Regelung des Leibrentenvertrags (§§ 759–761), aber keinerlei Regelung der heute viel bedeutsameren Vertragstypen des Forderungskaufs (Factoring) oder des Leasingvertrags, da es diese zur Zeit des In-Kraft-Tretens des BGB praktisch nicht gab. Der Gesetzgeber hat erst in den letzten Jahren die Veränderung der Lebensverhältnisse zum Anlass von Ergänzungen des Gesetzes genommen. Erstmals geschah dies durch die Regelung des Rechts der Pauschalreisen in den Vorschriften über den **Reisevertrag** (§§ 651 a–651 m), der im Jahre 1979 als eine besondere Form des Werkvertrags eingeführt wurde. In der Zwischenzeit sind beispielsweise der Teilzeit-Wohnrechtevertrag (§§ 481–487), der Überweisungsvertrag (§§ 676 a–676 c) und der Girovertrag (§ 676 f–676 h) hinzugekommen. Viele Änderungen erfolgten aufgrund der Schuldrechtsmodernisierungsreform im Jahre 2002 oder aufgrund der steigenden Bedeutung des Internets im täglichen Rechtsverkehr. Ob ein Vertragstyp ausdrücklich geregelt ist oder nicht, spielt nur für die Frage eine Rolle, ob für bestimmte typischerweise auftretende Probleme eine Regelung getroffen ist, wenn sich die Vertragsteile darüber nicht verständigt haben. Es ist klar, dass dafür bei den Verträgen des täglichen Lebens ein größeres Bedürfnis besteht als bei den besonderen Vertragstypen, die normalerweise von Fachleuten schriftlich ausgearbeitet werden. Auch wenn der Vertragstyp geregelt ist, sind diese Regelungen aber meist **dispositiv.** Die Vertragspartner können also von ihnen abweichen, wenn dies im Gesetz nicht ausdrücklich für unzulässig erklärt ist, in Allgemeinen Geschäftsbedingungen aber – wie erwähnt – nur in engen Grenzen.

1. Der Kaufvertrag

Der Kaufvertrag ist der im täglichen Leben häufigste Vertragstyp. Das BGB hat daher nicht nur die grundsätzlichen Verpflichtungen des Verkäufers und des Käufers geregelt (§ 433 BGB), sondern auch, wer die Vertragskosten trägt (§ 448 BGB) und welche Rechte der Käufer hat, wenn die verkaufte Sache Mängel aufweist (§§ 437–445 BGB). In diesem Fall kann der Käufer Beseitigung des Mangels oder Lieferung einer mangelfreien Sache verlangen, unter bestimmten Voraussetzungen auch vom Vertrag zurücktreten oder den Kaufpreis mindern und – wenn der Verkäufer den Mangel zu vertreten hat – auch Schadensersatz verlangen (§ 437 BGB).

Die Gewährleistung für Sachmängel gehört zu den wichtigsten Rechten des Käufers beim Kauf neu hergestellter Sachen. Auf der anderen Seite kann es einem Verkäufer bei gebrauchten Gegenständen, z. B. einer gebrauchten Maschine oder einem Gebrauchtwagen, auch darauf ankommen, dass er für Mängel, die sich später herausstellen, auf keinen Fall in Anspruch genommen wird. Die Gewährleistungsvorschriften sind daher überwiegend dispositiv, können also von den

Vertragspartnern ausgeschlossen werden. Da aber oft der Verkäufer die größere wirtschaftliche Macht und Geschäftsgewandtheit hat, macht das BGB eine Ausnahme zugunsten des Käufers: Die Vereinbarung, dass die Gewährleistung ausgeschlossen ist, ist dann unwirksam, wenn der Verkäufer den Mangel arglistig verschwiegen oder eine Garantie für die Beschaffenheit der Sache übernommen hat (§ 444 BGB).

Beispiel: A verkauft dem B seinen gebrauchten Pkw und vereinbart: „verkauft wie besichtigt und Probe gefahren unter Ausschluss jeder Gewährleistung." Erleidet das Auto bei B nach wenigen Kilometern einen für A unabsehbaren Motorschaden, hat B keine Ansprüche. Stellt sich dagegen heraus, dass der Rahmen durchgerostet ist und A die schadhaften Stellen übermalt hat, so dass sie bei der Besichtigung unerkennbar waren, hat B die gewöhnlichen Gewährleistungsrechte, da der Mangel arglistig verschwiegen wurde.

Besondere Grenzen bestehen für die Beschränkung der Rechte des Käufers neu hergestellter Sachen in Allgemeinen Geschäftsbedingungen. Hier ist es nicht zulässig, den Rücktritt oder die Minderung auszuschließen und dem Käufer stattdessen nur einen Anspruch auf Reparatur oder Lieferung einer mangelfreien Sache zu geben. Das Recht zum Rücktritt oder zur Minderung muss dem Käufer zumindest für den Fall erhalten bleiben, dass die Reparatur fehlschlägt (§ 309 Nr. 8 Buchst. b Doppelbuchst. bb BGB).

Besondere Schutzvorschriften für den Verbraucher enthalten die Vorschriften über den Verbrauchsgüterkauf (§§ 474–479 BGB), die dann anwendbar sind, wenn ein Unternehmer einem Verbraucher eine bewegliche Sache verkauft, für solche Kaufverträge, bei denen der Kaufpreis nicht sofort bar bezahlt wird (§§ 499–504 BGB), und für Haustürgeschäfte, bei denen der Kunde, der von einem Verkäufer zu Hause aufgesucht wird, ein Widerrufsrecht von zwei Wochen hat (§§ 312, 355 BGB), das ihn vor übereilten Käufen schützen soll.

2. Der Mietvertrag

Auch beim Mietvertrag regelt das BGB nicht nur die Hauptpflichten der Vertragspartner, nämlich Überlassung der Mietsache und Zahlung der Miete, sondern auch die bei der Miete von Wohnungen wichtigsten Fragen, nämlich die Möglichkeit der Kündigung und der Erhöhung der Miete. Hier gilt der Grundsatz, dass die Vertragsbedingungen frei vereinbart werden können, nur eingeschränkt, da der Gesetzgeber den – sozial meist schwächeren – Mieter vor der Vereinbarung für ihn nachteiliger Bestimmungen schützen will. Deshalb sind die Kündigungsfristen (grundsätzlich drei Monate, bei längerer Dauer des Mietverhältnisses bis zu neun Monaten, § 573 c BGB) zugunsten des Mieters zwingend, und er genießt **Mieterschutz**, wenn nicht der Vermieter ein berechtigtes Interesse an der Kündigung hat. Selbst dann kann aber der Mieter der Kündigung widersprechen, wenn sie für ihn eine Härte bedeuten würde, vor allem, wenn er keine andere Wohnung zu für ihn tragbaren Bedingungen finden kann.

Trotz der detaillierten Regelung des Mietvertrags im BGB ist es in der Praxis üblich, Mietverträge anhand vorformulierter Texte abzuschließen, die zahlreiche weitere Regelungen enthalten. Das Formulieren solcher Vertragsmuster ist die Aufgabe der **Kautelarjurisprudenz,** die sich zur Aufgabe gesetzt hat, gerichtliche Streitigkeiten aus Verträgen dadurch zu vermindern, dass die vertragliche Regelung so genau und eindeutig ist, dass Streitigkeiten nach Möglichkeit verhindert werden.

IV. Die Rechtsbeziehungen ohne Vertrag

Nicht immer ergeben sich Ansprüche auf Zahlung oder eine sonstige Leistung aus einem Vertrag oder anderen Rechtsgeschäft.

1. Unerlaubte Handlungen

Wenn der Kunde im Kaufhaus aus Unachtsamkeit gegen eine wertvolle Kristallvase stößt, die daraufhin zerbricht, dann haftet er dem Betreiber des Kaufhauses ohne Rücksicht darauf, ob und was er kaufen wollte, aus unerlaubter Handlung (§ 823 I BGB) auf Ersatz des entstandenen Schadens. Dabei ist es ohne Bedeutung, ob der Schaden durch mangelnde Sorgfalt (Fahrlässigkeit) entstanden ist oder ob er die Vase in einem Wutanfall absichtlich zerschmettert hat (Vorsatz). Diese Frage spielt nur im Strafrecht eine Rolle. Ansprüche auf Schadensersatz setzen nach dem BGB stets Vorsatz oder Fahrlässigkeit voraus. Da das Recht aber Gefährdungen zulässt, bei denen es zu Schäden auch ohne Verschulden kommen kann, ist in zahlreichen Nebengesetzen eine **Gefährdungshaftung** angeordnet. Das bedeutet, dass der Handelnde auch dann einen entstehenden Schaden ersetzen muss, wenn ihm ein Fehler nicht nachgewiesen werden kann.

Der wichtigste Fall ist die Haftung des Halters eines Kraftfahrzeugs für alle Schäden, die bei seinem Betrieb entstehen. Aber auch der Führer eines Flugzeugs, der Betreiber eines Atomkraftwerks und – seit 1990 – auch derjenige, der ein gefährliches oder fehlerhaftes Produkt in den Verkehr bringt, haftet ohne Rücksicht auf ein Verschulden. Die Reichweite der Gefährdungshaftung ist unterschiedlich: Im Straßenverkehr haftet der Halter nicht, wenn der Unfall für ihn ein „unabwendbares Ereignis" war, die Produkthaftung ist ausgeschlossen, wenn der Schaden nicht durch den „bestimmungsgemäßen Gebrauch" des Produkts entstanden ist. Die Gefährdungshaftung, die beim In-Kraft-Treten des BGB nur für den Betrieb von Eisenbahnen angeordnet war, ist im Laufe der Zeit immer weiter ausgedehnt worden. Der Grund liegt nicht zuletzt darin, dass nach dem BGB der Geschädigte die **Beweislast** dafür hat, dass ihm der Schaden schuldhaft zugefügt wurde. Diese Regel hat der Gesetzgeber in den genannten Fällen für nicht mehr angebracht gehalten.

2. Ungerechtfertigte Bereicherung

Ansprüche ohne Vertrag können sich auch aus ungerechtfertigter Bereicherung ergeben (§ 812 BGB). Unter dieser Überschrift fasst das BGB diejenigen Fälle zusammen, in denen sich Vermögensverschiebungen ergeben haben, die sich als von Anfang an oder auch nachträglich nicht gerechtfertigt herausstellen. In vielen Fällen liegt ein nicht zustande gekommener oder nicht durchgeführter Vertrag zugrunde.

Beispiel: A hat dem 17-jährigen B ein Fahrrad verkauft. B hatte ihm erklärt, seine Eltern seien mit dem Kauf einverstanden, und leistete eine Anzahlung. Als die Eltern des B davon erfahren, billigen sie das Verhalten ihres Sohnes jedoch nicht und verweigern die Genehmigung. Da B nur beschränkt geschäftsfähig ist, konnte er den Kaufvertrag nur mit Zustimmung seiner Eltern abschließen (§ 108 BGB). Da diese die Genehmigung verweigert haben, ist der Vertrag unwirksam. Die Anzahlung des B erfolgte deshalb ohne einen rechtlichen Grund. A muss die Anzahlung daher nach § 812 BGB zurückgeben.

In diesen Fällen spricht man von **Leistungskondiktion,** da A durch eine Leistung zu der Bereicherung gekommen ist. Daneben gibt es die von § 812 BGB als „Bereicherung in sonstiger Weise" bezeichnete **Eingriffskondiktion.** Sie liegt bei Vermögensverschiebungen vor, denen keine Leistungshandlung zugrunde liegt.

Beispiel: A und B haben ihre Pferde im gleichen Stall eingestellt und beide bei verschiedenen Lieferanten Hafer bestellt. Der Lieferant des B hat Hafer geliefert; der Stallknecht hat diesen aber versehentlich in die Haferkiste des A gefüllt. Verbraucht nun A den Hafer für sein Pferd, dann ist er dem B zur Herausgabe verpflichtet; da dies nicht möglich ist, muss er den Wert des Hafers ersetzen (§ 818 II BGB).

Die Vorschriften über die ungerechtfertigte Bereicherung fordern anders als die über den Schadensersatz nur die Rückgabe einer Bereicherung, die tatsächlich erfolgt und noch vorhanden ist, da sie vom Verschulden unabhängig sind. Wenn der Empfänger nicht oder nicht mehr bereichert ist, besteht keine Verpflichtung.

Beispiel: Anna wollte ihrem Freund Max zum Geburtstag eine Schachtel Pralinen schenken und beauftragte ein Patisseriegeschäft, sie ihm ins Studentenwohnheim zu schicken. Der Fahrer überreichte die Schachtel aber nicht Max, sondern der Studentin Maxi, die auf dem gleichen Flur wohnt. Bevor der Fehler bemerkt wurde, hatte Maxi die Pralinen aufgegessen. Sie hatte sie als Geschenk eines unbekannten Verehrers angesehen. Da sie stets knapp bei Kasse ist, hätte sie sich selbst keinesfalls welche gekauft. Da die Rückgabe der Pralinen nicht mehr möglich, aber Maxi auch nicht bereichert ist, muss sie nichts ersetzen (§ 818 III BGB).

V. Das Sachenrecht

Das im 3. Buch des BGB geregelte Sachenrecht befasst sich einerseits mit dem Recht der Grundstücke, andererseits mit dem Recht der beweglichen Sachen. Dem Recht der Grundstücke unterliegen dabei auch die mit dem Grund und Boden fest verbundenen Gebäude und alles, was „zur Herstellung" eingefügt worden ist.

Das Grundstücksrecht ist eine komplizierte Spezialmaterie und unterliegt infolge der Eintragung der Grundstücke und Grundstücksrechte in ein staatliches Register, das **Grundbuch,** besonderen Vorschriften. Das Recht der beweglichen Sachen dagegen ist infolge des bereits erwähnten Abstraktionsprinzips bei jedem im Alltag geschlossenen Kaufvertrag zu beachten. Das Sachenrecht unterscheidet zwischen **Besitz** und **Eigentum,** die in der Rechtssprache anders als im täglichen Leben sorgfältig getrennt werden. Besitz bezeichnet nur die tatsächliche Möglichkeit, über eine Sache zu verfügen, das Eigentum dagegen die unbeschränkte Rechtsposition. Besitz und Eigentum können, müssen aber nicht zusammenfallen.

Beispiel: Hat A dem B sein Auto geliehen und zur Benutzung übergeben, ist A Eigentümer des Autos und B Besitzer. Wird dem B das Auto unterwegs vom Dieb D gestohlen, dann bleibt A Eigentümer, B hat dagegen seinen Besitz verloren. Besitzer ist jetzt D. Dieser Besitz des D äußert sich unter anderem darin, dass er sich, wenn ihm ein Räuber R das Auto wegnehmen will, notfalls mit Gewalt gegen die Wegnahme wehren darf, da er auch als unberechtigter Besitzer Besitzschutz genießt. Wird D gefasst, das Auto sichergestellt und dem A wieder zurückgegeben, vereinigen sich Besitz und Eigentum wieder in der Hand des A.

Die Übertragung des Eigentums an beweglichen Sachen geschieht grundsätzlich durch **Einigung** darüber, dass das Eigentum übergehen soll, und **Übergabe** (§ 929 BGB). Nach dem Abstraktionsprinzip setzt die Erfüllung jedes Kaufvertrags eine solche Eigentumsübertragung voraus: Der Kaufvertrag verpflichtet den Verkäufer lediglich, den verkauften Gegenstand zu übergeben und das Eigentum daran zu verschaffen. Die Bedeutung des Abstraktionsprinzips besteht vor allem darin, dass Kaufvertrag und Übereignung rechtlich selbstständig sind und daher auch ein verschiedenes Schicksal haben können.

Beispiel: A hat beim Antiquitätenhändler B ein Ölgemälde eines „unbekannten Meisters" für 500 € gekauft, sofort bezahlt und mitgenommen. Kurz darauf stellt sich heraus, dass es sich in Wirklichkeit um ein Original von Leonardo da Vinci mit einem Wert von mehr als 500.000 € handelt. B erklärt deshalb die Anfechtung wegen Irrtums (§ 119 II BGB). Durch die Anfechtung wird der Kaufvertrag nichtig (§ 142 I BGB). Die Einigung von A und B über den Eigentumsübergang an dem Bild und an dem Geldbetrag von 500 € bleiben jedoch wirksam, da sich hier weder A noch B geirrt haben. Das Bild und das Geld können nur als ungerechtfertigte Bereicherung (§ 812 BGB) zurückgefordert werden, da der Grund der Übereignung (der Kaufvertrag) durch die Anfechtung weggefallen ist.

Das Abstraktionsprinzip lässt auch zu, dass Kaufvertrag und Eigentumsübergang bewusst getrennt werden. Dies geschieht sehr häufig durch den **Eigentumsvorbehalt.** Wird ein Gegenstand dem Käufer sofort übergeben, aber noch nicht vollständig bezahlt (z. B. beim Kauf auf Raten), wird meist vereinbart, dass der Kaufvertrag sofort wirksam sein soll, die Einigung über den Eigentumsübergang dagegen unter der Bedingung vollständiger Bezahlung des Kaufpreises steht. Der Käufer ist dann sofort Besitzer, aber erst mit Zahlung der letzten Rate Eigentümer.

Eigentum kann nicht nur derjenige erwerben, der eine Sache vom wahren Eigentümer erwirbt, sondern auch derjenige, der von einem Dritten erwirbt, vorausgesetzt, er war in **gutem Glauben** und die Sache war nicht gestohlen (§§ 932, 935 BGB). Darin unterscheidet sich das deutsche Sachenrecht von zahlreichen anderen Rechtsordnungen. Der Satz *„nemo plus iuris transferre potest quam ipse habet"* (niemand kann mehr Rechte übertragen als er selbst hat) gilt also nicht; das deutsche Recht stellt die Sicherheit des Rechtsverkehrs über das Interesse des wahren Eigentümers, wenn er eine Sache freiwillig aus der Hand gibt.

Beispiel: Anton hat seiner Freundin Maxi sein Fahrrad geliehen. Maxi, die dringend Geld braucht, verkauft das Fahrrad an ihre Kollegin Emma, wobei sie erklärt, sie brauche das Rad nicht mehr, weil sie sich ein neues gekauft habe. Emma zahlt die vereinbarte Summe und nimmt das Rad gleich mit. Da Emma keinen Grund hatte, an dem Eigentum der Maxi zu zweifeln, ist sie Eigentümerin des Fahrrads geworden. Anton hat keine Möglichkeit, sein Rad zurückzubekommen. Er kann nur von Maxi das von ihr dafür vereinnahmte Geld als ungerechtfertigte Bereicherung herausverlangen oder wegen des Verlusts des Fahrrads Schadensersatz von ihr fordern. Wusste Emma dagegen, dass das Rad dem Anton gehörte oder hätte sie es wissen können (z. B. weil es mit einem Aufkleber „Dieses Rad gehört Anton" versehen ist), könnte sie bei gleicher Sachlage nicht Eigentümerin werden. Das könnte sie – ohne Rücksicht auf ihren guten Glauben – auch dann nicht, wenn Maxi dem Anton das Rad weggenommen hätte.

Die Übereignung von Sachen dient nicht nur zur Erfüllung von Kaufverträgen, sondern kommt auch als Sicherung für Forderungen vor (so genannte **Sicherungsübereignung**). Diese geschieht allerdings nicht durch Einigung und Übergabe, sondern durch Einigung und Vereinbarung eines Benutzungsrechts für den bisherigen Eigentümer (§ 930 BGB).

Beispiel: Die Firma F ist in finanziellen Schwierigkeiten. Die Bank B ist bereit, ihr den benötigten Kredit von 20.000 € zu geben, wenn ihr eine Maschine zur Sicherheit übereignet wird, die F vor einiger Zeit für 30.000 € gekauft hat. Weder will aber B die Maschine aufbewahren noch kann F sie für ihre Produktion entbehren. Deswegen übereignet F der B die Maschine in der Weise, dass sie weiterhin an Ort und Stelle bleibt und von F benutzt werden darf. Sollten jedoch Zins und Tilgung nicht bezahlt werden, darf B die Maschine abholen und „verwerten", also verkaufen und den Erlös mit dem Kredit verrechnen.

Bei unbeweglichen Sachen (bebauten und unbebauten Grundstücken, Eigentumswohnungen, Bauten auf fremdem Grund) gibt es weder Eigentumsvorbehalt noch Sicherungsübereignung, weil hier nicht der Besitz, sondern die Eintragung im Grundbuch die entscheidende Rolle spielt. Die Einigung über den Eigentumsübergang heißt hier **Auflassung** (§ 925 BGB). Wer ein Grundstück von dem im Grundbuch eingetragenen Eigentümer erwirbt, wird in seinem guten Glauben geschützt (§ 892 BGB); er wird also durch die Eintragung Eigentümer, auch wenn derjenige, der ihm das Eigentum übertragen hat, zu Unrecht eingetragen war. Kredite, die ein Immobilienerwerber zur Bezahlung des Kaufpreises aufnehmen muss, werden durch eine Hypothek oder Grundschuld, die im Grundbuch eingetragen wird, gesichert.

Das Sachenrecht regelt auch den Schutz des Eigentümers und des Besitzers vor Beeinträchtigungen durch Dritte. Soweit der Eigentümer nicht Immissionen (Lärm, Licht, Gerüche) als unwesentlich oder ortsüblich dulden muss, kann er grundsätzlich das Unterlassen der Störung verlangen (§ 1004 BGB). Unwesentliche oder wesentliche, aber ortsübliche Immissionen muss er dagegen dulden (§ 906 BGB).

Übungsteil

A. Rechtliche Aspekte

1 Fragen zum Text

1. Warum ist die Arbeit mit dem BGB am Anfang für Jurastudierende sehr schwierig?

2. Was ist unter dem Abstraktionsprinzip zu verstehen?

3. Wie kommt ein Vertrag zustande?

4. Was bedeutet Kontrahierungszwang?

5. Was sind Allgemeine Geschäftsbedingungen (= AGB) und wo ist ihre Verwendung geregelt?

6. Wie kann ein aufgrund Irrtums zustande gekommener Vertrag vernichtet werden?

7. Wann kommt der durch einen Stellvertreter geschlossene Vertrag nur zustande?

8. Welche Rechte kann der Käufer geltend machen, wenn er eine mangelhafte (z. B. defekte) neue Sache gekauft hat?

9. Was verstehen Sie unter Kautelarjurisprudenz?

10. Woraus – außer Rechtsgeschäften – können sich Ansprüche auf Zahlung einer Geldsumme oder Ansprüche auf eine andere Leistung ergeben?

11. Was bedeutet Eigentumsvorbehalt?

12. Mit Hilfe welcher rechtlichen Instrumente erfolgt die Absicherung von Geldforderungen an Grundstücken häufig?

2 Vervollständigen Sie die Skizze.

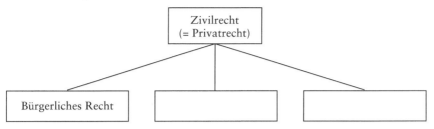

3 Vervollständigen Sie die Skizze.

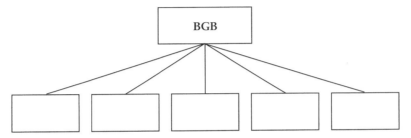

4 Durch ein Verpflichtungsgeschäft entstehen Rechte und Pflichten. Durch ein Verfügungsgeschäft wird auf ein Recht eingewirkt durch inhaltliche Änderung, Übertragung (z. B. Eigentumsübertragung) oder Belastung (z. B. Hypothek). Entscheiden Sie, ob es sich um ein Verpflichtungsgeschäft oder ein Verfügungsgeschäft handelt, und erläutern Sie Ihre Entscheidung.

1. A lässt der Bank B eine Hypothek an seinem Grundstück eintragen.

2. Die C schließt mit ihrem Kollegen K einen Mietvertrag über seine Garage.

3. X schenkt seiner Freundin F einen Blumenstrauß.

4. Die Y vereinbart mit Architektin A, dass sie ihr ein Haus entwirft.

5 Vervollständigen Sie die Skizze.

6 Entscheiden Sie, um welche Stufe der Geschäftsfähigkeit es sich in den folgenden Fällen handelt und ob das Rechtsgeschäft zustande kommt.

1. Die fünfjährige Susi will von ihrem „Taschengeld" einen Lutscher kaufen.

2. Der zehnjährige Thomas kauft von seinem Taschengeld ein Buch.

3. Die 16-jährige Jasmina kauft sich auf Raten ein Mofa.

4. Der manisch-depressive Gerd kauft sich in einer manischen Phase einen Porsche.

7 Entscheiden Sie, welches Rechtsgeschäft jeweils vorliegt, und zitieren Sie den entsprechenden Paragraphen aus dem BGB.

1. A lässt sich von B ein Pfund Zucker geben, um einen Kuchen zu backen, und verspricht, ihm am nächsten Ersten ein Pfund Zucker zurückzugeben.

2. N bucht im Reisebüro eine Pauschalreise nach Teneriffa.

3. K trägt ihr Kleid in die Reinigung.

4. U hängt an alle Bäume in der Nachbarschaft einen Zettel: „Wer meinen Collie wiederfindet, bekommt von mir 50)."

5. Ys Fernsehgerät ist kaputtgegangen. Der Fernsehservice F hilft ihm mit einem „Leihgerät" für monatlich 30 € aus.

6. T ist in Geldnöten. Von seiner Bank erhält er einen Kleinkredit von 2.000 €, der in 36 Monatsraten zurückzuzahlen ist.

7. V möchte endlich einmal ins Theater gehen und engagiert einen Babysitter.

8. D, der zwei blaue Mauritius hat, gibt eine seinem Briefmarkensammlerfreund S und bekommt dafür ein Basler Täubchen.

8 Entscheiden Sie, welche Rechtsposition die Y innehat, und begründen Sie Ihre Ansicht.

	Besitzerin / Eigentümerin / Warum?		
1. Y mietet eine Garage von ihrem Kollegen K.			
2. Y kauft ein Haus, in das sie selbst einzieht.			
3. Y erbt ein Gemälde, das als Leihgabe bis zum Jahr 2020 in einem Museum hängt.			

9 Vervollständigen Sie die Skizze und erklären Sie kurz mit Ihren eigenen Worten die beiden eingesetzten Begriffe.

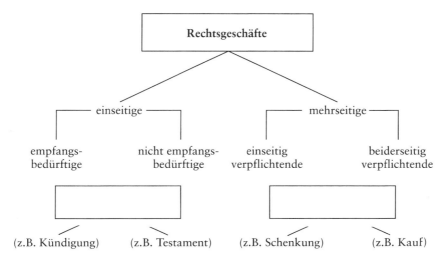

10 Ein Kaufvertrag kommt durch Angebot (= Antrag) und Annahme zustande. Eine *„invitatio ad offerendum"* liegt vor, wenn lediglich zur Abgabe eines Angebotes aufgefordert wird (z. B. durch Ausstellen der Ware in einem Schaufenster). Entscheiden Sie, ob es bei den Erklärungen um eine *„invitatio ad offerendum"*, ein Angebot oder eine Annahme geht, und begründen Sie Ihre Meinung.

1. Der reiselustigen L flattert ein Prospekt des Billigreiseanbieters B ins Haus, in dem B jeden Sonntag eine äußerst günstige Kurzreise nach Istanbul anbietet. L schreibt dem B sofort begeistert: „Hiermit nehme ich Ihr Angebot an und buche für den 1. Sonntag im Februar 2013 eine Kurzreise nach Istanbul, wie in Ihrem Prospekt beschrieben."

2. Der modebewusste M sieht im Schaufenster des Bekleidungshauses H ein Jackett, das ihm gefällt. Da er gerade gut bei Kasse ist, geht er in den Laden und lässt sich das Jackett zeigen. Da es ihm gefällt, kauft er es. Der Verkäufer beglückwünscht ihn zu dem Kauf und packt ihm das gute Stück ein.

11 Entscheiden Sie, ob eine ausdrückliche (mündliche oder schriftliche) oder konkludente (durch schlüssiges Verhalten) Willenserklärung vorliegt.

1. Die A bietet ihrem Freund F am Telefon ihren Wagen für 3.000 € zum Kauf an.

2. Morgenmuffel M legt – wie jeden Morgen – stumm einen Euro auf den Kiosktresen und nimmt sich dafür eine Tageszeitung, die 60 ct kostet.

3. Auf das schriftliche Angebot der Möbelfirma M schreibt Kundin K: „Hiermit bestelle ich den Schreibtisch ‚Sekretär' zu 2.000 € entsprechend dem mir unterbreiteten Angebot vom 1. 10. 2012."

[12] Arbeiten Sie aus den folgenden Paragraphen die Tatbestandsvoraussetzungen und die Rechtsfolge in Stichworten heraus.

Beispiel: § 305 Abs. 1 S. 1 BGB

Tatbestandsvoraussetzungen:

- vorformulierte Vertragsbedingungen

- für eine Vielzahl von Verträgen

- die der Verwender dem anderen Vertragteil stellt

- bei Abschluss des Vertrages

Rechtsfolge: Es handelt sich um AGBs (mit der Folge, dass die Regeln zur AGB-Kontrolle, §§ 305–310 BGB, Anwendung finden).

1) § 305 Abs. 2 BGB

2) § 311 BGB

3) § 312 b Abs. 1 BGB

4) § 346 Abs. 1 BGB

5) § 346 Abs. 2 BGB

6) § 355 BGB

7) § 505 BGB

Rechtspolitische Frage:

Erörtern Sie, inwieweit das BGB die Anforderungen an ein modernes Zivilgesetzbuch erfüllt oder nicht.

[13] Rechtsvergleichende Anregungen

1. Der Minderjährige wird im BGB extrem geschützt. Vergleichen Sie die Situation bezüglich des Zustandekommens von Verträgen mit Minderjährigen in Ihrem Recht und zeigen Sie die Rechtsfolgen auf.

2. Erörtern Sie, inwieweit es in Ihrem Heimatstaat Kontrahierungszwang gibt, und vergleichen Sie die Lage mit dem deutschen Recht.

3. In vielen Ländern ist die *Invitatio ad offerendum* unbekannt. Erklären Sie, wie der Verkauf eines Kleides aus dem Schaufenster und einer Reise aus dem Reiseprospekt in Ihrem Heimatrecht geregelt ist, und vergleichen Sie die Regelung mit der deutschen Konstruktion.

B. Sprachliche Aspekte

1 Ergänzen Sie im Zusammenhang mit den Willenserklärungen passende Verbformen aus der Liste.

**anfechten / bedrohen / einhalten / sich irren / nichtig sein /
täuschen / widerrufen / wirksam werden**

1. Die Willenserklärung eines Geschäftsunfähigen *ist nichtig*.

2. Eine empfangsbedürftige Willenserklärung _____ erst mit dem Zugang beim Vertragspartner _____.

3. Ein Vertrag kommt nicht zustande, wenn die Willenserklärung rechtzeitig _____ wird.

4. Um wirksam zu werden, dürfen Rechtsgeschäfte nicht gegen ein gesetzliches Verbot verstoßen, und gegebenenfalls bestehende gesetzliche Formvorschriften müssen _____ werden.

5. Eine Willenserklärung kann _____ werden, wenn _____ ein Vertragsteil über den Inhalt der Willenserklärung _____ hat.

6. Eine Anfechtung ist auch möglich, wenn ein Vertragsteil arglistig _____ _____ oder widerrechtlich _____ wurde, um ihn zum Vertragsschluss zu veranlassen.

2 Ergänzen Sie im Zusammenhang mit dem Recht der Schuldverhältnisse passende Nomen aus der Liste.

**Arbeitsleistungen / Bereicherung / Gegenleistung / Geld / Handlung /
Leistungen / Pflichten / Sachen / Waren / Vereinbarung / Vertragsfreiheit**

Schuldverhältnisse entstehen insbesondere durch den Austausch von _____ _____ (1). Beim Kauf werden z. B. Waren gegen _____ (2) und beim Tausch werden Waren gegen _____ (3) ausgetauscht. Bei Miete oder Pacht werden zeitweilig _____ (4) gegen Geld überlassen. Bei Dienst-, Werk- oder Geschäftsbesorgungsverträgen werden _____ _____ (5) gegen Geld zur Verfügung gestellt. Schenkung und Leihe bestehen allerdings aus einer Leistung ohne _____ (6). Nach dem Grundsatz der _____ (7) können die Vertragspartner ihre beiderseitigen Rechte und _____ (8) frei aushandeln. Nur wenn die Vertragspartner keine vom Gesetz abweichende _____ (9) getroffen haben, gelten die Vorschriften des Schuldrechts. Schuldverhältnisse können auch ohne Vertrag entstehen, z. B. aus unerlaubter _____ (10) und ungerechtfertigter _____ _____ (11).

Fünftes Kapitel
Familien- und Erbrecht

Das Familienrecht und das Erbrecht sind wie das Vertrags- und das Sachenrecht im BGB geregelt (4. und 5. Buch; §§ 1297–2365). Das bedeutet, dass grundsätzlich auch im Familien- und Erbrecht die Bestimmungen des Allgemeinen Teils gelten. Zahlt beispielsweise nach einer Ehescheidung der Vater den Unterhalt für die Kinder nicht pünktlich, so sind für seine Pflicht zur Zahlung von Verzugszinsen die §§ 286, 288 BGB maßgeblich.

Viele andere Vorschriften des Allgemeinen Teils sind aber in den einzelnen Paragraphen des Familien- und Erbrechts ausdrücklich für unanwendbar erklärt. So versteht es sich eigentlich von selbst, dass man weder unter einer Bedingung heiraten kann (§ 1311 Satz 2 BGB) noch ein Testament durch einen Vertreter machen lassen kann (§ 2064 BGB). Auch sonst ist die Anwendung allgemeiner Vorschriften oft stark eingeschränkt.

Beispiel: Hat jemand ein Kind adoptiert, kann er die Aufhebung der Adoption beantragen, wenn er sich über die Person des von ihm adoptierten Kindes geirrt hat. Dagegen ist die sonst nach § 119 II BGB mögliche Anfechtung wegen eines Irrtums über persönliche Eigenschaften (Gesundheit, Vermögensverhältnisse) ausgeschlossen (§ 1760 BGB).

Das rechtfertigt es, das Familien- und das Erbrecht in einem eigenen Kapitel darzustellen.

I. Das Familienrecht

Das BGB enthält keine Definition der Familie, sondern behandelt die Rechte und Pflichten der Familienmitglieder in ganz ähnlicher Weise wie die Rechte und Pflichten von Vertragspartnern. Geregelt sind vor allem die Rechtsverhältnisse der durch Ehe und Verwandtschaft verbundenen Personen. Aus praktischen Gründen ist das Vormundschafts- und Betreuungsrecht, also das Recht der Sorge für Personen, die nicht geschäftsfähig sind oder ihre Angelegenheiten nicht selbst besorgen können, aber auch keinen gesetzlichen Vertreter haben, ebenfalls im Familienrecht geregelt. Das Familienrecht ist ganz überwiegend zwingendes Recht; der Grundsatz der Vertragsfreiheit ist nur sehr eingeschränkt anwendbar.

Beispiel: Die Wirkungen der Ehe, z. B. die Pflicht zur ehelichen Lebensgemeinschaft, das Namensrecht, das Recht zur Berufstätigkeit und die Verpflichtung zum Familienunterhalt regeln die §§ 1353 bis 1362 BGB zwingend. Von diesen Bestimmungen können Personen, die heiraten wollen, auch durch Abschluss eines Vertrags nicht abweichen. Nur ausnahmsweise – nämlich beim Namensrecht – können sie zwischen mehreren Möglichkeiten wählen. Dagegen kann eine „Ehe ohne gegenseitige Unterhaltpflicht" nicht wirksam vereinbart werden.

Die Ehegatten können das eheliche Vermögensrecht und die Folgen einer etwaigen Ehescheidung in einem **Ehevertrag** abweichend von den gesetzlichen Vorschriften regeln. Allerdings zieht hier die Rechtsprechung der Wirksamkeit eines solchen Vertrages insbesondere dann enge Grenzen, wenn er in den Kernbereich des Scheidungsfolgenrechts eingreift. Ein Ausschluss des gesetzlichen Unterhaltsanspruchs desjenigen Eheteils, der nach der Scheidung ein gemeinsames Kind betreut (§ 1570 BGB), ist regelmäßig unwirksam.

Das Familienrecht ist seit 1. Juli 1998 wieder ganz überwiegend im BGB geregelt, nachdem das bis dahin im Ehegesetz geregelte Recht der Eheschließung wieder in das BGB eingefügt worden ist. Die technischen Regelungen für den Standesbeamten, der die Familienbücher führt, sind in einem Nebengesetz, dem Personenstandsgesetz, enthalten. Dort steht z. B., welche Informationen zu einer bestimmten Person einzutragen sind. Das Recht der eingetragenen Lebenspartnerschaft, die in Deutschland nur homosexuelle Paare eingehen dürfen, regelt das Lebenspartnerschaftsgesetz. Heterosexuelle Paare, die in nichtehelicher Lebensgemeinschaft leben, genießen keinen familienrechtlichen oder sonstigen besonderen rechtlichen Status. Für sie gelten die Vorschriften des allgemeinen Zivilrechts.

1. Eheschließung

Der Eheschließung ging früher wohl fast ausnahmslos, heute eher selten, ein förmliches Eheversprechen (Verlöbnis) voraus, das das BGB als gegenseitigen Vertrag regelt (§§ 1297–1302 BGB). Aus dem Verlöbnis kann zwar nicht auf Eingehung der Ehe, aber auf Rückgabe von Geschenken und Ersatz eines entstandenen Schadens bei Rücktritt geklagt werden. Da heute den meisten Eheschließungen das Zusammenleben in nichtehelicher Lebensgemeinschaft vorausgeht, haben diese Bestimmungen kaum noch Bedeutung.

Die Eheschließung kann nur vor einem Standesbeamten erfolgen. Die Zivilehe ist damit obligatorisch (§ 1310 I BGB). Bisher durfte ein Geistlicher eine Trauung erst vornehmen, wenn die Ehe vor dem Standesbeamten geschlossen worden ist. Diese Vorschrift ist zum 1. 1. 2009 aufgehoben worden, so dass eine Eheschließung in nur religiöser Form möglich ist. Die kirchliche Trauung oder eine andere religiöse Heiratszeremonie ersetzt aber auch künftig nicht die standesamtliche Eheschließung. Solche Handlungen haben keine rechtliche Wirkung. Sie begründen vor allem auch keine Erbansprüche und keine Ansprüche auf Leistungen der Sozialversicherung, wenn ein Partner stirbt.

2. Wirkungen der Ehe

Das Recht des Ehenamens ist von der allmählichen Durchsetzung des Gleich-
berechtigungsgebots (Art. 3 II GG) gekennzeichnet. Ursprünglich war Ehename
der Familienname des Mannes. Die Frau konnte ihren bisherigen Namen nur an-
fügen. Diese offensichtlich verfassungswidrige Regelung wurde erst 1976 durch
eine Wahlmöglichkeit zwischen dem Namen des Mannes und dem Namen der
Frau ersetzt. Wenn die Verlobten aber keine Entscheidung trafen oder sich nicht
einigen konnten, blieb es beim Namen des Mannes. Auch diese Regelung hat das
Bundesverfassungsgericht im Jahre 1991 für unvereinbar mit dem Gleichheits-
satz erklärt. Außerdem hat es die Verpflichtung zur Führung eines gemeinsamen
Familiennamens als einen Verstoß gegen die Eheschließungsfreiheit gewertet:
Jeder Ehepartner hat nach dem Grundgesetz das Recht auf freie Wahl seines
Namens. Der Geburtsname ist Ausdruck der Persönlichkeit und Identität des
Menschen. Das Gesetz kann deshalb nicht von ihm verlangen, dass er ihn anlässlich seiner Eheschließung aufgibt. Jetzt gilt folgende Regelung (§ 1355 BGB): Als
Ehename kann entweder der Name des Mannes oder der Name der Frau gewählt
werden. Der jeweils andere Ehegatte kann dann (muss aber nicht) seinen Namen
dem Familiennamen entweder voranstellen oder ihn anhängen. Jeder Ehepartner
ist aber berechtigt, seinen Namen weiterzuführen; es gibt dann keinen gemeinsamen Familiennamen. Es bestehen jetzt also zahlreiche Wahlmöglichkeiten. In
der Praxis wählen heute allerdings noch über 80 % der Ehepartner den Familiennamen des Mannes ohne Zusatz. Kinder erhalten den Familiennamen der Eltern.
Führen diese keinen gemeinsamen Familiennamen, müssen sie sich bei der Geburt des ersten Kindes für einen ihrer beiden Namen entscheiden; ein aus den Namen von Vater und Mutter gebildeter Doppelname ist nicht mehr zulässig. Diesen Namen führen dann auch alle weiteren Kinder. Nach einer Scheidung kann
der geschiedene Ehegatte entweder seinen Namen behalten oder einen früher ge-
führten Namen wieder annehmen. Behält er seinen Namen, kann dieser in einer
weiteren Ehe wieder Ehename werden; die entgegenstehende Bestimmung hat
das BVerfG für verfassungswidrig erklärt.

Auch hinsichtlich der übrigen Ehewirkungen ist die Gleichberechtigung seit dem
Ehereformgesetz von 1976 verwirklicht: Beide Ehegatten dürfen erwerbstätig
sein, dann müssen sie die Haushaltsführung einvernehmlich regeln (sog. „Dop-
pelverdienerehe"). Sie können aber auch vereinbaren, dass ein Ehegatte seine Unterhaltspflicht durch die Haushaltsführung erfüllt (sog. „Hausfrauen- oder
Hausmannehe"). In diesem Fall müssen ihm die Mittel für die Haushaltsführung
für einen angemessenen Zeitraum im Voraus zur Verfügung gestellt werden
(§§ 1356, 1360, 1360 a BGB). Vor allem im letzteren Fall hat § 1357 BGB Bedeutung, der (ausgehend von einem etwas überholten Ehebild) als Regelung der
„Schlüsselgewalt" bezeichnet wird: Für die Verpflichtungen aus Geschäften, die
ein Ehegatte für den Lebensbedarf der Familie abschließt, haftet auch der andere
Ehegatte.

Das Steuerrecht begünstigt die Hausfrauen- bzw. Hausmannehe dadurch, dass es das Familieneinkommen fiktiv zur Hälfte als Einkommen des Ehemanns und zur Hälfte als Einkommen der Ehefrau ansieht, was vor allem bei höheren Einkommen des Alleinverdienenden zu einer niedrigeren Steuer führt (so genannter „Splittingvorteil").

3. Scheidung der Ehe

Für die Scheidung der Ehe ist es ohne Bedeutung, warum die Ehe gescheitert ist (**Zerrüttungsprinzip**): Auch derjenige Ehegatte, der das Scheitern der Ehe allein oder überwiegend verursacht hat, kann die Scheidung verlangen. Dabei geht das Gesetz davon aus, dass eine Ehe gescheitert ist, wenn die Ehegatten seit drei Jahren getrennt leben (§ 1566 Abs. 2 BGB). Im Einverständnis der Ehepartner kann die Scheidung auch nach einjährigem Getrenntleben ausgesprochen werden (§ 1566 Abs. 1 BGB). Vorher geht dies nur dann, wenn die Fortsetzung der Ehe für einen Ehegatten eine unzumutbare Härte darstellen würde (1565 Abs. 2 BGB). Da das Gericht nicht nachprüfen kann, ob die Ehepartner ihre Ehe wahrheitsgemäß darstellen, eröffnet diese Regelung praktisch den Weg zu einer einverständlichen Scheidung ohne Einhaltung der Jahresfrist.

Die Scheidung einer Ehe erfolgt durch den Beschluss einer besonderen Abteilung des Zivilgerichts, der Abteilung für Familiensachen. Soweit ein Ehegatte Ansprüche erhebt, die sich aus der Scheidung der Ehe ergeben (die so genannten „Folgesachen"), darf die Scheidung grundsätzlich nur erfolgen, wenn auch die Folgesachen geregelt sind. In der Praxis wird aber häufig von der Möglichkeit Gebrauch gemacht, die Folgesachen abzutrennen, also über die Scheidung allein vorab zu entscheiden.

Folgesachen der Ehescheidung sind die Regelung der Unterhaltsansprüche der Ehegatten gegeneinander, der Rentenansprüche und des Vermögensausgleichs. Im Unterhaltsrecht geht das BGB zunächst vom Grundsatz der Eigenveranwortung der Ehegatten aus. Grundsätzlich obliegt es nach der Scheidung also jedem Ehegatten, selbst für seinen Unterhalt zu sorgen (§ 1569 BGB). Ein geschiedener Ehegatte ist aber dann unterhaltsberechtigt, wenn er nicht selbst seinen bisherigen Lebensstandard sichern kann. Das kann daran liegen, dass er wegen der Betreuung eines gemeinsamen Kindes nicht arbeiten kann, dass er zu alt oder zu krank ist oder dass er zwar arbeiten kann, dabei aber wesentlich weniger verdient, als es dem bisherigen Lebensstandard in der Ehe entspricht (§§ 1570–1578). Dabei kommt es – von den Fällen abgesehen, die § 1579 BGB als „schwerwiegende, eindeutig beim Unterhaltsberechtigten liegendes Fehlverhalten" kennzeichnet – nicht darauf an, wer in welchem Umfang zum Scheitern der Ehe beigetragen hat. Die Unterhaltsrechtsreform zum 1. 1. 2008 hat allerdings die Ansprüche des geschiedenen Ehegatten, die vorher mit denen unterhaltsberechtigter Kinder gleichrangig waren, hinter die Ansprüche der Kinder zurückgesetzt und die Anforderungen an das Bestehen solcher Ansprüche des geschiedenen Ehegatten erhöht.

Die Ansprüche auf Altersversorgung werden unter geschiedenen Ehegatten durch den **Versorgungsausgleich** geregelt. Dies geschieht grundsätzlich in der Weise, dass die in der Ehezeit erworbenen Ansprüche geteilt werden (§ 1587 BGB). Diese Teilung begründet keine Zahlungspflicht des Ehegatten, sondern erfolgt intern durch die Rentenversicherung. Ihre Wirkung zeigt sich erst, wenn ein Ehepartner das Rentenalter erreicht hat.

Obligatorisch ist nur die Regelung des Versorgungsausgleichs. Die übrigen Folgesachen werden nur anhängig, wenn ein Beteiligter dazu einen Antrag stellt. Dies gilt auch für das Sorgerecht für gemeinschaftliche Kinder. Grundsätzlich behalten beide Elternteile die Verantwortung für das Kind und müssen für seinen Unterhalt aufkommen. Der Elternteil, in dessen Haushalt das Kind lebt, erfüllt seine Unterhaltpflicht durch die Betreuung des Kindes, der andere Elternteil muss Barunterhalt leisten. Die elterliche Sorge verbleibt im Regelfall beiden Eltern gemeinsam. Der Richter kann aber einem Elternteil das Sorgerecht oder einen Teil davon übertragen, wenn dies dem Wohl des Kindes am besten entspricht. Der nichtsorgeberechtigte Elternteil hat dann ein Umgangsrecht und grundsätzlich auch die Pflicht zum Umgang mit dem Kind; allerdings dient es nach einer Entscheidung des BVerfG vom 1. 4. 2008 grundsätzlich nicht dem Kindeswohl, die Umgangspflicht mit Zwangsmitteln durchzusetzen.

4. Die Güterstände

Ob und wie bei der Scheidung ein Vermögensausgleich durchgeführt wird, richtet sich danach, ob es die Ehegatten beim gesetzlichen Güterstand belassen oder diesen durch einen **Ehevertrag** abgeändert haben.

Der gesetzliche Güterstand ist die **Zugewinngemeinschaft** (§ 1363 BGB). Allerdings ist diese gesetzliche Bezeichnung irreführend: Die Vermögen des Mannes und der Frau bleiben getrennt.

Erst bei Beendigung des Güterstands durch Scheidung oder Tod erfolgt ein Ausgleich in der Weise, dass derjenige Ehegatte, der während der Ehe den größeren Vermögenszuwachs erzielt hat, dem anderen einen Geldbetrag in Höhe der Hälfte des Unterschieds zum Vermögenszuwachs des anderen auszahlen muss.

Beispiel: Als Hans und Emma geheiratet haben, besaß Hans nichts und Emma ein Haus im Wert von 100.000 €. Im Verlauf der Ehe hat Hans in der Lotterie 20.000 € gewonnen, die bis zur Scheidung auf 30.000 € angewachsen sind. Emma hat das Haus für 180.000 € verkauft und für den Erlös eine Eigentumswohnung gekauft, die jetzt einen Wert von 250.000 € hat. Wird jetzt die Ehe geschieden, kann Hans von Emma Zahlung von (250.000 – 100.000) – (30.000 – 0) : 2 = 60.000 € als Zugewinnausgleich verlangen.[1]

---

[1] In dem Beispiel ist die Geldentwertung unberücksichtigt geblieben, die mit den amtlich ermittelten Prozentzahlen einzusetzen ist, da nur ein wirklicher Vermögenszuwachs auszugleichen ist, nicht ein lediglich scheinbarer.

Von diesem gesetzlichen Güterstand können die Ehegatten in zweifacher Hinsicht abweichen: Sie können Gütertrennung vereinbaren. Ein Zugewinnausgleich findet dann nicht statt. Auch bei Scheidung behält jeder Ehegatte sein Vermögen, mag es vor oder während der Ehe entstanden sein. Die Eheleute können aber auch – was heute nur noch selten geschieht – Gütergemeinschaft vereinbaren. Dann wird das gesamte Vermögen, sowohl das bei Eheschließung vorhandene als auch das später hinzukommende, gemeinschaftliches Vermögen und muss im Fall der Scheidung auseinandergesetzt werden.

5. Die Lebenspartnerschaft

Das deutsche Recht kennt keine Rechtsform des nichtehelichen Zusammenlebens zweier Partner verschiedenen Geschlechts. Auch nach langjährigem Zusammenleben entfaltet die nichteheliche Lebensgemeinschaft keine Rechtswirkungen. Jeder Partner kann sie jederzeit beenden, ohne dem früheren Partner gegenüber irgendwelche Verpflichtungen zu haben. Man rechtfertigt dies damit, dass Partnern, die eine rechtliche Bindung wünschen, das Rechtsinstitut der Ehe zur Verfügung steht.

Partnern gleichen Geschlechts steht dagegen die Rechtsform der **eingetragenen Lebenspartnerschaft** zur Verfügung. Diese wird ebenfalls vor einem Standesbeamten geschlossen und entfaltet güterrechtliche und unterhaltsrechtliche Wirkungen, die denen einer Ehe sehr ähnlich sind. Wie Ehegatten haben Lebenspartner die Möglichkeit, ihre Verhältnisse durch einen Lebenspartnerschaftsvertrag, der sachlich einem Ehevertrag entspricht, zu regeln; seit 1.1. 2005 kann ein Lebenspartner ein Kind seines Lebenspartners adoptieren. Die Lebenspartnerschaft kann nur durch gerichtliches Urteil wieder aufgehoben werden und das auch nur dann, wenn die Lebenspartnerschaft gescheitert ist.

6. Das Kindschaftsrecht

Das Kindschaftsrecht (§§ 1591 ff. BGB) unterscheidet anders als früher nicht mehr zwischen ehelichen und nichtehelichen Kindern. Es bestehen nur noch wenige Sondervorschriften für Kinder, deren Eltern zum Zeitpunkt ihrer Geburt nicht miteinander verheiratet waren. Für die Frage, wer rechtlich Vater eines Kindes ist, kommt es nicht auf die biologische Vaterschaft an. Vater eines Kindes ist der Mann, der zum Zeitpunkt der Geburt mit der Mutter des Kindes verheiratet ist oder die Vaterschaft anerkannt hat. Die Vaterschaft kann aber vom Mann, von der Mutter und vom Kind angefochten werden. Auch wenn keine Anfechtung erfolgt, hat das Kind nach der Rechtsprechung des Bundesverfassungsgerichts ein Recht auf Kenntnis der eigenen Abstammung, das es nach seiner Volljährigkeit selbst geltend machen kann. Da immer wieder ausgesetzte Säuglinge tot aufgefunden werden, gibt es heute in zahlreichen Städten so genannte „Babyklappen", in denen unerwünschte Kinder anonym abgelegt werden können. Eine gesetzliche Regelung besteht für diese nicht; den abgelegten Kindern ist dadurch jede Möglichkeit genommen, ihre Abstammung später feststellen zu lassen. Diskutiert wird deshalb, ob nicht die Möglichkeit der anonymen Geburt geschaffen werden sollte, bei der zumindest bei späterem Einverständnis der Mutter dem Kind seine Abstammung mitgeteilt werden kann. Einzelne Krankenhäuser praktizieren bereits die anonyme Geburt, die sich zur Zeit in einer rechtlichen Grauzone befindet. Probleme gibt es auch aufgrund der Möglichkeiten, die die moderne Medizin eröffnet, z. B. der anonymen Samenspende oder der Leihmutterschaft, und die zahlreiche ethische Fragen aufwerfen.

Kinder, deren Eltern bei ihrer Geburt nicht miteinander verheiratet waren, standen grundsätzlich unter der elterlichen Sorge der Mutter. Vater und Mutter konnten eine Sorgeerklärung abgeben und übten die elterliche Sorge dann gemeinsam aus. Die Mutter konnte den Vater aber von der Sorge dadurch ausschließen, dass sie sich weigerte, eine solche Sorgeerklärung abzugeben. Der Europäische Gerichtshof in Straßburg hat in dieser Regelung einen Verstoss gegen die Europäische Menschenrechtskonvention (EMRK) gesehen. Der aktuelle Gesetzesentwurf sieht deshalb vor, dass unverheiratete Väter in Zukunft – selbst gegen den Willen der Kindsmütter – das Sorgerecht für ihre Kinder ausüben dürfen, wenn nicht das Kindeswohl dadurch beeinträchtigt wird.

Auch die frühere Regelung, die beim Unterhalt für den ein Kind betreuenden Elternteil zwischen ehelichen und nichtehelichen Kindern differenzierte, wurde für nichtig erklärt, in diesem Fall vom BVerfG. Die Unterhaltsrechtsreform hat deshalb mit Wirkung vom 1. 1. 2008 den Anspruch auf Betreuungsunterhalt für alle Kinder gleich geregelt.

7. Die Adoption

Die Adoption ist nach heutigem Rechtsverständnis die rechtliche Grundlage dafür, dass elternlose oder unerwünschte Kinder in eine geeignete Familie integriert werden können. Sie erfolgt nicht durch Vertrag, sondern durch Gerichtsbeschluss, der nur in außergewöhnlichen Fällen wieder aufgehoben werden kann. Die rechtlichen Beziehungen zu den leiblichen Eltern im Unterhaltsrecht und Erbrecht werden vollständig abgebrochen. Es bestehen nur noch Rechte und Pflichten gegenüber den Adoptiveltern (§§ 1741–1766 BGB). Das adoptierte Kind steht damit in jeder Hinsicht einem leiblichen Kind gleich (Grundsatz der **Volladoption**). Demgegenüber dient die ebenfalls mögliche Adoption Volljähriger normalerweise der Fortführung eines Namens oder dem Fortbestand eines Unternehmens.

8. Vormundschaft und Betreuung

Die Eltern sind die gesetzlichen Vertreter ihres minderjährigen Kindes. Ein Kind, dessen Vater und Mutter gestorben oder nicht zu ermitteln sind oder denen das Sorgerecht durch das Gericht entzogen wurde, erhält einen gerichtlich bestellten Vormund. Der Vormund muss für das Kind sorgen und ist sein gesetzlicher Vertreter. Dagegen wird die Person, die sich um Volljährige kümmert, die ihre Angelegenheiten nicht allein besorgen können, seit 1992 Betreuer genannt. Einen Einfluss auf die Geschäftsfähigkeit hat die Betreuung nicht. Die früher bestehende Möglichkeit der **Entmündigung** eines Volljährigen wurde mit dem gleichen Gesetz abgeschafft. Das Gericht kann aber anordnen, dass der Betreute wie ein beschränkt geschäftsfähiger Minderjähriger der Zustimmung des Betreuers bedarf.

II. Das Erbrecht

Das Erbrecht ist vollständig im 5. Buch des BGB geregelt. Lediglich in Norddeutschland ist für den landwirtschaftlichen Bereich ein Nebengesetz, die Höfeordnung, zu beachten. Das Erbrecht befasst sich mit der Weitergabe des Vermögens nach dem Tod eines Menschen. Die Möglichkeit, grundsätzlich frei über seinen Nachlass zu bestimmen (**Testierfreiheit**), ist als Grundrecht ebenso durch die Verfassung (Art. 14 I GG) gewährleistet wie die Privaterbfolge, die ein Erbrecht des Staates nur dann zulässt, wenn keine Verwandten vorhanden sind. Im Erbrecht ist die Gefahr übereilter Entschlüsse einerseits und der Fälschung von Urkunden andererseits besonders groß. Um diese Gefahren gering zu halten, bestehen mehr Formvorschriften als sonst.

Seit 1969 wurden immer wieder Forderungen nach einer umfassenden Erbrechtsreform laut, so z. B. des Deutschen Bundestags und des Deutschen Juristentags. Der Deutsche Notartag bezeichnete diese Reform als „Jahrhundertaufgabe"; reformiert wurde bis heute fast nichts.

1. Die gesetzliche Erbfolge

Die wichtigste Aufgabe des Erbrechts besteht darin zu bestimmen, wem das Vermögen eines Menschen zufallen soll, wenn er gestorben ist. Gesetzliche Erben sind die Verwandten des Verstorbenen, bei Verheirateten auch der Witwer oder die Witwe, bei eingetragenen Lebenspartnern der überlebende Lebenspartner. Dabei schließen die Abkömmlinge (Kinder und Kindeskinder) die Eltern und Geschwister und diese wiederum Großeltern, Onkel, Tanten, Cousins und Cousinen aus. Ist ein Erbberechtigter verstorben, treten seine Abkömmlinge an die Stelle. Die Möglichkeit zu erben ist nicht durch einen bestimmten Verwandtschaftsgrad beschränkt. Damit kann schon bei einem kinderlos verstorbenen verwitweten Einzelkind die Zahl seiner gesetzlichen Erben beträchtlich sein. Der Witwer oder die Witwe erbt neben Kindern die Hälfte des Nachlasses, neben Eltern, Geschwistern und Großeltern drei Viertel, neben noch entfernteren Verwandten alles. Es handelt sich um ein echtes Erbrecht oder Miterbrecht, nicht nur um ein lebenslanges Nutzungsrecht am Nachlass. Deshalb kann bei kinderlosen Ehen das Vermögen in eine „andere Familie" kommen als in die, aus der es stammt. Es spielt keine Rolle, ob die Eltern eines Kindes bei seiner Geburt miteinander verheiratet waren; alle Sondervorschriften für „nichteheliche" Kinder sind seit 1. April 1998 abgeschafft.

Beispiele: (1) Anna hinterlässt ihren Witwer Johann sowie ihren Sohn Heinz und die beiden Enkelkinder Oskar (Sohn von Heinz) und Eva (Tochter ihrer verstorbenen Tochter Marga). Es erben: Johann 1/2 (§§ 1931, 1371 BGB), Heinz 1/4 (§ 1924 I, IV BGB), Eva 1/4 (§ 1924 III, IV BGB) und Oskar nichts, da er durch seinen Vater Heinz von der Erbfolge ausgeschlossen ist.
(2) Der ledig verstorbene Friedrich hinterlässt einen Sohn Benjamin, mit dessen Mutter er nicht verheiratet war, und seinen alten Vater Abraham. Seine Mutter ist schon verstorben. Benjamin wird alleiniger Erbe; Abraham wird durch ihn von der Erbfolge ausgeschlossen (§ 1930 BGB). Wäre Friedrich verwitwet und würde noch ein Kind Christiane hinterlassen, mit deren Mutter er verheiratet war, wären Benjamin und Christiane Erben je zur Hälfte.
(3) Der ledige kinderlose Franz war ein Einzelkind. Seine Eltern und Großeltern sind schon tot. Sein Vater hatte drei Geschwister, U, V und W, seine Mutter zwei Geschwister, X und Z. Es lebt nur noch U. V ist kinderlos verstorben, W hat drei Kinder hinterlassen, X hat vier Kinder hinterlassen. Z hatte zwei Kinder, von denen aber eines bereits tödlich verunglückt ist und seinerseits fünf Kinder hinterlassen hat. Es erben: U 1/4, die Kinder des W je 1/12, die Kinder des X je 1/16, das Kind des Z 1/8 und die Kinder des verunglückten Kindes des Z je 1/40 (§ 1926 BGB). Insgesamt gibt es also 14 Erben.

2. Testament und Erbvertrag

Die gesetzliche Erbfolge tritt nur ein, wenn der Verstorbene keine letztwillige Verfügung errichtet hat. Durch eine letztwillige Verfügung kann er einen Erben bestimmen, ohne an die gesetzliche Erbfolge gebunden zu sein. Wenn die Verfügung nicht ausnahmsweise sittenwidrig (§ 138 I BGB) ist, kann er dabei auch nahe Verwandte zurücksetzen oder übergehen. Der Erblasser kann einen oder mehrere Erben einsetzen und auch über einzelne Gegenstände (z. B. ein Bild oder seine Briefmarkensammlung) zugunsten anderer Personen als dem Erben verfügen (**Vermächtnis**). Außerdem ist es möglich, dem Erben Verpflichtungen aufzuerlegen, z. B. das Grab des Erblassers zu pflegen (**Auflage**).

Ein Erblasser, dessen gesetzliche Erben Kinder, Eltern oder der Witwer, die Witwe oder der eingetragene Lebenspartner wären, kann die genannten Personen nicht völlig von der Beteiligung an seinem Nachlass ausschließen. Ihnen steht nämlich – im Gegensatz zu anderen gesetzlichen Erben, die völlig übergangen werden können – der **Pflichtteil** zu. Der Pflichtteil ist eine Geldforderung in Höhe der Hälfte des Wertes der Erbschaft bzw. des Erbteils des Übergangenen. Der Pflichtteil stellt damit einen Kompromiss zwischen der Testierfreiheit des Verstorbenen und den berechtigten Interessen der nächsten Familienangehörigen dar. Er besteht unabhängig davon, wie schlecht das persönliche Verhältnis zum Erblasser war, und kann auch nicht dadurch umgangen werden, dass der Erblasser noch kurz vor seinem Tod wesentliche Teile seines Vermögens verschenkt, da er sich als Pflichtteilsergänzungsanspruch auch auf diejenigen Gegenstände erstreckt, die der Erblasser in den letzten zehn Jahren vor seinem Tod einem anderen geschenkt hat.

Die Verfügungen können durch Testament oder Erbvertrag getroffen werden. Das Testament ist eine einseitige Verfügung, die – zur Verhinderung von Fälschungen oder Irrtümern – ihrer ganzen Länge nach handschriftlich vom Erblasser geschrieben sein muss oder aber notariell errichtet sein muss. Der Erblasser kann es bis zu seinem Tod jederzeit aufheben oder ändern. Anders ist es beim Erbvertrag, der von mindestens zwei Vertragspartnern geschlossen wird. Die in einem Erbvertrag enthaltenen Verfügungen können grundsätzlich nur einverständlich geändert werden;, nach dem Tod eines Teils nur dann, wenn dies ausdrücklich vorbehalten wurde. Der Erbvertrag eignet sich deshalb vor allem für voneinander abhängige Verfügungen; er ist nur gültig, wenn die notarielle Form eingehalten ist.

Zwischen Testament und Erbvertrag steht das **Gemeinschaftliche Testament**, das nur von Ehegatten handschriftlich oder notariell errichtet werden kann und ebenfalls den Überlebenden bindet, soweit eine solche Bindung von den Ehegatten gewünscht ist. Solange beide Ehegatten leben, besteht dagegen das – nicht ausschließbare – Recht zum Widerruf durch Erklärung gegenüber dem anderen Teil.

Seit 1. Januar 2012 gibt es das von der Bundesnotarkammer geführte Zentrale Testamentsregister. Darin sind sämtliche erbfolgerelevanten Urkunden zu finden, die notariell errichtet oder in gerichtliche Verwahrung gegeben wurden. Wenn jemand stirbt, wird das Register von Amts wegen auf Testamente und sonstige Bestimmungen für diesen Todesfall überprüft und die Stelle in Kenntnis gesetzt, wo sich die Verfügung befindet. Durch das Testamentsregister sollen die Auffindung des letzten Willens des Erblassers und eine schnelle und effiziente Durchführung des Nachlassverfahrens sichergestellt werden.

3. Die Erbengemeinschaft

Sind durch die gesetzliche Erbfolge oder durch die Verfügung des Erblassers mehrere Personen als Erben berufen, bilden sie eine Erbengemeinschaft. Sie ist dadurch gekennzeichnet, dass kein Miterbe über seinen Anteil an einzelnen Gegenständen verfügen kann. Jeder Miterbe kann aber verlangen, dass die Erbengemeinschaft insgesamt aufgehoben wird. Er kann auch durch notariellen Vertrag seinen Erbanteil als Ganzes verkaufen.

Beispiel: Sind beim Tod des verwitweten Müller, dessen Vermögen im Wesentlichen aus dem Wohnhaus und einem Mietshaus bestand, seine drei Kinder Albert, Berta und Christine Erben zu je einem Drittel geworden, dann ist es Christine, die dringend Geld benötigt, nicht möglich, „ihren" 1/3-Anteil an dem Mietshaus zu verkaufen, da dieser rechtlich nicht existiert. Christine kann lediglich ihren 1/3-Anteil am Nachlass des Müller verkaufen (damit aber zugleich ihren Anteil am Wohnhaus) oder von Albert und Berta die Aufhebung der Erbengemeinschaft verlangen.

Der Erblasser kann die Aufhebung der Erbengemeinschaft durch eine Auflage für bestimmte Zeit ausschließen. Er kann die Verwaltung und Auseinandersetzung auch einer Person seines Vertrauens, einem **Testamentsvollstrecker** übertragen.

4. Erbschaftsteuer

Die verfassungsrechtliche Garantie des Erbrechts schließt nicht aus, dass sich der Staat durch Erhebung einer Steuer auf den Erben Einnahmen verschafft. Zur Vermeidung von Umgehungen hat die Erbschaftsteuer jeweils die gleiche Höhe wie die Schenkungsteuer. Es bestehen nach dem Grad der Verwandtschaft gestaffelte Freibeträge (seit 1. 1. 2009 für den Witwer oder die Witwe 500.000 €, für jedes Kind 400.000 €, für entfernte Verwandte 20.000 €) und Steuersätze, die mit 7 % (Erwerb von bis zu 75.000 € durch den Witwer oder die Witwe) beginnen und in der Spitze 50 % erreichen (Erwerb von Vermögen über 13.000.000 € durch entfernte Verwandte oder eine nicht mit dem Erblasser verwandte Person). Testamentarisch bedachte langjährige Lebensgefährten sowie Pflegekinder werden erbschaftsteuerrechtlich nicht besser behandelt als andere nicht verwandte Personen. Durch die Höhe der Freibeträge und die geringen Steuersätze bei nahen Verwandten spielt die Erbschaftsteuer bei kleinen und mittleren Vermögen nur eine untergeordnete Rolle.

Übungsteil

A. Rechtliche Aspekte

1 Fragen zum Text (Familienrecht)

1. Wie sieht es mit der Anwendbarkeit der Vorschriften des Allgemeinen Teils des BGB im Familien- und Erbrecht aus? Aus welchen Gründen ist dies so?

2. Was verstehen Sie unter Familienrecht?

3. Was bedeutet „zwingendes Recht"?

4. Welche Regelungen sind im Personenstandsgesetz zu finden?

5. Welche Art der Eheschließung ist in Deutschland obligatorisch? Wo ist dies geregelt? Welche Ausnahme gibt es seit 2009, aus welchen Gründen wurde sie eingeführt und welche Rechtsfolgen hat sie?

6. Was hat das Gleichberechtigungsgebot aus Art. 3 II GG mit dem Ehenamen zu tun?

7. Nach welchem Prinzip erfolgt die Scheidung der Ehe in Deutschland? Was bedeutet das?

8. In welcher Form und durch wen erfolgt in Deutschland die Scheidung einer Ehe?

9. Was verstehen Sie unter Güterstand und welche drei Arten kennen Sie?

10. Wer kann eine eingetragene Lebenspartnerschaft schließen und welche Konsequenzen hat dies?

11. Womit beschäftigt sich das Kindschaftsrecht?

12. Welche rechtlichen Folgen hat eine Adoption?

13. Was ist ein Vormund, was ist ein Betreuer?

2 Fragen zum Text (Erbrecht)

1. Womit befasst sich das Erbrecht?

2. Was bedeutet gewillkürte, was gesetzliche Erbfolge?

3. Was verstehen Sie unter dem Pflichtteil? Wem steht er zu?

4. Erklären Sie die Begriffe Testament, Gemeinschaftliches Testament und Erbvertrag!

5. Was ist eine Erbengemeinschaft? Worin liegt die Besonderheit?

6. Was macht ein Testamentsvollstrecker?

7. Was verstehen Sie unter Erbschaftsteuer?

3 Lösen Sie folgende Fälle und finden Sie die passenden Paragraphen.

1. A ist seit einiger Zeit mit der 16-jährigen B verlobt. Da beide damit rechnen, dass ihre Familien mit einer Heirat nicht einverstanden sind, beschließen sie, sich heimlich trauen zu lassen, und zwar nur kirchlich. A ist bereits 22 Jahre alt.

2. Die C heiratet aufgrund einer Täuschung den Zwillingsbruder ihres Bräutigams.

3. Die E heiratet den F, der bereits mit der G verheiratet ist und eine Zweitfrau als angenehme Bereicherung seines Lebens ansieht.

4. H möchte den I heiraten, findet aber Trauungen nervig und schickt deshalb ihre beste Freundin J als Stellvertreterin zum Standesamt.

5. Der Ausländer K heiratet die deutsche Staatsangehörige L, um auf diese Weise eine Aufenthaltsgenehmigung zu bekommen. Er bezahlt ihr dafür 10.000 €. Eine eheliche Beziehung wird nicht in Betracht gezogen, sie leben auch weiterhin in getrennten Wohnungen.

6. Die mondäne M heiratet den vermeintlichen Neureichen N. Sehr bald nach der Eheschließung stellt sich heraus, dass N der M seinen Reichtum nur vorgespiegelt hat und dass allein das Vermögen der M die Grundlage für die Ehe bildet. Kann M die Ehe aufheben lassen, weil sie sich über persönliche Eigenschaften des N getäuscht hat oder gar getäuscht wurde?

7. O heiratet die P. Wenige Zeit nach der Hochzeit erkrankt die P an einer unheilbaren Geisteskrankheit. Kann O die Ehe aufheben lassen?

8. Der unerkannt geisteskranke, äußerst charmante Querulant Q heiratet die sonnige S.

9. R hat nach vielen Jahren endlich seine Halbschwester T, eine nichteheliche Tochter seines Vaters, ausfindig gemacht. Er möchte sie heiraten.

10. U und V sind beide lesbisch und leben seit zehn Jahren zusammen. Sie möchten endlich heiraten.

4 Wozu raten Sie den Betroffenen: Gesetzliche Erbfolge, handschriftliches Testament, notarielles Testament oder Erbvertrag?

1. Der Analphabet A hat erhebliches Vermögen. Seine nächsten Verwandten sind ein Onkel und eine Cousine, die er beide nicht besonders mag. Deshalb möchte A, dass seine Freundin F alles erbt.

2. B ist mit D im gesetzlichen Güterstand verheiratet. Sie haben ein gemeinsames Kind K. B möchte, dass D und K nach ihrem Tod je die Hälfte ihres Vermögens erhalten.

3. E ist kinderlos verheiratet. Er möchte, dass seine Frau G im Falle seines Todes alles erhält. G selbst ist sich noch nicht schlüssig, was sie bestimmen soll.

4. K und L leben in nichtehelicher Lebensgemeinschaft. K möchte, dass bei seinem Tod L alles erbt, vorausgesetzt, er würde auch beim Tod der L deren Vermögen erhalten. L denkt genauso.

5 Lösen Sie folgende Fälle und zitieren Sie die dazugehörigen Paragraphen!

1. A schreibt sein Testament mit dem PC und setzt handschriftlich Ort, Datum und Unterschrift darunter.

2. B liebt seinen Hund über alles. Er schreibt: „Testament. Im Falle meines Todes erhält mein Hund Arco alles. B."

3. C schreibt: „Im Falle meines Ablebens sollt Ihr, meine lieben Kinder D und E, mein Vermögen je zur Hälfte erhalten. Eure Mutter."

4. F schreibt sein Testament in feuchtfröhlicher Runde auf die Rückseite eines Bierdeckels.

5. G ist soeben von ihrem Freund verlassen worden. Voller Wut reißt sie das zu seinen Gunsten gemachte Testament in tausend Stücke.

6. H hat zwei Kinder. Ihr Testament lautet: „X erbt mein Haus, Y erbt meine Schulden."

7. I ist mit allen seinen Kindern unzufrieden. Sein Testament lautet schlicht: „Ich enterbe alle meine Kinder. I."

8. K und L leben in nichtehelicher Lebensgemeinschaft. K schreibt: „Unser Testament. Wir setzen uns gegenseitig zu alleinigen Erben ein." K und L unterschreiben beide.

9. Der 17-jährige M ist soeben Vollwaise geworden. Er macht ein handschriftliches Testament und legt es in seine Schreibtischschublade.

10. Der ledige kinderlose N hinterlässt bei seinem Tod vier Geschwister (O, P, Q, R) und je zwei Kinder von drei verstorbenen Geschwistern (S und T, U und V, W und X). Wer erbt zu welchem Anteil?

6 Wie können sich Frau Simon und Herr Waldner nach ihrer Eheschließung nennen?

a) Frau _____   Herr _____

b) Frau Simon   Herr _____

c) Frau Simon   _____

d) Frau Simon   _____

e) Frau _____   Herr Waldner

f)   _____   Herr Waldner

g)   _____   Herr Waldner

7 Welchen Nachnamen würden die gemeinsamen Kinder jeweils tragen?

8 Bitte entscheiden Sie, ob es sich bei den folgenden Paragraphen um eine Anspruchsgrundlage handelt oder nicht, und begründen Sie Ihre Ansicht.

1. § 1355 Abs. 1 S. 1 BGB
2. § 1360 S. 1 BGB
3. § 1580 S. 1 BGB
4. § 1601 BGB
5. § 1626 Abs. 1 S. 1 BGB
6. § 1770 Abs. 3 BGB
7. § 1922 Abs. 1 BGB
8. § 1987 BGB
9. § 2018 BGB
10. § 2183 S. 1 BGB

9 Finden Sie heraus, ob O, T und E als Vormund, gesetzlicher Vertreter oder Betreuer handeln, und erläutern Sie Ihre Wahl.

1. Der fünfjährige F hat seine Eltern durch einen Autounfall verloren. Sein Onkel O will in Zukunft für ihn sorgen.

2. Die 95-jährige J ist zwar körperlich noch fit, aber geistig aufgrund ihres hohen Alters verwirrt. Ihre 70-jährige Tochter T will die Personen- und Vermögenssorge für sie übernehmen.

3. Die Eltern E des zehnjährigen Z schließen für ihn einen Vertrag über einen Internatsaufenthalt.

10 Entscheiden Sie für die einzelnen Fälle, ob eine Ehescheidung möglich ist, und nennen Sie den entsprechenden Paragraphen.

1. Herr F ist gegen eine Scheidung, da er ein sehr konservatives Weltbild hat. Seine Frau ist allerdings bereits vor vier Jahren aus der gemeinsamen Wohnung ausgezogen und trifft Herrn F nur noch gelegentlich. Sie möchte endlich geschieden werden.

2. Nach zwei Monaten Ehe entpuppt sich Herr A als Alkoholiker und Schläger, der Frau A bei jeder kleinsten Gelegenheit verprügelt. Frau A ist ins Frauenhaus gezogen und möchte sich auch rechtlich so schnell wie möglich von Herrn A lösen.

3. Nach zehn Jahren Ehe haben sich die Eheleute L auseinander gelebt. Sie leben seit über einem Jahr in getrennten Wohnungen und möchten beide ihre neuen Lebenspartner so bald wie möglich heiraten.

⑪ Welchen Güterstand (Zugewinngemeinschaft, Gütertrennung oder Gütergemeinschaft) empfehlen Sie den Eheleuten?

1. Peter und Anna wollen eine „Hausfrauenehe" führen. Peter soll arbeiten
   gehen und Anna will sich ganz dem Haushalt und der Pflege und Erziehung ihrer Kinder widmen.

2. Oskar und Isolde bringen jeder Grundbesitz in die Ehe ein. Sie wollen diesen Grundbesitz gemeinsam verwalten. Es soll keinesfalls möglich sein,
   dass einer von ihnen ein Grundstück ohne Zustimmung des anderen verkaufen kann.

3. Konrad und Laura wollen zwar heiraten, in ihren Vermögensangelegen-
   heiten aber völlig selbstständig bleiben. Auch wenn ihre Ehe scheitern
   sollte, soll jeder seinen Besitz behalten und keiner dem anderen etwas
   davon abgeben müssen.

⑫ Im zwölften Abschnitt des Strafgesetzbuches sind die Straftaten gegen den
Personenstand, die Ehe und die Familie geregelt. Bitte lesen Sie die §§ 169 ff.
StGB und geben Sie für die einzelnen Straftatbestände die Rechtsfolge an.

Rechtsfolge:

1) Personenstandsfälschung nach   ....
   § 169 Abs. 1 StGB   ....

2) Verletzung der Unterhaltspflicht ....
   nach § 170 Abs. 1 StGB   ....

3) Verletzung der Unterhaltspflicht ....
   nach § 170 Abs. 2 StGB   ....

4) Verletzung der Fürsorge- oder Er- ....
   ziehungspflicht nach § 171 StGB ....

5) Doppelehe nach § 172 StGB   ....
                                    ....

6) Beischlaf zwischen Verwandten   ....
   nach § 173 Abs. 1 StGB   ....

7) Beischlaf zwischen Verwandten   ....
   nach § 173 Abs. 3 StGB   ....

13 Rechtspolitische Frage

    a. zum Familienrecht: Erläutern Sie, ob im neuen Ehegattenunterhaltsrecht eine Übergangslösung für so genannte „Altehen" nötig ist.

    b. zum Erbrecht: Erörtern Sie, ob das Pflichtteilsrecht noch zeitgemäß ist.

14 Rechtsvergleichende Anregungen

    1. Legen Sie dar, unter welchen Umständen in Ihrer Heimat eine Ehe geschieden werden kann, und vergleichen Sie die Situation mit derjenigen in Deutschland. Berücksichtigen Sie dabei die Begriffe „Verschuldensprinzip" und „Zerrüttungsprinzip".

    2. Zeigen Sie auf, wie in Ihrem Land die Namensgebung für Ehegatten sowie für Kinder (eheliche und solche von nicht verheirateten Eltern) geregelt ist. Vergleichen Sie die möglichen Namensvarianten mit denjenigen, die das deutsche Recht erlaubt. Gehen Sie dabei auch auf die namensrechtlichen Folgen einer Scheidung ein.

    3. Durch das Lebenspartnerschaftsgesetz sind gleichgeschlechtliche Lebenspartnerschaften, die sich registrieren lassen, den Ehepaaren fast gleichgestellt. Vergleichen Sie die Rechtslage in Deutschland mit derjenigen in Ihrem Heimatland und decken Sie die noch vorhandenen Defizite in beiden Ländern auf.

B. Sprachliche Aspekte

1 Ergänzen Sie zum Thema Familienrecht die fehlenden **Nomen** mit Hilfe von Kapitel V.

Nach geltendem Recht ist die grundsätzlich _____ (1) obligatorisch. Sie wird im Rahmen einer standesamtlichen _____ (2) vor einem ____ _____ (3) geschlossen. Für eine Scheidung ist das so genannte _____ (4) maßgebend. Der Scheidungsbeschluss ergeht erst, nachdem die _____ (5) der Scheidung geregelt sind, soweit ein Beteiligter insoweit einen Antrag gestellt hat. Dazu gehört beispielsweise eine die _____ (6) des unterhaltsberechtigten Ehegatten klärende Regelung. Außerdem müssen vermögensrechtliche Ansprüche der Ehepartner gegeneinander entschieden werden. Die Regelung von Ansprüchen auf Altersversorgung findet durch den _____ _____ (7) statt. Das _____ (8) für gemeinschaftliche Kinder muss nur geregelt werden, wenn das Wohl des Kindes dies erfordert.

2 Ergänzen Sie zum Thema Erbrecht passende Wörter aus der Liste.

**beerben / das / der / Erbe / Erbberechtigten / erben /
Erbengemeinschaft / Erbfolge / Erblasser / Erbschaft /
Miterbe / Nachlasses / Pflichtteil / Privaterbfolge /
Testament / Vermögensverhältnisse**

Das Erbrecht regelt die _____ (1) eines Verstorbenen. Aufgrund der rechtlich gewährleisteten _____ (2) wird der Staat nur dann gesetzlicher _____ (3), wenn weder ein Verwandter noch ein Ehegatte des Erblassers vorhanden sind. Das _____ (4) des Erblassers muss handschriftlich verfasst oder notariell errichtet sein. Im Testament kann der Erblasser eine Regelung treffen, die von der gesetzlichen _____ (5) abweicht. Der _____ _____ (6) kann einen Erben nach seinem Belieben einsetzen. Aber manchen im Rahmen der gesetzlichen Erbfolge Erbberechtigten steht ein _____ _____ (7) zu. Unter den _____ (8) stellt das Gesetz eine gewisse Rangordnung auf. Neben den aus der Ehe stammenden Kindern erbt der überlebende Ehegatte die Hälfte des _____ (9). Kinder _____ (10) ihre Eltern. Die Kinder _____ (11) möglicherweise ein Haus. _____ (12) Erbe kann auch aus einem verschuldeten Grundstück bestehen. _____ (13) Erbe braucht die _____ (14) nicht anzunehmen. Sind mehrere Personen gleichzeitig als Erben bestimmt, so bilden sie eine _____ (15). In diesem Fall kann kein _____ (16) über seinen Anteil an den einzelnen Nachlassgegenständen verfügen.

Sechstes Kapitel
Handels-, Gesellschafts- und Arbeitsrecht

Das Zivilrecht besteht außer dem in den Kapiteln 4 und 5 dargestellten Bürgerlichen Recht des BGB aus einer Reihe weiterer Rechtsgebiete, die jeweils Sonderrechte für bestimmte Berufsgruppen oder Personenvereinigungen regeln. Dazu gehören beispielsweise das Urheberrecht, der Gewerbliche Rechtsschutz, die Kartellgesetze und das Wettbewerbsrecht. Diese haben aber für den Normalbürger in der Regel keine Bedeutung und werden auch in der juristischen Ausbildung nur in den Wahlfächern behandelt. Entweder mit dem Handels- und Gesellschaftsrecht oder mit dem Arbeitsrecht ist aber jeder am Erwerbsleben teilnehmende Bürger konfrontiert; deshalb gehören diese Rechtsgebiete auch zum Grundbestand der juristischen Ausbildung.

I. Das Handelsrecht

Das im BGB geregelte Vertragsrecht ist auf die Rechtsgeschäfte des Alltags zugeschnitten. Zahlreiche Bestimmungen gewährleisten deshalb den Schutz des schwächeren Vertragspartners, z. B. das Verbot bestimmter Allgemeiner Geschäftsbedingungen oder die Notwendigkeit, bei riskanten Geschäften wie der Bürgschaft die Schriftform einzuhalten. Wer berufsmäßig am Geschäftsverkehr teilnimmt, braucht typischerweise keinen derartigen Schutz. Auch besteht im Handelsverkehr ein besonderes Bedürfnis nach schneller und flexibler Abwicklung, bei der sich jeder Vertragsteil darauf verlässt, dass der in der jeweiligen Region oder Branche übliche Handelsbrauch beachtet wird. Diese und weitere Besonderheiten des Rechts der Kaufleute regelt das Handelsrecht, das sich – zusammen mit Teilen des Gesellschaftsrechts – im Handelsgesetzbuch (HGB) findet.

1. Kaufleute

Der Begriff des Kaufmanns im HGB ist durch das Handelsrechtsreformgesetz mit Wirkung vom 1. 7. 1998 grundlegend umgestaltet worden. Abweichend vom früheren Recht kann jeder Gewerbetreibende durch Eintragung in das Handelsregister Kaufmann werden. Zur Eintragung verpflichtet sind aber nur diejenigen Gewerbetreibenden, deren Unternehmen nach Art und Umfang einen in kaufmännischer Weise eingerichteten Geschäftsbetrieb erfordert (§§ 1, 2 HGB). Eine Ausnahme gilt für Gewerbebetriebe, die eine Land- oder Forstwirtschaft betreiben; diesen ist die Eintragung immer freigestellt (§ 3 HGB). Ob kaufmännische Einrichtung erforderlich ist, richtet sich nach dem Umfang des Gewerbes (Umsatz, Zahl der Kunden und Beschäftigten usw.), von dem die Notwendigkeit kaufmännischer Buchführung abhängt. Die frühere Unterscheidung zwischen „Minderkaufleuten" und „Vollkaufleuten" ist entfallen: Für diejenigen, die im Handelsregister eingetragen sind, gelten alle Sondervorschriften des Handelsrechts ohne Rücksicht auf ihre Größe, für die nicht eingetragenen gelten sie – mit einer Ausnahme für den Kommissionär in § 383 II HGB – nur dann, wenn sie verpflichtet wären, sich eintragen zu lassen.

Beispiele: Eine Einzelhändlerin, die in einem Dorf einen kleinen Laden betreibt, in dem nur sie und ihre Tochter tätig sind und die einen jährlichen Umsatz von vielleicht 40.000 € erzielt, ist nicht kraft Gesetzes Kaufmann. Die besonderen Vorschriften des HGB für Kaufleute gelten für sie nur, wenn sie sich freiwillig eintragen lässt. Dasselbe gilt für einen Bäcker, der seinen Betrieb allein mit einem Gesellen und einem Auszubildenden betreibt.

Eröffnet dieser Bäcker aber in den Nachbarorten weitere Filialen, in denen er 20 Arbeitnehmer beschäftigt und einen Umsatz von insgesamt 800.000 € erzielt, ist er automatisch Kaufmann und verpflichtet, sich in das Handelsregister eintragen zu lassen.

Das bei den Gerichten geführte Handelsregister gibt Auskunft über den Inhaber eines kaufmännischen Unternehmens und die weiteren unterschriftsberechtigten Personen, die **Prokuristen**. Es ist für den Rechtsverkehr vor allem deshalb sehr nützlich, weil man auf die Richtigkeit der dort vorgenommenen Eintragungen vertrauen kann (§ 15 HGB). Jeder im Handelsregister eingetragene Kaufmann führt eine **Firma**. Damit bezeichnet das HGB – abweichend von der Alltagssprache – nicht das Unternehmen als solches, sondern den Namen, unter dem es im Handelsverkehr auftritt. Wie die Firma gebildet werden und unter welchen Voraussetzungen sie fortgeführt werden kann, regelt ebenfalls das HGB.

2. Besondere Vorschriften für Kaufleute

Für Kaufleute enthält das HGB besondere Vorschriften: Sie müssen auf allen Geschäftsbriefen ihre Firma und den Ort ihrer Niederlassung und ferner angeben, wo und unter welcher Nummer sie im Handelsregister eingetragen sind (§ 37 a HGB). Alle Kaufleute sind verpflichtet, am Ende des Geschäftsjahrs eine Bilanz und eine Gewinn- und Verlustrechnung aufzustellen, für die das HGB einzelne Vorschriften enthält, die sich nach der Größe des Geschäfts richten.

Besonders wichtig sind aber die Sondervorschriften, die für Rechtsgeschäfte von Kaufleuten teils zusätzliche, teils abweichende Regelungen gegenüber dem BGB enthalten. So gelten die im Ladengeschäft des Kaufmanns tätigen Angestellten als zu allen Käufen und Verkäufen ermächtigt, die in einem solchen Ladengeschäft üblicherweise vorkommen (§ 56 HGB), auch wenn der Kaufmann sie nicht ausdrücklich dazu bevollmächtigt hat. Andere Bestimmungen des HGB ergänzen die Regeln des BGB über den Kaufvertrag: Während nach dem BGB der Käufer Mängel der Sache jederzeit geltend machen kann, solange sie nicht verjährt sind, muss ein Kaufmann die ihm gelieferten Sachen sofort untersuchen und, wenn ein Mangel erkennbar ist, diesen unverzüglich rügen (§§ 377, 378 HGB). Während nach dem BGB aus dem Schweigen auf ein Angebot oder eine sonstige rechtsgeschäftliche Erklärung nicht entnommen werden darf, der Empfänger sei damit einverstanden, muss ein Kaufmann bei bestehender Geschäftsverbindung ausdrücklich widersprechen; andernfalls wird sein Einverständnis angenommen (§ 362 HGB).

Schließlich enthält das HGB Regelungen besonderer kaufmännischer Vertragstypen, etwa des Kommissionsgeschäfts oder des Speditionsgeschäfts. Dabei handelt es sich allerdings – wie bei den Vertragstypen des BGB – nur um typisierte Regelungen, von denen im Rahmen der Vertragsfreiheit abgewichen werden kann, und selbstverständlich können auch Nichtkaufleute derartige Verträge ohne weiteres abschließen.

II. Das Gesellschaftsrecht

Das Recht der zu einem wirtschaftlichen Zweck gegründeten Personenvereinigungen ist außerordentlich zersplittert geregelt.

Das deutsche Recht kennt eine ganze Anzahl verschiedener Formen, deren praktische Bedeutung höchst unterschiedlich ist. So gibt es weniger als 100 Vereinigungen, die als wirtschaftlicher Verein oder als Kommanditgesellschaft auf Aktien organisiert sind, während die Zahl der Gesellschaften mit beschränkter Haftung (GmbH) fast 1.000.000 beträgt. Rechtsquellen sind das BGB, das

HGB und mehrere Spezialgesetze, vor allem das Aktiengesetz und das GmbH-Gesetz.

Die Gesellschaften lassen sich in Personengesellschaften und Kapitalgesellschaften einteilen. Bei den Personengesellschaften sind ihre Mitglieder, die Gesellschafter, Träger des Gesellschaftsvermögens. Diese Gesellschaften können zwar unter ihrem Namen oder ihrer Firma handeln und im Rechtsverkehr auftreten, aber berechtigt und verpflichtet sind immer nur die in ihnen verbundenen Gesellschafter. Dagegen sind Kapitalgesellschaften von ihren Mitgliedern unabhängige Rechtspersonen, so genannte juristische Personen. Sie sind selbst Träger ihres Gesellschaftsvermögens und bestehen unabhängig vom Wechsel ihrer Gesellschafter, die selbst weder an den einzelnen Vermögensgegenständen der Gesellschaft beteiligt sind noch als solche für die Schulden der Gesellschaft haften.

Neben den Gesellschaftsformen des deutschen Rechts haben neuerdings auch Gesellschaftsformen anderer EU-Länder Bedeutung in der Rechtspraxis, insbesondere die private limited company („Limited") des englischen und die Société à responsabilité limitée („S. A. R. L.") des französischen Rechts. Dies beruht auf der Rechtsprechung des europäischen Gerichtshofs, dass Gesellschaften, die in einem Mitgliedstaat nach den dortigen Vorschriften wirksam gegründet sind, auch dann in allen anderen Mitgliedstaaten als rechtsfähig anerkannt werden müssen, wenn sie im Gründungsstaat keinerlei Tätigkeit entfalten.

1. Personengesellschaften

Die Grundform der Personengesellschaft ist im BGB geregelt und wird dort schlicht als „Gesellschaft" bezeichnet; in der Rechtspraxis nennt man sie zur Unterscheidung von den übrigen Gesellschaftsformen **BGB-Gesellschaft** oder Gesellschaft des bürgerlichen Rechts (**GbR**). Ihre Gründung erfolgt formlos und ist den Gesellschaftern oft gar nicht bewusst.

Beispiel: Drei Frauen wollen eine Bootsfahrt auf der Themse unternehmen. Sie kaufen ein Boot passender Größe, ein Buch über Paddelreisen, ein Zelt und jede Menge Proviant. Nach der Fahrt verteilen sie die übrig gebliebenen Lebensmittel und verkaufen das inzwischen leicht lädierte Boot wieder. Zwischen den drei Frauen hat ohne Zweifel eine BGB-Gesellschaft bestanden und ist nach Erreichung des Gesellschaftszwecks wieder aufgelöst worden.

Die BGB-Gesellschaft hat über solche Gesellschaften des Alltags hinaus erhebliche praktische Bedeutung im Wirtschaftsleben. Sie wird immer dann bevorzugt, wenn die Gründung einer Gesellschaft des Handelsrechts nicht möglich ist oder ihre Rechtsfolgen nicht gewünscht werden. Selbst wirtschaftlich sehr bedeutende Unternehmungen, z. B. Arbeitsgemeinschaften von Großunternehmen zur Errichtung von Staudämmen, Kraftwerken und dergleichen, werden in der Rechtsform der BGB-Gesellschaft geführt. Es handelt sich allerdings meist um vorübergehende Zusammenschlüsse.

Auf Dauer angelegte Gesellschaften bevorzugen in der Regel die Formen der Personengesellschaften des Handelsrechts, die **Offene Handelsgesellschaft (OHG)** und die **Kommanditgesellschaft (KG),** die beide im HGB geregelt sind. Diese Gesellschaftsformen setzen seit dem 1. 7. 1998 nicht mehr voraus, dass das Gewerbe einen Umfang hat, der zur Eintragung in das Handelsregister verpflichtet, sondern können jetzt auch von Kleingewerbetreibenden genutzt werden. Beide Gesellschaften können unter ihrer Firma handeln und auch z. B. in das Grundbuch eingetragen werden und sind damit juristischen Personen angenähert. Von diesen unterscheiden sie sich allerdings darin, dass das Gesellschaftsvermögen und die Gesellschaftsschulden nicht verselbstständigt sind.

Für die Schulden der Gesellschaft haften bei der OHG alle Gesellschafter, und zwar nicht anteilig, sondern jeder in voller Höhe (gesamtschuldnerisch), bei der KG mindestens einer der Gesellschafter. Diese Haftung ist betragsmäßig nicht beschränkt, sondern umfasst das gesamte private Vermögen des Gesellschafters. Ein solches Risiko wird ein Gesellschafter normalerweise nur eingehen, wenn er selbst im Unternehmen tätig ist und Erfolg und Misserfolg durch seine kaufmännische Leistung mitbestimmen kann. Nur ein begrenztes Risiko geht dagegen ein, wer sich an einer KG als Kommanditist beteiligt. Dieser haftet für die Schulden der Gesellschaft nur mit einem festgelegten Betrag, der in das Handelsregister eingetragen wird. Soweit der Kommanditist diese Einlage geleistet hat, ist jede darüber hinausgehende Haftung ausgeschlossen. Die Kommanditgesellschaft ist damit eine Gesellschaftsform, die sich auch für die Kapitalaufbringung bei Kapitalanlegern eignet, die persönlich mit dem Unternehmen nichts zu tun haben wollen, z. B. bei der Errichtung gewerblicher Immobilien (so genannte „Publikums-KG").

2. Kapitalgesellschaften

Soll kein Gesellschafter persönlich für die Schulden der Gesellschaft haftbar sein, bietet sich die Gründung einer Kapitalgesellschaft an. Die beiden wichtigsten Formen sind die **Aktiengesellschaft (AG)** und die **Gesellschaft mit beschränkter Haftung (GmbH).** Sie entstehen mit der Eintragung ins Handelsregister als juristische Personen; eine Mindestgröße des Gewerbebetriebs ist nicht erforderlich. AG und GmbH können durch mehrere Gesellschafter gegründet werden, aber auch die Gründung durch eine einzige Person ist zulässig – auch wenn dies eigentlich dem Begriff der Gesellschaft widerspricht. Die AG ist dabei in der Praxis meist auf größere Unternehmungen beschränkt. Allerdings hat eine Gesetzesänderung im Jahre 1994 Vereinfachungen gebracht, die die AG auch für kleinere Unternehmen attraktiv machen. Das Grundkapital muss mindestens 50.000 € betragen und in Aktien im Nennwert von mindestens 1 € eingeteilt sein, die nicht unter dem Nennwert ausgegeben werden dürfen; daneben sind Stückaktien zulässig, deren rechnerischer Nennwert ebenfalls mindestens 1 € betragen muss.

Die Aktien lauten entweder auf den Namen oder auf den Inhaber; beide Formen
können an einer Wertpapierbörse gehandelt werden. Der Besitz einer Aktie berechtigt den Aktionär an der Hauptversammlung der Aktiengesellschaft teilzunehmen und über die unternehmerischen Grundentscheidungen mit abzustim-
men. Die Führung der Geschäfte und die Vertretung der Aktiengesellschaft liegt
in den Händen des Vorstands, dem die Hauptversammlung keine Anweisungen
für den laufenden Geschäftsbetrieb geben kann. Die Hauptversammlung wählt
den Aufsichtsrat, der den Vorstand bestellt und überwacht. Weder der Vorstand
noch die Mitglieder des Aufsichtsrats müssen zu den Aktionären gehören. Anders als bei den Personengesellschaften können also die Mitgliedschaft und die
Vertretung der Gesellschaft auseinanderfallen (so genannte „Fremdorganschaft"). Von dem Grundmuster der Leitung der Geschicke der Gesellschaft
durch einen Vorstand und einen Aufsichtsrat kann der Gesellschaftsvertrag – im
Aktienrecht als „Satzung" bezeichnet – nicht abweichen. Zudem bestehen zum
Schutz der Aktionäre Prüfungspflichten und Publikationserfordernisse, vor
allem für den Jahresabschluss. Für kleinere Unternehmungen, die flexibel sein
wollen, eignet sich die Aktiengesellschaft deshalb weniger. Erst im Jahre 2004
wurde die **Europäische Aktiengesellschaft** (Societas Europaea, SE) als weitere
Form der Kapitalgesellschaft eingeführt, die durch Umwandlung einer nationalstaatlichen Aktiengesellschaft, durch Verschmelzung von Aktiengesellschaften
aus verschiedenen Mitgliedstaaten oder als Holding- oder Tochter-SE von oder
für Gesellschaften aus verschiedenen Mitgliedstaaten entstehen kann. Ihre Zahl
ist bisher sehr gering; die Praxis bevorzugt noch die Errichtung von Zweignie-
derlassungen in anderen Mitgliedstaaten.

Für kleine Unternehmen bietet sich die beliebteste Gesellschaftsform überhaupt,
die GmbH, an. Ihr Stammkapital muss grundsätzlich 25.000 € betragen. Ein Re-
formgesetz, das am 1. 11. 2008 in Kraft getretene MoMiG, hat sich zum Ziel gesetzt, die Attraktivität der GmbH zu erhöhen. Es hat die Möglichkeit geschaffen,
bereits ab einem Kapital von **1 €** eine Kapitalgesellschaft, die **Unternehmer-**
gesellschaft (UG) zu gründen; diese muss den Rechtsformzusatz „UG (haftungs-
beschränkt)" führen. Für diese gilt das Recht der GmbH, allerdings nicht die Ka-
pitaluntergrenze von 25.000 €, und die Gewinne müssen zu einem Viertel zur
Aufstockung des Kapitals verwendet werden, bis der Betrag von 25.000 € erreicht ist und die UG zu einer „echten" GmbH geworden ist. Für einfache Fälle
der GmbH-Gründung stellt der Gesetzgeber ein standardisiertes Verfahren mit
einem Musterprotokoll zur Verfügung. Bewusst erschwert ist bei GmbH und UG
dagegen die Übertragung der Mitgliedschaft: Während Aktien formlos übertragen werden können, muss der Übertragungsvertrag hier von einem Notar beurkundet werden. Da an einer GmbH meist nur wenige Gesellschafter beteiligt sind
und damit ein personales Element in die Kapitalgesellschaft einfließt, wird meist
im Gesellschaftsvertrag die Übertragung sogar von der Zustimmung der anderen
Gesellschafter abhängig gemacht. Die Vertretung der GmbH liegt in den Händen
eines oder mehrerer Geschäftsführer, die nicht Gesellschafter zu sein brauchen.
Eine persönliche Haftung der Gesellschafter ist für Geschäfte nach Eintragung

der GmbH im Handelsregister ausgeschlossen, solange nicht durch verbotene Leistungen an die Gesellschafter das Stammkapital angegriffen wird. Ein Aufsichtsrat ist nur erforderlich, wenn ihn das Arbeitsrecht vorschreibt (s. unten Abschn. III. 2.d).

Elemente der Personengesellschaft und der Kapitalgesellschaft können in der ebenfalls nicht seltenen Gesellschaftsform der **GmbH & Co. KG** miteinander verknüpft werden. Dabei handelt es sich um eine Kommanditgesellschaft, in der eine GmbH der einzige persönlich haftende Gesellschafter ist; die übrigen Gesellschafter sind lediglich als Kommanditisten beteiligt. Auf diese Weise kann eine Personengesellschaft gegründet werden, bei der keine natürliche Person die persönliche Haftung übernehmen muss.

3. Genossenschaften

Eine besondere Gesellschaftsform stellt die Genossenschaft dar. Wie die Kapitalgesellschaft ist sie vom Wechsel ihrer Mitgliederunabhängig, zeigt aber Elemente der Personengesellschaft. So hat beispielsweise in der Generalversammlung jeder Genosse eine Stimme. Eine Besonderheit besteht außerdem darin, dass Genossenschaften nur zum Zweck der Förderung des Erwerbs oder der Wirtschaft ihrer Mitglieder durch einen gemeinschaftlichen Geschäftsbetrieb gegründet werden können. Praktische Hauptfälle sind Genossenschaften auf dem Gebiet der Landwirtschaft (Winzergenossenschaften, Käsereien) und des Kreditwesens (die nach dem „Erfinder" des Genossenschaftsgedankens benannten „Raiffeisenbanken"). Die Genossenschaften werden in ein besonderes Register, das Genossenschaftsregister, eingetragen. Die Genossen brauchen bei ihrem Eintritt in die Genossenschaft nur ein geringes Kapital aufzubringen. Ob sie im Fall der Zahlungsunfähigkeit der Genossenschaft an diese Nachschüsse unbeschränkt, beschränkt auf eine bestimmte Summe oder gar nicht leisten müssen, wird im Gesellschaftsvertrag der Genossenschaft, der bis zur Reform von 2006 als „Statut" bezeichnet wurde, bestimmt (§ 6 Nr. 3 GenG). Gegenüber den Gläubigern der Genossenschaft haften sie in keinem Fall (§ 2 GenG). Zum Schutz der Mitglieder und der Gläubiger ist die Prüfung ihrer Bilanzen durch besondere Prüfungsverbände vorgesehen.

Auch für die Genossenschaft gibt es neuerdings eine europäische Rechtsform, nämlich die **Europäische Genossenschaft** (Societas Cooperativa Europaea, SCE), die auf einer 2006 in deutsches Recht transformierten EG-Verordnung beruht. Zur Gründung sind mindestens fünf Personen erforderlich, deren Wohnsitze in mindestens zwei verschiedenen Mitgliedstaaten liegen. Sie hat bisher noch keine praktische Bedeutung erlangt.

III. Das Arbeitsrecht

Das BGB regelt die Erbringung von Dienstleistungen für einen anderen in dem Vertragstypus des Dienstvertrags (§§ 611 ff. BGB), der ebenso wie der Kauf- oder der Werkvertrag als normaler Austauschvertrag gestaltet ist. Wenn in die Bestimmungen des BGB auch im Laufe der Jahrzehnte neue Vorschriften eingefügt worden sind (z. B. § 612 a BGB über das Maßregelungsverbot), ergibt sich aus der fragmentarischen Regelung des BGB heute wenig zum aktuellen Stand des Arbeitsrechts.

Neben dem BGB haben die Bestimmungen des Allgemeinen Gleichbehandlungsgesetzes ihre hauptsächliche Bedeutung im Arbeitsrecht, §§ 6–18 AGG bezwecken sogar ausschließlich den Schutz der Beschäftigten vor Benachteiligungen aus Gründen der Rasse, der ethnischen Herkunft, des Geschlechts, der Religion oder Weltanschauung, einer Behinderung, des Alters oder der sexuellen Identität zu verhindern. Die Auslegung der Bestimmungen des AGG durch die Rechtsprechung orientiert sich allerdings an den bisher schon als Richterrecht geltenden Regeln.

Einzelne Materien des Arbeitsrechts sind durch Spezialgesetze geregelt (z. B. das Urlaubsrecht im Bundesurlaubsgesetz, der Mutterschutz im Mutterschutzgesetz, die Arbeitszeit im Arbeitszeitgesetz), andere wichtige Fragen (z. B. die Haftung des Arbeitnehmers für Schäden, die er bei Erbringung seiner Arbeitsleistung verursacht) hat der Gesetzgeber der Rechtsprechung überlassen.

Aufgrund des Strukturwandels von der Produktionswirtschaft zur Dienstleistungs- und Informationsgesellschaft hat das Arbeitsrecht immer neue Probleme zu bewältigen. Dazu zählten in den letzten Jahren z. B. die Probleme der Scheinselbstständigkeit und der sogenannten prekären Arbeitsverhältnisse, insbesondere der Leiharbeitsverhältnisse.

Ein „Arbeitsgesetzbuch", in dem alle Regelungen zusammengefasst sind, gibt es – anders als in der früheren DDR – nicht. Das Arbeitsrecht ist damit das Rechtsgebiet, in dem das durch Rechtsprechung und tatsächliche Übung geschaffene Gewohnheitsrecht den größten Stellenwert hat. Man unterscheidet im Arbeitsrecht das Individualarbeitsrecht, das Zustandekommen und Inhalt des Arbeitsverhältnisses regelt, und das kollektive Arbeitsrecht, das sich mit Regelungen beschäftigt, die eine Vielzahl von Arbeitsverhältnissen betreffen, insbesondere mit den Tarifverträgen und der Mitbestimmung.

1. Das Individualarbeitsrecht

a) Abgrenzung des Arbeitsvertrags

Das Fehlen gesetzlicher Regelungen im Arbeitsrecht zeigt sich bereits bei der Frage, wann ein Vertrag nicht mehr nur den Regeln des Dienstvertrags (§ 611 BGB) unterliegt, sondern ein Arbeitsvertrag ist. Da ein Arbeitsvertrag auch mündlich abgeschlossen werden kann – in diesem Fall kann die schriftliche Fixierung nachträglich verlangt werden -, ist eine Abgrenzung nur nach tatsächlichen Kriterien möglich. Arbeitsvertrag ist hiernach ein privatrechtlicher Vertrag zwischen einem Arbeitnehmer und einem Arbeitgeber, und Arbeitnehmer wiederum sind Personen, die ihre Dienstleistung weisungsgebunden in persönlicher Abhängigkeit vom Arbeitgeber erbringen. In Grenzfällen kann man nur durch eine zusammenfassende Betrachtung der Umstände der Tätigkeit entscheiden, ob diese Voraussetzung gegeben ist. Im Unterschied zu Arbeitnehmern sind freie Mitarbeiter nicht persönlich abhängig und weisungsgebunden.

Beispiel: Eine Putzfrau, die mit einer wöchentlichen Arbeitszeit von 19 Stunden in einem Industriebetrieb putzt, ist Arbeitnehmerin. Ein Rechtsanwalt, der einen Großteil seiner Mandate von diesem Industriebetrieb erhält, ist gleichwohl selbstständig tätig. Ein Mathematiker, der aufgrund einer Rahmenvereinbarung für diesen Betrieb zu Hause Computerprogramme erstellt, ist regelmäßig auch nicht Arbeitnehmer, sondern freier Mitarbeiter. Allerdings kommt es auf die Bezeichnung nicht an. Wenn dieser Mathematiker seinen Lebensunterhalt im Wesentlichen hiervon bestreitet und sich bei der Gestaltung seiner Arbeitszeit nach den betrieblichen Erfordernissen richtet, kann die Schwelle zum Arbeitnehmer überschritten sein.

Beamte sind deshalb keine Arbeitnehmer, weil sie nicht aufgrund eines Arbeitsvertrags, sondern eines öffentlich-rechtlichen Dienstverhältnisses ihre Arbeitsleistung erbringen, mag sich ihre Tätigkeit auch äußerlich in keiner Weise von den im öffentlichen Dienst beschäftigten Arbeitern und Angestellten unterscheiden.

Richter und Soldaten sind ebenfalls keine Arbeitnehmer. Pfarrer und kirchliche Mitarbeiter unterliegen eigenem kirchlichem Dienstrecht.

Ob ein Arbeitnehmer in dieser Rolle gleichzeitig Verbraucher im Sinne des § 13 BGB ist, ist höchst umstritten.

b) Rechte und Pflichten der Vertragsparteien

Ob ein Vertrag nicht nur als Dienstvertrag, sondern als Arbeitsvertrag anzusehen ist, hat erhebliche praktische Auswirkungen.

Der Arbeitsvertrag verpflichtet den Arbeitnehmer, die vereinbarte Arbeit zu leisten. Er untersteht insoweit dem Direktionsrecht des Arbeitgebers, nach dem sich bestimmt, welche Arbeit der Arbeitnehmer zu leisten hat. Allerdings kann der Arbeitnehmer Tätigkeiten, die sich nicht im Rahmen seiner vertraglichen Verpflichtungen halten, ablehnen. Im Notfall ist der Arbeitnehmer allerdings verpflichtet, vorübergehend Arbeiten zu übernehmen, die von seinen arbeitsvertraglichen Aufgaben abweichen. In modernen Arbeitsverhältnissen nutzen die Arbeitgeber allerdings vermehrt Dialogstrukturen anstelle von Anordnungen, um so die Kreativität und Eigenverantwortung der Arbeitnehmer zu fördern.

Der Arbeitsvertrag verpflichtet den Arbeitgeber, den vereinbarten Lohn zu zahlen. Das gilt grundsätzlich auch dann, wenn aus Gründen, die in der Sphäre des Arbeitgebers liegen, nicht gearbeitet werden kann; das **Betriebsrisiko** trägt also der Arbeitgeber.

Beispiel: Durch einen Kurzschluss im Elektrizitätswerk kann bis zur Behebung des Fehlers in einem Betrieb vier Stunden nicht gearbeitet werden. Nach allgemeinen Regeln müsste der Arbeitgeber für diese vier Stunden keinen Lohn zahlen, da die Leistung des Arbeitnehmers aus einem von keiner der beiden Seiten zu vertretenden Grund unmöglich geworden ist (§ 326 BGB). Da die Stromversorgung aber in der Sphäre des Arbeitgebers liegt, ist der Lohn für die vier Stunden zu bezahlen (§ 615 S. 3 BGB).

Ist der Arbeitnehmer durch Krankheit unverschuldet an der Erbringung seiner Arbeitsleistung verhindert, hat er Anspruch auf volle **Entgeltfortzahlung** für die ersten sechs Wochen seiner Erkrankung. Trifft ihn dagegen ein Verschulden an seiner Krankheit, besteht keine Pflicht des Arbeitgebers zur Weiterzahlung des Entgelts. Verschulden liegt vor, wenn der Arbeitnehmer gröblich gegen das von einem verständigen Menschen im eigenen Interesse zu erwartende Verhalten verstößt, so z. B. bei einem Verkehrsunfall infolge von Trunkenheit am Steuer. Bei Sportunfällen wird dagegen in der Regel kein Verschulden angenommen, wenn die Sportart nach den anerkannten Spiel- und Sicherheitsregeln betrieben wurde.

Aus dem Arbeitsvertrag ergeben sich ferner die Fürsorgepflicht des Arbeitgebers und die Treuepflicht des Arbeitnehmers (§ 241 II BGB). Hierunter versteht man gegenseitige Pflichten der Rücksichtnahme, des Schutzes und der Förderung des Vertragszwecks. Aus ihnen ergibt sich beispielsweise, dass der Arbeitgeber Gebäude, Räume und Maschinen unfallsicher einzurichten und zu unterhalten hat, und dass der Arbeitnehmer keine Schmiergelder annehmen oder Betriebsgeheimnisse an Konkurrenten verraten darf und im Fall der Krankheit alles unterlassen muss, was den Heilungsprozess verzögern oder ausschließen könnte, um seine Arbeitsfähigkeit wiederherzustellen.

c) Vertragsfreiheit im Arbeitsrecht

Von der Vertragsfreiheit des BGB gilt im Arbeitsrecht grundsätzlich unbeschränkt nur die Abschlussfreiheit: Ob und mit wem ein Arbeitsvertrag geschlossen wird, ist den Vertragspartnern überlassen. Weder kann – was sich sogar aus dem Grundgesetz ergibt (Art. 12 II) – jemand zu einer bestimmten Arbeit gezwungen werden noch kann ein Arbeitgeber verpflichtet werden, z. B. nur Mitglieder einer bestimmten Gewerkschaft einzustellen (*„closed shop"*). Beschränkungen im Hinblick auf die Auswahl des Arbeitnehmers können sich aus dem AGG oder aus gesetzlichen Quoten ergeben.

Die inhaltliche Gestaltungsfreiheit des Arbeitsvertrags ist dagegen stark eingeschränkt. Werden Allgemeine Geschäftsbedingungen verwendet, sind bei der
Überprüfung ihrer Zulässigkeit die Besonderheiten des Arbeitsrechts zu berücksichtigen (§ 310 IV BGB). Die Arbeitsbedingungen sind durch zahlreiche gesetzliche Vorschriften festgelegt, die z. B. die Nachtarbeit, die Beschäftigung von Kindern und Jugendlichen und den Mutterschutz reglementieren. Vor allem ist das
freie Kündigungsrecht durch das Kündigungsschutzgesetz stark beschränkt: In
Betrieben mit mehr als 10 Beschäftigten (wobei Teilzeitbeschäftigte nur als $3/4$
oder $1/2$ Beschäftigte zählen) kann ein Arbeitsverhältnis, das sechs Monate bestanden hat, nur gekündigt werden, wenn die Kündigung sozial gerechtfertigt ist.
Dies ist nur dann der Fall, wenn in der Person oder dem Verhalten des Arbeitnehmers Kündigungsgründe vorliegen oder die Kündigung erfolgt, weil betriebsbedingt (Rationalisierung, Betriebsschließung, Auftragsmangel, Umsatz-
verluste) ein Arbeitsplatz entfällt. Im letzteren Fall muss die Entscheidung des
Arbeitgebers zudem den Kriterien der sozialen Auswahl genügen.

Beispiel: In einer Abteilung mit 4 Beschäftigten (1 Familienvater mit drei Kindern, 1 verheira-
teter 55-Jähriger, zwei ledige 25-Jährige) fällt durch Rationalisierung ein Arbeitsplatz weg.
Nach dem Grundsatz der sozialen Auswahl kommt nur einer der beiden Ledigen für die Kündigung in Frage.

Innerhalb von drei Wochen nach Erhalt der Kündigung kann der Arbeitnehmer
mit der Kündigungsschutzklage geltend machen, die Kündigung sei wegen Nichtbeachtung dieser Grundsätze unwirksam. Bis das Gericht entschieden hat, besteht unter bestimmten Voraussetzungen ein Weiterbeschäftigungsanspruch.

Im Jahre 2006 wurde als Umsetzung einer EU-Richtlinie das Allgemeine Gleich-
behandlungsgesetz (AGG) erlassen. Dieses Gesetz soll die besonderen Bedürfnisse des Arbeitnehmers in einer multikulturellen und auf die Gleichbehandlung
von Mann und Frau gerichteten Gesellschaft, die zugleich eine alternde Gesellschaft ist, schützen. Zwar darf der Arbeitgeber seine Arbeitnehmer weiterhin
nach Qualifikation und Eignung auswählen, muss aber Diskriminierungen jegli-
cher Art (z. B. wegen Rasse, Alters oder sexueller Orientierung) unterlassen. Um
dies durchzusetzen, wurden nicht nur benachteiligten Arbeitnehmern, sondern
auch deren Verbänden stärkere Rechte eingeräumt. So können z. B. von einer
Diskriminierung betroffene Arbeitnehmer Schadensersatzansprüche einklagen
und Verbände, deren Ziel der Schutz benachteiligter Personengruppen ist, z. B.
als Beistand im Gerichtsverfahren auftreten.

Eine Besonderheit besteht im Arbeitsrecht auch hinsichtlich der Schäden, die ein
Arbeitnehmer im Rahmen seiner Tätigkeit an Sachen des Arbeitgebers oder anderer Personen verursacht: Nach dem BGB würde er für solche Schäden auch bei
geringem Versehen (leichter Fahrlässigkeit) unbeschränkt haften. Es ist klar, dass
dies beim Umgang mit wertvollen Maschinen und Fahrzeugen unangemessen ist
und für den Arbeitnehmer existenzbedrohend sein kann. Die Rechtsprechung
geht daher davon aus, dass der Arbeitnehmer für Schäden, die er infolge leichter
Fahrlässigkeit verursacht, überhaupt nicht haftet, bei mittlerer Fahrlässigkeit nur
ein Teil des Schadens von ihm zu tragen ist und nur bei Vorsatz und grober Fahr-

lässigkeit der gesamte Schaden von ihm zu ersetzen ist, wobei auch bei grober Fahrlässigkeit eine Haftungsmilderung dann in Betracht kommt, wenn der Arbeitgeber dem Arbeitnehmer hohe Werte anvertraut, gegen deren Verlust sich zwar der Arbeitgeber, nicht aber der Arbeitnehmer versichern kann.

Auch für Arbeitsunfälle und Verletzungen, die ein Arbeitnehmer einem anderen Betriebsangehörigen zufügt, besteht eine Sonderregelung gegenüber dem Schadensrecht des BGB: Der Geschädigte kann stets die gesetzliche Unfallversicherung in Anspruch nehmen und hat damit immer einen solventen Schuldner; auf der anderen Seite ist der Anspruch auf Schmerzensgeld ausgeschlossen (§§ 104, 105 SGB VII).

Ausgenommen von Eingriffen in die Gestaltungsfreiheit des Arbeitsvertrags ist grundsätzlich das Arbeitsentgelt. Es besteht kein allgemeiner gesetzlicher Mindestlohn. Die Vereinbarung eines zu geringen Lohns (sog. „Hungerlohn") kann aber sittenwidrig und aus diesem Grund nichtig (§ 138 BGB) sein. Eine Mindestlohnregelung besteht bisher lediglich in einzelnen Branchen und für bestimmte Gruppen von Arbeitnehmern.

2. Das kollektive Arbeitsrecht

a) Tarifverträge

Dass in das Arbeitsentgelt nicht von staatlicher Seite eingegriffen wird, beruht darauf, dass der Gesetzgeber davon ausgeht, dass die Verbände der Arbeitgeber und die Gewerkschaften dieses und die weiteren Arbeitsbedingungen in Vereinbarungen, den sog. „Tarifverträgen", kollektiv und ohne Eingriff des Staates regeln. Ein Tarifvertrag kann sogar von staatlichen Normen abweichen, die über den Inhalt von Individualarbeitsverträgen bestimmen, wenn sie – wie das gelegentlich geschieht – einer Änderung durch Tarifvertrag zugänglich sind (sog. **tarifdispositives Recht**).

Beispiel: Nach § 3 des Arbeitszeitgesetzes darf die regelmäßige tägliche Arbeitszeit grundsätzlich acht Stunden nicht überschreiten. Ein Tarifvertrag darf aber nach § 7 des Arbeitszeitgesetzes eine längere tägliche regelmäßige Arbeitszeit vorsehen. Vor allem kann ein Tarifvertrag aber die kursorische staatliche Regelung nach den Anforderungen der jeweiligen Branche und der jeweiligen Region ergänzen. Der Tarifvertrag ist also nicht nur – wie man der Bezeichnung entnehmen könnte – eine Vereinbarung zwischen Arbeitgeber und Gewerkschaften, sondern enthält auch Rechtsnormen, die den Inhalt der Arbeitsverhältnisse der Tarifgebundenen, nämlich der Mitglieder der Arbeitgeberverbände und der Gewerkschaften unmittelbar gestalten. Nicht Tarifgebundene werden rechtlich nicht betroffen, allerdings wird zumindest in Betrieben mit einem hohen Organisationsgrad der Arbeitnehmer auch in den meisten Arbeitsverträgen mit nicht Tarifgebundenen die Geltung des jeweiligen Tarifvertrags vereinbart.

Darüber hinaus kann der Arbeitsminister einen Tarifvertrag auch für allgemeinverbindlich erklären. Er gilt dann für alle Arbeitnehmer und Arbeitgeber, auch wenn sie nicht einer Tarifvertragspartei angehören. Auf diese Weise könnte in einer Branche mittelbar auch ein Mindestlohn eingeführt werden. Eine unmittelbare Anordnung wäre mit dem Grundsatz der Tarifautonomie nicht zu vereinbaren Enthalten der Arbeitsvertrag und der Tarifvertrag unterschiedliche Regelungen, gilt das sog. **Günstigkeitsprinzip:** Ist die im Arbeitsvertrag vereinbarte Regelung für den Arbeitnehmer günstiger als die tarifvertragliche, bleibt sie bestehen. Bleibt die einzelvertragliche Regelung hinter dem Tarifvertrag zurück, dann gilt die Regelung des Tarifvertrages.

b) Betriebsvereinbarungen

Unter dem Tarifvertrag stehend und auf die betriebliche Ebene beschränkt ist die Betriebsvereinbarung. Sie wird vom Arbeitgeber und vom Betriebsrat abgeschlossen. Sie kann Dinge regeln, die im Tarifvertrag nicht geregelt sind oder bei denen der Tarifvertrag vorsieht, dass sie durch Betriebsvereinbarung abweichend vom Tarifvertrag geregelt werden können. Damit wird bezweckt, eine für den jeweiligen Betrieb angemessene Regelung zu ermöglichen.

Dagegen verbietet § 77 Abs. 3 des Betriebsverfassungsgesetzes zur Sicherung der Tarifautonomie und des Inhalts der Tarifverträge vor Aushöhlung, dass Betriebsvereinbarungen über Arbeitsentgelte oder sonstige Gegenstände geschlossen werden können, die in einem Tarifvertrag geregelt sind, und grundsätzlich auch solche, die üblicherweise in einem Tarifvertrag geregelt werden. Dabei kommt es nur darauf an, ob in der jeweiligen Branche ein Tarifvertrag besteht. Ob der Arbeitgeber seinerseits tarifgebunden und der Tarifvertrag daher anwendbar ist, ist unerheblich.

Beispiel: Ein Tarifvertrag sieht für eine bestimmte Gruppe von Arbeitnehmern einen Stundenlohn von 9,50 € vor; eine Regelung bezüglich Überstunden enthält er nicht. Der Jahresurlaub nach dem Tarifvertrag beträgt 23 Tage mit der Bestimmung, dass er durch Betriebsvereinbarung auch länger vereinbart werden kann. Es kann nun durch Betriebsvereinbarung weder ein Stundenlohn von 9 € noch von 10 € vereinbart werden (Regelung durch Tarifvertrag), ebenso wenig ein 20 %iger Zuschlag für geleistete Überstunden (Regelung üblicherweise durch Tarifvertrag). Dagegen kann durch Betriebsvereinbarung ein Jahresurlaub von 24 Tagen vereinbart werden (Zulassung im Tarifvertrag) und festgesetzt werden, dass die Mittagspause von 12.30 Uhr bis 13.30 Uhr dauert (Regelung durch Tarifvertrag nicht üblich).

c) Streik und Aussperrung

Die Verhandlungen zwischen Arbeitgeberverbänden und Gewerkschaften enden normalerweise mit dem Abschluss eines Tarifvertrags. Kommt es allerdings nicht zu einer Einigung, so sind Streik und Aussperrung die zulässigen Kampfmittel beider Seiten. Umfang und Grenzen bestimmt das Arbeitskampfrecht, für das jede gesetzliche Regelung fehlt. Es ist ausschließlich Gewohnheitsrecht oder durch die Rechtsprechung entwickelt worden. Die Kampfmittel dürfen erst eingesetzt werden, wenn die Geltungsdauer eines Tarifvertrags abgelaufen ist. Während seiner Gültigkeit dürfen sie nicht eingesetzt werden (sog. **Friedenspflicht**). Im Vergleich zu anderen europäischen Staaten haben Streik und Aussperrung in Deutschland allerdings nur eine geringe praktische Bedeutung; die allermeisten Tarifverträge werden in – oft langwierigen – Verhandlungen zwischen den Tarifparteien zustande gebracht.

d) Mitbestimmung

Zum kollektiven Arbeitsrecht gehört auch die Mitbestimmung der Arbeitnehmer im Betrieb. Sie wurde bereits 1951 im Montanbereich eingeführt und geht dort am weitesten: Der Aufsichtsrat von Unternehmen in der Montanindustrie ist je zur Hälfte mit Arbeitnehmern und Arbeitgebern besetzt. Auch in anderen Unternehmen mit mehr als 2.000 Arbeitnehmern ist der Aufsichtsrat in dieser Weise besetzt. Allerdings ist hier der Vorsitzende des Aufsichtsrats ein Vertreter der Arbeitgeber. Bei Stimmengleichheit gibt seine Stimme den Ausschlag, so dass von echter paritätischer Mitbestimmung nicht gesprochen werden kann. Bei kleineren Unternehmen müssen nur ein Drittel der Aufsichtsratsmitglieder Arbeitnehmer sein; Unternehmen mit weniger als 500 Arbeitnehmern müssen keinen Aufsichtsrat haben bzw. keine Arbeitnehmer in diesen aufnehmen. Seit der Einführung einer Europäischen Aktiengesellschaft gilt das Mitbestimmungsrecht auch für diese.

e) Betriebsrat

Für die praktische Gestaltung der Arbeitsbedingungen ist allerdings oft die Tätigkeit des Betriebsrats von größerer Bedeutung als die Mitbestimmung in den Unternehmensorganen. Einen Betriebsrat können die Arbeitnehmer in jedem Betrieb mit mindestens fünf Arbeitnehmern über 18 Jahre verlangen, wenn drei von ihnen mindestens sechs Monate im Betrieb sind. Der Betriebsrat kann mit dem Arbeitgeber Betriebsvereinbarungen abschließen, muss vor Kündigungen gehört und bei der Gestaltung der Arbeitsbedingungen beteiligt werden. Das Betriebsverfassungsgesetz bestimmt, dass Arbeitgeber und Betriebsrat vertrauensvoll zusammenarbeiten sollen und dass der Betriebsrat einen allgemeinen Unterrichtungsanspruch über die betrieblichen Angelegenheiten hat. In sozialen Angelegenheiten ist die Zustimmung des Betriebsrats Wirksamkeitsvoraussetzung für eine vom Arbeitgeber zu treffende Regelung oder Maßnahme, z. B. die Anordnung von Überstunden.

Damit die Mitglieder des Betriebsrats ihre Aufgaben ohne Furcht vor dem Verlust ihres Arbeitsplatzes erfüllen können, besteht zu ihren Gunsten ein besonderes Kündigungsschutzrecht. Eine ordentliche Kündigung ist – außer bei Betriebsstilllegungen – ausgeschlossen, die außerordentliche Kündigung ist grundsätzlich nur mit Zustimmung des Betriebsrats zulässig.

Kaufleute und Gesellschaften im Überblick

Form	Firma	Haftung natürlicher Personen	Mindest-kapital	Geschäfts-führung	Beschluss-organ	Überwa-chungs-organ	Eintra-gung im Handels-register	Kapital-aufbrin-gung an der Börse
EINZELKAUFLEUTE								
eingetra-gener Einzel-kauf-mann	ja	unbe-schränkt mit dem gesamten Vermögen	nein	der In-haber	–	–	ja	nein
nicht ein-getrage-ner Ein-zelkauf-mann	nein	unbe-schränkt mit dem gesamten Vermögen	nein	der In-haber	–	–	nein	nein
PERSONENGESELLSCHAFTEN								
Gesell-schaft des bür-gerlichen Rechts	nein	unbe-schränkt aber Be-schränkung auf das Ge-sellschafts-vermögen möglich	nein	alle Ge-sellschaf-ter	–	–	nein	nein
Offene Handels-gesell-schaft (OHG)	ja	unbe-schränkt mit dem gesamten Vermögen	nein	alle Ge-sellschaf-ter	–	–	ja	nein
Kom-mandit-gesell-schaft (KG)	ja	persönlich haftende Gesellschaf-ter: unbe-schränkt Kommandi-tisten: be-schränkt auf die Einlage	nein	alle per-sönlich haftenden Gesell-schafter	–	–	ja	nein
GmbH & Co. KG	ja	beschränkt auf die Einlage	25.000 €	die GmbH	–	–	ja	nein

Form	Firma	Haftung natürlicher Personen	Mindest-kapital	Geschäfts-führung	Beschluss-organ	Überwa-chungs-organ	Eintra-gung im Handels-register	Kapital-aufbrin-gung an der Börse
KAPITALGESELLSCHAFTEN								
GmbH	ja	Aufbringung des Min-destkapitals	25.000 €	der/die Geschäfts-führer	die Gesell-schafter-versamm-lung	der Auf-sichtsrat (obligato-risch erst ab 500 Arbeit-nehmer)	ja	nein
Aktienge-sellschaft	ja	beschränkt auf den Aktienpreis	50.000 €	der Vor-stand	die Haupt-versamm-lung	der Auf-sichtsrat	ja	ja
Unterneh-mergesell-schaft (UG)	ja	Aufbringung des Mindest-kapitals	1 €	der/die Geschäfts-führer	die Gesell-schafter-versamm-lung		ja	nein
GENOSSENSCHAFTEN								
eingetra-gene Ge-nossen-schaft (eG)	ja	nur wenn Nachschuss-pflicht ver-einbart ist	nein	der Vor-stand	die Gene-ralver-samm-lung	der Auf-sichtsrat	ja (Genossen-schafts-register)	nein

Übungsteil

A. Rechtliche Aspekte

1️⃣ Fragen zum Text

1. Was ist unter einer Firma zu verstehen? §?
2. Inwiefern unterscheidet sich die Mängelrügepflicht des HGB (für Kauf-leute) von der des BGB (für Privatleute)?
3. Welche Rechtsfolgen hat *Schweigen im Rechtsverkehr* nach dem HGB, welche nach dem BGB?
4. Was kennzeichnet Personengesellschaften, was Kapitalgesellschaften?
5. FFinden Sie heraus, in welchem Paragraphen des BGB die GbR geregelt ist und was ihre Mindestvoraussetzungen sind.
6. Worin unterscheiden sich OHG und KG von einer Kapitalgesellschaft? Was bedeutet dies konkret für die Haftung für Gesellschaftsschulden?

7. Welche drei Gesellschaftsformen bieten sich an, wenn kein Gesellschafter persönlich haften soll? Warum?

8. Welche Personengesellschaft vereinigt Elemente der Personen- und Kapitalgesellschaft? Inwiefern?

9. Was sind Genossenschaften und auf welchen Gebieten sind sie traditionellerweise anzutreffen?

10. Wo sind Regeln zum Arbeitsrecht zu finden?

11. Für wen gilt das Arbeitsrecht? Was heißt das konkret? Wie sieht es mit freien Mitarbeitern, Selbstständigen und Beamten aus?

12. Wie sieht es mit der Geltung der Vertragsfreiheit im Arbeitsrecht aus?

13. Was ist ein Tarifvertrag und was wird darin üblicherweise geregelt?

14. Was ist unter Mitbestimmung zu verstehen?

2 Natürliche Person ist jeder Mensch, juristische Person eine Personenvereinigung, die Träger von Rechten und Pflichten sein kann. Entscheiden Sie, ob es sich bei den genannten Beispielen um eine natürliche Person, eine juristische Person oder keines von beiden handelt und begründen Sie Ihre Entscheidung.

1. Hund Hella

2. Bürgerin N

3. Erbengemeinschaft E

4. Eingetragener Verein Wanderfreunde Warwick e. V.

5. Aktiengesellschaft Annabrauerei AG

6. Baby B

7. Winzergenossenschaft Walhalla eG

8. Goldschmiedemeister Müller GmbH

3 Entscheiden Sie, ob folgende Personen und Gesellschaften Kaufleute sind, begründen Sie Ihre Meinung und nennen Sie – wenn es sich um Kaufleute handelt – den dazugehörigen Paragraphen.

1. Hans Müller hat eine GmbH mit der Firma „Lisa Mode GmbH" gegründet, die im Handelsregister eingetragen ist.

2. Susi Schlucker, die einen Milchladen betreibt und nicht im Handelsregister eingetragen ist, hat Elke Eser als stille Gesellschafterin in ihr Geschäft aufgenommen.

3. Anton und Berta betreiben die „Phönix Installations-OHG".

4. Die 17 Landwirte in dem Dorf Kleinhaselbach haben zur Vermarktung ihres Weins die „Weinbaugesellschaft Kleinhaselbach, eingetragene Genossenschaft" gegründet.

5. Die Einzelhändlerin Emma hat ihr Geschäft „Lebensmittel Tante Emma" in das Handelsregister eintragen lassen.

4 Zu welcher Rechtsform raten Sie? Begründen Sie Ihre Wahl.

1. Die A hat eine geniale Geschäftsidee, aber kein Kapital und keine Sicherheiten. Da auf dem favorisierten Geschäftssektor das Risiko des Scheiterns sehr groß ist, möchte sie nicht persönlich haften.

2. Die Geschwister D, B und C haben die Bäckerei ihres Vaters geerbt und wollen sie in der Weise weiterführen, dass sie alle drei im Betrieb mitarbeiten und völlig gleichberechtigt sind. Den noch von ihrem Großvater herrührenden, im Handelsregister eingetragenen Namen „Gostenhofer Brot- und Feinbäckerei" möchten sie weiterführen.

3. E will in das Geschäft mit der Sonnenenergie einsteigen und deutschlandweit Solaranlagen errichten und betreiben. Er hat 200.000 € zur Verfügung, weiß aber natürlich, dass wesentlich mehr Geld gebraucht wird, um seine Ideen zu realisieren. Das notwendige Kapital will er über die Börse aufbringen.

4. Tante Emma betreibt in dem kleinen Dorf Kleinkleckersbach einen Lebensmittelladen. Sie hat an drei Tagen in der Woche geöffnet, beschäftigt niemanden, verkauft nur gegen Barzahlung und will mit Ämtern und Behörden möglichst wenig zu tun haben.

5. G will Strom aus Windenergie erzeugen. Er möchte Manager der Gesellschaft werden, an der sich Geldanleger mit 5.000 € oder einem Mehrfachen dieser Summe beteiligen können. Für mehr als die Beteiligung soll kein Gesellschafter haften müssen.

6. Die zwanzig Apotheker im Landkreis V wollen sich zusammentun, um bestimmte Medikamente günstig über das Internet einzukaufen. Sie wollen zwei von ihnen auswählen, die die Geschäfte für sie abwickeln; drei andere sollen die Geschäftsführung kontrollieren. Persönlich haften soll niemand.

7. Frau M führt mit fünf Angestellten die größte Buchhandlung in Neustadt. Sie will künftig unter dem Namen „Neustädter Buchladen" auftreten und auch zuverlässig vermeiden, daß ein Konkurrent in Neustadt diese oder eine sehr ähnliche Bezeichnung führt.

8. Der Installateurmeister S befürchtet wegen der immer kritischer werdenden Kundschaft, dass er durch Garantieleistungen für fehlerhaft erstellte Installationen in den finanziellen Ruin getrieben werden könnte. Er will deshalb für künftige Geschäfte nicht mehr persönlich haften. Die Aufnahme einer weiteren Person in sein Geschäft plant er nicht; die Aufbringung von 12.500 € ist kein Problem.

9. Ulrich und Ulrike wollen einen Copyshop betreiben. Entscheidungen wollen sie gemeinsam treffen und Gewinn und Verlust hälftig teilen. Ein Startkapital brauchen sie nicht; Räume und Kopierer sind angemietet. Für Gericht und Notar wollen sie möglichst kein Geld ausgeben.

10. Isolde, die ihre Fliegenfängerfabrik bisher allein betrieben hat, will ihre Söhne Hinz und Kunz in das Geschäft aufnehmen. Sie sollen jeweils einen Teil des Gewinns erhalten und – wenn sie das wollen – auch in der Firma mitarbeiten. Nach außen will Isolde weiterhin allein auftreten, die geschäftlichen Entscheidungen alleine treffen und auch als Einzige für die Geschäftsschulden haften.

5 Finden Sie mit Hilfe des *Creifelds* (Rechtswörterbuch) heraus, was das Handelsregister ist, und notieren Sie die wichtigsten Stichworte dazu.

6 Handelt es sich bei der folgenden Regelung um eine zusätzliche oder eine abweichende Regelung vom BGB? Begründen Sie Ihre Ansicht.

1. § 346 HGB: „Unter Kaufleuten ist in Ansehung der Bedeutung und Wirkung von Handlungen und Unterlassungen auf die im Handelsverkehr geltenden Gewohnheiten und Gebräuche Rücksicht zu nehmen."

2. § 349 S. 1 HGB: „Dem Bürgen steht, wenn die Bürgschaft für ihn ein Handelsgeschäft ist, die Einrede der Vorausklage nicht zu."

3. § 348 HGB: „Eine Vertragsstrafe, die von einem Kaufmann im Betriebe seines Handelsgewerbes versprochen wird, kann nicht auf Grund der Vorschriften des § 343 des Bürgerlichen Gesetzbuchs herabgesetzt werden."

4. § 362 I 1 HGB: „Geht einem Kaufmanne, dessen Gewerbebetrieb die Besorgung von Geschäften für andere mit sich bringt, ein Antrag über die Besorgung solcher Geschäfte von jemand zu, mit dem er in Geschäftsverbindung steht, so ist er verpflichtet, unverzüglich zu antworten; sein Schweigen gilt als Annahme des Antrags."

5. § 359 II HGB: „Ist eine Frist von acht Tagen vereinbart, so sind hierunter im Zweifel volle acht Tage zu verstehen."

7 Handelt es sich bei den folgenden Tätigkeiten nur um einen Dienst- oder auch um einen Arbeitsvertrag? Begründen Sie Ihre Meinung.

1. Swantje erteilt dreimal wöchentlich nach eigener Zeiteinteilung je zwei Stunden Tennisunterricht an wechselnde Schüler.

2. Schnapp hat Doppel als „freien Mitarbeiter" eingestellt. Er muss montags bis freitags jederzeit auf Abruf zur Verfügung stehen und arbeitet durchschnittlich 30 Stunden wöchentlich.

3. Klintzmann ist als Lizenzspieler beim 1. FC Lokomotive München angestellt.

4. Fatima trägt jeden Morgen vor dem Frühstück das „Berliner Tagblatt" aus.

5. Der Zauberer Z führt bei Betriebsfeiern sein Programm auf; die Firma F engagiert ihn jedes Jahr für die Weihnachtsfeier.

8 Für Arbeitsverhältnisse sind zahlreiche Gesetze zu beachten. In welches der folgenden Gesetze müssen Sie jeweils schauen? (Arbeitssicherheitsgesetz, Arbeitszeitgesetz, Heimarbeitsgesetz, Jugendarbeitsschutzgesetz, Insolvenzordnung, Kündigungsschutzgesetz, Mutterschutzgesetz, SGB IX – Rehabilitation und Teilhabe behinderter Menschen)

1. Boutiquebesitzerin B möchte, dass der arbeitslose A nach ihren Entwürfen kunstvolle Holzperlenketten herstellt, die sie dann in ihrer Boutique als Accessoires teuer verkaufen will. A soll die Perlen selbst besorgen und die Arbeit zu Hause verrichten (sog. Heimarbeit).

2. Fabrikbesitzer F findet, dass die Jugendlichen heutzutage zu viel Theorie und zu wenig Praxis erfahren. Er verweigert deshalb seinen berufsschulpflichtigen Auszubildenden den Besuch der Berufsschule und verpflichtet sie, stattdessen in der Fabrik zu arbeiten.

3. Die Betreiber eines Atomkraftwerkes fragen sich, ob sie zum Schutz ihrer Arbeitnehmer einen Betriebsarzt und Fachkräfte für Arbeitssicherheit bestellen müssen.

4. Die Gemeinde G möchte für ihre Telefonzentrale die blinde B einstellen.

5. Die Arbeitnehmerin N hat Zwillinge bekommen. Ihre Arbeitgeberin G fragt sich, wann N, die im Betrieb quasi unersetzlich ist, frühestens zur Arbeit zurückkehren kann.

6. Insolvenzverwalterin V, die zum ersten Mal ein Insolvenzverfahren abwickelt, fragt sich, welche Rolle die Ansprüche der Arbeitnehmer spielen, die in den letzten drei Monaten vor der Eröffnung des Insolvenzverfahrens keinen Lohn für ihre Arbeit erhalten haben.

7. Das Kreiskrankenhaus K möchte seine Ärzte einmal alle drei Wochen zu einer Schicht von sechzehn Stunden heranziehen, da es sonst eine ärztliche Versorgung rund um die Uhr nicht sicherstellen kann.

8. Die Geschäfte des Unternehmens U laufen so schlecht, dass Unternehmerin U sich gezwungen sieht, eine Arbeitskraft zu entlassen. Sie ist sich nicht sicher, nach welchen Kriterien sie die zu entlassende Person auswählen soll.

9 Entscheiden Sie, ob der Arbeitgeber in den folgenden Fällen das Entgelt weiterzahlen muss oder nicht, und begründen Sie Ihre Entscheidung.

1. Die leitende Angestellte L, die Risikosportarten liebt und diese vernünftig ausübt, d. h. die anerkannten Spiel- und Sicherheitsregeln beachtet, hat sich beim Bungeespringen einen Wirbel ausgerenkt und ist mehrere Wochen ans Krankenbett gefesselt.

2. Der Hypochonder H leidet acht Wochen lang an verschiedenen, nacheinander auftretenden Krankheiten. Seine Arbeitgeberin will nur sechs Wochen Lohnfortzahlung zahlen. H trägt vor, mit jeder der verschiedenen

Krankheiten habe die 6-Wochen-Frist erneut angefangen zu laufen; die letzte Krankheit habe erst vor zwei Wochen angefangen.

3. Die Omnibusfahrerin O, die bereits zum Frühstück einen kräftigen Schluck Wodka benötigt, um den Tag anfangen zu können, verursacht mit 1,6 Promille einen Unfall, bei dem sie sich einen komplizierten Beinbruch zuzieht, durch den sie mindestens 3 Monate im Krankenhaus liegen muss.

4. Der kokainsüchtige, fest angestellte Musicalstar M fällt im Kokainrausch bei einem Konzert von der Bühne und verletzt sich so schwer, dass er für ein halbes Jahr ausfällt. Seine Chefin will ihm keine Lohnfortzahlung gewähren.

5. Guru G, dessen Religion wesentlich mehr Feiertage als die gesetzlich geregelten Feiertage in Deutschland kennt, verlangt von seinem Arbeitgeber A, für den er jeden Tag als Zusteller Post austrägt, Entgeltfortzahlung an diesen religiösen Feiertagen.

6. Kindergärtnerin K, deren Nerven aufgrund des Kindergeschreis ziemlich blank liegen, geht sechs Wochen auf Kur, um sich zu erholen. Die Gemeinde, die den Kindergarten betreibt, meint, für Kuraufenthalte, die ja wie privater Wellnessurlaub seien, gebe es keine Entgeltfortzahlung.

7. Ober O, der aufgrund seiner Schnelligkeit und Freundlichkeit täglich mindestens 50 € Trinkgeld erhält, meint, dieses Trinkgeld müsse ihm seine Arbeitgeberin I im Rahmen der Lohnfortzahlung während seiner vierwöchigen Grippe auch bezahlen.

8. Fußballspieler F, der ständig sämtliche Spielregeln missachtet und ständig vom Schiedsrichter wegen Fouls ermahnt wird, bekommt während eines Fußball-Matches die Quittung in Form eines Schienbeinbruchs, der ihn 6 Wochen lang ans Krankenbett fesselt. Sein Arbeitgeber weigert sich, Lohnfortzahlung zu leisten.

[10] Haftet der Arbeitnehmer dem Arbeitgeber in folgenden Sachverhalten und wenn ja, in welchem Umfang?

1. Der Taxifahrer Theodor ist angewiesen, nach jedem Tanken den Ölstand zu kontrollieren. Er vergisst dies aber des Öfteren. Eines Tages erleidet das Auto einen Motorschaden.

2. Die Ärztin Agathe verwechselt bei einer Operation Blutkonserven und führt den bedside test falsch aus. Der Patient stirbt. Seine Erben verlangen vom Krankenhausträger Schadensersatz.

3. Die Löwenbändigerin Lily wird während der Zirkusvorstellung von einer Raubkatze angefallen. Der Zirkusbesitzer Z tötet das Tier, um L zu retten, verlangt aber von ihr Schadensersatz.

4. Der Kraftfahrer Konrad verursacht infolge überhöhter Geschwindigkeit mit seinem Lkw bei starkem Regen einen Auffahrunfall auf der Auto-

bahn. An dem Lkw seines Arbeitgebers entsteht ein Sachschaden von 110.000 €.

5. Wie würden Sie entscheiden, wenn sich Konrad angetrunken ans Steuer gesetzt hätte?

11 Fälle zum Günstigkeitsprinzip: Was können die Arbeitnehmer beanspruchen?

1. A erhält ein monatliches Gehalt von 1.700 € und eine Prämie von 6 € für jeden Tag, an dem er wirklich arbeitet. Der Tarifvertrag sieht ein monatliches Gehalt von 1.750 € und keine Prämie vor.

2. B erhält ein monatliches Gehalt von 1.500 €, aber keinen Essenszuschuss. Der Tarifvertrag sieht ein monatliches Gehalt von 1.300 € und 1,50 € Essenszuschuss für jedes Mittagessen vor.

3. Im Arbeitsvertrag der C ist ein Lohn von „35 € über dem tariflichen Wochenlohn" vereinbart. Die Entgeltfortzahlung im Krankheitsfall beginnt mit dem 2. Krankheitstag. Nach dem Tarifvertrag ist Entgeltfortzahlung in jedem Krankheitsfall gewährleistet.

4. D hat mit seinem Arbeitgeber ein Gehalt von 2.300 € und 24 Tage Jahresurlaub vereinbart. Das Tarifgehalt beträgt 2.100 € und der tarifliche Jahresurlaub 25 Tage.

12 Klären Sie mit Hilfe des § 87 BetrVG, ob die folgenden Angelegenheiten der Mitwirkung des Betriebsrats bedürfen.

1. Die Arbeitgeberin A ordnet wegen verstärkten Auftragseingangs 3 Überstunden wöchentlich für alle Arbeitnehmer an. In den Arbeitsverträgen ist diese Verpflichtung ausdrücklich enthalten.

2. Der Chef C bittet seine Sekretärin S, eine Stunde länger zu bleiben, um einen wichtigen Brief fertig zu schreiben.

3. Die Arbeitgeberin G will ihre beiden Werkswohnungen verkaufen und kündigt den betreffenden Arbeitnehmern die Wohnung.

4. Die D-GmbH hat ihrem akademischen Personal bisher eine „jederzeit widerrufliche" Forschungszulage bezahlt. Wegen finanzieller Schwierigkeiten wird die Forschungszulage für alle Arbeitnehmer mit sofortiger Wirkung gestrichen.

5. Die D-GmbH ordnet weiter an, dass ab sofort keine Überstunden mehr gemacht werden dürfen. Diese hatte bisher der Geschäftsführer im Einzelfall angeordnet.

13 Rechtspolitische Fragen

a. zum Handelsrecht: Ist das gesetzliche Modell eines Sonderrechts für Kaufleute überholt?

b. zum Gesellschaftsrecht: Halten Sie es für sinnvoll, eine Registereintragung für Gesellschaften des bürgerlichen Rechts zu ermöglichen?

zum Arbeitsrecht: Erörtern Sie, ob die Einführung eines Arbeitsgesetzbuchs sinnvoll wäre.

14 Rechtsvergleichende Anregungen

1. Erörtern Sie, unter welchen Voraussetzungen man in Ihrem Heimatrecht als Kaufmann behandelt wird und welche rechtlichen Folgen die Kaufmannseigenschaft hat. Vergleichen Sie die Situation mit derjenigen in Deutschland.

2. Erläutern Sie, welche Gesellschaftsform in Ihrem Herkunftsland die am weitesten verbreitete ist, und erklären Sie die Gründe dafür. Gehen Sie dabei auf die Voraussetzungen ein, unter denen eine solche Gesellschaft gegründet werden kann, und auf die Vorteile, die diese Gesellschaftsform bietet. Vergleichen Sie die Gesellschaftsform mit derjenigen der GmbH in Deutschland.

3. Der Arbeitnehmer als die schwächere Partei ist im deutschen Arbeitsrecht durch zahlreiche Schutzgesetze geschützt. Erörtern Sie, wie der Schutz des Arbeitnehmers in Ihrem Heimatland ausgestaltet ist, und vergleichen Sie Stärken und Schwächen beider Systeme.

B. Sprachliche Aspekte

1 Beantworten Sie die nachfolgenden Fragen zum Thema Arbeitsrecht, indem Sie das Wort streichen, das nicht in die Reihe passt.

1. In welchen innerbetrieblichen Gremien sind Arbeitnehmer teilweise oder ausschließlich vertreten?

   Aufsichtsrat   *Betriebsrat*   *Vorstand*

2. Wodurch können Arbeitsentgelt und Arbeitsbedingungen festgelegt werden?

   Tarifvertrag   *Werkvertrag*   *Betriebsvereinbarung*

3. Wer sind die Tarifvertragsparteien?

   Minister   *Gewerkschaft*   *Arbeitgeberverband*

4. Wer ist im Sinne des Gesetzes z. B. kein Arbeitnehmer?

   freier Mitarbeiter   *Angestellter*   *selbständig Tätiger*

5. Welche Kampfmittel stehen den Tarifvertragsparteien im Arbeitskampf zur Verfügung?

   Aussperrung   *Streik*   *Friedenspflicht*

6. Welche Parteien schließen einen Arbeitsvertrag?

   Arbeitgeber   *Beamte*   *Arbeitnehmer*

7. Was kennzeichnet den Arbeitnehmer beim Erbringen seiner Dienstleistung?

weisungsgebunden   selbständig   persönlich abhängig

8. Unter welchen Bedingungen kann eine Kündigung erfolgen, wenn das Arbeitsverhältnis sechs Monate bestanden hat?

sozial gerechtfertigt   Schwangerschaft   betriebsbedingt

2 Ergänzen Sie zum Thema Handelsrecht passende Nomen aus der Liste.

**Bilanz / Buchführung / Eintragung / Geschäft / Geschäftsjahres /
Gewerbe / Gewerbetreibende / Gewerbetreibender /
Gewerbetreibenden / Handelsregister / Handelsregister / Kaufleute**

Dem HGB zufolge ist nicht jeder selbstständig _____ (1)
gleichzeitig Kaufmann. Wenn das Geschäft eines _____ (2)
nur einen begrenzten Umfang hat und keine kaufmännische _____
_____ (3) erforderlich ist, muss er sich nicht in das _____ (4)
eintragen lassen und ist als nicht eingetragener Kleingewerbetreibender kein
Kaufmann im Sinne des HGB. Wer ein _____ (5) betreibt, das
die Größe eines kaufmännisch eingerichteten _____
(6) erreicht, ist Kaufmann, selbst wenn sein Geschäft nicht ins
_____ (7) eingetragen ist. Auch Kleingewerbetreibende können sich ins Handelsregister eintragen lassen. Ein
_____ (8) mit einem solchen Gewerbe ist nach erfolgter _____ (9) ebenfalls Kaufmann. Am Ende eines
_____   (10)   müssen   alle   _____
_____ (11) eine Gewinn- und Verlustrechnung und eine
_____ (12) aufstellen.

Siebentes Kapitel
Das Strafrecht

Nur ein sehr geringer Teil der Juristen ist in seiner beruflichen Tätigkeit ausschließlich oder auch nur vorwiegend mit dem Strafrecht befasst. Trotzdem wird das Strafrecht vielfach mit der juristischen Tätigkeit überhaupt gleichgesetzt. Das ist vermutlich historisch bedingt: Früher waren Zivilrecht und Strafrecht noch nicht in der gleichen Weise getrennt, und dem entspricht es, dass auch heute noch in manchen Rechtsordnungen die strafrechtliche Ahndung und die zivilrechtliche Entschädigung des Verletzten in einem Verfahren zusammengefasst werden. Demgegenüber befasst sich das moderne Strafrecht ausschließlich mit der Anordnung einer staatlichen Sanktion, der Strafe für ein bestimmtes, von der Rechtsordnung so stark missbilligtes Verhalten, dass sie andere Nachteile, wie z. B. den zivilrechtlichen Schadensersatz, nicht als ausreichend ansieht.

I. Zweck und Abgrenzung des Strafrechts

1. Die Strafzwecke

Die Notwendigkeit des Strafrechts ergibt sich noch stärker als die des Zivilrechts aus dem staatlichen Justizmonopol: Wird ein Mensch getötet, so ist es seinen Verwandten – anders als in Gesellschaften ohne umfassende Staatsgewalt – verboten, ihn zu „rächen", also z. B. nach einem Mord im Wege der Blutrache den Mörder oder einen Angehörigen seiner Familie zu töten. Die Rechtsverletzung muss vielmehr in einem staatlich geregelten Verfahren geahndet werden, eben durch das Strafrecht.

Diese Ahndung verfolgt drei Hauptzwecke:

(1) Andere Bürger sollen davon abgehalten werden, ebenfalls die verbotene Handlung vorzunehmen (Abschreckung, **Generalprävention**). Die Strafe zeigt jedem, dass das verbotene Verhalten nicht folgenlos bleibt, und erhält deshalb das Vertrauen der Allgemeinheit darauf, dass die Rechtsordnung beachtet wird.

(2) Der Täter selbst soll durch das ihm mit der Strafe zugefügte Übel davon abgehalten werden, weitere Straftaten zu begehen (**Spezialprävention**), und –
wenn dies keinen Erfolg hat – die Allgemeinheit davor geschützt werden, dass
weitere Straftaten begangen werden.

(3) Der straffällig gewordene Täter soll durch den Strafvollzug so beeinflusst werden, dass er wieder in die Gesellschaft eingegliedert werden kann (**Resozialisierung**).

Die Strafzwecke stehen grundsätzlich gleichberechtigt nebeneinander, wenn auch
im einzelnen Fall ihre Bedeutung ganz verschieden sein kann.

Beispiele: (1) Aus dem alten Rom wird die Geschichte eines reichen Bürgers überliefert, der
auf dem Markt herumging und allen Passanten Ohrfeigen versetzte, ihnen aber danach sogleich durch einen Diener zum Ausgleich Goldstücke aushändigen ließ. Diesen Täter kann nur
das Strafrecht von seinem Tun abhalten; eine Bestrafung ist zur Spezialprävention erforderlich. Das Zivilrecht genügt hier nicht, da der Täter durch die Aushändigung der Goldstücke
die zivilrechtlichen Ansprüche der Opfer auf Schadensersatz und Schmerzensgeld bereits erfüllt hat.

(2) Wer bei einem von ihm verschuldeten Autounfall selbst schwer verletzt wird und einen
Totalschaden an seinem Fahrzeug erleidet, während sein Unfallgegner nur leicht verletzt
wurde, hat eine Straftat, nämlich fahrlässige Körperverletzung begangen. Angesichts der Fol-
gen der Tat für den Täter ist hier aber unter dem Gesichtspunkt der Spezialprävention keine
Strafe erforderlich. Es kommt nur die Generalprävention in Betracht, die aber hier so geringe
Bedeutung hat, dass § 60 des Strafgesetzbuches (StGB) in einem solchen Fall gestattet, von
Strafe abzusehen.

2. Das Schuldprinzip

Auch Art und Höhe der Strafe hängen davon ab, was zur Verwirklichung der
Strafzwecke erforderlich ist. Dabei muss jedoch das **Schuldprinzip** beachtet werden: Aus dem Grundrecht der Menschenwürde (Art. 1 I GG) ergibt sich, dass
auch der Verbrecher nicht zum Objekt der Staatsgewalt gemacht werden darf,
sondern dass Strafe nur dann und in der Höhe verhängt werden darf, wie dem
Täter der Vorwurf gemacht werden kann, dass er sich für das Unrecht entschieden hat, obwohl er sich rechtmäßig hätte verhalten können. Deshalb darf Strafe
nur verhängt werden, wenn der Täter schuldhaft gehandelt hat, und sie darf das
Maß der Schuld nicht übersteigen.

Ob ein Einschreiten des Strafrechts erforderlich ist, hängt in besonderem Umfang
von den Wertvorstellungen des Staates und der Gesellschaft ab. Wenn ein tota-
litärer Staat seinen Bürgern die freie Ausreise nicht gestattet, ist es konsequent,
wenn er das unerlaubte Verlassen des Landes zur Straftat erklärt (z. B. Straftat
der „Republikflucht" im Recht der ehemaligen DDR). Wenn es eine Gesellschaft
als Schande für einen Ehemann ansieht, wenn seine Frau Ehebruch begeht, liegt
es nahe, dass das dortige Strafrecht die Tötung der Ehebrecherin milder als eine
normale Tötung beurteilt.

Dem entspricht es, dass das Strafrecht nur solche Taten ahndet, die in einem Zusammenhang mit der inländischen Rechtsordnung stehen: Das deutsche Strafrecht gilt grundsätzlich nur für im Inland begangene Taten (§ 3 StGB); nur bei bestimmten Straftaten gilt das **Weltrechtsprinzip**, so dass sie ohne Rücksicht auf den Tatort und die Staatsangehörigkeit des Täters bestraft werden können (§ 6 StGB rechnet dazu beispielsweise Geldfälschung und das Völkerstrafgesetzbuch den Völkermord).

Das Strafrecht kann seine Aufgabe nur und so lange erfüllen, wie die strafbaren Handlungen von der Gesellschaft in ihrer großen Mehrheit als missbilligenswert angesehen werden. Das war bei der Strafbestimmung über die Abtreibung (§ 218 StGB) schon vor der Änderung dieser Bestimmung im Jahre 1975 nicht mehr der Fall, so dass die Vorschrift trotz der hohen Zahl von Taten kaum noch angewendet wurde.

Nicht alle Nachteile, die im allgemeinen Sprachgebrauch und selbst in der Rechtssprache als „Strafe" bezeichnet werden, fallen unter den Anwendungsbereich des Strafrechts. So kann die pünktliche Erfüllung eines Vertrages durch die Vereinbarung einer **Vertragsstrafe** abgesichert werden. Hat sich eine Werft beispielsweise verpflichtet, den neuen Ozeanriesen bei Vermeidung einer Konventionalstrafe von 50.000 € für jeden Tag der Überschreitung bis zum 1. Juni abzuliefern, schuldet sie dem Besteller 750.000 €, wenn sie das Schiff erst am 15. Juni liefert. Diese Forderung ist aber ein zivilrechtlicher Anspruch, keine Strafe im Sinne des Strafrechts.

Ähnlich ist es, wenn ein als Vater eines Kindes in Betracht kommender Mann vom Gericht aufgefordert wird, eine Blutentnahme zur Klärung der Vaterschaft vornehmen zu lassen, diese aber verweigert. Das Gericht kann ihn durch Androhung und Festsetzung eines **Zwangsgeldes** zur Duldung anhalten. Auch damit ist kein krimineller Vorwurf verbunden, sondern es soll lediglich eine Handlung erzwungen werden, zu der der Betreffende gesetzlich verpflichtet ist.

Außerhalb des strafrechtlichen Bereichs liegen auch die **Vereins-** und **Betriebsjustiz**. Darunter versteht man Maßnahmen eines Vereins gegen seine Mitglieder bzw. eines Arbeitgebers gegen seine Arbeitnehmer wegen Verletzung der jeweiligen Pflichten. Es kann sich dabei um strafrechtlich nicht erhebliche Handlungen, aber auch um geringfügige Straftaten handeln.

Beispiele: (1) Nimmt der Fußballspieler Tor an einem wichtigen Ligaspiel seines Vereins 1. FC Tupfing unentschuldigt nicht teil, so kann ihn der Verein mit einer Geldbuße oder einem zeitweiligen Ausschluss von den Vereinseinrichtungen „bestrafen".
(2) Entwendet die Sekretärin Schludrig an ihrem Arbeitsplatz einen Taschenrechner, so kann der Arbeitgeber – anstatt Anzeige wegen der Straftat der Unterschlagung, § 246 StGB zu erstatten – hiervon gegen Zahlung einer Geldbuße in die betriebliche Kaffeekasse absehen.

Da Vereins- und Betriebsjustiz für den Betroffenen oft die gleichen Folgen haben wie eine Verfolgung mit Mitteln des Strafrechts, muss sich der Betroffene ihr – anders als der staatlichen Bestrafung – nicht unterwerfen. Tor kann ein Vereinsgericht, oder, wenn kein solches existiert, das staatliche Gericht anrufen; Schlud-

rig kann sich weigern, die Geldbuße zu bezahlen, und es auf die Anzeige ankommen lassen.

II. Allgemeine Grundsätze

Das für das Strafrecht wichtigste Gesetz ist das Strafgesetzbuch. Es regelt das
Kernstrafrecht, nämlich diejenigen strafrechtlichen Handlungen, mit denen jeder
Bürger als Täter oder Opfer in irgendeiner Form konfrontiert werden kann. Außer im Strafgesetzbuch sind aber in zahlreichen weiteren Gesetzen Strafbestimmungen enthalten, die normalerweise an die Verletzung der Pflichten aus in
einem solchen Gesetz geregelten Verhalten anknüpfen (**Nebenstrafrecht**).

Beispiel: Die bereits erwähnten Straftaten der fahrlässigen Körperverletzung (§ 230 StGB), der
Abtreibung (§ 218 StGB) und der Unterschlagung (§ 246 StGB) sind im Strafgesetzbuch geregelt, da sie allgemeine Verbote enthalten. Die Straftat, ein Auto zu fahren, für das keine Haftpflichtversicherung besteht, ist dagegen im Pflichtversicherungsgesetz geregelt, da sie an die
Verpflichtung anknüpft, zum Schutz der Ansprüche etwaiger Unfallopfer jedes Kraftfahrzeug
jederzeit versichert zu halten.

Die im Strafgesetzbuch aufgeführten Straftaten sind in seinem besonderen Teil
enthalten. Wann eine Straftat überhaupt vom deutschen Strafrecht erfasst wird
(vgl. die bereits erwähnten §§ 3 und 6 StGB), welche Formen menschlichen Han-
delns bestraft werden können und wann eine Bestrafung aus besonderen Gründen ausgeschlossen ist, ist im Allgemeinen Teil des Strafgesetzbuchs geregelt.
Diese Fragen waren früher nur bruchstückhaft im StGB geregelt und im Übrigen
ganz der Rechtsprechung und der Strafrechtswissenschaft überlassen. Die Neu-
fassung des StGB im Jahre 1975 hat jedoch die wesentlichen Grundsätze in den
allgemeinen Teil übernommen.

1. Keine Strafe ohne Gesetz

Der wichtigste Grundsatz für jede Anwendung des Strafrechts ist sogar in das
Grundgesetz übernommen worden: Art. 103 II GG, der wegen seiner Bedeutung
als § 1 StGB wörtlich wiederholt wird, verbietet jegliche Bestrafung, wenn nicht
Tatbestand und Strafe vor Begehung der Tat gesetzlich festgelegt waren.

Dieser Grundsatz hat drei Komponenten:

(a) Eine Bestrafung aufgrund eines rückwirkenden Gesetzes ist unzulässig (*nulla
poena sine lege praevia*): Der Gesetzgeber kann ein Verhalten, das bisher nicht
strafbar war, nur für die Zukunft für strafbar erklären oder eine höhere Strafe
anordnen. Bereits begangene Delikte bleiben davon unberührt. Eine Folge
dieses Grundsatzes ist, dass diejenigen, die in der früheren DDR Straftaten be-

gangen haben, deshalb nur bestraft werden können, wenn auch nach dem dortigen Strafrecht ihr Verhalten strafbar gewesen ist. Ob es dabei allerdings auf den Buchstaben des Gesetzes ankommt (und deshalb die Bestrafung derjenigen möglich ist, die an der Berliner Mauer Flüchtlinge erschossen haben) oder vielmehr auf die Rechtswirklichkeit, ist allerdings zweifelhaft.

(b) Das strafbare Verhalten muss in einem Gesetz als solches bestimmt sein (*nulla poena sine lege scripta*): Mit Recht hat man das StGB daher die Magna Charta des Verbrechers genannt. Was dort (und in den Nebengesetzen) nicht für strafbar erklärt ist, kann nicht – etwa aufgrund Gewohnheitsrechts – bestraft werden.

(c) Im Strafrecht ist die entsprechende Anwendung eines Gesetzes auf einen vergleichbaren Fall ausgeschlossen; nur das im Gesetz exakt bestimmte Verhalten selbst ist strafbar (*nulla poena sine lege stricta*). Die Strafgerichte müssen den Gesetzgeber also beim Wort nehmen, dürfen ihn nicht „korrigieren" und eine Strafvorschrift über ihren eindeutigen Wortlaut hinaus anwenden (**Analogieverbot**, siehe bereits Kap. 2 Abschn. III 1 mit einem Beispiel zum Straftatbestand der Nötigung, § 240 StGB).

Das Analogieverbot bringt es mit sich, dass der Fortschritt von Wissenschaft und Technik zur Einführung neuer Straftatbestände führen muss. So werden beispielsweise Kreditkarten weithin wie Bargeld angesehen, so dass ihre Fälschung nicht erlaubt werden kann. Kreditkarten sind aber kein Geld, so dass sie nicht unter § 146 StGB (Geldfälschung) fallen. Die Fälschung von Kreditkarten konnte deshalb erst bestraft werden, nachdem durch § 146 a StGB eine entsprechende Strafbestimmung in das StGB eingefügt wurde.

Der Grundsatz des § 1 StGB wird durch das **Legalitätsprinzip** ergänzt. Es bedeutet, dass Polizei und Staatsanwaltschaft grundsätzlich verpflichtet sind, allen Straftaten nachzugehen und den Täter zu ermitteln. Eine Ausnahme besteht nur bei solchen Straftaten, bei denen – wie z. B. bei der Beleidigung – der Schutz einer einzelnen Person so im Vordergrund steht, dass die Allgemeinheit nicht jeden Verstoß zu verfolgen braucht.

Die Kombination dieser beiden Grundsätze garantiert, dass das Strafrecht beschränkt bleibt und andererseits der Bürger sicher sein kann, dass die Staatsgewalt gegen das verbotene Tun einschreitet. Dass dabei manches sozial lästige Verhalten nicht verfolgt werden kann („**Strafbarkeitslücken**"), nimmt der Rechtsstaat in Kauf.

2. Ne bis in idem

Niemand darf wegen der selben Tat mehrmals bestraft werden. Dieser Grundsatz ist durch das Grundgesetz geschützt (Art. 103 III GG) und verbietet auch schon eine nochmalige Verfolgung wegen einer Tat, die bereits einmal abgeurteilt wurde. Ist A deshalb wegen Trunkenheit im Verkehr (§ 316 StGB) verurteilt worden, weil sich bei einer Routinekontrolle der Polizei ergab, dass er mit 1,2 ‰ Blutalkohol unterwegs war, so darf er kein weiteres Mal verurteilt werden, wenn sich später herausstellt, daß er auf dieser Trunkenheitsfahrt ein anderes Fahrzeug beschädigt und sich dann ohne zu warten vom Unfallort entfernt hat (strafbar nach § 142 BGB).

3. Der Verbrechensbegriff

Eine Tat kann nur bestraft werden, wenn der Täter tatbestandsmäßig, rechtswidrig und schuldhaft gehandelt hat. Tatbestandsmäßig handelt grundsätzlich nur derjenige, der die Handlung, die das Strafgesetz beschreibt, vorsätzlich begeht, also weiß, was er tut, und es auch will (§ 15 StGB). Dabei setzt Handeln nicht voraus, dass der Täter den Tatbestand „mit eigenen Händen" verwirklicht. Auch wer seinen Kampfhund auf seinen Nachbarn hetzt, damit dieser ihn beißt, begeht Körperverletzung.

Um Drahtzieher und Hintermänner erfassen zu können, gibt es die Rechtsfigur der **mittelbaren Täterschaft**. Täter ist nämlich auch derjenige, der die Straftat „durch einen anderen" begeht (§ 25 StGB). Deshalb kann im Bereich des organisierten Verbrechens auch derjenige bestraft werden, der den Tatbestand nicht erfüllt, aber gleichwohl den Tatablauf beherrscht.

Beispiel: Nimmt der Mafiaboss M die Ehefrau E seines Neffen N als Geisel und beauftragt ihn, den Richter R zu ermorden, andernfalls er E vergewaltigen werde, dann ist M, wenn N den R erschießt, nicht nur wegen Geiselnahme der E, sondern auch wegen Mordes an R strafbar, auch wenn er weder selbst geschossen hat noch am Tatort anwesend war.

Von der mittelbaren Täterschaft zu unterscheiden ist die Strafbarkeit dessen, der einen anderen dazu bestimmt, eine Straftat zu begehen (**Anstiftung**, § 26 StGB) oder der ihm bei der Tatbegehung durch Rat oder Tat hilft (**Beihilfe**, § 27 StGB).

Die Erfüllung eines Straftatbestands kann nicht nur durch aktives Tun, sondern auch durch Unterlassen geschehen (§ 13 StGB). Voraussetzung ist allerdings, dass der Täter rechtlich verpflichtet war, etwas zu tun und dadurch den Erfolg abzuwenden, der durch sein Unterlassen eingetreten ist (sog. **Garantenpflicht**). Füttert also ein Vater sein Baby nicht, bis es schließlich verhungert, ist er wegen Totschlags durch Unterlassen strafbar, da er rechtlich dazu verpflichtet ist, für die Ernährung des Säuglings zu sorgen. Ähnlich ist es, wenn jemand versehentlich jemand einsperrt. Er muss dann dafür sorgen, dass er wieder befreit wird; andernfalls begeht er Freiheitsberaubung (§ 239 StGB). Fast alle Straftatbestände können in dieser Weise durch Tun und durch Unterlassen verwirklicht werden. Daneben gibt es noch ein sog. „echtes Unterlassungsdelikt": Wer bei Unglücksfällen nicht hilft, obwohl er dies tun könnte, macht sich wegen unterlassener Hilfeleistung strafbar (§ 323 c StGB). Von den zuvor genannten Fällen der Tatbegehung durch Unterlassen unterscheidet sich die unterlassene Hilfeleistung dadurch, dass eine Garantenpflicht nicht vorausgesetzt wird.

Nur einzelne Straftaten können auch ohne Vorsatz begangen werden, nämlich
fahrlässig. Dazu gehören insbesondere die fahrlässige Körperverletzung, die
fahrlässige Tötung und eine Reihe von Straftaten, bei denen es nicht auf einen
eingetretenen Erfolg, sondern auf eine Gefährdung anderer ankommt, wie etwa
die fahrlässige Trunkenheit im Verkehr oder die fahrlässige Brandstiftung. Der
Rahmen der Strafbarkeit ist hier im deutschen Strafrecht dadurch sehr weit ge-
spannt, dass auch die unbewusste Fahrlässigkeit tatbestandsmäßig ist. Das hat
besondere Bedeutung im Umgang mit gefährlichen Einrichtungen: Betätigt der
ansonsten stets sorgfältig arbeitende Angestellte eines Chemieunternehmens versehentlich einen Schalter fehlerhaft und fließen dadurch Chemikalien in den nahe
gelegenen Fluss, ist er wegen fahrlässiger Gewässerverunreinigung (§ 324 III
StGB) strafbar, auch wenn es sich um ein einmaliges Versagen handelt und alle
erforderlichen Sicherheitsvorkehrungen getroffen sind.

Wer einen Straftatbestand verwirklicht, wird trotzdem nicht bestraft, wenn er
einen Rechtfertigungsgrund hat, der es ausschließt, die Tat als Unrecht anzusehen. Neben dem „klassischen" Rechtfertigungsgrund der Notwehr gehören
hierzu der rechtfertigende Notstand, der den Eingriff in ein geringeres Rechtsgut
zum Schutz eines höherrangigen gestattet, die Einwilligung des Verletzten in die
Handlung und Bestimmungen, die nach dem öffentlichen Recht zum Eingriff in
bestimmte Rechtsgüter berechtigen.

Beispiel: Emma (E) wird von Baumstark (B) nachts auf der Straße mit einer Pistole bedroht
und zur Herausgabe ihres Bargelds aufgefordert. Wenn sie daraufhin von dem Gartenzaun hinter ihr eine Latte abreißt und sie B über den Kopf schlägt, wobei die Latte zu Bruch geht, ist
die Beschädigung des Zaunes (Sachbeschädigung, § 303 StGB) durch rechtfertigenden Notstand (§ 34 StGB) gerechtfertigt, die Körperverletzung des B dagegen durch Notwehr (§ 32
StGB). Fesselt E den B und hält ihn bis zum Eintreffen der Polizei fest, dann ist ihr Verhalten
durch das in § 127 der Strafprozessordnung enthaltene Festnahmerecht gerechtfertigt. Bittet
B die E, ihn nicht zu fesseln, da er freiwillig mit zur Polizei komme, ist die Freiheitsberaubung
durch die Einwilligung des B gerechtfertigt.

Bestraft werden kann schließlich nur, wer schuldfähig ist. Das ist nicht der Fall,
wenn der Täter ein noch nicht 14 Jahre altes Kind ist. Anders als in England ist
also bei Tätern im Kindesalter jede Bestrafung ausgeschlossen, auch wenn der
Täter einen Mord begangen hat. Nur ein Einschreiten des Vormundschafts-
gerichts ist möglich. Schuldunfähig ist aber auch derjenige, der wegen einer
Bewusstseinsstörung, wegen Schwachsinns oder dergleichen nicht zur Unrechts-
einsicht fähig ist (§ 20 StGB); eine Minderung dieser Fähigkeit (sog. „verminderte Zurechnungsfähigkeit") führt nach § 21 StGB zu einer geringeren Strafe.
Wer sich allerdings bewusst in einen Zustand der Unzurechnungsfähigkeit versetzt (z.B. sinnlos betrinkt), um dann eine bestimmte Straftat zu begehen, wird
trotzdem bestraft, da man davon ausgeht, dass seine Schuld auf den Zeitpunkt
des Entschlusses vorverlegt ist (sog. *actio libera in causa*).

Jugendliche im Alter von 14 bis 18 und unter bestimmten Umständen auch Her-
anwachsende bis zu 21 Jahren unterliegen zwar grundsätzlich dem allgemeinen
Strafrecht, werden aber in einem besonderen Jugendgerichtsverfahren in der Regel milder bestraft.

Die Schuld eines Täters kann schließlich auch in der – seltenen – Situation des entschuldigenden Notstands (§ 35 StGB) ausgeschlossen sein. Hierunter fällt beispielsweise der Fall, dass nach einem Flugzeugabsturz in der Sahara ein Überlebender den anderen tötet, um sich selbst zu retten. Anders als beim rechtfertigenden Notstand kann hier auch die Verletzung eines gleichwertigen Rechtsguts zur Straflosigkeit führen.

4. Versuch

Strafbar ist nicht nur die erfolgreiche Ausführung einer Straftat, sondern in vielen Fällen auch der Versuch. Versuch beschreibt das StGB als das unmittelbare An- setzen zu einer Straftat (§ 22 StGB). Schwierig ist in der Praxis oft die Abgren- zung zwischen strafbarem Versuch und Vorbereitungshandlungen, die noch nicht zum Versuchsstadium gehören, sondern straflos sind.

Beispiel: Wer bei einem Haus die Kellerfensterscheibe einschlägt, um einzubrechen, dann aber gestört wird und sein Vorhaben aufgibt, ist wegen versuchten Diebstahls (§§ 242, 243 Nr. 1 StGB) strafbar. Wer dagegen nur ein geeignetes Einbruchswerkzeug einkauft, begeht lediglich eine Vorbereitungshandlung, die nicht bestraft werden kann. Allerdings ist bei einigen Delikten die Vorbereitungshandlung ihrerseits eine Straftat, so z. B. die Vorbereitung einer Geldfälschung.

5. Irrtum

Eine besondere Rolle im Strafrecht spielt der Irrtum des Täters über für die Tatbegehung wesentliche Umstände. Das StGB regelt dabei unterschiedlich den Tatbestandsirrtum (§ 16 StGB), bei dem der Täter darüber irrt, dass sein Handeln überhaupt einen Straftatbestand erfüllt, und den Verbotsirrtum (§ 17 StGB), bei dem der Täter irrig annimmt, sein Tun sei erlaubt.

Beispiel: Tötet der Baggerführer B den Landstreicher L, indem er ein Abbruchhaus dem Erdboden gleichmacht, ohne zu wissen, dass es noch bewohnt war, handelt er im Tatbestandsirrtum. Nimmt der Arzt A bei der Schwangeren S eine Abtreibung vor, ohne dass sie vorher beraten wurde, weil er glaubt, dass dies nach neuem Strafrecht nicht erforderlich sei, dann handelt er im Verbotsirrtum.

Beide Fälle kommen auch umgekehrt vor. Man spricht dann von einem **untauglichen Versuch,** wenn der Tatbestand nicht erfüllt wird, bzw. vom **Wahndelikt,** wenn das Tun entgegen der Ansicht des Täters erlaubt ist.

Beispiel: Lässt der Baggerführer B absichtlich eine Betonplatte auf das Abbruchhaus fallen, in dem er den Landstreicher L, Liebhaber seiner Frau, vermutet, ist L aber nicht dort, sondern bei der Frau des B, begeht B einen untauglichen Versuch. Versucht die Schwangere S, an sich selbst eine Abtreibung vorzunehmen, und glaubt, sie mache sich dadurch strafbar, begeht sie ein Wahndelikt.

Beim Tatbestandsirrtum fehlt dem Täter der Vorsatz; er kann deshalb nur wegen des fahrlässigen Delikts bestraft werden, wenn er fahrlässig gehandelt hat und das Delikt fahrlässig begangen werden kann. Dagegen bleibt beim Verbotsirrtum der Täter nur straflos, wenn er den Irrtum nicht vermeiden konnte. Dies ist im Bereich des Kernstrafrechts fast ausgeschlossen, da die Rechtsprechung davon ausgeht, die allgemeinen Verbote der Rechtsordnung müssten jedem Bürger bekannt sein. Umgekehrt ist die Strafbarkeit wegen eines Wahndelikts in jedem Fall ausgeschlossen.

III. Die einzelnen Straftatbestände

Der Grundsatz „Keine Strafe ohne Gesetz" erfordert eine detaillierte Regelung des strafbaren Verhaltens; weite, unbestimmte Tatbestände verbieten sich wegen der Gefahr staatlicher Willkür. Nicht umsonst hat man das Strafgesetz die „Magna Charta des Verbrechers" genannt. Das für das Strafrecht wichtigste Gesetz ist das Strafgesetzbuch. Es regelt das **Kernstrafrecht**, nämlich diejenigen strafrechtlichen Handlungen, mit denen jeder Bürger als Täter oder Opfer in irgendeiner Form konfrontiert werden kann. Außer im StGB sind aber in zahlreichen weiteren Gesetzen Strafbestimmungen enthalten, die normalerweise an die Verletzung von Pflichten aus in dem betreffenden Gesetz geregelten Verhalten anknüpfen (**Nebenstrafrecht**).

Beispiel: Die bereits erwähnten Straftaten der fahrlässigen Körperverletzung (§ 230 StGB), der Abtreibung (§ 218 StGB) und der Unterschlagung (§ 246 StGB) sind im Strafgesetzbuch geregelt, da sie allgemeine Verbote enthalten. Die Straftat, ein Auto zu fahren, für das keine Haftpflichtversicherung besteht, ist dagegen im Pflichtversicherungsgesetz geregelt, da sie an die Verpflichtung anknüpft, zum Schutz der Ansprüche etwaiger Unfallopfer jedes Kraftfahrzeug jederzeit versichert zu halten.

Der Besondere Teil des StGB ordnet die einzelnen Straftatbestände systematisch an. Die ersten zwölf Abschnitte enthalten Straftaten gegen die Gesamtheit, die Abschnitte 13 bis 26 Delikte gegen den Einzelnen und die letzten drei Abschnitte solche Straftaten, die anderswo nicht untergebracht werden konnten, nämlich die gemeingefährlichen Straftaten, die Straftaten gegen die Umwelt und die Straftaten im Amt.

Bei den Straftaten gegen die Gesamtheit sind zunächst die Delikte gegen den Staat und die Staatsgewalt (z. B. Hochverrat, Wahlfälschung), dann Delikte gegen wichtige Einrichtungen wie das Geldwesen und die Justiz (z. B. Geldfälschung, Meineid) sowie Ehe und Familie (z. B. Verletzung der Unterhaltspflicht, Doppelehe) geregelt.

Die Straftaten gegen den Einzelnen umfassen

– die Straftaten gegen die sexuelle Selbstbestimmung (z. B. Vergewaltigung, Zuhälterei),

– die Straftaten gegen die Person (z. B. Verleumdung, Mord, Körperverletzung),
– die Straftaten gegen Eigentum und Vermögen (z. B. Diebstahl, Raub, Erpressung).

Bei den Tötungsdelikten, von denen 2011 in Deutschland 2549 bekannt geworden sind, unterscheidet man Mord (§ 211 StGB) und Totschlag (§ 212 StGB). Mord ist die Tötung eines Menschen unter den im Tatbestand im Einzelnen genannten besonders verwerflichen Tatumständen oder Motiven, Totschlag jede andere vorsätzliche Tötungshandlung. Wird der Tod eines Menschen ohne darauf gerichteten Vorsatz verursacht, kommen fahrlässige Tötung (§ 222 StGB) und Körperverletzung mit Todesfolge (§ 227 StGB) in Betracht. Der Selbstmord ist straflos, die Beteiligung an ihm (sog. „aktive Sterbehilfe") kann aber als Tötung auf Verlangen (§ 216 StGB) strafbar sein, während das Unterlassen einer vom todkranken Patienten abgelehnten weiteren Behandlung (sog. „passive Sterbehilfe") keinen Straftatbestand erfüllt.

Zu den häufigsten Straftaten gehört der Diebstahl (§ 242 StGB), der in der Wegnahme einer Sache mit Zueignungsabsicht besteht. Der in der Form des Ladendiebstahls sehr häufige Diebstahl geringwertiger Sachen wird grundsätzlich nur auf Antrag des Bestohlenen verfolgt (§ 248 a StGB). Beim Betrug (§ 263 StGB) nutzt der Täter einen Irrtum des Opfers dadurch aus, dass er es durch Vorspiegelung falscher Tatsachen zu einer Vermögensverfügung veranlasst, etwa zum Kauf eines geringwertigen Teppichs, von dem der Käufer meint, es handle sich um ein wertvolles altes Stück.

Sehr häufig sind auch Straftaten im Straßenverkehr. Hierzu gehören das unerlaubte Entfernen vom Unfallort (§ 142 StGB), die Trunkenheit im Verkehr (§ 316 StGB) und das Fahren ohne Fahrerlaubnis (§ 24 StVG). Während § 142 StGB die Schadensersatzansprüche von Unfallbeteiligten sichern soll, wollen § 316 StGB und § 24 StVG die Verkehrsteilnehmer vor ungeeigneten Fahrzeugführern schützen.

Viele Paragraphen des Strafgesetzbuchs beschreiben nach allgemeiner Überzeugung strafwürdiges Unrecht (dazu gehören z. B. Brandstiftung oder Betrug). Der Sinn einiger anderer erschließt sich nicht ohne weiteres (z. B. das Verbot, eine Anklageschrift vor der Hauptverhandlung im Wortlaut zu veröffentlichen), wieder andere geraten in bedenklichen Konflikt mit der Meinungsfreiheit. Mitunter führen auch geänderte gesellschaftliche Anschauungen dazu, dass früher strafbare Handlungen straffrei gestellt werden (z. B. homosexuelle Handlungen unter Erwachsenen und der Abbruch der Schwangerschaft, wenn die Schwangere zuvor beraten worden ist) und früher straffreie Handlungen für strafbar erklärt werden (z. B. Straftaten gegen den Wettbewerb) oder Handlungen anders bestraft werden (so konnte die Vergewaltigung in der Ehe früher lediglich als Körperverletzung geahndet werden). Vor völlig neue Herausforderungen stellt die Internetkriminalität das Strafrecht, da Täter und Opfer sich häufig in völlig verschiedenen Rechtsräumen aufhalten oder der Geschädigte gar nicht weiß, dass er Opfer einer Straftat geworden ist.

IV. Folgen der Straftat

Als Strafe kann das Gericht Freiheits- und Geldstrafen verhängen. Die Freiheitsstrafe ist lebenslang (bei Mord und Völkermord stets, bei einigen anderen Delikten, wie Raub mit Todesfolge alternativ zur zeitlich befristeten Freiheitsstrafe)
oder zeitlich befristet zwischen einem Monat und fünfzehn Jahren bei allen anderen Straftaten. Auch die lebenslange Freiheitsstrafe muss nach der Rechtsprechung des BVerfG dem Verurteilten die Chance eröffnen, wieder das Licht der
Freiheit zu erblicken. Deshalb kommt ein Vollzug über 15 Jahre hinaus nur in
Frage, wenn es wegen der Schwere der Schuld (z. B. Tötung mehrerer Menschen)
angemessen erscheint; der Verurteilte kann dies gerichtlich überprüfen lassen.
Eine absolute Obergrenze (wie z. B. in Portugal) gibt es im deutschen Strafrecht
dagegen bisher nicht.

Freiheitsstrafen unter 6 Monaten werden nur ganz ausnahmsweise verhängt, da
sich gezeigt hat, dass sie der Resozialisierung des Täters nicht förderlich sind, im
Gegenteil: Ersttäter „lernen" im Gefängnis erst das, was sie für eine kriminelle
Karriere brauchen. Deshalb sind etwa 80 % aller verhängten Strafen Geldstrafen, und auch von den Freiheitsstrafen werden zumindest bei Ersttätern die meisten zur **Bewährung** ausgesetzt, was bei Strafen bis zu 1 Jahr, bei besonderen Umständen auch bei Strafen bis zu 2 Jahren möglich ist. Bleibt der Täter in der
Bewährungszeit (2 bis 5 Jahre) straffrei, ist eine Verbüßung der Bewährungsstrafe ausgeschlossen. Allerdings wird die Strafaussetzung zur Bewährung regelmäßig mit der Auferlegung einer Geldbuße verbunden.

Seit dem Jahre 2011 gibt es die Möglichkeit der Elektronischen Aufenthalts-
überwachung (EAÜ), die in der Umgangssprache als elektronische Fußfessel bekannt ist. Die EAÜ kann an die Stelle von Untersuchungshaft oder kurzer Freiheitsstrafe treten oder als Bewährungsauflage verhängt werden. Außerdem kann
sie im Rahmen der Führungsaufsicht zur Überwachung entlassener Straftäter angeordnet werden. Ziel der EAÜ ist, den Täter in seinem privaten und beruflichen
Umfeld belassen zu können und die Kosten des Strafvollzugs zu senken. Während die Kosten für einen Haftplatz ca. 300.000 € pro Jahr betragen, belaufen
sich diese für die EAÜ nach ersten Schätzungen auf 4.000 bis 7.500 € pro Jahr.
Einzelne Bundesländer haben im Jahre 2012 eine Gemeinsame Überwachungs-
stelle (GÜL) eingerichtet.

Geldstrafen werden nach **Tagessätzen** verhängt. Die Höhe der Geldstrafe hängt
also bei gleicher Schuld davon ab, welches Nettoeinkommen der Täter an einem
Tag hat oder haben könnte. Der Mindestbetrag ist 1 €, der Höchstbetrag
5.000 €. Da fünf bis 360 Tagessätze verhängt werden können, kann die Geldstrafe zwischen 5 und 1.800 000 € betragen und damit auch Bezieher hoher Einkommen empfindlich treffen.

Im Jahre 1992 ist zusätzlich wieder die **Vermögensstrafe** eingeführt worden, nämlich die Konfiskation des gesamten Vermögens eines Beschuldigten. Sie erscheint wie ein Relikt aus dem Mittelalter, als der für vogelfrei Erklärte auch sein gesamtes Vermögen einbüßte. Sie wurde kaum jemals verhängt und im Jahre 2002 vom BVerfG für verfassungswidrig erklärt.

Zu den Folgen der Straftat gehören neben den Strafen auch die **Maßregeln**, zu denen auch eine der häufigsten Sanktionen überhaupt gehört: die Entziehung der Fahrerlaubnis, die regelmäßig mit einer Verurteilung wegen Trunkenheit im Verkehr verbunden ist und meist zeitlich befristet ist. Auch Berufsverbote, die Unterbringung in einem psychiatrischen Krankenhaus oder in einer Entziehungsanstalt können als Maßregeln angeordnet werden. Bei ihnen kommt es nicht auf die Schuld des Täters, sondern auf das Sicherungsbedürfnis der Allgemeinheit an. Gerade bei der Entziehung der Fahrerlaubnis dürfte angesichts der Massenhaftigkeit von Trunkenheitsfahrten mehr der Gesichtspunkt im Vordergrund stehen, dass nur durch eine auf die Tat bezogene Ahndung eine wirksame Spezialprävention des Täters erreicht werden kann. Zum Schutz der Bevölkerung vor besonders gefährlichen Wiederholungstätern dient die Sicherungsverwahrung, in die der Straftäter nach Entlassung aus der Strafhaft genommen werden kann. Sie kommt wegen des massiven Eingriffs in die persönliche Freiheit des Einzelnen nur in Betracht, wenn bereits bei Verkündung des Strafurteils eine erhebliche, nahe liegende Wahrscheinlichkeit besteht, dass der Täter nach der Entlassung aus der Strafhaft noch gefährlich ist, und sie muss zumindest unter Vorbehalt bereits im Strafurteil angeordnet werden. Außerdem muss die Sicherungsverwahrung klar von der Strafhaft abgegrenzt werden, z. B. durch spezielle Einrichtungen zur Unterbringung der Sicherungsverwahrten, und individuelle Therapien anbieten. Eine nachträgliche Sicherungsverwahrung hatte der Europäische Gerichtshof für Menschenrechte im Jahre 2009 als einen Verstoss gegen Art. 5 (Recht auf Freiheit) und Art. 7 (Rückwirkungsverbot) EMRK angesehen.

Neben Strafen und Maßregeln gibt es seit den 90er Jahren den Täter-Opfer-Ausgleich, der eine Maßnahme der außergerichtlichen Konfliktschlichtung darstellt und nur dann in Frage kommt, wenn Täter und Opfer damit einverstanden sind. Ursprünglich wurde der Täter-Opfer-Ausgleich im Jugendstrafrecht eingeführt und dann auf das Erwachsenenstrafrecht ausgeweitet. Ziel des Täter-Opfer-Ausgleichs ist es, Täter und Opfer mit Hilfe eines außergerichtlichen neutralen Vermittlers an einen Tisch zu bringen und auf einem für beide akzeptablen Lösungsweg zu begleiten. Dieses Verfahren eignet sich bevorzugt für Straftaten wie Körperverletzung, Diebstahl, Bedrohung oder Beleidigung, bei denen dem Opfer eher an einer Entschuldigung und/oder einer Schadensersatz- oder Schmerzensgeldzahlung als einer Bestrafung des Täters gelegen ist. Das Gericht kann nach einem erfolgreichen Täter-Opfer-Ausgleich gemäß § 46 a StGB die Strafe mildern oder ganz von Strafe absehen. Nicht angewendet werden darf der Täter-Opfer-Ausgleich bei schweren Verbrechen wie Mord, Totschlag oder Raub, deren Ahndung den Gerichten vorbehalten sein muss.

Das Prinzip der Rechtssicherheit verlangt, dass alle Straftaten – außer Mord und Völkermord – irgendwann einmal nicht mehr verfolgt werden dürfen, also Verjährung eintritt. Der Zeitpunkt, wann Verjährung eintritt, hängt von der Höhe der angedrohten Strafe ab. Die Details sind in den §§ 78 ff. StGB, insbesondere in § 78 Abs. 3 StGB geregelt. Wenn Verjährung eingetreten ist, müssen die Ermittlungen zu der verfolgten Straftat eingestellt werden.

V. Ordnungswidrigkeiten

Die Verletzung einer Vielzahl von gesetzlichen Vorschriften, vor allem des Verkehrs- und des Gewerberechts, sind nicht mit Strafe, sondern mit **Geldbuße** bedroht. Der Verstoß gegen solche Vorschriften wird also nicht als kriminelles Unrecht angesehen. Trotzdem soll derjenige, der sie verletzt, mit einer Sanktion belegt werden, da die Vorschrift andernfalls nicht durchzusetzen wäre.

Beispiele: (1) Die Gewerbeordnung sieht vor, dass an der Tür eines jeden Ladengeschäfts Vor- und Zuname des Inhabers anzubringen sind. Wer einen Laden eröffnet und dies unterlässt, begeht eine Ordnungswidrigkeit.
(2) Die Straßenverkehrsordnung sieht vor, dass die Höchstgeschwindigkeit von Autos innerhalb geschlossener Ortschaften 50 km/h beträgt. Wer von der Polizei mit einer höheren Geschwindigkeit angetroffen wird, begeht eine Ordnungswidrigkeit.

Die Geldbußen bei Ordnungswidrigkeiten werden nicht vom Strafgericht, sondern von der Verwaltungsbehörde festgesetzt. Allerdings steht – was durch Art. 19 IV GG grundrechtlich garantiert ist – jedem, der sich zu Unrecht oder zu hoch bestraft fühlt, der Weg zum Strafgericht offen. Die bei den Straftaten dargestellten Erfordernisse der tatbestandsmäßigen, rechtswidrigen und schuldhaften Handlung gelten auch hier, ebenso das Analogieverbot, nicht aber das Legalitätsprinzip: Es ist der Polizei und der Verwaltungsbehörde also unbenommen, nur einen geringen Teil der Ordnungswidrigkeiten zu verfolgen, da der Abschreckungseffekt auch dadurch erreicht wird. Begeht der Täter mit ein und demselben Verhalten eine Straftat und eine Ordnungswidrigkeit, wird er wegen § 21 OWiG normalerweise nur wegen der Straftat bestraft.

Geringfügige Ordnungswidrigkeiten, bei denen eine Geldbuße von höchstens 35 € angemessen erscheint (z. B. Nichtbeachtung eines Parkverbots), können auch in einem vereinfachten Verfahren verfolgt werden, indem der Betroffene eine **Verwarnung** erhält. Diese ist gerichtlich nicht überprüfbar, aber nur möglich, wenn der Betroffene zustimmt. Meint er, zu Unrecht verwarnt zu werden, kann er die Verwarnung ablehnen, einen Bußgeldbescheid ergehen lassen und gegen diesen den Strafrichter anrufen.

Die Verjährung von Ordnungswidrigkeiten richtet sich nach §§ 31 ff. OWiG und tritt frühestens nach drei Monaten, spätestens nach drei Jahren ein.

Übungsteil

A. Rechtliche Aspekte

1️⃣ Fragen zum Text

1. Womit befasst sich das moderne Strafrecht?

2. Welche drei Hauptzwecke verfolgt die strafrechtliche Ahndung?

3. Was bedeutet das Schuldprinzip?

4. Was verstehen Sie unter dem Weltrechtsprinzip? Ist dies die Regel oder die Ausnahme im Strafrecht?

5. Was regelt das Strafgesetzbuch (StGB)?

6. Welche Bedeutung hat das Legalitätsprinzip?

7. Wann kann eine Tat nur bestraft werden? Was bedeutet dies konkret?

8. Definieren Sie, nötigenfalls mit Hilfe eines Kommentars zum StGB oder eines Rechtswörterbuchs, Vorsatz und Fahrlässigkeit.

9. Welche Folge hat das Vorliegen eines Rechtfertigungsgrundes für die Bestrafung? Warum?

10. Was ist unter Schuldfähigkeit zu verstehen?

11. Wann liegt eine versuchte Straftat vor und wie sieht es mit der Strafbarkeit des Versuchs aus?

12. Was verstehen Sie unter Freiheits-, was unter Geldstrafe?

13. Wie funktioniert die Strafaussetzung zur Bewährung?

14. Wann wird eine Maßregel der Besserung und Sicherung verhängt?

15. Was ist eine Ordnungswidrigkeit und wie wird sie sanktioniert?

2️⃣ Finden Sie heraus, um welche Straftat es sich handeln könnte, und formulieren Sie den Klausureinstieg mit entsprechendem Paragraphen.

1. Der Dieb D entwendet die Geldbörse aus der Manteltasche des M.

2. Referendarin R ist in der Zweiten Juristischen Prüfung wiederholt und endgültig durchgefallen. Da sie Richterin werden möchte, fertigt sie kurzerhand selbst eine Urkunde an, nach der sie die Zweite Juristische Prüfung mit ausgezeichneten Noten bestanden hat, und legt diese dem Justizministerium vor. Der Schwindel fliegt sofort auf.

3. Ehemann E findet, seine Frau müsse ihm jederzeit zur Verfügung stehen. Als sie ihm erklärt, sie habe heute keine Lust auf Sex, übt er mit Gewalt den Beischlaf mit ihr aus.

4. Die Ehefrau F tötet gemeinsam mit ihrem Liebhaber L ihren Ehemann, der ihrer Liebesbeziehung im Wege stand. F und L beabsichtigen, sich mit dem Vermögen des toten Ehemannes ein schönes Leben zu machen; diese Idee hatten sie bereits vor der Tötung.

5. Der schlaue Dagobert droht Banken und großen Kaufhäusern Sprengstoffattentate an, die zum Tod zahlreicher Kunden führen könnten, falls sie ihm nicht je eine Million Euro zahlen. Die Bedrohten zahlen.

6. Auf dem Münchner Oktoberfest geraten sich die Bedienung B und der Gast G in die Haare, was in eine handfeste Schlägerei ausartet. Am Ende hat B ein blaues Auge und dem G fehlt ein Zahn.

7. Die Gegner G des Atomtransports „Pollux", der von München nach Gorleben fährt, setzen sich auf die Schienen, um den Zug zum Anhalten zu zwingen oder zumindest den Transport zu erschweren und wirtschaftlich ad absurdum zu führen. Der Zug mit dem Atommüll muss deswegen zweimal halten.

8. Der Skinhead S wirft die Fenster eines türkischen Lebensmittelladens ein. Verletzt wird niemand.

9. Die Gelegenheitsganoven G und V kidnappen die Millionärin M und verlangen zwei Millionen Euro Lösegeld von deren Familie. Die Familie zahlt.

10. Die Rechtsradikalen R und K zünden ein Asylantenwohnheim an und hoffen, dass es viel Aufregung, mehrere Verletzte und vielleicht einen Toten gibt. Alles tritt ein.

3 Worin dürfte der Hauptgrund für die Bestrafung der folgenden Straftäter liegen (Vergeltung, Spezialprävention, Generalprävention)? Mehrere Gründe erscheinen möglich. Begründen Sie Ihre Ansicht kurz.

1. Der neunzigjährige M, der nie wieder mit einer Frau zusammenleben will, hat seine fünfzigjährige attraktive Lebensgefährtin L aus Eifersucht getötet.

2. Die Studentin S, die gerne und häufig auf Uni-Feten geht und dort die Alkoholauswahl genießt, fährt in sehr betrunkenem Zustand gegen eine Ampel, die dadurch völlig zerstört wird.

3. Zehn Jahre nach einer Geiselnahme, bei der der Fahrer, die zwei Leibwächter und später auch die Geisel selbst liquidiert, also bewusst und gewollt getötet wurden, wird der Terrorist T verhaftet. T gibt zu, geschossen zu haben und dies damals aus politischen Gründen für gut befunden zu haben. Heute bereut er seine Tat.

4. Der ehemalige KZ-Wachmann D wird im Jahr 2011 wegen Beihilfe zum Mord an mindestens 28.060 Juden im Jahr 1943 im Vernichtungslager S vom Landgericht M zu fünf Jahren Freiheitsstrafe verurteilt. Gleichzeitig hebt das Landgericht den Haftbefehl gegen den 91-Jährigen wegen dessen schlechtem Gesundheitszustand als unverhältnismäßig auf.

[4] Wie verhält es sich mit der Schuldfähigkeit der folgenden Personen? In welchen Paragraphen finden Sie dazu etwas?

1. Der dreizehnjährige Junge J tritt in die Autotür seiner Nachbarin N, die er nicht leiden kann, eine große Beule.

2. Die unter Schizophrenie leidende S erschießt den Briefträger B, weil sie ihn für ein gefährliches Ungeheuer hält.

3. Der dreißigjährige Landstreicher L stiehlt im Supermarkt eine Packung Zigaretten.

4. Die fünfzehnjährige F, die in jeder Hinsicht einer durchschnittlichen Fünfzehnjährigen entspricht, stößt ihren Mitschüler M über eine Mauer, so dass er sich den Arm bricht.

5. Der neunzehnjährige N, der noch ein rechter Kindskopf, aber normal intelligent ist, bezahlt mit Fünfhunderteuroscheinen, die er auf einem Farbkopierer herstellt.

6. Die vierzehnjährige V, die unter einer verzögerten Entwicklung leidet und den Reifezustand einer Elfjährigen hat, verletzt ihre Schulfreundin F beim Radfahren absichtlich.

[5] Entscheiden Sie, ob bei den folgenden Straftaten nach dem in § 6 Nr. 2 bis 8 StGB und im Völkerstrafgesetzbuch konkretisierten Weltrechtsprinzip oder wegen § 7 StGB das deutsche Strafrecht gilt, und begründen Sie Ihre Meinung.

1. Der Serbe S, der nach dem Bürgerkrieg im ehemaligen Jugoslawien in München untergetaucht ist, wird dort festgenommen und vor den dortigen Strafgerichten des Völkermordes angeklagt.

2. Die auf einer Tournee in Deutschland befindliche amerikanische Countrysängerin C, die in Texas ihren amerikanischenLebensgefährten ermordet haben soll, wird nach ihrem letzten Auftritt verhaftet und des Mordes angeklagt.

3. Der Pole P verspricht jungen polnischen Frauen vom Lande, ihnen eine Au-pair-Stelle in Deutschland zu besorgen. In Wirklichkeit verkauft er sie von Polen aus an deutsche Bordelle, in denen sie zur Prostitution gezwungen werden. Bei einer seiner kurzen Einreisen nach Deutschland wird P verhaftet und angeklagt.

4. Die Thailänderin T, die selbst drogensüchtig ist, verkauft zur Deckung ihres Lebensunterhaltes und Drogenkonsums in Thailand Drogen. Gelegentlich ist unter ihren Kunden ein deutscher Tourist. Als T an einem vierwöchigen Sprachkurs in Deutschland teilnimmt, wird sie festgenommen und dem Strafrichter vorgeführt.

5. Die beiden Deutschen D und G gründen anlässlich des Erdbebens auf Haiti eine Kinderhilfsorganisation, die in Deutschland Spenden sammelt. In Wirklichkeit dient die sogenannte Hilfsorganisation dazu, haitianische

Kinder dort sexuell zu missbrauchen und sie nach Deutschland und in andere wohlhabende Länder zu verbringen, um sie dort der sexuellen Ausbeutung durch Pädophilenringe auszusetzen.

6 Strafe im Sinne der Strafgesetze sind nur Freiheitsstrafe, Geldstrafe und – als Nebenstrafe – das Fahrverbot. Handelt es sich in den folgenden Fällen um eine solche Strafe? Begründen Sie Ihre Antwort.

1. Die Käuferin K und das Autohaus A vereinbaren, dass für jeden Tag, den der bestellte Wagen zu spät geliefert wird, eine Vertragsstrafe in Höhe von 50,– € fällig wird.

2. Der Tierquäler Q hat sich darüber geärgert, dass ihn sein Pferd abgeworfen hat. Obwohl er völlig unverletzt geblieben ist, vergiftet er sein Pferd. Es verendet qualvoll. Q wird mit einer Geldstrafe in Höhe von 3.000,– € bestraft.

3. Autofahrer F überfährt eine rote Ampel und muss für diese Ordnungswidrigkeit 60,– € Strafe bezahlen.

4. Brandstifterin B, die ihr Wohnhaus angezündet hat, wird zu drei Jahren Freiheitsstrafe verurteilt.

7 Ordnen Sie die Freisprüche, Strafen, Nebenstrafen und Maßregeln der Besserung und Sicherung den einzelnen Fällen zu:

Freispruch / Freispruch / Freispruch / Geldstrafe: 50 Tagessätze à 1.000 € / zeitige Freiheitsstrafe: 2 Jahre auf Bewährung / zeitige Freiheitsstrafe: 5 1/2 Jahre Gefängnis / zeitige Freiheitsstrafe: 10 Jahre Gefängnis / 8 Jahre Freiheitsstrafe / lebenslängliche Freiheitsstrafe / lebenslange Freiheitsstrafe mit Feststellung der besonderen Schwere der Schuld / lebenslange Freiheitsstrafe mit Feststellung der besonderen Schwere der Schuld und anschließender Sicherungsverwahrung / Unterbringung in einem psychiatrischen Krankenhaus / gemeinnützige Arbeit: 30 Arbeitsstunden / Berufsverbot / Entziehung der Fahrerlaubnis

1. Der Fernsehmoderator M wird angeklagt, eine Freundin vergewaltigt zu haben. Die Richter haben Zweifel am Tathergang und wenden auf ihre Entscheidung den Grundsatz „in dubio pro reo" an.

2. Der Student S wird angeklagt, seinen Nachhilfeschüler N, der aus einer sehr wohlhabenden Familie stammt, entführt und unter Ausnutzung von dessen Arglosigkeit getötet zu haben. Nach der Tötung hatte er versucht, von der Familie des Kindes für dessen Freilassung 1 Million Euro zu erpressen, indem er der Familie vorspiegelte, das Kind sei noch am Leben, obwohl er den Leichnam schon längst vergraben hatte.

3. Die Möchte-gern-Künstlerin K ist angeklagt, weil sie Graffitis auf ein neu renoviertes historisches Gebäude gesprüht hat. Sie hält sich für eine begnadete Künstlerin und ist einkommens-und vermögenslos.

4. Der ehemalige Lehrer L wird verurteilt, weil er in einem Zeitraum von fast zwanzig Jahren drei Jungen getötet und zahlreiche Kinder sexuell missbraucht hat. Das Gericht hält den Täter, der bei seinen Taten eine gruselig aussehende Sturmhaube trug, für einen gefährlichen, nicht resozialisierbaren Serientäter.

5. Die Terroristin T ist angeklagt, weil sie mehrere Raubüberfälle begangen hat, um ihr Leben im Untergrund zu finanzieren. Bei den Überfällen wurde niemand verletzt. Mehrere Kassiererinnen erlitten allerdings einen Schock und mussten danach eine langwierige Psychotherapie in Anspruch nehmen.

6. Die 18 -jährige Kurdin K lebt mit ihrer extrem konservativen jesidischen Familie im Ruhrgebiet. Sie möchte wie eine junge deutsche Frau leben, aber ihre Brüder, insbesondere der zweiundzwanzigjährige B, akzeptieren dies nicht und verprügeln sie deshalb mehrfach. K flüchtet zu ihrem Schutz ins Frauenhaus. Ihre fünf Brüder entführen sie von dort mit Gewalt; angeblich möchten sie K in die Familie zurückholen. Während der Autofahrt tötet B seine Schwester K durch zwei Kopfschüsse. B wird wegen Mordes angeklagt, seine Brüder S und K wegen Geiselnahme und Beihilfe zum Mord und seine Brüder E und N wegen Geiselnahme.

7. Fußballtrainer F wird verurteilt, weil er zahlreiche jugendliche Spieler sexuell belästigt hat. Diese verlangten, dass nicht nur eine Freiheitsstrafe verhängt wird, sondern außerdem sichergestellt wird, dass er nicht mehr als Sporttrainer das Vertrauen der jungen Spieler missbrauchen kann.

8. Rapper R wird wegen wiederholter massiver Geschwindigkeitsüberschreitungen, darunter einmal um 132 km/h, und Beleidigung zahlreicher Verkehrsteilnehmer verurteilt.

9. W, der seit vielen Jahren unter unkorrigierbaren Wahnvorstellungen leidet und deswegen nicht strafrechtlich verantwortlich gemacht werden kann, wird verurteilt, weil er mehrfach mit einem Messer auf seine Mutter eingestochen und sie getreten hat, bevor er sie letztendlich in der Badewanne ertränkte. Er erklärte dem Gericht, Stimmen aus dem Radio hätten ihn zu der Tat getrieben. Das Landgericht spricht ihn vom Vorwurf des Totschlags frei.

10. Der Veranstalter V eines Extremberglaufs zur Zugspitze wird wegen fahrlässiger Tötung zweier Läufer und wegen fahrlässiger Körperverletzung von neun weiteren Läufern angeklagt. Die elf Extrembergläufer waren trotz Schneetreibens und eisiger Winde in kurzen Hosen und T-Shirts gelaufen und hatten auch in eisiger Höhe keine warme Laufkleidung angelegt. Der Veranstalter hatte auf die Notwendigkeit wettertauglicher Ausrüstung hingewiesen und den Lauf trotz eines Wetterumschwung nicht abgebrochen. Das Gericht kommt nach der Beweisaufnahme zu dem Ergebnis, dass die Verletzten und Verstorbenen sich eigenverantwortlich gefährdet haben.

⟨8⟩ Die Prüfung eines strafrechtlichen Delikts wird unterteilt in Tatbestandsmäßigkeit, Rechtswidrigkeit und Schuld. In welchem Prüfungsbereich liegt in den folgenden Fällen das Problem?

1. Nach reichlichem Alkoholgenuss auf einem Kneipenbummel nimmt die Studentin S einen Blumentopf von der Terrasse der letzten Kneipe mit, ohne dass der Wirt dieses bemerkt. Nach wenigen Minuten wird ihr der Blumentopf jedoch zu schwer und sie wirft ihn weg.

2. Der schüchterne Ü, der Alkohol nicht gewohnt ist, betrinkt sich absichtlich total, um seinem Chef endlich zu sagen, was er wirklich von ihm hält. Er beleidigt ihn schwer.

3. F, die schon mehrmals in der U-Bahn überfallen worden ist, hat zu ihrer Verteidigung immer ein so genanntes K.O.-Gas dabei. Als Tourist T sie nach der richtigen U-Bahnstation fragen will, befürchtet sie einen Angriff und sprüht ihm das Gas direkt ins Gesicht. T geht es eine Stunde lang gesundheitlich und psychisch schlecht.

4. X, ein deutscher Staatsangehöriger mit koreanischen Wurzeln, führt seine Ehefrau in ein koreanisches Restaurant in Hamburg. Dort gibt es eine koreanische Spezialität, die darin besteht, einen lebendigen Tintenfisch ganz oder in Stücke geschnitten zu verzehren. X hofft, dass seine Frau sich am Tintenfisch verschluckt und stirbt, so dass er die hohe Lebensversicherung kassieren kann, die er vor einigen Jahren für sie abgeschlossen hat. Seine Hoffnung erfüllt sich.

5. Mauerschütze M ist wegen Totschlags angeklagt, weil er einen Bürger der DDR am Verlassen des Staatsgebiets gehindert hat, indem er ihn erschossen hat. M verteidigt sich mit dem Argument, er habe einen Schießbefehl des Vorgesetzten befolgt und was früher Recht gewesen sei, könne heute kein Unrecht sein. Der Bundesgerichtshof verurteilt ihn mit der Begründung, die vorsätzliche Tötung unbewaffneter Flüchtlinge stelle einen offensichtlichen, unerträglichen Verstoß gegen elementare Gebote der Gerechtigkeit und gegen völkerrechtlich geschützte Menschenrechte, also gegen höherrangiges Recht dar.

6. Beim Untergang des Schiffes Costa Mortalia schiebt die sportliche S den schwächlichen L von einer Holzplanke, die nur einen von beiden tragen kann. L ertrinkt, S wird gerettet.

⟨9⟩ Entscheiden Sie, ob es sich um Alleintäterschaft (§ 25 Abs. 1 StGB), Mittäterschaft (§ 25 Abs. 2 StGB), Beihilfe (§ 27 Abs. 1) oder Anstiftung (§ 26 StGB) handelt.

1. X, Y und Z prügeln auf einem Volksfest den A, der sie angerempelt hatte, krankenhausreif.

2. Bankräuberin B überfällt ihre zehnte Bank.

3. E, die ihren Ehemann umbringen will, sich aber nicht traut, beauftragt einen Killer, die Tat auszuführen.

4. Der Rechtsanwalt R stellt seinen Farbkopierer dem Ganoven G zur Herstellung falscher Geldscheine zur Verfügung.

10 Entscheiden Sie, ob Vorsatz oder Fahrlässigkeit vorliegt.

1. Die lebensfrohe F will ihren langweiligen Lebensgefährten L töten, um seine Lebensversicherung zu kassieren. Sie schüttet eine ausreichende Menge Gift in seinen Kaffee; L stirbt.

2. Brandstifter B steckt eine einsame Scheune an. Er weiß, dass in der Scheune öfters Landstreicher übernachten, und hält es für möglich, dass auch jetzt ein Landstreicher darin schläft. Dies ist ihm jedoch egal. Landstreicher L stirbt in den Flammen.

3. Die Rechtsradikale R wirft vormittags einen Brandsatz in den Aufenthaltsraum eines Asylbewerberwohnheims. Sie weiß, dass sich gelegentlich vormittags Personen in diesem Raum aufhalten, hofft jedoch, dass dies heute nicht der Fall ist, da sie den Asylbewerbern lediglich einen Schreck einjagen will. Tatsächlich wird die Asylbewerberin A durch den Brandsatz schwer verletzt.

11 Überlegen Sie, ob ein (strafbarer) Versuch oder eine (straflose) Vorbereitungshandlung vorliegt.

1. Förster F, der seine Frau erschießen will, weil er seine junge Geliebte heiraten will, kauft für die Tat ein neues Gewehr.

2. Altenpflegerin A, die sich eines schwierigen Patienten entledigen will, stellt eine Kanne mit vergiftetem Tee auf dessen Nachttisch. Sie geht davon aus, dass der Patient wie jeden Tag seinen Tee trinken wird und heute daran stirbt.

12 Um welche Problematik (Analogieverbot, Bestimmtheitsgrundsatz, Rückwirkungsverbot) geht es in den folgenden Beispielen?

1. Der Holländer L wurde angeklagt, am 27. 2. 1933 den Reichstag in Brand gesetzt zu haben. Am Tag der Tat betrug die Höchststrafe für schwere vorsätzliche Brandstiftung lebenslanges Zuchthaus. Am 28. 2. 1933 wurde für die Zukunft die Todesstrafe für jene Taten möglich, für die bisher lebenslanges Zuchthaus angedroht war. Am 29. 3. 1933 trat ein Gesetz in Kraft, das bestimmte, dass die Vorschriften vom 28. 2. 1933 rückwirkend auch auf Taten anzuwenden seien, die zwischen dem 31. 1. und dem 27. 2. 1933 begangen wurden. Daraufhin wurde L zum Tode verurteilt und hingerichtet.

2. § 2 Reichsstrafgesetzbuch bestimmte von 1935–1945: „Bestraft wird, wer eine Tat begeht, die das Gesetz für strafbar erklärt oder die nach dem Grundgedanken eines Strafgesetzes und nach dem gesunden Volksempfin-

den Strafe verdient. Findet auf die Tat kein bestimmtes Strafgesetz unmittelbar Anwendung, so wird die Tat nach dem Gesetz bestraft, dessen
Grundgedanke auf sie am besten zutrifft."

3. Der Bayerische Verfassungsgerichtshof (BayVerfGH) erklärte 1951 folgende Vorschrift für nichtig: „Mit Gefängnis, Haft oder Geldstrafe, in
schweren Fällen mit Zuchthaus wird bestraft, wer . . . gegen die Interessen
der Alliierten Streitkräfte oder eines ihrer Mitglieder handelt."

13 § 12 StGB unterteilt die Straftaten in zwei Gruppen: Verbrechen und Vergehen. Verbrechen sind rechtswidrige Taten, die im Mindestmaß mit Freiheitsstrafe von einem Jahr oder Geldstrafe bedroht sind, Vergehen solche, die im
Mindestmaß mit einer geringeren Freiheitsstrafe oder mit Geldstrafe bedroht
sind. Entscheiden Sie aufgrund der Strafdrohung, ob es sich bei folgenden
Straftaten um ein Verbrechen oder ein Vergehen handelt.

	Verbrechen	Vergehen
Abgeordnetenbestechung, § 108 e		
Hausfriedensbruch, § 123		
Volksverhetzung, § 130 I		
Geldfälschung, § 146 I		
Meineid, § 154 I		
Doppelehe, § 172		
Vergewaltigung, § 177 II		
Totschlag, § 212		
Schwangerschaftsabbruch, § 218 I 1		
Körperverletzung, § 223		

14 Rechtspolitische Frage

Erörtern Sie, inwieweit das Weltrechtsprinzip ein zweischneidiges Schwert
ist. Gehen Sie dabei auf die Gründe Spaniens ein, das Weltrechtsprinzip nicht
mehr anzuwenden.

15 Rechtsvergleichende Anregungen

1. Erörtern Sie, wie in Ihrem Heimatland die Strafzwecke in die Tat umgesetzt werden, und vergleichen Sie die Situation mit derjenigen in Deutschland. Gehen Sie dabei auch auf den Schutz der Gesellschaft vor besonders
gefährlichen und/oder schuldunfähigen Tätern ein.

2. In Deutschland wird seit vielen Jahren die Abschaffung der lebenslangen
Freiheitsstrafe diskutiert, in anderen Staaten diejenige der Todesstrafe. Er-

läutern Sie, wie in Ihrem Land schwerste Verbrechen bestraft werden, und vergleichen Sie, ob ähnliche Diskussionen wie in Deutschland stattfinden und wie das Dilemma einer menschenwürdigen Bestrafung einerseits und Angemessenheit der Strafe gegenüber der Schwere der Schuld andererseits überwunden wird.

3. Die Rolle der Opfer wurde in den letzten Jahrzehnten permanent gestärkt (z. B. durch das Opferschutzgesetz, das Opferentschädigungsgesetz). Erläutern Sie, ob in Ihrem Land eine ähnliche Entwicklung stattgefunden hat, und vergleichen Sie die Lage der Opfer von Straftaten in beiden Ländern. Vergleichen Sie dabei auch, ob Verfahren außerhalb der Gerichte existieren (z. B. der Opfer-Täter-Ausgleich) und ob diese die Rolle des Opfers eher stärken oder schwächen.

B. Sprachliche Aspekte

1 Ergänzen Sie in Zusammenhang mit dem Wortfeld „Tat und Strafe" in den nachfolgenden Sätzen passende Wörter aus der Liste.

bestraft / Bestrafung / Freiheitsstrafe / Kernstrafrecht / Nebenstrafrecht / strafbar / strafbar / Strafe / Strafe / Strafgesetzes / Strafvorschrift / Täter / Täter / Täters / Tat / Tat / Taten / Tatbestand / Tatzeit

1. Was im Strafgesetzbuch und seinen Nebengesetzen nicht für _____ erklärt worden ist, kann auch nicht _____ werden.

2. Eine rechtswidrige _____ ist nur eine solche, die den _____ _____ eines _____ verwirklicht.

3. Aufgrund des Analogieverbots dürfen Strafgerichte eine _____ _____ nicht über ihren eindeutigen Wortlaut hinaus anwenden.

4. _____ ist nur vorsätzliches Handeln, wenn nicht das Gesetz fahrlässiges Handeln ausdrücklich mit _____ bedroht.

5. Als _____ wird bestraft, wer die _____ selbst oder durch einen anderen begeht.

6. Die Schuld des _____ ist Grundlage für die Höhe der _____ _____.

7. Die Zeit, in der der _____ gehandelt hat oder im Falle des Unterlassens hätte handeln müssen, ist die _____.

8. Verbrechen sind rechtswidrige _____, die im Mindestmaß mit _____ von einem Jahr oder darüber bedroht sind.

9. Neben dem Strafgesetzbuch, das das _____ regelt, gibt es weitere Gesetze mit Strafbestimmungen, die zusammenfassend als _____ bezeichnet werden.

10. Das Strafgesetzbuch enthält auch Regelungen darüber, wann eine _____ aus besonderen Gründen ausgeschlossen ist.

2 Ergänzen Sie ein im Strafrecht gebräuchliches Adjektiv oder Adverb aus der Liste.

fahrlässiges / gemeingefährlichen / rechtswidrige / schuldunfähig / umweltgefährdende / unerlaubte / unterlassene / verfassungswidrig / verminderte / vorsätzlich

1. Nach § 19 StGB ist _____, wer bei Begehung der Tat noch nicht vierzehn Jahre alt ist.

2. Der in § 21 StGB definierte Begriff der verminderten Schuldfähigkeit wird häufig durch den Ausdruck „_____ Zurechnungsfähigkeit" ersetzt.

3. _____ handelt jemand, der weiß, was er tut, und es auch will.

4. Einige Gesetze bedrohen auch _____ Handeln ausdrücklich mit Strafe.

5. Eine _____ Tat verwirklicht den Tatbestand eines Strafgesetzes.

6. Nach § 323 c StGB ist _____ Hilfeleistung strafbar.

7. Brandstiftung und Gefährdung des Straßenverkehrs gehören zu den _____ Straftaten.

8. Eine _____ Straftat ist beispielsweise die unbefugte Verunreinigung eines Gewässers.

9. Die _____ Veranstaltung eines Glücksspiels oder einer Lotterie ist strafbar.

10. Die Fortführung einer für _____ erklärten Partei ist nach § 84 StGB strafbar.

3 Ersetzen Sie den *kursiv* gedruckten Ausdruck durch ein Modalverb (sollen, müssen, nicht dürfen) + Infinitiv im Passiv.

Beispiel: *Es ist verboten*, explosionsgefährliche Abfälle außerhalb einer dafür zugelassenen Anlage abzulagern.
Explosionsgefährliche Abfälle *dürfen nicht* außerhalb einer dafür zugelassenen Anlage *abgelagert werden*.

1. *Es ist verboten*, einer Person unter 18 Jahren pornographische Schriften anzubieten, zu überlassen oder zugänglich zu machen.

   _____

   _____

2. *Es ist strafbar*, einen anderen zur Ableistung eines falschen Eides zu verleiten.

   _____

   _____

3. *Es ist nicht gestattet*, eine fremde Sache rechtswidrig zu beschädigen oder zu zerstören.

   _____

   _____

4. Bei der Planung, Leitung oder Ausführung eines Baues *ist es notwendig*, die anerkannten Regeln der Technik einzuhalten, um Leib und Leben anderer Personen nicht zu gefährden.

   _____

   _____

5. *Ein Zweck* der Ahndung einer Straftat *besteht darin*, den Täter durch die Strafe davon abzuhalten, weitere Straftaten zu begehen.

   _____

   _____

4 Welche Modalverben drücken folgende Ideen aus:

| Verbot | Gebot | Zweck |
| a) | b) | c) |

5 Die Position der Negation bei „nicht dürfen"

Die Negation steht jeweils vor dem Satzteil, der negiert werden soll. **Transformation:** Ersetzen Sie „es ist verboten" durch „nicht dürfen" + Infinitiv im Passiv.

Beispiel: Es ist verboten, ein Schiff in Brand zu setzen.
   Ein Schiff <u>darf nicht</u> in Brand <u>gesetzt werden</u>.

1. Es ist verboten, Waldflächen durch Rauchen in Brandgefahr zu bringen.

   _____

   _____

2. Es ist verboten, öffentliche Lotterien ohne behördliche Erlaubnis zu veranstalten.

   _____

   _____

3. Es ist verboten, bei drohender Zahlungsunfähigkeit Bestandteile des Vermögens, die im Falle der Insolvenzeröffnung zur Insolvenzmasse gehören, beiseite zu schaffen.

   _____

   _____

4. Es ist verboten, ein Kraftfahrzeug gegen den Willen des Berechtigten in Gebrauch zu nehmen.

   _____

   _____

Achtes Kapitel
Das Verwaltungsrecht

I. Abgrenzung von Zivilrecht und Verwaltungsrecht

Während das in den Kapiteln 4 bis 6 vorgestellte Zivilrecht die Rechtsbeziehungen der Bürger untereinander regelt, betrifft das Verwaltungsrecht wie das Strafrecht das Verhältnis der Bürger zum Staat. Diese nicht zum Zivilrecht (= Privatrecht) gehörenden Teile des Rechts werden auch als Öffentliches Recht bezeichnet, wobei man allerdings normalerweise das Strafrecht dem (übrigen) Öffentlichen Recht gegenüberstellt und als Öffentliches Recht nur das in Kapitel 3 skizzierte Verfassungsrecht und das jetzt darzustellende Verwaltungsrecht bezeichnet. Das Öffentliche Recht ist nicht wie das Zivilrecht vom Grundsatz der Gleichordnung, sondern vom Grundsatz der Über- und Unterordnung gekennzeichnet. Im Bereich des Verwaltungsrechts tritt der Staat dem Bürger **hoheitlich** gegenüber.

Beispiel: Wenn der Staat bei einem Kaufmann Büromaterial einkauft, schließt er einen Kaufvertrag nach den Regeln des bürgerlichen Rechts ab. Wenn der Kaufmann den Vertrag nicht erfüllt, kann der Staat gegen den Kaufmann nur nach den Regeln des BGB vorgehen. Er muss ihn, wenn das Bestellte nicht geliefert wird, vor dem Zivilgericht verklagen. Es ist dem Staat nicht etwa gestattet, mit Polizeigewalt das bestellte Büromaterial zwangsweise bei dem Kaufmann abzuholen. Ist dagegen einer Eisdiele durch die Gewerbebehörde der Betrieb untersagt worden, weil sie verdorbenes Eis verkauft hat, und öffnet der Inhaber sein Geschäft trotzdem, so kann die Polizei mit staatlichem Zwang diesen Hoheitsakt der Gewerbeuntersagung durchsetzen.

Das Öffentliche Recht hatte vor 150 Jahren nur eine vergleichsweise geringe Bedeutung. Es regelte vor allem die für den Staat als Ganzes wichtigen Bereiche, z. B. die Staatsangehörigkeit, das Geld- und Münzwesen, das Steuerwesen und die Bau- und Gewerbepolizei. Diese Gebiete gehören auch heute noch zum Verwaltungsrecht, aber mit dem Vordringen des Staates in alle Lebensbereiche hat auch das Verwaltungsrecht einen großen Aufschwung genommen. Im modernen Wohlfahrtsstaat hat der Staat auch für die staatliche Sozialversicherung und die Leistungen der Sozialhilfe zu sorgen. Im Baurecht und Gewerberecht sind die Regelungen viel dichter geworden. Wesentlich mehr Tätigkeiten des Bürgers sind zwar grundsätzlich erlaubt, aber von der Erteilung von Erlaubnissen und Genehmigungen oder von vorheriger Anzeige abhängig gemacht worden, so z. B. das Fahren eines Autos, die Tätigkeit als Makler, sogar das schlichte Eröffnen eines Ladengeschäfts, auch wenn darin nur alte Kleider verkauft werden. Wesentlich umfassender ist mit der ständigen Erhöhung der vom Bürger zu tragenden Steuerlast auch das Steuerrecht geworden. Neu hinzugekommen ist auch das gesamte Planungsrecht, sei es auf dem Gebiet des Baurechts, der landes- und städtebaulichen Entwicklung oder des Umweltschutzes. Andererseits ist eine Entwicklung festzustellen, früher öffentlich-rechtlich geregelte Tätigkeiten in privatrechtlicher Form zu erledigen. Dies geschieht durch die Privatisierung öffentlicher Einrichtungen, wie dies etwa bei der Deutschen Bundespost oder bei der Deutschen Bundesbahn bereits geschehen ist. Damit soll eine größere Freiheit zu unternehmerischem Handeln erreicht werden.

II. Das Allgemeine Verwaltungsrecht

Für alle diese einzelnen Gebiete des Verwaltungsrechts gelten Grundsätze, die jede staatliche Behörde binden und bestimmen, wie sie dem Bürger gegenübertritt. Die beiden wichtigsten Grundsätze des Verwaltungshandelns enthält das Grundgesetz:

Aus dem Grundsatz der freien Entfaltung der Persönlichkeit (Art. 2 I GG) ergibt sich, dass der Staat nur auf gesetzlicher Grundlage in die Freiheit des Bürgers eingreifen darf. Wenn die staatlichen Behörden dem Bürger etwas verbieten, dürfen sie das nur aufgrund eines Gesetzes, das ihnen diesen Eingriff gestattet (sog. **Vorbehalt des Gesetzes**).

Dadurch ist das Verwaltungsrecht viel umfangreicher als das Zivilrecht, da für jede neue zu regelnde Materie ein neues Gesetz geschaffen werden muss, das die einzelnen Eingriffe in die Freiheit des Bürgers im Einzelnen aufführt. Meint der Bürger, dass für ein bestimmtes Verwaltungshandeln keine rechtliche Grundlage bestanden hat oder dass sie falsch angewendet worden ist, kann er ein Gericht anrufen (Art. 19 IV GG). Dabei können für die einzelnen Gebiete des Verwaltungsrechts besondere Gerichte geschaffen werden, denn kein Richter ist in der Lage, das gesamte Verwaltungsrecht zu überblicken und anzuwenden. Der Bürger kann aber – anders als z. B. in England – vom Gericht nicht nur feststellen lassen, dass der Staat rechtswidrig gehandelt hat, sondern kann auch einen ihm durch ein solches rechtswidriges Verhalten entstandenen Schaden ersetzt verlangen. Hat der Staat in das Eigentum eines Bürgers eingegriffen, sieht das GG als Garantie für eine „bürgernahe" Entscheidung durch ein dem Bürger vertrautes Gericht vor, dass über die Frage der Entschädigung nicht ein besonderes Gericht entscheidet, sondern die ordentlichen Gerichte, die auch für Entscheidungen der Bürger untereinander zuständig sind.

Neben diesen beiden Vorgaben der Verfassung regelt das Verwaltungsverfahrensgesetz (VwVfG), in welchen Formen die staatlichen Behörden dem Bürger entgegentreten. Die verwaltungsrechtlichen Gesetze ordnen meist nicht automatisch eintretende Rechtsfolgen an, sondern geben bei einem bestimmten Sachverhalt der Behörde lediglich die Möglichkeit, eine Entscheidung zu treffen. Diese Entscheidung heißt **Verwaltungsakt** (§ 35 VwVfG).

Beispiel: Es ist grundsätzlich nicht erlaubt, ein Wohnhaus im „Außenbereich", also außerhalb der bereits im Zusammenhang bebauten Fläche zu errichten (§ 35 BauGB). Das Baurecht ordnet aber nicht an, dass ein solches Gebäude ohne weiteres abzubrechen ist, sondern gibt der Baubehörde die Möglichkeit, demjenigen, der verbotswidrig gebaut hat, den Abbruch durch einen entsprechenden Verwaltungsakt, die Abbruchverfügung, aufzugeben. Solange dieser Verwaltungsakt nicht ergangen ist, muss der Bauherr nichts unternehmen.

In den meisten Fällen ist es dem **Ermessen** der zuständigen Behörde überlassen, ob sie den Verwaltungsakt erlässt oder nicht; oft hat sie auch ein Auswahlermessen: Sie kann zwischen verschiedenen Arten des Einschreitens wählen. Jedes Verwaltungsermessen ist aber gebunden: Die Behörde muss erkennen, welche Möglichkeiten ihr zur Wahl stehen, und je nach Lage des Einzelfalls eine Entscheidung treffen, in die nur sachgerechte Kriterien einfließen dürfen. Dadurch ist der Bürger vor Willkür der Behörde geschützt.

Beispiel: Im vorhergehenden Beispiel kann die Baubehörde die Beseitigung verfügen. Sie wird bei der Ausübung ihres Ermessens berücksichtigen, dass zu befürchten ist, dass weitere Bauherren das Bauverbot verletzen, wenn sie das Bauwerk bestehen lässt. Sie handelt daher rechtmäßig, wenn sie die Abbruchverfügung damit begründet, dass sie grundsätzlich keinen „Schwarzbau" im Außenbereich duldet. Dagegen wäre es ein Ermessensfehlgebrauch, wenn sie die Abbruchverfügung damit begründen würde, dass der Bauherr B außerdem mit der Bezahlung seiner an die Gemeinde zu zahlenden Steuern im Rückstand ist. Das hat mit der Notwendigkeit, gegen ein Bauverbot einzuschreiten, offensichtlich nichts zu tun.

Das Allgemeine Verwaltungsrecht regelt außerdem, ob und unter welchen Voraussetzungen der Bürger angehört werden muss, bevor ein Verwaltungsakt gegen ihn erlassen werden kann, wie ein Verwaltungsakt geändert oder zurückgenommen werden kann und wie sich der Bürger gegen einen Verwaltungsakt wehren kann.

Zur Entlastung der Gerichte kann nämlich ein Verwaltungsakt grundsätzlich nicht unmittelbar bei Gericht angegriffen werden. Der Bürger muss zunächst versuchen, innerhalb der Verwaltung zu seinem Recht zu kommen. Dazu steht ihm der Rechtsbehelf des **Widerspruchs** zur Verfügung. Mit ihm erreicht er, dass die Verwaltung – normalerweise die übergeordnete Behörde – den Sachverhalt noch einmal untersucht und, wenn sie das für richtig hält, den ursprünglichen Bescheid ändert. Erst wenn der Bürger auch mit diesem Widerspruchsbescheid nicht zufrieden ist, kann er vor Gericht gehen.

Beispiel: Wenn gegen B im vorhergehenden Beispiel die Abbruchverfügung ergangen ist, kann er Widerspruch z. B. mit der Begründung einlegen, bei seinem Gebäude handle es sich um ein sog. „privilegiertes Vorhaben", das auch außerhalb der zusammenhängenden Bebauung genehmigt werden kann, und gleichzeitig die Genehmigung beantragen. Wenn die Widerspruchsbehörde zu dem Ergebnis kommt, dass dies der Fall ist, wird sie den Verwaltungsakt aufheben. Andernfalls wird sie den Widerspruch zurückweisen.

III. Das Besondere Verwaltungsrecht

Die im VwVfG festgelegten Grundsätze allein erlauben – wie die Beispiele zeigen – die Beurteilung keines einzigen verwaltungsrechtlichen Falles. Sie schaffen nur die Voraussetzung für die Anwendung der einzelnen verwaltungsrechtlichen Gesetze, die man insgesamt als Besonderes Verwaltungsrecht bezeichnet. Es umfasst solche Spezialmaterien wie das Lebensmittelrecht, das die Vorschriften über die Herstellung von und den Umgang mit Lebensmitteln enthält, das Atomrecht, das die bei der Errichtung und dem Betrieb von Atomanlagen zu beachtenden Bestimmungen enthält, oder das Wehrpflichtrecht, das die Voraussetzungen und das Verfahren der Einberufung zum Militärdienst regelt. In der juristischen Ausbildung sind Studierende allenfalls mit den folgenden Hauptgebieten befasst.

1. Das Baurecht

Das Baurecht umfasst einerseits das Bauplanungsrecht und andererseits das Bauordnungsrecht. Das Bauplanungsrecht ist Bundesrecht und im Baugesetzbuch (BauGB) geregelt. Es bestimmt die Voraussetzungen und das Verfahren bei der Aufstellung von **Bebauungsplänen** und regelt – etwa in dem schon erwähnten § 35 BauGB – welche baulichen Anlagen wo erlaubt sind. Auch die Maßnahmen, die zur städtebaulichen Entwicklung getroffen werden können, einschließlich der Möglichkeit des zwangsweisen Entzugs des Eigentums für diese Zwecke (**Enteignung**), sind hier geregelt. Dagegen ist das Bauordnungsrecht in den Bauordnungen der Bundesländer je nach Land unterschiedlich geregelt. Hier ist z. B. festgelegt, wann eine Baugenehmigung erforderlich ist und was ohne eine solche gebaut werden darf, oder welche Abstände Gebäude einer bestimmten Größe vom Nachbargrundstück einhalten müssen.

2. Das Kommunalrecht

Das Kommunalrecht dient der Ausfüllung einer Vorschrift des Grundgesetzes. Den Gemeinden darf das Recht nicht genommen werden, alle Angelegenheiten der örtlichen Gemeinschaft in eigener Verantwortung zu regeln (Garantie der gemeindlichen Selbstverwaltung, Art. 28 II GG). Wie sie dies tun, regeln die **Gemeindeordnungen** und die anderen Vorschriften des Kommunalrechts (z. B. die Kommunalabgabengesetze, Gesetze über Gemeindeverbände usw.), die in jedem Bundesland verschieden sind. Es gibt sie selbstverständlich auch nur in den Bundesländern, die aus mehr als einer Gemeinde bestehen, also nicht in Hamburg und in Berlin.

Die Gemeindeordnungen regeln insbesondere die Organe der Gemeinden (Bürgermeister, Oberstadtdirektor, Gemeinderat), die Organisation der Gemeindeverwaltungen und die Rechtssetzung durch die Gemeinde, die durch **Satzungen** erfolgt (vgl. Kap. 2 Abschn.). Inhalt einer gemeindlichen Satzung kann etwa die Verpflichtung sein, sich an die gemeindliche Wasserleitung und Kanalisation anschließen zu lassen, aber auch die Verpflichtung, in bestimmten gemeindlichen Einrichtungen nicht zu rauchen oder Hunde an der Leine zu führen. Gegenstand des Kommunalrechts ist schließlich die Befugnis des Staates, die Gemeinden zu beaufsichtigen. Die Garantie der gemeindlichen Selbstverwaltung fordert, dass diese Aufsicht nur **Rechtsaufsicht** sein darf. Der Staat darf also nur einschreiten, wenn eine Gemeinde rechtswidrige Beschlüsse fasst oder Handlungen vornimmt. Eine Ausnahme gilt nur dann, wenn der Staat der Gemeinde staatliche Aufgaben überträgt, die sie anstelle des Staates ausführt. Hier hat der Staat zusätzlich zur Rechtsaufsicht auch die Fachaufsicht, kann also bestimmte Anweisungen erteilen, wie die Gemeinde Fragen entscheiden oder Angelegenheiten ausführen soll.

Beispiel: Die Unterhaltung der gemeindlichen Friedhöfe gehört zur Selbstverwaltung. Eine gemeindliche Satzung, wonach die Grabsteine nicht höher als 1,50 Meter sein dürfen, kann der Staat also nicht beanstanden, auch wenn er diese Beschränkung für unnötig hält. Dagegen ist die Ausführung der Baugesetze eine staatliche Aufgabe, die aber in den meisten Bundesländern bestimmten Gemeinden (insbesondere Großstädten) übertragen ist. Hier ist der Staat nicht darauf beschränkt, die rechtswidrige Erteilung oder Verweigerung von Baugenehmigungen zu kontrollieren, sondern kann der Gemeinde Anweisungen geben, welche Maßstäbe sie bei Ermessensentscheidungen (z. B. Abbruchverfügungen) anlegen soll.

3. Das Beamtenrecht

Eine Besonderheit des deutschen Verwaltungsrechts ist das Beamtenrecht. Art. 33 GG garantiert die Einrichtung des **Berufsbeamtentums**. Der **öffentliche Dienst** (also der Bund, die Länder und die Gemeinden) beschäftigt nicht nur wie ein Wirtschaftsunternehmen Arbeiter und Angestellte, sondern daneben eine besondere Gruppe von Mitarbeitern, die auf Lebensdauer angestellt sind und in einem besonderen Dienst- und Treueverhältnis zum Staat stehen. Sie haben daher, anders als andere Arbeitnehmer, kein Streikrecht, können aber umgekehrt nur bei einer schweren Verletzung ihrer Dienstpflichten entlassen oder in ihrer Bezahlung zurückgesetzt werden. Im Fall der Dienstunfähigkeit und nach Eintritt in den Ruhestand erhalten sie eine Pension, die sie nicht durch Beiträge zu einer Versicherung erkaufen müssen, sondern die ihnen aufgrund ihrer Stellung gewährt wird. Beamte können nur deutsche Staatsangehörige werden; die einzelnen Ämter, die gleichzeitig mit einer bestimmten Besoldung verbunden sind, werden gesetzlich festgelegt.

Ebenso sind die Voraussetzungen, die für die verschiedenen Laufbahnen erforderlich sind (z. B. Hauptschulabschluss für den einfachen Dienst, Universitätsstudium für den höheren Dienst) gesetzlich festgelegt. Fühlt sich ein Beamter vom Staat in seinen Rechten verletzt, muss er sich nicht an die für die Streitigkeiten aus Arbeitsverhältnissen zuständigen Gerichte wenden, sondern an die Verwaltungsgerichte. Die Bestimmungen über das Beamtenverhältnis sind in den Beamtengesetzen des Bundes für die Bundesbeamten und für die Beamten der Länder in den Landesbeamtengesetzen geregelt. Obwohl diese untereinander sehr ähnlich sind, ist der Wechsel von einem Bundesland in das andere in der Praxis für einen Beamten oft sehr schwierig.

Grundsätzlich sollen diejenigen Tätigkeiten des Staates, bei denen er hoheitlich in die Rechte der Bürger eingreift (z. B. die Polizei, die Erteilung von Genehmigungen), von Beamten ausgeführt werden, während die übrige staatliche Tätigkeit auch von anderen Arbeitnehmern ausgeführt werden kann.

Allerdings sind heute auch im Polizeidienst zahlreiche Angestellte tätig und umgekehrt in der nicht hoheitlichen Verwaltung (z. B. Verwaltung der staatlichen Schlösser und Seen) viele Beamte tätig. Auch hinsichtlich der Besoldung bei gleichartiger Tätigkeit und in der Altersversorgung besteht heute kaum noch ein Unterschied zwischen den Beamten und den anderen Arbeitnehmern im öffentlichen Dienst. Diese sind zwar nicht auf Lebenszeit angestellt, durch tarifvertragliche Vereinbarung aber nach einer gewissen Beschäftigungsdauer gleichfalls unkündbar, so dass auch insoweit kein nennenswerter Unterschied mehr besteht. Das Beamtenrecht als besonderes Rechtsgebiet neben dem Arbeitsrecht ist daher heute eigentlich nur noch historisch zu verstehen.

4. Das Gewerberecht

Auch das Gewerberecht beruht auf einer verfassungsrechtlichen Vorgabe: Die Freiheit der Berufswahl (Art. 12 GG) garantiert jedem Bürger das Recht, einen Beruf seiner Wahl zu ergreifen; die Ausübung des Berufs kann aber gesetzlich geregelt werden. Diese Regelung trifft das Gewerberecht, das oft sehr eingehende und einschneidende Regelungen trifft, die nicht ohne weiteres verständlich sind und in den Fragen von allgemeinem Interesse auch Gegenstand politischer Diskussion sind. Das bekannteste Beispiel sind die **Ladenschlussgesetze**, die es – je nach Bundesland unterschiedlich – verbieten, Ladengeschäfte zu bestimmten Zeiten (insbesondere an Sonntagen) offen zu halten. Auch über den Sinn der Vorschrift, dass ein Handwerksbetrieb nur von einem Handwerksmeister geführt werden darf – ein Relikt der mittelalterlichen Zünfteordnung –, kann man angesichts der Tatsache streiten, dass keinerlei Beschränkungen bestehen, sobald die Produktion nicht mehr handwerksmäßig, sondern industriell betrieben wird. Andere Regelungen des Gewerberechts leuchten leichter ein: Wer eine Gaststätte betreiben will oder als Bauträger mit dem Geld seiner Kunden bauen will, braucht eine Erlaubnis, die er dann erhält, wenn er die für den betreffenden Beruf erforderliche **Zuverlässigkeit** aufweist. Dadurch soll die Allgemeinheit vor den Gefahren geschützt werden, die von der unsachgemäßen Ausübung bestimmter Gewerbe ausgehen. Die wichtigsten Bestimmungen des Gewerberechts sind in der Gewerbeordnung enthalten; daneben gibt es eine unübersehbare Zahl von Spezialgesetzen, außer den gerade erwähnten Ladenschlussgesetzen für die hier erwähnten Fälle z. B. die Handwerksordnung, das Gaststättengesetz und die Makler- und Bauträgerverordnung. Das Gewerberecht ist ganz überwiegend Bundesrecht.

5. Das Sicherheits- und Polizeirecht

Im Sicherheits- und Polizeirecht hat der Bund dagegen eine Gesetzgebungszuständigkeit nur für die länderübergreifenden polizeilichen Aufgaben, die er durch das Bundeskriminalamt und den Bundesgrenzschutz ausübt. Im Übrigen ist das Sicherheits- und Polizeirecht Sache der Länder, die es auch nicht völlig einheitlich geregelt haben. Vom Strafrecht, das erst einschreitet, wenn eine Tat begangen worden ist, also lediglich repressiv wirkt, unterscheidet es sich dadurch, dass hier die zulässigen Maßnahmen präventiven Vorgehens zur Vermeidung von Störungen der öffentlichen Sicherheit und Ordnung geregelt sind. Das Sicherheits- und Polizeirecht regelt damit die **Gefahrenabwehr,** und zwar zusammenfassend die Maßnahmen der Verwaltungsbehörden und des Polizeivollzugsdienstes, bei dem diese Aufgabe mit der der Strafverfolgung zusammenfließt. Gegenstand dieses Rechtsgebiets sind also z. B. Regelungen darüber, unter welchen Voraussetzungen gefährliche Tiere gehalten werden dürfen (Gefahr einer Störung der öffentlichen Sicherheit), an welchen Feiertagen Tanzveranstaltungen unterbleiben müssen oder ob und wo nackt gebadet werden darf (Gefahr einer Störung der öffentlichen Ordnung).

Daneben sind die Befugnisse der Beamten des Polizeivollzugsdienstes geregelt, z. B. bei der Verhinderung verbotener Versammlungen oder beim vorbeugenden Gewahrsam von Personen, die voraussichtlich Straftaten begehen wollen. Es ist klar, dass die inhaltliche Ausgestaltung solcher Regelungen in besonderer Weise die Liberalität einer Rechtsordnung spiegelt: Je weniger Freiheit ein Staat seinen Bürgern lässt, desto niedriger wird die Schwelle des Einschreitens gezogen sein. Allerdings muss man sich davor hüten, sie aus den Buchstaben der Polizeigesetze ableiten zu wollen. Hier kommt es noch mehr als bei anderen Rechtsnormen weniger auf den Wortlaut als auch die tatsächliche Anwendung an.

6. Das Umweltrecht

Anton fühlt sich durch die Frösche gestört, die in warmen Sommernächten laut und beharrlich im Gartenteich der Berta quaken. Er verlangt von ihr, das Wasser aus dem Teich abzulassen, damit die Frösche abwandern, und stützt dieses Verlangen auf § 1004 BGB. Würde Anton diesem Verlangen ohne weiteres entsprechen, kommt er freilich mit dem Naturschutzrecht in Konflikt, denn das Ablassen des Teichs ist nach § 44 BNatSchG grundsätzlich verboten, soweit die zuständige Behörde nicht eine Ausnahme zulässt. Wenn Anton ohne eine solche Erlaubnis vorsorglich den Teich ablässt, begeht er eine Ordnungswidrigkeit (§§ 69 BNatSchG; 10 OWiG), die mit einer Geldbuße von bis zu 50.000 € geahndet werden kann.

Dieser kleine Fall zeigt schon eine Besonderheit des Umweltrechts: Hier verbinden sich Fragen des Zivilrechts mit denen des Straf- und Ordnungswidrigkeitenrechts; der Schwerpunkt liegt aber natürlich im öffentlichen Recht (im Fall in den Vorschriften des Bundesnaturschutzgesetzes, das heute in mehreren Bundesländern durch landesrechtliche Vorschriften ergänzt oder ersetzt worden ist). Das bedeutet zugleich, dass die Fragen dieses nicht sonderlich wichtig erscheinenden Falles verschiedene Zweige der Staatsverwaltung und -gerichtsbarkeit beschäftigen können: Anton muß Berta, wenn sie sich seinem Begehren verweigert, vor dem Zivilgericht verklagen. Will Berta eine Erlaubnis beantragen, ist dafür die Verwaltungsbehörde zuständig; wird sie ihr verweigert, kann sie versuchen, sie vor dem Verwaltungsgericht zu erstreiten. Handelt sie ohne Erlaubnis, muss sie mit einem Bußgeldbescheid rechnen, den sie vor dem Strafgericht anfechten kann.

Das Umweltrecht ist ein vergleichsweise junges Rechtsgebiet. In früheren Jahrhunderten dachte sich niemand etwas dabei, die natürlichen Ressourcen für die Verbesserung der menschlichen Lebensbedingungen auszubeuten; die wesentlich geringere Zahl der Menschen auf der Welt setzte diesen Bemühungen auch zunächst keine natürliche Grenze. Erst im 20. Jahrhundert hat man erkannt, dass es nicht nur ökonomische, sondern auch ökologische Voraussetzungen gibt, um das Grundrecht auf Freiheit der Persönlichkeitsentfaltung (Art. 2 I GG) ausüben zu können. Noch dem am 1. 1. 1900 in Kraft getretenen BGB liegt ausschließlich der Gedanke des Individualschutzes zugrunde: Es verbietet in den §§ 906, 1004 BGB, dem Grundstück eines Nachbarn Immissionen (Gase, Dämpfe, Rauch, Geräusche) zuzuführen, nicht dagegen, diese Immissionen in die freie Natur zu entlassen, und folgerichtig hat ein höchstrichterliches Urteil im Jahre 1910 in dem Beispielsfall der Klage des Anton gegen die Berta auf Ablassen des Teichs ohne weiteres stattgegeben. Damals war es auch nicht grundsätzlich verboten, Abwasser und Abfall in der freien Natur zu entsorgen. Heute weiß man, dass die Freiheitsrechte vergebens sind, wenn sie nicht in einer einigermaßen intakten Umwelt ausgeübt werden können. Seit 1994 enthält das Grundgesetz den Art. 20a. Er verpflichtet den Staat dazu, die natürlichen Lebensgrundlagen zu schützen. Hierbei handelt es sich nicht um ein Grundrecht, sondern um einen Programmsatz, der auf die Wichtigkeit des Ziels hinweist, aber nicht zu Rechten und

Pflichten führt, die gerichtlich durchsetzbar wären. Schon vor der verfassungsrechtlichen Verankerung sind zahlreiche Vorschriften des besonderen Verwaltungsrechts erlassen worden, die immer weitere Teile des Lebens durch Verbote
mit Erlaubnisvorbehalt reglementieren, und damit der Sache nach die Regel des
Art. 2 I GG, dass alles erlaubt ist, was das Gesetz nicht ausdrücklich verbietet,
umkehrt. Dies geschieht etwa durch § 44 BNatSchG, durch den eine Vielzahl
noch dazu sehr allgemein umschriebener Eingriffe in die Natur für unzulässig erklärt wird; hierzu gehört auch das Zerstören des Lebensraums der Frösche im
Beispielfall. Als der BGH im Jahr 1992 einen vergleichbaren Fall wie den im
Jahre 1910 zu entscheiden hatte, konnte er deshalb nicht der Klage auf Ablassen
des Teiches stattgeben, sondern Berta lediglich verpflichten, den Antrag auf eine
entsprechende behördliche Erlaubnis zu stellen (diese Fallgestaltung liegt auch
dem Musterurteil, unten Kap. 11 zugrunde).

Zum Umweltrecht in einem weiteren Sinn gehören auch solche Vorschriften, die
schon im Planungsstadium gewährleisten sollen, daß Umweltbeeinträchtigungen
erst gar nicht entstehen. Dies geschieht vor allem durch das Gesetz über die Um-
weltverträglichkeitsprüfung, aber auch das im Baugesetzbuch geregelte Bauplan-
nungsrecht dient nicht zuletzt diesem Zweck.

Das eigentliche Umweltrecht hat drei große Regelungsbereiche:

– den Schutz der Lebensgrundlagen, insbesondere Luft, Wasser, Boden
– den Schutz vor Gefahrstoffen
– den Schutz der Pflanzen- und Tierwelt.

Der Schutz der Lebensgrundlagen erfolgt durch Gesetze, die die Gefährdungen
des jeweiligen Schutzguts thematisieren und zu begrenzen versuchen. Dies geschieht hinsichtlich des Wassers beispielsweise durch das Wasserhaushaltsgesetz,
das Bundesrecht ist, und die Wassergesetze der Länder, hinsichtlich der Luft
durch das Bundesimmissionsschutzgesetz und hinsichtlich des Bodens durch das
Bundesbodenschutzgesetz. Diese Gesetze sind im Laufe der Jahre sowohl hinsichtlich der Eingriffsvoraussetzungen als auch hinsichtlich der Eingriffsschwelle
verschärft worden; einen Vertrauensschutz auf einmal erteilte Genehmigungen
gibt es, wenn überhaupt, nur sehr eingeschränkt. Andererseits hat der Staat die
privatrechtlichen Ansprüche gegen genehmigte Anlagen in einigen Gesetzen ausgeschlossen; auch Nachbarn des umweltgefährdenden Betriebs können sich also
nur im Genehmigungsverfahren gegen die Erteilung der Genehmigung wenden
und diese (oder das Unterlassen ihres Widerrufs) durch Klage gegen die Geneh-
migungsbehörde durchzusetzen versuchen; Ansprüche aus § 1004 BGB können
sie dagegen nicht geltend machen.

Der Schutz vor Gefahrstoffen, die die Umwelt gefährden, erfolgt dadurch, dass
diese Stoffe und/oder ihre Verwendung reglementiert werden, um die von ihnen
ausgehenden Gefahren zu minimieren. So sollen die von der Nutzung der Kern-
energie ausgehenden Risiken durch das Atomgesetz beherrscht werden, das die
Errichtung und den Betrieb von Kernkraftwerken einer Genehmigungspflicht
unterwirft und auch die Entsorgung von radioaktivem Müll regelt. Für die Zu-

kunft hat sich der Gesetzgeber allerdings entschieden, künftige Risiken gar nicht mehr zuzulassen, indem neue Anlagen nicht mehr genehmigungsfähig sind. Das Chemikaliengesetz und das Arzneimittelgesetz bestimmen eine Anmelde- oder Zulassungspflicht für neue Stoffe samt Regeln für ihre Verpackung oder Kennzeichnung. Die neueste Entwicklung auf diesem Gebiet ist die Gentechnik: Gentechnische Anlagen, das Freisetzen gentechnisch veränderter Organismen und die Vermarktung von Erzeugnissen, die solche Organismen enthalten, sind anzeige- oder genehmigungspflichtig.

Dem Schutz der natürlichen Lebensgrundlagen dient schließlich der Schutz der Tier- und Pflanzenwelt und der Wälder durch das Bundesnaturschutzgesetz, und die Naturschutz- und Waldgesetze der Länder. Sie verbieten umweltschädliche Verhaltensweisen und regeln oder verbieten den Handel mit seltenen Tier- und Pflanzenarten.

Einer wirksamen Verfolgung von Verstößen gegen die genannten Vorschriften sollen die Straftatbestände und Ordnungswidrigkeitstatbestände dienen, die teils im Strafgesetzbuch, teils in den jeweiligen Gesetzen enthalten sind. Sie knüpfen teils an bestimmte Verhaltensweisen (z. B. Zerstörung eines Lebensraums für geschützte Tiere), teils an Zuwiderhandlungen gegen behördliche Anordnungen (z. B. Auflagen beim Betrieb einer umweltgefährdenden Anlage) an und sind trotz des Umfangs der Regelungen in der Praxis wenig effektiv, da eingetretene Schäden nicht leicht einem Verursacher zugerechnet werden können und auch der Nachweis eines strafrechtlichen Verschuldens schwierig ist. Eine weitere Schwäche des Umweltrechts liegt in den zersplitterten Zuständigkeiten: Nur geringe Teile liegen in der Gesetzgebungszuständigkeit des Bundes; der größere Teil ist Landesrecht, und sowohl der Bund als auch die Länder müssen europarechtliche Vorgaben (z. B. die Fauna-Flora-Habitat-Richtlinie) beachten.

Mit Recht setzt der Gesetzgeber daher seine Hoffnungen auf einen wirksamen Umweltschutz durch wirtschaftliche Anreize. Besonders deutlich sind diese auf dem Gebiet der Kraftfahrzeugbesteuerung zu sehen, die Anreize dafür bietet, beim Kauf eines neuen Autos, aber auch bei Nachrüstungen vorhandener Fahrzeuge die jeweils neuesten Techniken zur Schadstoffreduzierung einzusetzen. Hierfür werden Steuervergünstigungen gewährt und damit der Einsatz schadstoffarmer, aber zunächst teurerer Fahrzeuge für den Käufer auch wirtschaftlich attraktiv.

Seit 2005 hat der Gesetzgeber auch eine aus dem Immissionsschutzrecht der USA entlehnte Methode eingeführt, den Emissionsrechtehandel: Hier wird eine Gesamtobergrenze der Emissionen festgelegt und diese in Form von Zertifikaten verkörpert, die die Emittenten untereinander kaufen und verkaufen können, wodurch ein Anreiz geschaffen wird, durch geringere Emissionen Kosten zu sparen. Dieser Anreiz ist besonders stark, wenn die Obergrenze im Lauf der Zeit vermindert wird und damit insgesamt weniger emittiert werden kann. Allerdings erfordert das System einen hohen Kontrollaufwand und ist auch unter dem Gesichtspunkt der gleichen Teilhabe an den natürlichen Ressourcen nicht unbedenklich, erlaubt es doch demjenigen, die Umwelt sanktionslos zu schädigen, der sich den Erwerb einer ausreichenden Zahl von Zertifikaten leisten kann.

7. Das Sozialrecht

Das Sozialrecht unterscheidet sich von den bis jetzt dargestellten Teilen des Besonderen Verwaltungsrechts dadurch, dass seine Bestimmungen nicht die Rechtssphäre der Bürger beschränken und in sie eingreifen (**Eingriffsverwaltung**), sondern regeln, wann ein Bürger bestimmte Leistungen des Staates beanspruchen kann (**Leistungsverwaltung**). Das Sozialrecht hatte noch vor wenigen Jahrzehnten sowohl hinsichtlich des Umfangs der Leistungen als auch hinsichtlich des Umfangs der gesetzlichen Regelungen nur eine geringe Bedeutung, die aber in den vergangenen Jahrzehnten immer weiter gewachsen ist. Heute beträgt die Summe aller Sozialleistungen pro Kopf der Bevölkerung über 8.000 €. Parallel dazu wurde das Sozialrecht durch eine Vielzahl von Einzelgesetzen zunehmend unübersichtlich, da sowohl die Voraussetzungen der Leistungsgewährung als auch das Verfahren in jedem Gesetz besonders und unterschiedlich geregelt waren. Der Gesetzgeber hat jetzt das Sozialrecht in einem **Sozialgesetzbuch** zusammengefasst. Bisher sind in Kraft getreten: das 1. Buch (Allgemeiner Teil), das 2. Buch (Grundsicherung für Arbeitsuchende), das 3. Buch (Arbeitsförderung), das 4. Buch (Allgemeines Sozialversicherungsrecht), das 5. Buch (Gesetzliche Krankenversicherung), das 6. Buch (Gesetzliche Rentenversicherung), das 7. Buch (Gesetzliche Unfallversicherung), das 8. Buch (Kinder- und Jugendhilfe), das 9. Buch (Rehabilitation und Teilhabe behinderter Menschen), das 10. Buch (Sozialverwaltungsverfahren und Sozialdatenschutz), das 11. Buch (Soziale Pflegeversicherung) und das 12. Buch (Sozialhilfe).

Dagegen sind bisher noch in Einzelgesetzen geregelt: die Ausbildungsförderung im Bundesausbildungsförderungsgesetz (BAFöG), die Versorgung vor allem im Bundesversorgungsgesetz (BVG), das Kindergeld im Bundeskindergeldgesetz (BKGG) und das Wohngeld im Wohngeldgesetz (WoGG).

Eingeteilt wird das Sozialrecht in die drei Hauptgebiete der Sozialversicherung, der Versorgung und der Sozialhilfe. Dabei haben die Transferleistungen der Sozialversicherung den weitaus größten Umfang. Die **Sozialversicherung** beruht auf Beitragszahlungen, zu denen ihre Mitglieder gesetzlich verpflichtet sind. Jeder Arbeitnehmer muss von seinem Arbeitseinkommen Beiträge zur Rentenversicherung, zur Krankenversicherung, zur Arbeitslosenversicherung und zur Pflegeversicherung leisten.

Er leistet dabei die Hälfte des Versicherungsbeitrags; die andere Hälfte leistet der Arbeitgeber. Den Beitrag zur Unfallversicherung leistet der Arbeitgeber alleine. Eine Ausnahme von der Pflichtmitgliedschaft besteht in der Krankenversicherung. Ab einer gewissen Einkommenshöhe kann sich ein Arbeitnehmer von der gesetzlichen Krankenversicherung befreien lassen und stattdessen eine private Krankenversicherung abschließen; er kann aber auch in der gesetzlichen Krankenversicherung verbleiben. Die Beiträge in der Sozialversicherung werden nicht wie in der Privatversicherung nach dem versicherungsmathematischen Risiko berechnet, sondern sind ein jeweils nach dem Geldbedarf der Versicherung gesetzlich festgelegter Prozentsatz des Einkommens.

Auch die Rentenversicherung zahlt die Renten nicht aus einem Kapitalstock – der seit der Einrichtung dieser Versicherungsart im Jahre 1882 geschaffene Kapitalstock wurde in der Inflation nach dem 1. Weltkrieg entwertet; seitdem werden die Renten der jetzigen Rentner aus den Beiträgen der jetzt Erwerbstätigen bezahlt. Die Sozialversicherung ist also keine „echte" Versicherung, sondern beruht auf dem System der **Solidargemeinschaft**. Besonders deutlich wird dies bei der Arbeitslosenversicherung. Das Risiko der Arbeitslosigkeit ist bei den einzelnen Beschäftigten ganz unterschiedlich; Arbeitnehmer im öffentlichen Dienst haben nach einer bestimmten Beschäftigungszeit im Grunde keinerlei Risiko mehr. Trotzdem müssen sie wie alle anderen Arbeitnehmer auch zu dieser Versicherung Beiträge entrichten. Der neueste Versicherungszweig der Sozialversicherung ist die Pflegeversicherung. Sie deckt das – durch die Krankenversicherung nicht erfasste – Risiko ab, dass eine Person ihr tägliches Leben nicht mehr ohne fremde Hilfe führen kann, sondern auf Pflegeleistungen angewiesen ist, die bei normalen Einkommens- und Vermögensverhältnissen nicht mehr selbst finanziert werden können. Hierfür mussten sie bisher Sozialhilfeleistungen in Anspruch nehmen. Seit 1995 erhalten sie Leistungen der Pflegeversicherung als eines neuen Zweigs der Sozialversicherung.

Neben der Sozialversicherung steht als zweites Hauptgebiet des Sozialrechts die **Versorgung**. Darunter versteht man staatliche Leistungen, die dem Empfänger zustehen, weil er für die Gemeinschaft freiwillig oder unfreiwillig ein Opfer gebracht hat. Die Leistungen der Versorgung beruhen also nicht auf eigenen Beiträgen. Versorgung wird gewährt für die Opfer des Krieges und der Vertreibung und ihre Familien, für die Opfer eines Gewaltverbrechens und für die Opfer einer Maßnahme nach dem Bundesseuchengesetz (insbesondere Schäden infolge einer staatlich angeordneten Impfung). Da nur noch wenige Kriegsopfer zu versorgen sind, hat dieser Zweig des Sozialrechts keine große Bedeutung mehr.

Desto stärker ist der dritte Zweig des Sozialrechts gewachsen, die **Fürsorge**. Das sind staatliche Leistungen, die aufgrund des Sozialstaatsprinzips (Art. 20 I GG) gewährt werden und jedem die Führung eines Lebens ermöglichen sollen, das der Würde des Menschen entspricht. Die Leistungen der Fürsorge sind vor allem in den letzten 30 Jahren außerordentlich stark gestiegen.

Sie stehen in einem Zwiespalt: Der allgemeine Lebensstandard und damit die allgemein anerkannte Vorstellung von dem, was für ein menschenwürdiges Leben erforderlich ist, hat in diesem Zeitraum ein wesentlich höheres Niveau erreicht. Auf der anderen Seite haben die wirtschaftliche und die Bevölkerungsentwicklung Angebot und Nachfrage nach Arbeitskräften auseinanderdriften lassen. Die vergleichsweise schlechte Bezahlung unqualifizierter Arbeit im Vergleich zu den Leistungen der Fürsorge führt dann dazu, dass sich viele Empfänger von Fürsorgeleistungen nicht mehr um Erwerbseinkünfte bemühen und da durch einerseits zu den hohen Aufwendungen für die Fürsorge und andererseits dazu, dass man von staatlichen Sozialleistungen annähernd ebenso gut leben kann wie von eigener Arbeit.

Das widerspricht selbstverständlich dem Grundgedanken der Fürsorge, die in ihrer hauptsächlich gewährten Form, der **Sozialhilfe**, Hilfe zur Selbsthilfe sein soll. Der Empfänger dieser Leistung kann deshalb auch dazu angehalten werden, sich um Arbeit zu bemühen und Ansprüche gegen unterhaltsverpflichtete Verwandte geltend zu machen. Ein Missbrauch dieser Leistung kann aber nur schwer verhindert werden. Besondere Formen der Fürsorge werden Personen in besonderen Bedarfslagen gewährt: So erhalten Schüler und Studenten, deren Eltern die Kosten der Ausbildung und des Lebensunterhalts der Auszubildenden nicht tragen können, Leistungen der Ausbildungsförderung. Personen, die zwar an sich Einkünfte haben, die zur Deckung ihres Lebensunterhalts ausreichend sind, aber – vor allem in Großstädten – für ihre Wohnung besonders hohe Kosten haben, erhalten Wohngeld. Auch diese Leistungen sind von der Bedürftigkeit abhängig.

Daneben fallen in den Bereich der Fürsorge aber auch Leistungen, die der Staat gewährt, ohne sie von den Einkommens- und Vermögensverhältnissen des Empfängers abhängig zu machen. Wer Kinder hat, erhält ein staatliches Kindergeld. Es beträgt für das erste Kind 184 € und wird unabhängig davon gewährt, welches Einkommen oder Vermögen die Eltern haben. Ebenso erhalten die Familien von Männern, die Wehrdienst leisten, Unterhaltssicherung, die als Prozentsatz des Einkommens des zeitweise fehlenden Ernährers der Familie gewährt wird und von möglicherweise vorhandenem Vermögen unabhängig ist.

8. Das Steuerrecht

Das Steuerrecht ist gewissermaßen die Voraussetzung dafür, dass der Staat tätig werden kann: Nicht nur für die Leistungen des Sozialsystems, sondern zur Erfüllung der staatlichen Aufgaben überhaupt benötigt der Staat Geldmittel – und zwar in allen Ländern in über die Generationen immer mehr zunehmendem Maße.

Die **Staatsquote**, also der Anteil des Sozialprodukts, der über Steuern und sonstige Abgaben und über die Pflichtbeiträge zur Sozialversicherung dem Staat zufließt, hat nahezu 50 % erreicht. Zu den öffentlichen Abgaben gehören die Gebühren (die für eine tatsächlich in Anspruch genommene staatliche Leistung, z. B. für die Ausstellung eines Reisepasses oder die Müllabfuhr erhoben werden), die Beiträge (die für die Möglichkeit der Nutzung staatlich geschaffener Einrichtungen, z. B. für die Anschlussmöglichkeit an eine Straße oder die Wasserversorgung oder die Nutzung von Fremdenverkehrseinrichtungen erhoben werden) und die **Steuern**. Steuern sind staatliche Abgaben, die ohne konkrete Gegenleistung zur Deckung des allgemeinen staatlichen Finanzbedarfs erhoben werden. Soweit als Begründung einer Steuer eine staatliche Aufgabe herangezogen wird (z. B. der Straßenbau für die Mineralölsteuer), handelt es sich nicht um eine echte Zweckbindung, sondern nur um den Anlass oder das Motiv der Steuererhebung.

Ein Grundsatz des Steuerrechts ist die Besteuerung nach der Leistungsfähigkeit. Wer einen Steuertatbestand verwirklicht, soll je nachdem mit einer höheren oder geringeren Steuer belegt werden, ob er nach seinen finanziellen Möglichkeiten dazu mehr oder weniger in der Lage ist. Dies zeigt sich beispielsweise im Einkommensteuerrecht: Wer lediglich das Existenzminimum zur Verfügung hat (das der Gesetzgeber derzeit mit 8.004 € jährlich annimmt), muss keine Einkommensteuer bezahlen. Wer mehr verdient, muss nicht einen festen Prozentsatz des Mehrbetrags an den Staat abführen. Die Steuer ist vielmehr progressiv: Je höher das Einkommen, desto höher ist der Steuersatz, bis der Spitzensteuersatz von 45 % des Einkommens erreicht wird.

Dieses richtige und einleuchtende Prinzip wird aber durch die **Steuersubventionen** überlagert und in seiner Wirksamkeit stark eingeschränkt. Der Staat begünstigt eine unübersehbare Vielzahl steuerlich bedeutsamer Tatbestände, indem in solchen Fällen ein anderer Steuersatz zur Anwendung kommt, Einkünfte steuerfrei bleiben oder Abzüge von der zu zahlenden Steuersumme zugelassen werden (so z. B. bei der Schaffung von Wohnraum). Hier dient das Steuerrecht der Wirtschaftslenkung und kann dazu führen, dass trotz großer Leistungsfähigkeit nur geringe Steuern zu entrichten sind.

Die bedingt durch die hohe Staatsquote für größere Einkommen und Vermögen recht hohen Steuersätze (so erreicht die Erbschaftsteuer bei den größten Vermögen bis zu 50 %!) fördern zudem die Steuervermeidung. Die Straftat der Steuerhinterziehung dürfte deshalb zu den am meisten verbreiteten Straftaten gehören.

Aber auch auf legalem Weg wird durch die Wahl von Gestaltungsmöglichkeiten, die eine möglichst geringe Steuer auslösen, versucht, die Steuerlast möglichst gering zu halten. Allerdings bestimmt § 42 der Abgabenordnung (AO), dass ein zivilrechtlich gültiges Rechtsgeschäft dann nicht anerkannt wird, wenn damit Möglichkeiten des Zivilrechts zum Zweck der Steuervermeidung missbraucht werden. Die Steuer kann in einem solchen Fall so erhoben werden, als wäre das Ziel auf dem „normalen" zivilrechtlichen Weg verfolgt worden.

Die Grundsätze des Steuerrechts sind in der Abgabenordnung geregelt. Für die einzelnen Steuern – es gibt mehr als 50 davon – existiert jeweils ein besonderes Steuergesetz, das die Voraussetzungen und den Umfang der Steuerpflicht regelt. Man teilt die Steuern nach verschiedenen Kriterien ein. Eine häufige Einteilung ist die in die Personensteuern, die Realsteuern, die Verkehrsteuern, die Aufwand- und die Verbrauchsteuern. Das Aufkommen der einzelnen Steuern ist sehr unterschiedlich. Während es z. B. bei der Kaffeesteuer kaum nennenswert ist, erbringen die Einkommensteuer und die Umsatzsteuer allein mehr als die Hälfte der gesamten Steuereinnahmen.

Die **Einkommensteuer** ist die wichtigste Steuer aus der ersten Gruppe. Sie wird bei nichtselbstständig Tätigen als Lohnsteuer vom Arbeitgeber direkt vom Lohn oder Gehalt einbehalten. Bei juristischen Personen wird sie als Körperschaftsteuer auf den Gewinn erhoben. Zur ersten Gruppe gehören auch noch die Vermögensteuer, die die Tatsache des Vermögensbesitzes besteuert (sie wird zurzeit nicht erhoben); zu den Realsteuern gehört insbesondere die Gewerbesteuer, die auf den aus einem Gewerbebetrieb erzielten Ertrag erhoben wird.

Im Gegensatz zu den eingangs genannten Steuern, die teilweise dem Bund und teilweise den Ländern zufließen, ist die Gewerbesteuer die wichtigste Steuer, die den Gemeinden zufließt.

Die wichtigste Verkehrsteuer ist die **Umsatzsteuer,** die heute – wie in den meisten anderen Ländern auch – als Mehrwertsteuer erhoben wird. Besteuert wird also nicht jede Lieferung von Waren oder Erbringung einer Dienstleistung, sondern nur der Mehrwert, um den der Verkaufspreis höher ist als der Einkaufspreis oder die Herstellungskosten. Die darin enthaltene Umsatzsteuer kann der Unternehmer nämlich als Vorsteuer von seiner Steuerschuld abziehen. Erst den Endverbraucher trifft die Umsatzsteuer in voller Höhe von normalerweise 19 %; bestimmte Waren, insbesondere Lebensmittel, unterliegen dem ermäßigten Steuersatz von 7 %. Die Umsatzsteuer auf den Erwerb von Grundstücken heißt Grunderwerbsteuer und wird in Höhe von 3,5 % (in einzelnen Bundesländern bis 5 %) erhoben. Andere früher noch erhobene Verkehrsteuern sind abgeschafft.

Zu den Aufwand- und Verbrauchsteuern gehören außer der schon erwähnten Kaffeesteuer und ähnlichen Kuriositäten wie der Sektsteuer und der Zündwarensteuer auch Steuern mit erheblicher praktischer Bedeutung wie die Mineralölsteuer, die Tabak- und die Branntweinsteuer. Diese Steuern sind sämtlich Bundes- bzw. Landessteuern.

Den Gemeinden bleibt nur die Besteuerung solcher Handlungen, die nicht schon mit einer gleichartigen Bundes- oder Landessteuer belegt sind, insbesondere die Grundsteuer, die auf den Besitz von Grundstücken und Gebäuden, und die Hundesteuer, die auf den Besitz von Hunden erhoben wird.

IV. Die Verwaltung

Die Verwaltung, die das Verwaltungsrecht anwendet, ist meistens die Verwaltung des jeweiligen Bundeslandes. Dies ergibt sich aus Art. 30 GG. Bundesbehörden unterhalb der Ebene der Ministerien und der Bundesoberbehörden darf der Bund nur einrichten, wo es das Grundgesetz ausdrücklich erlaubt (siehe Kap. 3 Abschn. II), z. B. bei der Bundeswehrverwaltung.

Die Landesverwaltung ist in den meisten Bundesländern dreistufig. Die oberste Instanz ist das jeweils fachlich zuständige Ministerium (z. B. das Innenministeri um, das Justizministerium, das Wirtschaftsministerium, das Finanzministerium), die Mittelinstanz sind die Bezirksregierungen für die allgemeine Verwaltung, die Oberfinanzdirektionen für die Finanzverwaltung, die Oberforstdirektionen für die Forstverwaltung usw., die untere Instanz bilden die Landratsämter, die Fi nanzämter, die Forstämter usw. In den kleineren Bundesländern, z. B. im Saar land und in Schleswig-Holstein, fällt die Mittelinstanz weg.

Daneben gibt es – meist nur auf der unteren Ebene – Sonderbehörden wie die Wasserwirtschaftsämter.

Die örtlichen Angelegenheiten werden nicht von Landesbehörden, sondern von den Behörden der Gemeinden oder Gemeindeverbände verwaltet. Diese Ge meindeverbände können Zweckverbände mehrerer Gemeinden eines Gebiets zur Verwirklichung eines gemeinschaftlichen Zwecks (z. B. Wasserversorgung für mehrere Ortschaften) sein; hierzu gehören aber auch die Landkreise, die die ört lichen Angelegenheiten verwalten, die das Kommunalrecht dieser Ebene zuge wiesen hat. Dazu bedienen sich die Landkreise aber keiner besonderen Verwal tung, sondern benutzen die Verwaltung des Landratsamts, das damit eine **Doppelfunktion** hat:

Es ist einerseits die untere Staatsbehörde für die allgemeine Landesverwaltung, andererseits die Behörde des Landkreises für die kommunale Selbstverwaltung.

Übungsteil

A. Rechtliche Aspekte

☑ Fragen zum Text

1. Von welchem Grundsatz ist das Öffentliche Recht im Gegensatz zum Zi vilrecht geprägt? Was heißt das konkret?

2. Inwieweit hat sich die Rolle des Öffentlichen Rechts in den letzten 150 Jahren stark geändert?

3. Was bedeutet der Vorbehalt des Gesetzes?

4. Inwiefern ist der Bürger gegen Verwaltungshandeln ohne rechtliche Grundlage oder falsch angewendetes Verwaltungsrecht geschützt? Was heißt das konkret?

5. Was ist ein Verwaltungsakt (= VA)? Wo begegnet ihm der Bürger?

6. Was verstehen Sie unter „Ermessen der Behörde"? Warum gibt es dieses Ermessen?

7. Mit welchem Rechtsbehelf muss sich der Bürger zuerst an die Behörde selbst wenden, bevor er das Gericht gegen ihr Handeln anrufen kann? Warum ist dies so geregelt?

8. Nennen Sie einige Rechtsgebiete, die zum Besonderen Verwaltungsrecht zählen, und erklären Sie, was diese regeln!

2 Entscheiden Sie, ob es sich bei den folgenden Fällen um Öffentliches Recht oder Privatrecht handelt.

1. Der Beamte B kauft einen Bleistift und einen Radiergummi für sein Büro.

2. Anna ist mit der Erteilung einer Baugenehmigung an ihren Nachbarn Norbert nicht einverstanden.

3. Das Landratsamt verbietet Egon, die Leiche seines Vaters in seinem Garten zu begraben.

4. Karla möchte eine Reise buchen und erklärt sich mit den Allgemeinen Geschäftsbedingungen des Reiseveranstalters U einverstanden.

5. Otto ist Eigentümer eines Fischweihers und stellt am Ufer ein Schild „Baden verboten!" auf.

6. Der fast blinden Rentnerin Eulalie wird nach einem unverschuldeten Verkehrsunfall die Fahrerlaubnis für immer entzogen.

3 Um welchen Grundsatz des Verwaltungsrechts geht es?

1. Ein neues „Gesetz zur Erleichterung des Eisenbahnbaus" bestimmt: „Verwaltungsakte nach diesem Gesetz können nicht angefochten werden."

2. Aufgrund des Straßenverkehrsgesetzes erlässt die Bundesregierung eine „Verordnung gegen den Alkoholismus am Steuer", die unter anderem vorsieht, dass Kraftfahrzeuge alkoholisierter Verkehrsteilnehmer eingezogen und die Fahrzeugführer von der Polizei bis zu drei Tage in Gewahrsam genommen werden können.

3. Der Türke Ali ist mit der Begründung ausgewiesen worden, dass „alle Ausländer, die sich nicht an die Bestimmungen des Ausländergesetzes halten, ausgewiesen werden müssen", weil er wegen eines Krankenhausaufenthalts seine Aufenthaltserlaubnis nicht rechtzeitig verlängern lassen konnte. Das Verwaltungsgericht gibt seiner Klage jedoch statt.

4 Klären Sie, ob ein Verwaltungsakt vorliegt oder nicht, und begründen Sie Ihre Meinung.

Gem. § 35 VwVfG ist ein Verwaltungsakt *jede Verfügung, Entscheidung oder andere hoheitliche Maßnahme, die eine Behörde zur Regelung eines Einzelfalles auf dem Gebiet des öffentlichen Rechts trifft und die auf unmittelbare Rechtswirkung nach außen gerichtet ist.*

1. Die türkische Staatsangehörige T erhält eine behördliche Mitteilung, dass ihrem Antrag entsprochen wird und sie ab 1. 1. 2013 deutsche Staatsangehörige wird.

2. Polizist P weist den Radfahrer R an, abzusteigen und sein Rad zu schieben, da es wegen diverser Mängel nicht verkehrssicher sei.

3. Gemeinde G erlässt eine Satzung, nach der die Benutzung des gemeindlichen Schwimmbades für Erwachsene 2,50 €, für Kinder 1 € kostet.

4. Der nigerianische Staatsangehörige N erhält einen Bescheid des Bundesamtes für Migration und Flüchtlinge, dass er als politisch Verfolgter eingestuft wurde und seinem Antrag auf Asyl stattgegeben wird.

5. Die staatliche Universität U regelt in der Benutzungsordnung für ihre Bibliothek, dass nur ihre Studierenden und Bediensteten Zugang haben. Rechtsanwalt R, der am Universitätsort wohnt und die Bibliothek gerne gelegentlich zu seiner Weiterbildung benutzen würde, fühlt sich durch diese Regelung verletzt.

6. Rechtsreferendarin R wird zur Beamtin auf Widerruf ernannt.

7. Waldbesitzer W möchte mitten im Wald auf einem einsamen Traumgrundstück bauen. Die zuständige Behörde verweigert die beantragte Baugenehmigung.

8. Schülerin S hat ihre Englischvokabeln nicht gelernt und bekommt in einer Klausur deswegen eine schlechte Note.

5 Gegen einen Verwaltungsakt muss vor einer Klage zum Verwaltungsgericht in der Regel Widerspruch bei der Verwaltungsbehörde selbst eingelegt werden. Muss der Betroffene in den folgenden Fällen Widerspruch gem. §§ 68 ff. VwGO einlegen? Begründen Sie Ihre Ansicht.

1. Das Landratsamt hat Emils Antrag auf Gestattung der Ablagerung von Abfällen auf seinem Grundstück abgelehnt.

2. Emilie hält den neuen Bebauungsplan ihrer Gemeinde für rechtswidrig und möchte seine Nichtigkeit feststellen lassen.

3. Der mittellose Max hat beim Sozialamt Übernahme der Kosten für einen Wintermantel beantragt. Sein Antrag wurde abgelehnt. Er möchte, dass ihm das Gericht im Eilverfahren einen Wintermantel verschafft, da es schon recht kalt ist.

4. Das Geschäft der Metzgerin Minna ist geschlossen worden, nachdem in dem von ihr verkauften Fleisch Ungeziefer gefunden wurde.

6 Finden Sie heraus, zu welchem Gebiet des besonderen Verwaltungsrechts die Sachverhalte in **4** und **5** gehören, und erörtern Sie Ihre Entscheidung.

7 Entscheiden Sie, ob es sich um Eingriffs- oder Leistungsverwaltung handelt. Bei ersterer greift der Staat in Rechte des Bürgers ein, bei letzterer verteilt er Leistungen.

1. Studentin S erhält vom Staat 300 € Ausbildungsförderung (sog. BAFöG).

2. Polizistin P nimmt dem betrunkenen Autofahrer F Autoschlüssel und Führerschein weg und lässt ihn nach Hause laufen.

3. Das Finanzamt schickt dem reichen R einen überhöhten Steuerbescheid.

4. Der Arbeitslose A erhält jeden Monat 1.100 € Arbeitslosengeld.

8 Erläutern Sie, ob es sich um eine Gebühr, einen Beitrag oder eine Steuer handelt.

1. Die Gemeinde G erhebt von jedem, der im Gemeindegebiet eine Wohnung hat, aber sich dort nicht ständig aufhält, eine „Zweitwohnungsabgabe" von 250 € jährlich.

2. Die Stadt H verlangt für die Bestattung auf dem städtischen Friedhof eine Bestattungsabgabe von 400 € je Leiche und einen jährlichen Kostenbeitrag von 11 € je Grab.

3. Die Gemeinde Bad Wasserstein erhebt von Übernachtungsgästen eine Kurtaxe von 0,60 € je Übernachtung.

9 Um welche Steuerart handelt es sich?

1. Sektsteuer

2. Einkommensteuer

3. Umsatzsteuer

4. Zweitwohnungssteuer

10 Erörtern Sie, ob eine Aufgabe der Bundes-, Landes- oder Kommunalverwaltung vorliegt.

1. Die Deutsche Mark wurde zum 1. 1. 2002 durch die neue Währung Euro ersetzt.

2. Die Benutzung des örtlichen Schlachthofes soll neu geregelt werden.

3. Der Geschichtsunterricht in den verschiedenen Schularten soll vereinheitlicht werden.

11 Was darf ein Polizist?

Antworten Sie mit „ja" oder „nein" oder der typischen Juristenantwort „das kommt darauf an" und begründen Sie Ihre Meinung.

1. Darf ein Polizist einem 6-jährigen Kind, das in der Schule herumtobt und nicht zu bändigen ist, Handschellen anlegen und es mit auf die Polizeiinspektion nehmen, wenn die Eltern nicht zu erreichen sind?

2. Darf ein Polizist vergessen, einen richterlichen Durchsuchungsbefehl durchzuführen?

(Hintergrund: Der 18-jährige J. zeigt sich bei der Polizei im November 2011 selbst an, dass er kinderpornographisches Material besitze und dass er seine Neigung aktiv bekämpfen wolle. Die Ermittlungsrichterin ordnet die Durchsuchung der Wohnung des J. an. Der zuständige Polizist vergisst dies. J. ermordet wenige Monate später ein elfjähriges Mädchen.)

3. Darf ein Polizist einen in der Arrestzelle tobenden Asylbewerber an die Liege fesseln, ohne seinen Zustand regelmäßig in kurzen Zeitabständen zu kontrollieren?

(Hintergrund: Der Asylbewerber A, der in der Arrestzelle der Polizei-inspektion P. untergebracht ist, tobt und ist von dem diensthabenden Poli-zisten nicht zu bändigen. Deshalb fesselt ihn der Polizist mit Händen und Füssen an die Liege und geht zurück in sein Büro. Erst als der Feueralarm losgeht, begibt sich P erneut zur Arrestzelle. Dort stellt er fest, dass A es geschafft hat, mittels eines Feuerzeugs trotz seiner Fesselung einen Brand zu legen. A erleidet schwerste Brandverletzungen, an denen er kurz da-nach verstirbt.)

4. Darf ein Polizist einen Bürger, der nachts im Stadtgebiet einer Personen-kontrolle unterzogen wurde, anschließend gegen seinen Willen am Stadt-rand in einem Wald aussetzen?

(Hintergrund: Der Afrikaner K lief vor einer nächtlichen Personenkon-trolle durch die Polizei im Stadtgebiet S. davon. Als die Polizisten ihn ein-holten, kontrollierten und fragten, warum er davon gelaufen sei, ant-wortete er, er renne halt gerne. Die Polizisten fühlten sich auf den Arm genommen und setzten ihn in einem Wald am Stadtrand von S. aus, wo er sich verlief und den Notruf verständigen musste, um nachhause zu fin-den.)

5. Darf die Polizei einem Fussballverein verbieten, 2.500 Eintrittskarten an die Fans des Gegners (sog. Gästekarten) für ein bestimmtes Fussballspiel zu verkaufen?

(Hintergrund: Nach mehreren gewalttätigen Auseinandersetzungen zwi-schen den Fangruppen der beiden Fußballvereine stuft die Polizei das be-vorstehende Spiel als „Hochrisikospiel" mit konkreten Gefahren für Leib und Leben Dritter ein. Sie sieht zur Abwendung neuerlicher Randale keine andere Lösung.)

6. Der Polizist P. droht dem Entführer E des Kindes K schmerzhafte Folter für den Fall an, dass dieser nicht freiwillig das Versteck des entführten Kindes preisgibt. Dies tut P, obwohl er weiß, dass in Deutschland Folter verboten ist. P hofft, dass das Kind dadurch noch rechtzeitig gefunden wird (sog. Rettungsfolter). P weiß nicht, dass der Entführer das Kind be-reits vor seiner Festnahme durch die Polizei getötet hat.

7. Darf ein Polizist a) gefärbte Haare, b) einen Dreitagebart, c) ein Piercing, d) einen Pferdeschwanz und e) einen Turban tragen?

8. Darf eine Polizistin a) ein Kopftuch, b) einen Schleier, c) eine Tätowierung einer Blume, d) eine Tätowierung eines Hakenkreuzes, e) einen Nasenring oder f) einen Button mit der Aufschrift „Atomkraft: Nein danke!" tragen?

12 Rechtspolitische Frage

Erläutern Sie, ob das Widerspruchsverfahren nicht gänzlich abgeschafft werden sollte.

13 Rechtsvergleichende Anregungen

1. Erläutern Sie, wie sich der Einzelne in Ihrem Heimatland gegen Akte der Verwaltung wehren kann, und vergleichen Sie die Regelungen mit denjenigen im deutschen Verwaltungsrecht.

2. Aufgrund der internationalen Terrorismusgefahr ist der finale Rettungsschuss (Todesschuss), der in den einzelnen Polizeigesetzen in Deutschland unterschiedlich geregelt ist, erneut Diskussionsschwerpunkt. Erläutern Sie, wie in Ihrem Heimatrecht der finale Rettungsschuss geregelt ist, und vergleichen Sie die Situation mit dem bayerischen Polizeirecht.

3. In den letzten Jahren wurden in Deutschland die Sozialleistungen wegen finanzieller Schwierigkeiten des Staates stark gekürzt, gleichzeitig benötigen immer mehr Bürger Sozialhilfe und andere Hilfen des Staates. Nennen Sie Beispiele für diese Kürzungen und vergleichen Sie die Situation anhand konkreter Sozialleistungen (z. B. Sozialhilfe, BAFöG, Arbeitslosengeld) mit derjenigen in Ihrem Heimatland.

B. Sprachliche Aspekte

1 Ergänzen Sie im Zusammenhang mit dem Wortfeld „Verwaltungsrecht" im nachfolgenden Text passende Verbformen aus der Liste.

angeordnet / beanspruchen / benötigt / dient / eingreifen / enthält / ergänzt / erlassen / fertig gestellt / geplant / getreten / gewährt / gibt / ist / nimmt ein / regelt / regelt / schaffen / unterliegt / verblieben / zeigt / zufließen

Das Verwaltungsrecht _____ (1) das Verhältnis des Bürgers zum Staat. Das Allgemeine Verwaltungsrecht _____ (2) zwei Vorgaben des Grundgesetzes und wird _____ (3) durch das Verwaltungsverfahrensgesetz (VwVfG). Meist werden im VwVfG nicht Rechtsfolgen _____ (4), sondern der jeweiligen Behörde wird ein Ermessensspielraum _____ (5), d. h. sie kann nach Prüfung des Einzelfalles einen Verwaltungsakt _____ (6), braucht es aber nicht. Die

im VwVfG enthaltenen Grundsätze _____ (7) die Voraussetzung
für die Anwendung der Gesetze des Besonderen Verwaltungsrechts. Dessen
verschiedene Rechtsgebiete sind teils Bundes-, teils Landesrecht. Im Verwaltungsrecht sind den Ländern gegenüber dem Bund wichtige Kompetenzen
_____ (8). Das _____ (9) sich z. B. im Kommunalrecht,
das zur Ausfüllung einer Vorschrift des Grundgesetzes _____ (10), aber
auch im Sicherheits- und Polizeirecht, das überwiegend Ländersache
_____ (11). Das ebenfalls zum Verwaltungsrecht gehörende Sozialrecht
_____ insofern eine Sonderstellung _____ (12), als seine Bestimmungen nicht in die Rechtssphäre des Bürgers _____ (13).
Es _____ (14) dagegen, wann ein Bürger Leistungen des Staates
_____ (15) kann. Zur Vereinheitlichung des Sozialrechts ist
ein alle Einzelgesetze umfassendes Sozialgesetzbuch _____ (16),
von dem bereits mehrere Gesetzbücher _____ (17) und in
Kraft _____ (18) sind. Zur Erfüllung der staatlichen Aufgaben
_____ (19) der Staat Geldmittel, die ihm aus Pflichtbeiträgen zur
Sozialversicherung, öffentlichen Abgaben und Steuern _____
(20). Die so genannte Abgabenordnung _____ (21) die Grundsätze
des Steuerrechts. Für die einzelnen Steuern _____ (22) es jeweils ein besonderes Steuergesetz.

2 Funktionsverben

Das so genannte Funktionsverbgefüge ist typisch für den Nominalstil, der ein wesentliches Merkmal der juristischen Fachsprache ist. Dabei wird ein Verb durch
die Struktur Nomen+Verb ersetzt (entscheiden = eine Entscheidung treffen). Das
Nomen enthält die Hauptinformation. In Verbindung mit diesem Nomen verlieren die meisten Verben ihre normale Bedeutung.

Ergänzen Sie in den nachfolgenden Sätzen die geeignete Form eines Verbs aus der
Liste.

**fassen / erteilen / erteilen / haben / haben / haben / kommen / kommen /
leisten / nehmen / sein / stehen / stehen / treffen / treffen / vornehmen**

1. Innerhalb seiner Fachaufsicht über die Gemeinden kann der Staat bestimmte **Anweisungen** _____.

2. Innerhalb ihres Auswahlermessens muss eine Behörde erkennen, welche
   Möglichkeiten ihr für ein Einschreiten **zur Wahl** _____.

3. Die Behörde muss ihre **Entscheidungen** je nach Maßgabe des Einzelfalls
   und unter Beachtung sachgerechter Kriterien _____.

4. Wenn eine Gemeinde rechtswidrige **Handlungen** _____,
   _____ das das Einschreiten des Staates **zur Folge.**

5. Die Behörde hat den **Beschluss** _____, einen Verwaltungsakt zu
   erlassen.

6. Im Bauplanungsrecht ist zum Beispiel geregelt, welche **Maßnahmen** zur städtebaulichen Entwicklung _____ werden können.

7. Die Behörde hat eine **Genehmigung** für das Bauvorhaben _____ _____.

8. Dem Bürger _____ der Rechtsbehelf des Widerspruchs **zur Verfügung**.

9. Wenn die Widerspruchsbehörde **zu dem Ergebnis** _____, dass der Widerspruch des Bauherrn gerechtfertigt ist, wird sie den Verwaltungsakt aufheben.

10. Jeder Arbeitnehmer ist gesetzlich verpflichtet, **Beiträge** zu vier verschiedenen Versicherungen zu _____.

11. Indem der an einem Verfahren Beteiligte seinen Anspruch auf rechtliches Gehör wahrnimmt, hat er die Möglichkeit, auf das Verfahren **Einfluss** zu _____.

12. Alle Familien mit Kindern _____ **Anspruch** auf Kindergeld.

13. Der Gesetzgeber _____ **die Absicht**, das ganze Sozialrecht in einem Sozialgesetzbuch zusammenzufassen.

14. Schüler und Studierende erhalten Leistungen der Ausbildungsförderung, wenn ihre Eltern nicht **in der Lage** _____, die Kosten für Ausbildung und Lebensunterhalt der Auszubildenden zu tragen.

15. Im Lebensmittelrecht _____ Vorschriften des Besonderen Verwaltungsrechts **zur Anwendung**.

Neuntes Kapitel
Das Verfahrensrecht

I. Die Gerichte

Alle Ansprüche und Freiheiten, die das Recht gewährt, sind nutzlos, wenn sie nicht im Prozess durchgesetzt werden können. Eine rechtliche Garantie hierfür gibt es in allen fortgeschrittenen Rechtsordnungen: Im deutschen Recht gewährleistet Art. 19 IV GG den Rechtsschutz gegen Akte der öffentlichen Gewalt (s. Kap. 3 Abschn. X); für den Bereich des Privatrechts entnimmt man der allgemeinen Handlungsfreiheit (Art. 2 I GG) einen sog. **Justizgewährungsanspruch** des Individuums. Er verpflichtet den Staat, Gerichte einzurichten, vor denen jeder Anspruch, den das Recht gibt, im Streitfall verfolgt werden kann. Für die Effektivität einer Rechtsordnung ist aber neben der rechtlichen Garantie die tatsächliche Nutzbarkeit von entscheidender Bedeutung: Die Gerichte müssen nicht nur eingerichtet, sondern auch funktionsfähig, personell und sachlich ausreichend ausgestattet sein. Außerdem darf der Zugang zu Gericht nicht an der Kostenbarriere oder anderen Zugangshindernissen scheitern.

1. Übersicht über die Gerichtszweige

Im heutigen deutschen Recht gibt es – anders als z. B. im Recht der früheren DDR – keine Gerichte, die für alle Streitigkeiten zuständig sind, sondern Gerichte für verschiedene Sachgebiete. Der Vorteil dieser Regelung ist, dass die einzelnen Gerichte und die dort tätigen Richter auf die Streitfälle spezialisiert sind, die sie zu entscheiden haben. Der Nachteil ist der, dass in Grenzfällen oft erst ein Streit über die Zuständigkeit geführt werden muss, bevor es zu einer sachlichen Entscheidung kommt – mit der Folge zusätzlicher Kosten und einer Verlängerung der Verfahrensdauer. Auch werden durch die einzelnen Regelungen oft zusammengehörige Sachen auseinandergerissen.

Beispiel: A ist Eigentümer eines Grundstücks, das für den Bau einer neuen Autobahn benötigt wird. Er ist nicht zu einem Verkauf bereit; deshalb wurde das Grundstück enteignet und für A eine Entschädigung festgesetzt. A möchte gegen die Enteignung vorgehen; für den Fall, dass er damit keinen Erfolg hat, hält er aber auf jeden Fall die Entschädigung für viel zu niedrig. Gegen den Enteignungsbescheid, der ein Verwaltungsakt ist, muss A vor dem Verwaltungsgericht klagen. Dagegen ist für einen Streit über die Höhe der Entschädigung ein Gericht der ordentlichen Gerichtsbarkeit zuständig (Art. 14 GG).

Die einzelnen Gerichtszweige sind
– die ordentliche Gerichtsbarkeit (= Zivil- und Strafgerichtsbarkeit)
– die Arbeitsgerichtsbarkeit
– die Verwaltungsgerichtsbarkeit
– die Sozialgerichtsbarkeit
– die Finanzgerichtsbarkeit.

Die **ordentliche Gerichtsbarkeit** ist für die Entscheidung aller Streitigkeiten in privatrechtlichen Streitigkeiten mit Ausnahme der Arbeitsrechtssachen und für alle Straftaten und Ordnungswidrigkeiten zuständig. Auch manche Streitigkeiten des öffentlichen Rechts (z. B. die soeben erwähnte Enteignungsentschädigung) sind – meist aus historischen Gründen – den ordentlichen Gerichten zugewiesen. Diese sind auch für alle Prozesse zuständig, für die keine andere Zuständigkeit besteht.

Die Streitigkeiten zwischen Arbeitgebern und Arbeitnehmern aus Arbeitsverhältnissen sind dagegen einem besonderen Gerichtszweig, der Arbeitsgerichtsbarkeit zugewiesen.

Die drei anderen Gerichtszweige sind für die Streitigkeiten aus dem öffentlichen Recht zuständig, und zwar die Sozialgerichtsbarkeit für die Geltendmachung von Ansprüchen aus dem Bereich des Sozialrechts, die Finanzgerichtsbarkeit für Klagen gegen Steuerbescheide und andere Streitigkeiten aus dem Steuerrecht und die Verwaltungsgerichtsbarkeit für alle übrigen verwaltungsrechtlichen Streitigkeiten.

Außerdem gibt es die Verfassungsgerichte, nämlich die in den meisten Bundesländern bestehenden Landesverfassungsgerichte und das Bundesverfassungsgericht, dessen Zuständigkeiten bereits in Kap. 3 Abschn. II 1 f erwähnt wurden.

2. Die ordentlichen Gerichte

Der Begriff „ordentliche Gerichte" ist heute nur noch historisch zu erklären, da nach dem Grundgesetz (Art. 101) auch die übrigen Gerichtszweige keine Ausnahmegerichte sind, sondern die dort tätigen Richter die gleiche sachliche und persönliche Unabhängigkeit besitzen wie die Richter an den ordentlichen Gerichten.

Ordentliche Gerichte sind das Amtsgericht (AG), das Landgericht (LG), das Oberlandesgericht (OLG) und der Bundesgerichtshof (BGH). Ein Amtsgericht gibt es zumindest in jedem Landkreis, ein Landgericht für den Bezirk mehrerer Amtsgerichte. Die Zahl der Oberlandesgerichte beträgt 23: In jedem Bundesland gibt es mindestens ein OLG, in den größeren auch zwei oder drei. Eine frühere

Besonderheit in Bayern, das Bayerische Oberste Landesgericht, dem ein Teil der Zuständigkeiten des OLG zugewiesen war, wurde im Jahre 2004 abgeschafft. Das oberste Zivilgericht ist der BGH, der seinen Sitz in Karlsruhe hat.

Die Zuständigkeiten der einzelnen Gerichte sind in Zivilsachen und in Strafsachen unterschiedlich geregelt. In **Zivilsachen** kann eine Sache je nach ihrer Bedeutung nur einem, zwei oder drei Gerichten (Instanzen) zur Entscheidung vor gelegt werden.

Das Gericht 1. Instanz ist für Streitigkeiten bis zu 5.000 € das AG. Wer vor dem AG unterlegen ist, kann dessen Entscheidung vom LG überprüfen lassen, wenn er **Berufung** einlegt. Im Berufungsverfahren wird der Fall in vollem Umfang neu aufgerollt; was eine Partei aber in erster Instanz aus Nachlässigkeit nicht vorgebracht hat, wird in der Berufung nicht berücksichtigt. Berufung gegen die Entscheidung eines AG ist dann möglich, wenn es für die unterlegene Partei um mehr als 600 € geht (sog. Berufungssumme) oder wenn wegen der grundsätzlichen Bedeutung des Falls die Berufung zugelassen wurde. Für Streitigkeiten über 5.000 € ist in 1. Instanz das LG zuständig. Gegen dessen Urteile kann Berufung zum OLG eingelegt werden. Gegen alle Berufungsurteile ist das Rechtsmittel der Revision gegeben, über die der BGH entscheidet. Die Revision setzt allerdings voraus, dass sie wegen der grundsätzlichen Bedeutung der Sache vom Berufungsgericht zugelassen wurde. Wird die Zulassung abgelehnt, kann Nichtzulassungsbeschwerde zum BGH erhoben werden, wenn es für den Beschwerdeführer um mehr als 20.000 € geht. Mit der Revision kann nur die falsche Anwendung eines Gesetzes geltend gemacht werden, nicht dagegen eine falsche Feststellung von Tatsachen. Deshalb können mit der Revision auch keine neuen Behauptungen aufgestellt werden.

Kein besonderes Gericht ist das **Familiengericht**. Es handelt sich dabei vielmehr um eine besondere Abteilung des AG, dem die Ehescheidungen und die damit zusammenhängenden familienrechtlichen Streitigkeiten (Sorgerecht für Kinder, Unterhalt usw.) übertragen sind, und an dem hierauf spezialisierte Richter tätig sind.

In Strafsachen ist entscheidend, vor welchem Gericht die Staatsanwaltschaft Anklage erhebt. Dies kann das AG oder das LG sein; bei einigen besonderen Delikten (z. B. Landesverrat; Mitgliedschaft in einer terroristischen Vereinigung) ist das OLG Gericht 1. Instanz. Gegen die Urteile des AG kann Berufung an das LG und gegen das Berufungsurteil Revision zum OLG eingelegt werden. Gegen die Urteile des LG und des OLG als Gerichte 1. Instanz gibt es keine Berufung, sondern nur die Revision, über die der BGH entscheidet.

3. Die übrigen Gerichtszweige

Nicht so kompliziert ist der Aufbau der übrigen Gerichtszweige, die mit Ausnahme der Finanzgerichtsbarkeit dreistufig aufgebaut sind. So gibt es in der Arbeitsgerichtsbarkeit die Arbeitsgerichte, die Landesarbeitsgerichte und das Bundesarbeitsgericht in Erfurt, in der Verwaltungsgerichtsbarkeit die Verwaltungsgerichte, die Oberverwaltungsgerichte (die in manchen Bundesländern die Bezeichnung Verwaltungsgerichtshof führen) und das Bundesverwaltungsgericht in Leipzig, in der Sozialgerichtsbarkeit die Sozialgerichte, die Landessozialgerichte und das Bundessozialgericht in Kassel.

Gericht 1. Instanz ist dabei das Arbeitsgericht, das Verwaltungsgericht (mit wenigen Ausnahmen) und das Sozialgericht. Über das Rechtsmittel der Berufung entscheidet das Landesarbeitsgericht, das Oberverwaltungsgericht und das Landessozialgericht. Gegen deren Entscheidungen kann Revision zum Bundesarbeitsgericht, Bundesverwaltungsgericht und Bundessozialgericht eingelegt werden.

Dagegen ist die Finanzgerichtsbarkeit zweistufig. Es gibt nur die Finanzgerichte und den Bundesfinanzhof in München, der über Revisionen gegen Entscheidungen der Finanzgerichte entscheidet. Das Rechtsmittel der Berufung gibt es in diesem Gerichtszweig nicht.

II. Allgemeine Verfahrensgrundsätze

Für jeden Gerichtszweig gibt es eine Verfahrensordnung, also ein Gesetz, in dem die bei der Durchführung eines Verfahrens zu beachtenden Grundsätze festgelegt sind. Dies sind insbesondere die Verfahrens- und Beweisregeln, die Fristen, die Vertretung durch Rechtsanwälte, die möglichen Rechtsmittel und die Kosten. Für die ordentliche Gerichtsbarkeit gibt es sogar zwei Verfahrensordnungen, nämlich für die Zivilsachen die Zivilprozessordnung (ZPO) und für Strafsachen die Strafprozessordnung (StPO). Die einzelnen Prozessordnungen regeln die gleichen Materien vielfach unterschiedlich. Das hat oft einen guten Sinn, wenn Besonderheiten des jeweiligen Verfahrens zu berücksichtigen sind.

Beispiel: Im Strafprozess stehen sich die Macht des Staates und das Individuum gegenüber. Deswegen und wegen der möglichen schwerwiegenden Folgen für den Angeklagten müssen an die Beweismittel besonders hohe Anforderungen gestellt werden. Deshalb verbietet die StPO beispielsweise Beweise, die durch Täuschung beschafft wurden (§ 136 a StPO), und Aussageprotokolle (§ 249 StPO), wenn stattdessen der Zeuge oder die zu vernehmende Person selbst angehört werden kann. Im Zivilprozess ist beides zulässig, da man hier von einer gleich starken Position beider Parteien ausgehen kann.

So ist im Strafprozess ein Geständnis des Angeklagten vor der Polizei unverwertbar, wenn es der Polizeibeamte dadurch erreicht hat, dass er dem Beschuldigten wahrheitswidrig vorgespiegelt hat, sein Komplize habe schon gestanden. Kommt es dagegen im Zivilprozess darauf an, ob eine Partei zu einer bestimmten Zeit ein Telefongespräch geführt hat, kann die Erfassung der Gespräche durch die Telefongesellschaft vom Gegner auch dann verwendet werden, wenn er einen Ausdruck von der Telefongesellschaft durch Täuschung über seine Identität erschlichen hat.

Andere Unterschiede der Verfahrensordnungen sind rein zufällig oder historisch bedingt und führen nur zu einer unnötigen Komplizierung des Verfahrensrechts.

Beispiel: Wer einen Zivilprozess beim AG verloren hat und Berufung einlegen möchte, muss die Berufungsschrift an das LG (den iudex ad quem) schicken. Wer dagegen einen Verwaltungsprozess verloren hat und den gleichen Wunsch hat, muss die Berufung beim Verwaltungsgericht (dem iudex a quo), nicht beim Oberverwaltungsgericht einlegen. Durch Einreichung beim falschen Gericht kann die Berufungsfrist versäumt und die Berufung dadurch unzulässig werden.

Eine Reihe von Verfahrensgrundsätzen gilt aber für alle Verfahren in allen Gerichtszweigen.

1. Der gesetzliche Richter

Eine Streitigkeit darf nur vom zuständigen Richter entschieden werden. So fordert es das Grundgesetz (Art. 101 I 2 GG).

Dem dienen zunächst die Vorschriften über die sachliche und örtliche Zuständigkeit. Jedes Gericht hat einen bestimmten Gerichtsbezirk und darf nur in den Sachen entscheiden, die nach der Prozessordnung in seinen Gerichtsbezirk gehören. Allerdings können mehrere Gerichte für den gleichen Fall zuständig sein. Dann muss allerdings die Verfahrensordnung bestimmen, welches Gericht entscheiden darf.

Beispiel: Wird das Auto des A bei einem Verkehrsunfall in Bayreuth von B, der in Hamburg wohnt, beschädigt, und muss es mit einem Kostenaufwand von 6.000 € repariert werden, dann sind für die Entscheidung des Prozesses sowohl das LG Bayreuth als auch das LG Hamburg zuständig (§§ 12, 32 ZPO). Die Wahl zwischen diesen beiden Gerichten hat A (§ 35 ZPO).

Darin erschöpft sich das Gebot des gesetzlichen Richters aber nicht. Die Gerichte müssen außerdem im Voraus abstrakt festlegen, welche der zahlreichen bei einem Gericht tätigen Richter einen bestimmten Prozess entscheiden werden und wer an ihre Stelle tritt, wenn sie (z. B. durch Urlaub oder Krankheit) verhindert sind. Diese sog. **Geschäftsverteilung** soll jede Manipulation bei der Bestimmung des Richters verhindern.

Beispiel: Bei dem Amtsgericht Neustadt sind in Zivilsachen der Richter Müller und die Richterin Maier tätig. Die Geschäftsverteilung sieht vor, dass der Richter Müller alle Streitigkeiten aus Verkehrsunfällen und alle allgemeinen Zivilsachen, bei denen der Name des Beklagten mit den Buchstaben A-K beginnt, und die Richterin Maier alle Familiensachen und alle allgemeinen Zivilsachen, bei denen der Name des Beklagten mit den Buchstaben L–Z beginnt, entscheidet.

2. Das rechtliche Gehör

Wie das Recht auf den gesetzlichen Richter wird auch der Anspruch auf rechtliches Gehör durch das Grundgesetz gewährleistet (Art. 103 I GG). Das rechtliche Gehör hat insbesondere drei Komponenten:

– das Recht auf Orientierung, nämlich den Anspruch darauf, rechtzeitig und vollständig von einem Verfahren, von dem man betroffen ist, und seinem Fortgang unterrichtet zu werden,
– das Recht auf Äußerung zu allen Grundlagen der Entscheidung in rechtlicher und tatsächlicher Hinsicht,
– die Pflicht zur Berücksichtigung des Vorbringens, indem es vom Gericht zur Kenntnis genommen und in Erwägung gezogen wird.

Die besondere Bedeutung des rechtlichen Gehörs zeigt sich darin, dass gegen Entscheidungen, die nicht mehr mit einem Rechtsmittel angreifbar sind, ein besonderer Rechtsbehelf, die Anhörungsrüge, erhoben werden kann (§ 321 a ZPO und entsprechende Regelungen in den anderen Prozessordnungen). Damit kann die unterlegene Partei geltend machen, ihr sei kein ausreichendes Gehör gewährt worden. Über die Gehörsrüge entscheidet das Gericht, bei dem die Verletzung des rechtlichen Gehörs vorgekommen sein soll. Hält es die Rüge für begründet. setzt es das Verfahren fort und holt das rechtliche Gehör nach.

Das BVerfG hat durch seine bis in die Einzelheiten der Prozessordnungen gehende Rechtsprechung diesen einfachen Grundsatz zu einem der wichtigsten Prozessgrundsätze ausgebaut, insbesondere dadurch, dass es folgenden Grundsatz aufgestellt hat: Dem Beteiligten muss nicht nur formal Gehör gewährt werden, sondern er muss auch die Möglichkeit haben, effektiv auf das Verfahren Einfluss zu nehmen.

Beispiel: Ein gläubiger Jude wurde zur Gerichtsverhandlung an einem hohen jüdischen Feiertag geladen. Er erschien, erklärte aber, wegen des Feiertags nicht verhandeln zu können. Das BVerfG hat angenommen, dass das Gericht, das daraufhin ohne seine Beteiligung verhandelt hatte, ihn in seinem rechtlichen Gehör verletzt hat, weil er sich nicht effektiv hat äußern können.

3. Mündlichkeit und Öffentlichkeit

Grundsätzlich findet in allen Gerichtsverfahren eine mündliche Verhandlung statt. Diese soll den Richtern ermöglichen, einen persönlichen Eindruck von der Sache zu erhalten, die sie entscheiden müssen. Gleichzeitig ist der mündliche Vortrag ihrer Argumente auch für die Beteiligten die beste und unmittelbarste Form der Gewährung rechtlichen Gehörs. In der Praxis ist dieser Grundsatz allerdings nur noch im Strafprozess in seiner ursprünglichen Form lebendig. Im Zivilprozess und in den anderen Gerichtszweigen wird die mündliche Verhandlung weitgehend durch schriftliches Vorbringen (sog. Schriftsätze) vorbereitet; Gutachten durch Sachverständige werden meistens schriftlich erstattet. In manchen Verfahrensarten kann ein insgesamt schriftliches Verfahren durchgeführt werden, wenn das Gericht es anordnet oder die Parteien auf eine mündliche Verhandlung verzichten.

Im Zusammenhang damit hat auch der Grundsatz der Öffentlichkeit seine größte Bedeutung im Strafprozess. Er verhindert hier ein „Geheimverfahren": Alle Bürger haben die Möglichkeit, die Verhandlung mitzuerleben, die Zeugenaussagen zu hören und sich selbst ein Bild von der Sache zu machen. Nur in wenigen, von der Prozessordnung ausdrücklich genannten Fällen (z. B. Erörterung von Staatsgeheimnissen, Schutz minderjähriger Zeugen, Scheidungsverfahren usw.) ist die Öffentlichkeit ausgeschlossen; die Urteilsverkündung ist immer öffentlich. Sie darf sogar im Fernsehen übertragen werden.

Soweit aber keine mündliche Verhandlung mehr stattfindet oder sich in der Bezugnahme auf bereits vorher eingereichte Schriftsätze erschöpft, hat auch der Öffentlichkeitsgrundsatz nur geringe Bedeutung.

4. Rechtskraft

Jeder gerichtliche Streit muss einmal ein Ende haben. Soweit gegen eine Entscheidung ein Rechtsmittel gegeben ist, kann der Unterlegene die gerichtliche Entscheidung innerhalb einer gewissen Frist von der nächsthöheren Instanz noch einmal überprüfen lassen. Wenn es kein Rechtsmittel mehr gibt, ist das Urteil **rechtskräftig**. Ein neuer Prozess kann unter den gleichen Beteiligten über den gleichen Gegenstand nicht mehr geführt werden. Wird das Urteil nicht freiwillig befolgt, ist daraus die **Zwangsvollstreckung** möglich.

Beispiel: Max hat seine geschiedene Ehefrau Frieda auf Herausgabe der Waschmaschine in der früheren gemeinsamen Wohnung verklagt. Das AG hat der Klage stattgegeben, weil Max Eigentümer sei. Friedas Berufung ist vom LG zurückgewiesen worden. Damit ist das Urteil rechtskräftig. Eine neue Klage von Frieda auf Feststellung, dass sie Eigentümerin der Waschmaschine sei, wäre unzulässig. Gibt Frieda die Waschmaschine auf Grund des rechtskräftigen Urteils nicht freiwillig heraus, kann Max einen **Gerichtsvollzieher** mit der Vollstreckung beauftragen, der die Waschmaschine der Frieda wegnimmt und sie dem Max aushändigt.

Nur in ganz seltenen Fällen lassen die Prozessordnungen eine Durchbrechung der Rechtskraft zu, nämlich dann, wenn dem Urteil durch nachträglich bekanntgewordene Umstände die rechtsstaatliche Grundlage entzogen ist. In diesen Fällen ist eine **Wiederaufnahme** des Verfahrens zulässig, die zu neuer Verhandlung und Entscheidung führt. Sie ist unter anderem dann zulässig, wenn der Kläger ein Urteil durch Prozessbetrug erschlichen hat oder ein Zeuge wegen falscher Aussage verurteilt worden ist, und seit kurzem auch dann, wenn im Verfahren vor dem EGMR eine Verletzung der EMKR festgestellt worden ist.

5. Kostentragung und Prozesskostenhilfe

Die Kosten eines Prozesses fallen grundsätzlich der Partei zur Last, die unterlegen ist. Sie muss sowohl die Gerichtskosten bezahlen als auch die Kosten des Prozessgegners und ihre eigenen Kosten, insbesondere die ihres Anwalts. Sowohl die Höhe der Gerichts- und der Rechtsanwaltskosten ist in dem jeweiligen Kostengesetz (Gerichtskostengesetz bzw. Rechtsanwaltsvergütungsgesetz) festgelegt und nach dem Wert der Sache, um die es in dem Verfahren geht (sog. **Streitwert**) gestaffelt. Bei den Streitwerten des täglichen Lebens sind die Kosten typischerweise geringer als z. B. in England und vielen anderen europäischen Rechtsordnungen. Sie wird trotzdem von den Beteiligten oft unterschätzt und kann bei niedrigen Streitwerten und einem Streit durch zwei Instanzen leicht den geltend gemachten Anspruch übersteigen. Das gilt vor allem dann, wenn nicht nur Gerichts- und Anwaltskosten, sondern auch Kosten eines Sachverständigen anfallen. Manche Prozessordnungen sehen vor, dass Beteiligte Kostenvorschüsse zu leisten haben, damit ihnen das Kostenrisiko rechtzeitig vor Augen geführt wird.

Beispiel: Der Radfahrer R ist von der Autofahrerin A angefahren worden. Für die Reparatur seines Rennrads musste er 600 € aufwenden. A zahlt trotz mehrerer Mahnungen nicht, weil sie meint, R sei zu schnell gefahren. Wenn R die A auf Zahlung von 600 € verklagt, muss er an die Gerichtskasse einen Kostenvorschuss von 105 € einzahlen. Dabei handelt es sich um die Gerichtskosten, die anfallen, wenn die Klage des R abgewiesen wird. Wenn der Richter ein Sachverständigengutachten zum Unfallhergang für erforderlich hält, wird er für die Kosten des Sachverständigen einen weiteren Vorschuss (mindestens 300–600 €) anfordern. Wenn die Klage abgewiesen wird, muss R nicht nur die Reparatur seines Fahrrads selbst bezahlen, sondern auch die Gerichts- und Sachverständigenkosten. Wenn A einen Anwalt genommen hat, muss R auch die Kosten ihres Anwalts bezahlen.

Allerdings soll die Verfolgung eines begründeten Anspruchs oder die Verteidigung gegen eine Klage nicht daran scheitern, dass ein Beteiligter die Kosten nicht aufbringen kann. Wirtschaftlich schwache Beteiligte können deshalb Prozesskostenhilfe, im Familienverfahren Verfahrenskostenhilfe erhalten. Sie brauchen die Gerichts- und ihre eigenen Anwaltskosten dann entweder gar nicht oder nur in (nach der Höhe ihres Einkommens gestaffelten) Monatsraten zu bezahlen. Prozesskostenhilfe erhält die wirtschaftlich schwache Partei nur für Prozesse, die Aussicht auf Erfolg haben. Diese Vorschrift dient auch dem Schutz der wirtschaftlich schwachen Partei. Geht der Prozess nämlich verloren, muss sie trotz der Prozesskostenhilfe die Kosten des Gegners in voller Höhe bezahlen.

III. Der Zivilprozess

1. Ablauf eines Zivilprozesses

Der Zivilprozess beginnt damit, dass der Kläger gegen den Beklagten Klage erhebt. In Bagatellfällen (mit einem Streitwert von nicht mehr als 750 €) und Nachbarschaftsstreitigkeiten muss der Kläger zunächst versuchen, sich mit dem Beklagten in einem außergerichtlichen Schlichtungsverfahren zu einigen. Hat diese Schlichtung keinen Erfolg, reicht er einen Schriftsatz bei Gericht ein, in dem er den Sachverhalt aus seiner Sicht schildert, die ihm zur Verfügung stehenden Beweismittel nennt und einen bestimmten Antrag stellt: auf die Zahlung einer Geldsumme oder eine andere Leistung, zu der das Gericht den Beklagten verurteilen soll (§ 253 ZPO). Über diesen Antrag darf das Gericht nicht hinausgehen, auch wenn es der Meinung ist, dass der Kläger mehr zu beanspruchen hätte (§ 308 ZPO; *ne eat iudex ultra petita partium*). Das Gericht übersendet die Klage an den Beklagten und entscheidet sich gleichzeitig für eine der beiden Verfahrensmöglichkeiten: Entweder findet sogleich ein „früher erster Termin" statt, zu dem die Beteiligten geladen werden, oder ein „schriftliches Vorverfahren". Im letzteren Fall wird dem Beklagten eine Frist zur schriftlichen Erwiderung auf die Klage gesetzt. Hierauf kann der Kläger wiederum einen Schriftsatz einreichen. Soweit ein Sachverständigengutachten erforderlich erscheint, kann es das Gericht schon jetzt einholen. Dann wird ein „Haupttermin" bestimmt, in dem der Prozess nach Möglichkeit erledigt werden soll. In diesem Termin stellen die Parteien ihre Anträge, werden die Zeugen vernommen und gibt das Gericht Hinweise, wie es den Fall beurteilt. Das Gericht soll in diesem Termin auch versuchen, eine gütliche Einigung, z. B. durch Abschluss eines Vergleichs, zu erreichen. Bleiben in diesem Termin Fragen ungeklärt, kann ein neuer Termin bestimmt werden. Normalerweise soll der Prozess jedoch in diesem Haupttermin abgeschlossen werden. Sieht der Richter die Sache für hinreichend geklärt an, schließt er die mündliche Verhandlung. Das Urteil ergeht allerdings meist nicht sofort, sondern in einem besonderen Termin. Es wird den Parteien mit einer schriftlichen Begründung zugestellt.

Erscheint eine Partei – meist ist es der Beklagte – zur mündlichen Verhandlung nicht, kann gegen sie ein **Versäumnisurteil** ergehen. Dies ist mit dem Anspruch auf rechtliches Gehör vereinbar, da jede Partei mit der Ladung ausdrücklich auf diese Möglichkeit hingewiesen wird. Das Versäumnisurteil ist aber keine endgültige Entscheidung. Die säumige Partei kann einen besonderen Rechtsbehelf, den Einspruch, einlegen. Es findet dann eine weitere mündliche Verhandlung statt.

Beispiel: Im Prozess zwischen R und A hat das Gericht Termin zur mündlichen Verhandlung bestimmt. A kommt aber nicht. Der Richter entscheidet den Prozess, indem er von der Annahme ausgeht, das Vorbringen des R sei richtig, und A habe keine Einwendungen erhoben. Er gibt der Klage also statt. A kann nun aber innerhalb der gesetzlichen Frist Einspruch einlegen und ihre Einwendungen wiederholen. Es wird dann ein weiterer Termin bestimmt. Wenn A zu diesem Termin erscheint, wird ihr Vorbringen berücksichtigt. Kommt A wieder nicht, bleibt es bei dem Versäumnisurteil.

Beim Amtsgericht können die Parteien selbst erscheinen oder sich von Rechtsanwälten vertreten lassen. Das Urteil wird durch einen Einzelrichter gesprochen. Beim Landgericht besteht dagegen **Anwaltszwang**, d. h., die Parteien sind verpflichtet, einen Rechtsanwalt mit ihrer Vertretung zu beauftragen. Sie können zwar selbst an der Verhandlung teilnehmen und müssen dies tun, wenn das Gericht es anordnet. Anträge kann aber nur der von der Partei beauftragte Anwalt stellen. Anders als früher gibt es heute auch im Zivilprozess vor dem LG und dem OLG keine sachlichen oder örtlichen Beschränkungen mehr. Jeder Anwalt darf bei jedem LG und bei jedem OLG tätig werden. Nur vor dem BGH gilt noch der Grundsatz, dass in Zivilsachen nur ein Rechtsanwalt verhandeln darf, der bei diesem Gericht zugelassen ist.

Am Landgericht entscheidet eine Kammer aus drei Berufsrichtern, die das Verfahren unter bestimmten Voraussetzungen auf einen Einzelrichter übertragen kann. Eine Ausnahme besteht in den so genannten „Handelssachen", vor allem Streitigkeiten zwischen Kaufleuten aus Handelsgeschäften. Hier entscheidet eine Kammer, die aus einem Berufsrichter und zwei Laienrichtern besteht, die aus den an diesem Ort tätigen Kaufleuten gewählt werden. Die Laienrichter haben das gleiche Stimmrecht wie die Berufsrichter.

2. Der Beibringungsgrundsatz

Im Zivilprozess stellt das Gericht die für den Ausgang des Verfahrens entscheidenden Tatsachen nicht von Amts wegen fest. Der Richter muss darauf hinweisen, welche Tatsachen er für erheblich hält und wer sie beweisen muss. Es ist aber Sache der Parteien, diese Tatsachen dann zu behaupten und geeignete Beweise für sie anzubieten, z. B. einen Zeugen zu benennen, ein Sachverständigengutachten anzubieten, eine Urkunde vorzulegen oder die Einnahme eines Augenscheins anzubieten. Tun sie dies nicht, wird die entsprechende Tatsache nicht berücksichtigt. Dem Richter ist es nicht gestattet, Tatsachen in Zweifel zu ziehen, von deren Richtigkeit beide Parteien ausgehen, oder Beweise darüber zu erheben. Dies ist der so genannte Beibringungsgrundsatz.

Beispiel: Der Hühnerbrater H verlangt von dem Großhändler G Schadensersatz von 800 €, weil G ihm vertragswidrig 500 Brathähnchen nicht geliefert habe, die er auf dem sog. Turm-

fest braten wollte und mit einem Gewinn von je 1,60 € hätte verkaufen können. G räumt ausdrücklich ein, dass H dies hätte tun können, verteidigt sich aber damit, dass er von einem vereinbarten Rücktrittsrecht Gebrauch gemacht habe. Der Richter R weiß, dass das Turmfest
wegen Regens ausgefallen ist, weil er es selbst besuchen wollte. Er darf aber die Klage nicht
deshalb abweisen, weil dieser Umstand von keiner Seite behauptet worden ist. Er muss deshalb dem Vorbringen des G nachgehen und – wenn es sich als unzutreffend herausstellt – der
Klage stattgeben.

Dagegen ist es ausschließlich Sache des Gerichts, die rechtliche Seite des Falles zu
klären. Die Parteien und ihre Anwälte können rechtliche Ausführungen machen,
müssen dies aber nicht. Das Gericht ist verpflichtet, die Parteien darauf hinzu-
weisen, wenn sie beide von einer falschen Rechtsauffassung ausgehen. Es darf
keine Überraschungsentscheidung treffen.

Beispiel: Emma hat bei Luigi in Siena zwölf Paar italienische Schuhe bestellt, aber nicht bezahlt, weil sie angeblich mangelhaft sind. Im Prozess haben Emma und Luigi über die angeb-
lichen Mängel gestritten, wobei beide vom deutschen Recht ausgegangen sind. Wenn der Richter der Meinung ist, es sei italienisches Recht anzuwenden, muss er in der mündlichen
Verhandlung darauf hinweisen. Er darf Emma und Luigi nicht im Urteil mit dieser Ansicht
überraschen.

3. Die Zwangsvollstreckung

Mit dem gerichtlichen Urteil allein ist dem Bürger nicht geholfen. Es wäre für ihn
nutzlos, wenn es nicht zwangsweise durchgesetzt werden könnte, falls der unterlegene Teil es nicht freiwillig befolgt. Diese zwangsweise Durchsetzung geschieht durch die Zwangsvollstreckung.

Beispiel: Gibt Frieda, die rechtskräftig zur Herausgabe der früher gemeinsam genutzten
Waschmaschine an Max verurteilt worden ist, sie nicht freiwillig heraus, kann Max einen Gerichtsvollzieher beauftragen, der die Waschmaschine der Frieda wegnimmt und sie dem Max
aushändigt.

IV. Der Strafprozess

Im Strafprozess ist die Erhebung der Anklage grundsätzlich Sache der **Staatsanwaltschaft.** Das Legalitätsprinzip (vgl. Kap. 7 Abschn. II. 1.) verlangt, dass der
Staatsanwalt jede Straftat verfolgt, von der er Kenntnis erlangt, wenn er das Verfahren nicht nach der Strafprozessordnung (z. B. wegen Geringfügigkeit) einstellen darf. Nur für einige weniger bedeutende Straftaten (z. B. Beleidigung) besteht
die Möglichkeit, dass der Staatsanwalt das öffentliche Interesse ablehnt und es
dem Geschädigten überlässt, die sog. Privatklage zu erheben. In allen anderen
Fällen erhebt der Staatsanwalt Anklage, wenn er der Meinung ist, dass ausrei-

chend Beweise für die Verurteilung des Angeklagten vorhanden sind. Wenn das Gericht der gleichen Meinung ist, lässt es die Anklage zu und bestimmt einen Termin zur Hauptverhandlung, in der die Anklageschrift verlesen wird und die Beweise erhoben werden. Der Staatsanwalt ist dabei verpflichtet, sowohl den für die Schuld des Angeklagten sprechenden Indizien als auch den für seine Unschuld sprechenden nachzugehen. Der Angeklagte kann seinerseits Beweismittel anbieten, denen das Gericht nachgehen muss, wenn es sie für entscheidungserheblich hält. Ist der Sachverhalt hinreichend geklärt, folgen das Plädoyer des Staatsanwalts und die Gegenausführungen des Angeklagten oder seines Verteidigers. Der Angeklagte hat in jedem Fall das letzte Wort. Er kann sich vor jedem Strafgericht selbst vertreten, aber auch einen Rechtsanwalt mit seiner Verteidigung beauftragen.

Nur bei besonders schweren Straftaten bestellt das Gericht dem Angeklagten von sich aus einen Verteidiger (sog. Pflichtverteidiger). Das Urteil wird beim Amtsgericht entweder von einem Berufsrichter oder vom Schöffengericht gesprochen, das aus einem Berufsrichter und zwei Laienrichtern (Schöffen) aus der Bevölkerung besteht. Auch hier haben die Laienrichter das gleiche Stimmrecht wie der Berufsrichter und entscheiden sowohl über die Schuldfrage als auch über das Strafmaß. Beim Landgericht entscheidet – je nach dem angeklagten Delikt – die Kleine oder die Große Strafkammer, die jeweils mit Berufs- und Laienrichtern besetzt ist. Über die Aburteilung von Kapitalverbrechen entscheidet die Große Strafkammer als **Schwurgericht.** „Geschworene", die als Jury über die Schuldfrage ohne Mitwirkung von Berufsrichtern entscheiden, gibt es im heutigen deutschen Strafprozessrecht nicht mehr. Bei der Berufung und Revision im Strafprozess besteht die Besonderheit, dass sie vom Staatsanwalt sowohl zuungunsten des Angeklagten eingelegt werden kann, wenn er den Freispruch für unrechtmäßig oder die Strafe für zu niedrig hält, als auch zugunsten des Angeklagten, wenn der Staatsanwalt die Strafe für zu hoch hält. Dies erklärt sich daraus, dass das Gericht an den Antrag des Staatsanwalts nicht gebunden ist, sondern auch darüber hinausgehen kann.

Im Strafprozess gilt nicht der Beibringungsgrundsatz, sondern der Untersuchungsgrundsatz. Das bedeutet, dass der Richter hier verpflichtet ist, alle Tatsachen zu ermitteln und Beweise zu erheben, die er für erforderlich hält. Er ist also an die vom Staatsanwalt und vom Angeklagten angebotenen Beweismittel nicht gebunden und kann von sich aus weitere Zeugen laden oder Akten zum Verfahren beiziehen.

Skizze 1: Organe der Rechtsprechung

Bundesverfassungsgericht[6]
od. ●●●●●●●●
●●●

Bundes-gerichtshof	Bundesar-beitsgericht	Bundesver-waltungsgericht i.d.R.	Bundes-finanzhof i.d.R.	Bundes-sozialgericht	Oberste Gerichts-höfe des Bundes
●●●●●	○●●●○	●●●●●	●●●●●	○●●●○	
Oberlandes-gerichte Ziv[5] ● od. ●●● Str.[4] ●●● od. ●●●●●	Landesar-beitsgerichte ○●○	Oberverwal-tungsgerichte i.d.R. ●●●	Finanz-gerichte i.d.R. ○●●●○	Landes-sozialgerichte ○●●●○	Gerichte der Länder
Landgerichte Ziv[3] ● od. ●●● od. ○●○ Str.[2] ○●○ od. ○●●●○					
Amtsgerichte Ziv ● Str.[1] ● od. ○●○ od. ○●●●○	Arbeits-gerichte ○●○	Verwaltungs-gerichte i.d.R. ○●●●○		Sozial-gerichte ○●○	
Ordentliche Gerichtsbarkeit	**Arbeits-gerichtsbarkeit**	**Verwaltungs-gerichtsbarkeit**	**Finanz-gerichtsbarkeit**	**Sozial-gerichtsbarkeit**	

● Berufsrichter
○ Laienrichter

1) Strafrichter
   Schöffengericht
   erweitertes Schöffengericht
2) Kleine Strafkammer
   Große Strafkammer
   (auch als Schwurgericht)
3) Einzelrichter
   Zivilkammer
   Kammer für Handelssachen

4) Strafsenat (Revisionsinstanz)
   Strafsenat (1. Instanz)
5) Einzelrichter
   Zivilsenat
6) s. 3. Kapitel II 1 f

Skizze 2: Der Rechtsmittelzug
in Zivilsachen

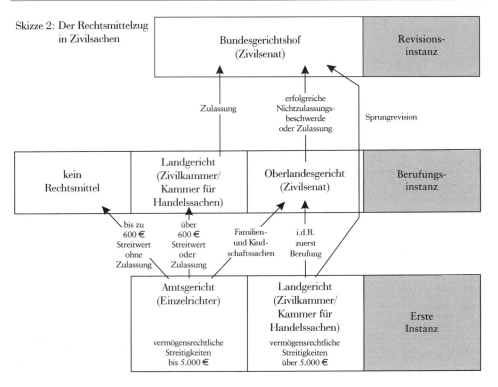

Skizze 3:   Der Rechtsmittelzug in Strafsachen

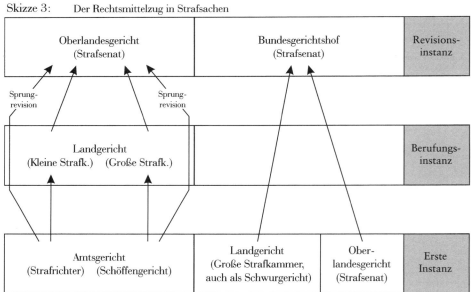

Übungsteil

A. *Rechtliche Aspekte*

1 Fragen zum Text

1. Wann sind alle Ansprüche und Freiheiten, die das Recht gewährt, nutzlos? Was sieht das Gesetz deshalb vor?

2. Welche Vorteile und Nachteile hat die Unterteilung in mehrere Gerichte für verschiedene Sachgebiete?

3. Welche fünf Gerichtsbarkeiten kennt das deutsche Recht? Womit befassen sie sich jeweils?

4. Welche Gerichtsbarkeit steht über diesen Gerichtsbarkeiten und womit befasst sie sich?

5. Was verstehen Sie unter Berufung, was unter Revision? Was bedeutet das konkret für die Fakten und rechtlichen Streitpunkte eines Falles?

6. Was ist dam Amtsgericht die Abteilung für Familiensachen und wofür ist sie zuständig?

7. Was ist unter dem Prinzip des gesetzlichen Richters im Sinne des Art. 101 I 2 GG zu verstehen? Was soll dadurch verhindert werden?

8. Welche drei Komponenten hat der Grundsatz des rechtlichen Gehörs gem. Art. 103 I GG? Was bedeutet das konkret?

9. Welche Bedeutung haben der Mündlichkeits- und der Öffentlichkeitsgrundsatz?

10. Wie kann ein rechtskräftiges Urteil durchgesetzt werden? Was bedeutet das konkret für die Herausgabe einer Sache?

2 Zu welchen Gerichten gehen folgende Streitigkeiten?

1. Arbeitnehmerin A ist entlassen worden. Sie möchte sich dagegen wehren.

2. Beamter B möchte halbtags arbeiten, da er sich mit seiner berufstätigen Frau Haushalt und Kinder teilen will. Seine Behörde verweigert ihm die Halbtagstätigkeit.

3. C findet seinen Steuerbescheid überhöht. Ein Beschwerdebrief zum Finanzamt bringt keinen Erfolg.

4. D hat einen neuen feurigen Liebhaber und will sich von ihrem langweiligen Ehemann scheiden lassen.

5. E's Wagen wurde von F, der gerade seinen Führerschein bestanden hat, angefahren und beschädigt. F weigert sich, den Schaden in Höhe von

6.000 € zu bezahlen, da er ihn ja nicht absichtlich, sondern versehentlich verursacht habe.

6. G hat Leistungen auf Arbeitslosengeld II (ALG II, meistens „Hartz IV" genannt) beantragt, da sie nach kurzer Berufstätigkeit erneut arbeitslos geworden ist und ihre Kinder alleine erzieht. Das Sozialamt weigert sich trotz zahlreicher Beschwerdebriefe der G zu zahlen.

7. Hehler H ist von der Polizei erwischt worden, als er gerade gestohlene Ware weiterverkaufte.

8. Auf einer Großdemonstration gegen Atommüllentsorgung wird die Atomgegnerin I von einem Polizisten gewaltsam gehindert, ans Mikrophon zu gehen und ihre Meinung gegenüber der Masse kundzutun. I findet, dies war ein Eingriff in ihr verfassungsrechtlich garantiertes Recht auf Meinungsfreiheit.

9. Kaufmann J und Kaufmann K streiten um den Inhalt eines zwischen ihnen geschlossenen Kaufvertrags über Waren im Wert von 10.000 €.

10. Juristin J lebt mit ihrem ständig nörgelnden Nachbarn N seit vielen Jahren in andauerndem ständigen Streit. Sie möchte, dass er die Gartenzwerge aus seinem Garten entfernt, deren Anblick täglich ihr ästhetisches Empfinden stört. Die obligatorische Schlichtung ist gescheitert.

☑ Finden Sie das Stichwort, um das es jeweils geht, und erklären Sie, aus welchen Gründen dieses Stichwort für den jeweiligen Fall einschlägig ist.

1. Die wegen Steuerhinterziehung angeklagte Tennisspielerin Fürst hat die Fernsehrechte an ihrem Fall an einen Fernsehsender verkauft und verlangt deshalb, dass die Gerichtsverhandlung gegen sie von diesem Sender live im Fernsehen übertragen werden darf. Der Richter lehnt das ab und gestattet Aufnahmen im Gerichtssaal nur für einen kurzen Zeitraum vor der Verhandlung.

2. A hat am 1. Januar 2012 gegen die Zeitung „Der Beobachter" Klage auf Unterlassung ehrenrühriger Behauptungen erhoben. Wegen Überlastung des Gerichts wird Verhandlungstermin erst auf den 1. April 2014 bestimmt. A hält das für rechtswidrig.

3. Das Versandhaus Q in Hamburg hat gegen P, der in München wohnt, Klage auf Bezahlung gelieferter Waren beim Amtsgericht Hamburg erhoben. P erschien zur Verhandlung nicht und schickte auch keinen Vertreter; deshalb wurde gegen ihn entschieden. P fühlt sich in einem Justizgrundrecht verletzt.

4. Gegen Raser wurde wegen Überschreitung der Höchstgeschwindigkeit in einer Ortschaft ein Bußgeldbescheid über 250 € und einen Monat Fahrverbot erlassen. Als dieser zugestellt wurde, war Raser gerade für drei Wochen in Urlaub gefahren. Als er zurückkam, legte er sofort Einspruch ein, weil nicht er, sondern seine Freundin Emma gefahren sei.

Der Einspruch wurde als verspätet verworfen. Raser findet das unmöglich.

5. S klagte vor dem Sozialgericht auf Arbeitslosengeld gegen das Arbeitsamt. Seine Klage wurde mit der Begründung abgewiesen, er habe keine Klagebegründung eingereicht. S hatte aber tatsächlich eine Klagebegründung eingereicht, die der Richter versehentlich in einen falschen Akt eingeheftet und deshalb bei seiner Entscheidung nicht berücksichtigt hatte.

6. K hatte gegen seine frühere Freundin F auf Herausgabe eines Paars Pantoffeln geklagt. Auf Antrag der F ordnete der Richter an, dass „wegen Geringfügigkeit im schriftlichen Verfahren" entschieden werden solle und beide Seiten bis zu einem bestimmten Termin Schriftsätze einreichen sollten. K besteht auf einer mündlichen Verhandlung.

7. Im Fall 3 wurde nach Aufhebung des Urteils des Amtsgerichts Hamburg schließlich in München verhandelt. Wieder wurde P verurteilt, weil er zu dem Verhandlungstermin nicht erschienen war. Das lag allerdings daran, dass er versehentlich vom Gericht keine Ladung erhalten hatte. Von seiner Verurteilung erfuhr er erst durch Übersendung des Urteils. P fühlt sich erneut in einem Justizgrundrecht verletzt.

8. In dem Strafverfahren gegen Rüpel wegen sexuellen Missbrauchs der Minderjährigen M wurden die Zuhörer vor der Beweisaufnahme aufgefordert, den Saal zu verlassen. Rüpel widersprach dem erfolglos und fühlt sich in einem Prozessgrundrecht verletzt.

9. K hatte beim Verwaltungsgericht Klage auf Entschädigung erhoben, weil durch eine Straßenbaumaßnahme der Wert seines Wohnhauses gemindert worden sei. Seine Klage wurde abgewiesen, weil keine Wertminderung erfolgt sei. K meint, dass das Verwaltungsgericht gar nicht hätte entscheiden dürfen.

10. L hat gegen seinen Nachbarn M Klage wegen Belästigungen durch ständige nächtliche laute Musik im Garten des L zum Amtsgericht Tupfing erhoben. Dort sind die konservative Richterin R und der Richter S, dessen Hobby die Rockmusik ist, tätig. Die Klage des L wurde vom Richter S abgewiesen, weil die Belästigungen ortsüblich seien. L meint, dass die Richterin R seiner Klage stattgegeben hätte, und fragt bei Gericht an, warum S seinen Fall entschieden hat. Dort wird ihm mitgeteilt, der Fall sei dem Richter S übertragen worden, weil dieser bei der Dienstbesprechung sagte, er würde „gerne mal so einen Fall entscheiden".

4 Welches Rechtsmittel können die Betroffenen in den folgenden Fällen einlegen? Welches Gericht wird über das Rechtsmittel entscheiden? Nehmen Sie Skizzen 1–3 zur Hilfe.

1. Die Terroristin Gundula ist wegen Mitgliedschaft in einer terroristischen Vereinigung (§ 129 a StGB) zu drei Jahren Freiheitsstrafe verurteilt wor-

den. Sie ist der Meinung, das Gericht habe den Sachverhalt nicht genügend aufgeklärt (§ 244 StPO).

2. Max ist vom Schwurgericht wegen Mordes (§ 211 StGB) zu lebenslanger Freiheitsstrafe verurteilt worden. Er ist der Meinung, sich nur wegen Körperverletzung mit Todesfolge (§ 226 StGB) strafbar gemacht zu haben.

   Abwandlung: Würden Sie Max den gleichen Rat geben, wenn er lediglich geltend machen will, das Schwurgericht habe dem Zeugen Müller zu Unrecht geglaubt, der ihn am Tatort gesehen haben will?

3. Wilhelm und Heinrich sind die Erben der verstorbenen Diana, die in einem Auto (Halter: das Hotel „Waldesruh" in Garmisch-Partenkirchen) ums Leben kam, als es dessen betrunkener Fahrer im Tunnel unter dem Almaplatz gegen einen Betonpfeiler setzte. Ihre Klage auf Schadensersatz und entgangenen Unterhalt in Höhe von 180.000 € ist in Höhe von 49.000 € wegen Mitverschuldens der Getöteten abgewiesen worden.

4. Steffis Klage gegen ihren Einkommensteuerbescheid ist vom Finanzgericht abgewiesen worden. Sie ist der Meinung, dass das Gericht mehrere Vorschriften des Einkommensteuergesetzes falsch ausgelegt hat und sie deshalb 106 € zu viel Einkommensteuer bezahlt hat.

5. Ulrike hatte gegen die Kündigung durch Ulrich Kündigungsschutzklage erhoben, die in vollem Umfang Erfolg hatte. Ulrich hatte noch vorbringen wollen, dass Ulrike fast täglich betrunken zur Arbeit kam und andere Mitarbeiter des Öfteren sexuell belästigt hat. Sein Anwalt hatte aber vergessen, dies im Prozess vorzutragen.

6. Ivar meint, durch einen ärztlichen Kunstfehler eine irreversible Hirnschädigung erlitten zu haben. Seine Klage auf Zahlung eines Schmerzensgelds von 150.000 € hatte in erster Instanz Erfolg, wurde aber auf Berufung des Arztes völlig abgewiesen. Ivar meint, dass das Urteil der ersten Instanz richtig war.

7. Bei einem Zusammenstoß mit einem anderen Auto wurde Lias kleiner Japaner beschädigt; die Reparatur kostet 1.100 €, die Lia gegen den Fahrer des anderen Autos eingeklagt hatte. Ihre Klage hatte aber nur in Höhe von 550 € Erfolg, weil der Richter der Meinung war, dass beide Autofahrer an dem Unfall schuld waren; ein Rechtsmittel wurde nicht zugelassen.

8. Die Photographin Birgit wurde im Parco Salvador Dali in Barcelona überfallen und fiel bei dem Gerangel auf den Rücken, wodurch sie einen Bandscheibenvorfall erlitt. Sie wird ihren Beruf nie wieder voll ausüben können und verlangt eine Rente von der gesetzlichen Unfallversicherung. Diese lehnt eine Zahlung ab, weil der Spaziergang im Park nicht in Ausübung von Birgits Berufstätigkeit erfolgt sei. In erster Instanz wurde diese Ansicht bestätigt.

9. Theo hat zum siebzehnten Mal im Kaufhaus eine Flasche Cognac mitgehen lassen. Er wurde deshalb vom Strafrichter zu einer Freiheitsstrafe von sechs Monaten ohne Bewährung verurteilt. Er möchte erreichen, dass die Strafe zur Bewährung ausgesetzt wird, da er jetzt eine feste Freundin hat und dabei ist, im Leben Fuß zu fassen.

10. Der Querulant Wendelin klagte gegen eine Anordnung der Baubehörde, die eine Erhöhung seiner Gartenmauer um zwölf Zentimeter wegen Unfallgefahr gefordert hatte. Er ist der Meinung, sie nur um zwei Zentimeter erhöhen zu müssen. In erster Instanz wurde ihm bestätigt, dass eine Erhöhung um acht Zentimeter ausreichend ist. Das genügt Wendelin aber nicht. Er verfolgt sein ursprüngliches Begehren weiter.

[5] Materielles Recht sind die Rechtsnormen, die das Recht als solches ordnen (z. B. das BGB), Verfahrensrecht solche, die der Durchsetzung des materiellen Rechts dienen. Entscheiden Sie, ob die folgenden Regeln solche des materiellen Rechts oder des Verfahrensrechts sind.

1. „Wird das Eigentum in anderer Weise als durch Entziehung oder Vorenthaltung des Besitzes beeinträchtigt, so kann der Eigentümer von dem Störer die Beseitigung verlangen. Sind weitere Beeinträchtigungen zu besorgen, so kann der Eigentümer auf Unterlassung klagen."

2. „Die Erhebung der Klage erfolgt durch Zustellung eines Schriftsatzes (Klageschrift)."

3. „Verspätete Rügen, die die Zulässigkeit der Klage betreffen und auf die der Beklagte verzichten kann, sind nur zuzulassen, wenn der Beklagte die Verspätung genügend entschuldigt."

4. „Ansprüche nach den §§ 651 c bis 651 f hat der Reisende innerhalb eines Monats nach der vertraglich vorgesehenen Beendigung der Reise gegenüber dem Reiseveranstalter geltend zu machen."

5. „Im Falle der Verletzung des Körpers oder der Gesundheit sowie im Falle der Freiheitsentziehung kann der Verletzte auch wegen des Schadens, der nicht Vermögensschaden ist, eine billige Entschädigung in Geld verlangen."

6. „Ein Verein, der nicht rechtsfähig ist, kann verklagt werden; in dem Rechtsstreit hat der Verein die Stellung eines rechtsfähigen Vereins."

[6] Finden Sie heraus, ob das Rechtsmittel bei dem Gericht, dessen Entscheidung angefochten wird (iudex a quo) oder dem Gericht, das über das Rechtsmittel entscheiden wird (iudex ad quem), eingelegt werden muss.

1. § 120 I 1 FGO *Die Revision ist bei dem Finanzgericht innerhalb eines Monats nach Zustellung des vollständigen Urteils oder nach Zustellung des Beschlusses über die Zulassung der Revision schriftlich einzulegen und spätestens innerhalb eines weiteren Monats zu begründen.*

2. § 314 I StPO *Die Berufung muss beim Gericht des ersten Rechtszuges binnen einer Woche nach Verkündung des Urteils zu Protokoll der Geschäftsstelle oder schriftlich eingelegt werden.*

3. § 341 I StPO *Die Revision muss bei dem Gericht, dessen Urteil angefochten wird, binnen einer Woche nach Verkündung des Urteils zu Protokoll der Geschäftsstelle oder schriftlich eingelegt werden.*

4. § 519 I ZPO *Die Berufung wird durch Einreichung der Berufungsschrift bei dem Berufungsgericht eingelegt.*

5. § 549 I 1 ZPO *Die Revision wird durch Einreichung der Revisionsschrift bei dem Revisionsgericht eingelegt.*

7 Wie viele Berufs-und Laienrichter entscheiden über den Fall? Nehmen Sie Skizze 1 zu Hilfe.

1. Frau M wird vom Schwurgericht S wegen Mordes zu lebenslanger Freiheitsstrafe verurteilt.

2. Die Zivilkammer des Landgerichts L hat entschieden, dass X dem Y 30.000 € Schmerzensgeld zahlen muss.

3. Die Amtsrichterin A weist die Klage des Mieters M auf Kündigungsschutz ab.

4. Das Bundesverfassungsgericht hat schon mehrmals über die Verfassungsmäßigkeit der Abtreibungsregelung entscheiden müssen.

5. Das Sozialgericht S hat den Rentenanspruch der Klägerin bejaht.

6. Der Bundesgerichtshof hat in seiner Entscheidung die Verfahrensrügen der Revision als teilweise begründet erachtet.

7. Der Strafsenat des Oberlandesgerichts O hat die angebliche Terroristin T in erster Instanz freigesprochen.

8. Das Bundesarbeitsgericht hat die Revision abgewiesen.

8 Rechtspolitische Frage

Erörtern Sie, ob die Einführung eines Güterichters durch das am 26. 7. 2012 in Kraft getretene Mediationsgesetz, der mit den Parteien eine einvernehmliche Lösung ihrer Streitigkeit sucht und rechtliche Bewertungen vornehmen darf, die Konflikte der Parteien zufriedenstellender beilegen kann als ein herkömmliches Gerichtsverfahren.

9 Rechtsvergleichende Anregungen

1. Das Thema „Court TV" ist in vielen Ländern umstritten. Legen Sie dar, inwieweit in Ihrem Herkunftsstaat Fernsehübertragungen von oder -berichte über Gerichtsverhandlungen erlaubt sind und, vergleichen Sie die Situation mit derjenigen in Deutschland.

2. In Deutschland gibt es fünf Gerichtsbarkeiten zuzüglich der Verfassungsgerichtsbarkeit. Erörtern Sie, wie die Gerichtsbarkeit in Ihrem Land organisiert ist, und vergleichen Sie Stärken und Schwächen der beiden Systeme.

3. In Deutschland wird die Einhaltung der allgemeinen Verfahrensgrundsätze penibel beachtet. Beschreiben Sie, wie es in Ihrem Heimatrecht mit der Einhaltung der Verfahrensgrundsätze aussieht, und wägen Sie Vor- und Nachteile beider Rechtssysteme in dieser Hinsicht ab.

B. Sprachliche Aspekte

1️⃣ Ergänzen Sie im Zusammenhang mit dem Wortfeld „Gerichte und Gerichtsverfahren" passende Wörter aus der Liste.

Amtsgericht / Anwaltsprozess / Anwendung / Berufung / Beweismaterial / Gerichtsbarkeit / Gerichtskosten / Gerichtszweig / Oberlandesgericht / Parteien / Prozesses / Prozessgegners / Prozesskostenhilfe / Rechtsanwalt / Rechtsmittel / Rechtsweg / Revision / Streitfall / Streitfälle / Streitigkeiten / Streitwert / Urteil

Im _____ (1) steht der _____ (2) zu den ordentlichen Gerichten offen. Die ordentliche _____ (3) umfasst die Zivil- und Strafgerichtsbarkeit. Sie ist vor allem für privatrechtliche _____ (4), Straftaten und Ordnungswidrigkeiten zuständig. Allerdings werden _____ (5) im Bereich des Arbeitsrechts einem anderen _____ (6) zugewiesen, der Arbeitsgerichtsbarkeit.

In jedem Landkreis gibt es ein _____ (7). Es ist das Gericht 1. Instanz. Beim Amtsgericht können die _____ (8) sich selbst vertreten. Gegen die Entscheidung des Amtsgerichts kann beim Landgericht _____ (9) eingelegt werden. Am Landgericht ist nur der so genannte _____ (10) möglich, d. h. die Parteien müssen sich von einem _____ (11) vertreten lassen. Die Berufungsinstanz ist in diesem Fall das _____ (12). Gegen Urteile eines Berufungsgerichts steht das _____ (13) der _____ _____ (14) zur Verfügung, über deren Zulassung teilweise der Bundesgerichtshof entscheidet.

Zwischen Berufung und Revision besteht ein wesentlicher Unterschied. Bei der Berufung wird der ganze Fall neu verhandelt. Es kann also auch neues _____ (15) beigebracht werden. Dagegen ist es bei der Revision nur möglich, die falsche _____ (16) eines Gesetzes geltend zu machen.

Wenn die Rechtsmittel erschöpft sind, ist das _____ (17) rechtskräftig. Die unterliegende Partei muss die Kosten des _____ (18) tragen, d. h. ihr fallen nicht nur die _____ (19) zur Last, sondern auch die Kosten des _____ (20) und natürlich die eigenen Kosten. Gerichts- und Rechtsanwaltskosten bemessen sich nach dem _____ _____ (21). Unter bestimmten Voraussetzungen kann eine wirtschaftlich schwache Partei _____ (22) erhalten.

2 Ergänzen Sie die entsprechenden Begriffe für den Strafprozess.

Zivilprozess

der Kläger die Klägerin	der / die Beklagte	Klage erheben	Klageschrift	Beibringungs- grundsatz
Strafprozess				
a)	b)	c)	d)	e)

3 Typische Fachausdrücke in juristischen Texten: Nomen+Verb. Ergänzen Sie jeweils eine richtige Verbform aus den unten aufgeführten Listen der Infinitive.

1. abweisen / einlegen / ergehen / erheben / verurteilen

   Der Kläger _____ (a) Klage gegen den Beklagten. Das Gericht kann die Klage _____ (b) oder den Beklagten _____ (c). Das Urteil _____ (d) in einem besonderen Termin. Gegen die Entscheidung eines Gerichts kann Berufung und schließlich Revision _____ (e) werden.

2. ahnden / erheben / sprechen / verhängen / verwirklichen

   Eine Straftat kann nur _____ (a) werden, wenn sie einen gesetzlichen Straftatbestand _____ (b). Der Staatsanwalt _____ _____ (c) Anklage. Der Richter _____ (d) das Urteil und ____ _____ (e) eine Strafe.

3. benennen / einholen / vernehmen

   In einem Prozess können Zeugen _____ (a) werden, die dann vor Gericht _____ (b) werden. Das Gericht kann ein Sachverständigengutachten _____ (c).

4. belangen / ausüben / begehen / gewährleisten / verletzen

   Das Gesetz _____ (a) Rechte. Der Bürger _____ seine Rechte _____ (b). Weder der Bürger noch der Staat darf Rechte _____ (c). Wer eine Rechtsverletzung _____ (d), kann dafür gerichtlich _____ (e) werden.

5. erstatten / führen / gewinnen / tragen / verlieren

Zur Durchsetzung eines Anspruchs muss man einen Prozess _____ _____ (a). Den Prozess kann man entweder _____ (b) oder _____ (c). Die unterliegende Partei muss die Kosten des Rechtsstreits _____ (d). Sie muss auch die Kosten des Prozessgegners _____ (e).

6. abschließen / aushandeln / beurkunden / erbringen / erfüllen

Ein Vertrag wird _____ (a). Bestimmte Verträge müssen notariell _____ (b) werden. Ein Vertrag kann von den Vertragspartnern individuell _____ (c) werden. Bei Vorliegen eines wirksamen Vertrags muss jeder Vertragspartner die Vertragsbedingungen _____ (d). Im Vertrag kann unter anderem festgelegt sein, welche Leistungen zu _____ (e) sind.

7. durchsetzen / geltend machen / verfolgen

Der Bürger kann einen Anspruch _____ _____ (a). Er kann den Anspruch vor Gericht _____ (b) und gerichtlich _____ (c).

8. feststellen / haften

Der Käufer einer Sache _____ einen Mangel _____ (a). Es ist zu klären, ob der Verkäufer für den Mangel _____ (b) muss.

9. leisten / verlangen / zubilligen

Ein Geschädigter kann Schadensersatz _____ (a). Das Gericht kann Schadensersatz _____ (b). Dann ist der Schadensersatz zu _____ (c).

10. abgeben / anfechten / einhalten / unterliegen / verstoßen / widerrufen

Rechtsgeschäfte dürfen nicht gegen ein gesetzliches Verbot _____ (a). Gesetzliche Formvorschriften müssen _____ (b) werden. Eine Person _____ eine Willenserklärung _____ (c), _____ (d) dabei aber einem Irrtum; in diesem Fall kann sie ihre Willenserklärung _____ (e). Eine Willenserklärung kann auch _____ (f) werden.

Zehntes Kapitel
Internationales Privatrecht, Europäisches Gemeinschaftsrecht und Europäische Menschenrechtskonvention

Die in der Überschrift genannten Rechtsgebiete werden in der Ausbildung oft in engem Zusammenhang miteinander behandelt, und auch viele Prüfungsordnungen fassen sie in einem Schwerpunktbereich zusammen. Es handelt sich jedoch um drei grundsätzlich verschiedene Rechtsgebiete: Das Internationale Privatrecht ist trotz seiner Bezeichnung Teil des jeweiligen nationalen Privatrechts, das deutsche Internationale Privatrecht weicht deshalb nicht wenig von den internationalen Privatrechten anderer Staaten ab. Dagegen ist das Gemeinschaftsrecht das Recht der Europäischen Union, das entweder unmittelbar oder infolge der Umsetzung in nationales Recht innerstaatliche Geltung hat und daher einen Teil des öffentlichen Rechts darstellt. Die Europäische Konvention zum Schutz der Menschenrechte und Grundfreiheiten, abgekürzt Europäische Menschenrechtskonvention (EMRK) wurde 1950 im Rahmen des Europarats ausgearbeitet und gilt inzwischen in allen seinen Mitgliedsstaaten.

I. Das Internationale Privatrecht (IPR)

Normen des IPR werden benötigt, wenn ein Lebenssachverhalt Beziehungen zu mehreren Rechtsordnungen aufweist. Das IPR bestimmt dann, welches Staates Privatrechtsnormen auf den jeweiligen Sachverhalt anwendbar sind. Dabei können bei einem einheitlichen Lebenssachverhalt mehrere Normen des IPR Bedeutung erlangen.

Beispiel: Der türkische Staatsangehörige Ali kauft von dem verheirateten italienischen Schuhgroßhändler Luigi in Mailand zwölf Paar italienische Schuhe, die Luigi vereinbarungsgemäß in Alis Schuhgeschäft in Nürnberg zu liefern hatte. Nach der Lieferung, aber vor Bezahlung der Schuhe ist Ali verstorben.

Welches Recht auf den Kaufvertrag anwendbar ist, bestimmt das internationale Schuldrecht; dagegen ergibt sich aus dem internationalen Familienrecht, welche Rechtsordnung darüber entscheidet, ob sich aus der Ehe des Luigi Auswirkungen auf seine Verfügungsmacht über die Schuhe ergeben. Ob und wann die Schuhe Eigentum von Ali geworden sind, richtet sich nach der Rechtsordnung, die durch das internationale Sachenrecht bestimmt wird. Das internationale Erbrecht schließlich entscheidet, nach welchem Recht der verstorbene Ali beerbt wurde und wie infolgedessen sein Erbe für den noch nicht bezahlten Kaufpreis haftet.

Aus historischen Gründen ist das IPR nicht im BGB selbst, sondern im Wesentlichen in den Art. 3 bis 46 des Einführungsgesetzes zum BGB geregelt; daneben sind aber zahlreiche internationale Übereinkommen zu beachten, die den Normen des EGBGB vorgehen, so dass es sich um ein recht unübersichtliches Rechtsgebiet handelt. Allerdings hat der Gesetzgeber einige besonders wichtige Staatsverträge in das Gesetz inkorporiert, etwa das Haager Testamentsformübereinkommen in Art. 26 EGBGB.

Der wesentliche Inhalt des EGBGB ist ein System von **Kollisionsnormen,** die angeben, das Recht welchen Staates anzuwenden ist, und zwar allseitiger Kollisionsnormen, die nicht nur die Anwendbarkeit des deutschen, sondern auch die eines beliebigen ausländischen Rechts regeln. Die Kollisionsnormen sind zu unterscheiden von den Sachnormen des durch sie berufenen Rechts; erst diese treffen eine inhaltliche Regelung. Das generelle Ziel der Kollisionsnormen ist die Auswahl derjenigen Rechtsordnung, mit der der Sachverhalt die engste Berührung hat. In manchen Staaten gibt es allerdings kein einheitliches Privatrecht, etwa in den USA, wo die einzelnen Bundesstaaten ihr eigenes Privatrecht haben (territoriale Rechtsspaltung), oder in manchen islamischen Staaten, in denen sich das Privatrecht nach der Religionszugehörigkeit richtet (personale Rechtsspaltung). Hier bestimmt das **interlokale Privatrecht** dieses Staates, welche Teilrechtsordnung anwendbar ist.

Im Beispielsfall sind zunächst die Art. 27, 28 EGBGB heranzuziehen, die das auf schuldrechtliche Verträge anzuwendende Recht regeln. Als Folge der Privatautonomie ist dies das von den Parteien ausdrücklich oder stillschweigend bestimmte Recht. Wurde der Kaufvertrag beispielsweise in den Geschäftsräumen des Luigi in Mailand geschlossen und nichts weiter vereinbart, wird italienisches Recht anwendbar sein. Wäre Ali nicht Unternehmer, sondern Verbraucher, könnte er sich demgegenüber auf die Verbraucherschutzvorschriften der Art. 29, 29a EGBGB berufen. Die dinglichen Rechte an den Schuhen, insbesondere die Frage, wer Eigentümer ist, bestimmen sich hingegen nach dem Recht des Staates, in dem sich die Schuhe befinden (Art. 43 EGBGB); durch die Lieferung von Italien nach Deutschland ist es also zu einer Änderung des anwendbaren Rechts, einem sog. **Statutenwechsel** gekommen. Die güterrechtlichen Wirkungen von Luigis Ehe richten sich nach Art. 14, 15 EGBGB; es kann also auch auf die Staatsangehörigkeit von Luigis Ehefrau ankommen. Sicher ist dagegen, dass für die Erbfolge nach Ali türkisches Recht anwendbar ist (Art. 25 EGBGB).

Wenn das deutsche IPR auf ausländisches Recht verweist, handelt es sich dabei jeweils um eine **Gesamtverweisung**; es wird also sowohl auf das ausländische Sachrecht als auch auf das ausländische IPR verwiesen (Art. 4 I 1 EGBGB). Sollte aber das ausländische Recht wieder auf deutsches Recht zurückverweisen, nimmt das deutsche Recht diese **Rückverweisung** endgültig an; es sind dann die deutschen Sachnormen anzuwenden (Art. 4 I 2 EGBGB).

Beispiel: Stirbt ein britischer Staatsangehöriger mit Wohnsitz und Vermögen in Deutschland, so bestimmt sich nach Art. 25 EGBGB die Erbfolge nach dem Recht von Großbritannien. Dessen IPR verweist aber auf deutsches Recht zurück, das diese Verweisung annimmt. Die Erbfolge in das in Deutschland belegene Vermögen des Briten richtet sich deshalb nach deutschem Recht.

Da Kollisionsnormen sehr häufig an die Staatsangehörigkeit anknüpfen, bedarf es auch einer Regelung für Mehrstaater und Staatenlose (Art. 5 EGBGB), die grundsätzlich an den Staat anknüpft, dem die Person am engsten verbunden ist; wer auch die deutsche Staatsangehörigkeit hat, wird aber in jedem Fall als Deutscher behandelt, eine Inkonsequenz, die sich allerdings entsprechend im IPR zahlreicher Staaten findet. Die hiernach bestimmte Staatsangehörigkeit entscheidet insbesondere über Rechts- und Geschäftsfähigkeit und über das Namensrecht (Art. 7, 10 EGBGB).

Die größte praktische Bedeutung hat das internationale Familienrecht. Die Wirksamkeitsvoraussetzungen einer Eheschließung richten sich für jeden Verlobten nach seiner Staatsangehörigkeit (Art. 13 I EGBGB); eine Ehe kann aber unter bestimmten Voraussetzungen auch nach deutschem Recht geschlossen werden (Art. 13 II EGBGB) und im Inland grundsätzlich nur vor dem Standesbeamten (Art. 13 III 1 EGBGB). Bei den Wirkungen der Ehe knüpft das deutsche IPR in erster Linie an die gemeinsame Staatsangehörigkeit, in zweiter Linie an den gewöhnlichen Aufenthalt der Ehegatten und zuletzt an das Recht des Staates an, dem die Eheleute sonst am engsten verbunden sind (Art. 14 EGBGB); da über die Frage einer solchen Verbindung leicht Zweifel entstehen können, ist bei gemischtnationalen Ehen in weitem Umfang eine **Rechtswahl** zugelassen; eine solche ist (selbst bei gemeinsamer Staatsangehörigkeit) auch für das eheliche Güterrecht zugelassen (Art. 15 II EGBGB). Soweit keine Rechtswahl getroffen wird, bestimmt sich das Güterrecht unwandelbar, also ohne einen Statutenwechsel bei einer späteren Veränderung der Verhältnisse, nach dem bei Eheschließung für die Ehewirkungen maßgeblichen Recht (Art. 15 I EGBGB). Für Unterhaltsansprüche ist grundsätzlich das Recht des gewöhnlichen Aufenthalts des Unterhaltsberechtigten maßgeblich (Art. 18 I 1 EGBGB), für die Abstammung das Recht des gewöhnlichen Aufenthalts des Kindes (Art. 19 I 1 EGBGB).

Die Kollisionsnormen umschreiben ihren Anwendungsbereich jeweils mit Begriffen aus dem deutschen materiellen Recht („Form", „Güterstand", „Versorgungsausgleich", „Annahme als Kind"). Rechtsinstitute, die dem deutschen Recht unbekannt sind (z. B. die Morgengabe des islamischen Rechts oder die Trennung von Tisch und Bett, die einige romanische Rechte kennen), müssen also unter einen dieser Begriffe subsumiert werden; man spricht hier von **Qualifikation,** die von den deutschen Gerichten in der Regel nach deutschem Recht als der **lex fori** vorgenommen wird.

Verweist eine Kollisionsnorm auf eine Sachnorm, die ihrerseits einen Rechtsbegriff enthält, für den eine Kollisionsnorm besteht, stellt sich die – vom positiven Recht nicht entschiedene – Frage, ob die Vorfrage nach dem Bestehen dieses anderen Rechtsverhältnisses gesondert zu bestimmen ist (sog. **selbständige Anknüpfung**) oder ob sie dem für die Hauptfrage maßgeblichen Recht unterliegen (sog. **unselbständige Anknüpfung**). Grundsätzlich erfolgt eine selbständige Anknüpfung; die für die Staatsangehörigkeit einer Person maßgeblichen Voraussetzungen sind aber unselbständig anzuknüpfen.

Beispiele: (1) Der türkische Staatsangehörige Mehmet ist verstorben. Über seinen Nachlass streiten seine erste Ehefrau Angelika und seine zweite Ehefrau Fatima. Angelika behauptet, sie sei niemals rechtswirksam von Mehmet geschieden worden. Ein deutsches Gericht würde die Frage, ob die Scheidung rechtsgültig war, nach Art. 17 EGBGB selbständig anknüpfen; es würde nicht ohne weiteres türkisches Recht als das nach Art. 25 EGBGB maßgebliche Erbrecht anwenden.
(2) Die Albanerin Marissa hatte in Gretna Green (Schottland) den griechischen Millionär Aristoteles geheiratet. Bei Marissas Tod streiten ihre Verwandten darüber, ob sie durch die Eheschließung die griechische Staatsangehörigkeit erworben hat. Ein deutsches Gericht würde diese Frage unselbständig anknüpfen, also ihre Wirksamkeit nach griechischem Recht, nicht nach Art. 13 EGBGB beurteilen.

Die Anknüpfungen des deutschen IPR führen häufig zur Anwendung ausländischen Rechts auch auf inländische Sachverhalte. Allerdings kann die deutsche Rechtsordnung nicht zulassen, dass die inländische Anwendung ausländischer Vorschriften zu Ergebnissen führt, die mit wesentlichen Grundsätzen des deutschen Rechts nicht vereinbar sind. Das gilt insbesondere dann, wenn in die Grundrechte eines Beteiligten eingegriffen wird. Deshalb steht die Anwendung des ausländischen Rechts unter dem Vorbehalt des **ordre public** (Art. 6 EGBGB). Solche Fälle kommen vor allem im Familien- und Erbrecht vor; ob ein Fall des ordre public vorliegt, kann auch durchaus umstritten sein.

Beispiele: (1) Sieht ein ausländisches Recht vor, dass die Zahlung einer Vertragsstrafe vereinbart werden kann, wenn ein Verlobter von der Eheschließung Abstand nimmt, kann diese vor einem deutschen Gericht nicht eingeklagt werden. Damit würde in unakzeptabler Weise in die Eheschließungsfreiheit (Art. 6 GG) eingegriffen.
(2) Nach islamischem Recht sind Töchter im Erbrecht gegenüber Söhnen dadurch benachteiligt, dass sie gesetzlich nur mit der halben Quote erben. Ob diese Folge im Inland anerkannt werden muss oder einen Verstoß gegen den ordre public darstellt, ist trotz Art. 3 II GG zweifelhaft, da der Erblasser dieses Ergebnis auch durch ein (zweifelsfrei gültiges) Testament erreichen könnte.

II. Das Europäische Gemeinschaftsrecht

Neben den nationalstaatlichen Rechtsvorschriften gewinnen in ganz Europa die Bestimmungen des europäischen Gemeinschaftsrechts zunehmend Bedeutung in der Rechtswirklichkeit. Die verfassungsrechtliche Grundlage der Geltung des europäischen Rechts im innerstaatlichen Bereich bildet Art. 24 GG.

1. Arten der Rechtssätze

Ähnlich wie im deutschen Recht gibt es auch im europäischen Recht Normen unterschiedlichen Ranges und unterschiedlicher Wirkung. An der Spitze der Normenhierarchie steht dabei das **primäre Gemeinschaftsrecht,** also die Verträge über die Europäische Union (EU), der Vertrag über die Arbeitsweise der Europäischen Union (AEUV) und der Vertrag über die damit eng verbundene Europäische Atomgemeinschaft. Der Vertrag über die dritte europäische Gemeinschaft, die Europäische Gemeinschaft für Kohle und Stahl, ist 2002 ausgelaufen.

Der AEUV enthält sowohl Bestimmungen über die Struktur, die Ziele und die Organe der Gemeinschaft als auch Bestimmungen, die unmittelbar in den Mitgliedstaaten anwendbar sind und Rechte und Pflichten begründen, ohne dass es eines innerstaatlichen Umsetzungsaktes bedürfte.

Beispiel: Nach Art. 28 AEUV ist den Mitgliedstaaten die Einführung neuer Ein- oder Ausfuhrzölle verboten. Die Gemeinschaftsbürger können sich auf dieses Verbot berufen, ohne dass die Mitgliedstaaten zuvor eine Bestimmung des nationalen Rechts erlassen müssten.

Für die Bürger besonders wichtig sind die im EG-Vertrag gewährleisteten Grundfreiheiten, nämlich die Warenverkehrsfreiheit (Art. 31 ff., 110 AEUV), die Arbeitnehmerfreizügigkeit (Art. 45 ff. AEUV), die Niederlassungsfreiheit (Art. 49 ff. AEUV), die Dienstleistungsfreiheit (Art. 56 ff. AEUV) und die Kapital- und Zahlungsverkehrsfreiheit (Art. 63 ff. AEUV). Ergänzt werden diese Grundfreiheiten durch das unabhängig von der wirtschaftlichen Betätigung bestehende Recht auf Freizügigkeit (Art. 21 I AEUV). Der EG-Vertrag stellt aber keine vollständige Regelung der Rechte der Gemeinschaftsbürger dar; insbesondere enthält er keine Gewährleistung von Grundrechten. Der EuGH hat jedoch zur Lückenfüllung die „allgemeinen Rechtsgrundsätze des Gemeinschaftsrechts" entwickelt, beispielsweise ein allgemeines Willkürverbot, das Recht auf einen fairen Prozess und den Grundsatz der Verhältnismäßigkeit, aber auch die Prinzipien des Vertrauensschutzes und der Rechtssicherheit. Die Grundrechte des Einzelnen finden sich seit 2000 auch in der „Charta der Grundrechte der Europäischen Union"; es fehlt aber an einem Rechtsschutzsystem, in dem diese Rechte durchgesetzt werden könnten, so dass diese Charta kaum praktische Bedeutung hat.

Auf der Grundlage des primären Gemeinschaftsrechts erlassen die Gemeinschaftsorgane die Normen des **sekundären Gemeinschaftsrechts.** Die größte praktische Bedeutung haben dabei die Verordnungen, die einem deutschen Gesetz vergleichbar sind. Sie sind in allen Mitgliedstaaten rechtsverbindlich, ohne dass sie dazu zunächst in nationales Recht umgesetzt werden müssten. Daneben erlässt die Gemeinschaft Richtlinien, die sich an die Mitgliedstaaten richten und diese verpflichten, den Inhalt der Richtlinie binnen einer in der Richtlinie bestimmten Frist in innerstaatliches Recht umzusetzen. Allerdings hat die Rechtsprechung des EuGH den Unterschied zwischen Verordnung und Richtlinie dadurch verwischt, dass entschieden wurde, auch eine Richtlinie könne unmittelbar angewendet werden, wenn die Richtlinie innerhalb der bestimmten Frist nicht in innerstaatliches Recht umgesetzt wurde und inhaltlich hinreichend bestimmt ist, um unmittelbar angewendet weden zu können. Der Mitgliedstaat soll also aus seiner Säumnis gegenüber den durch die Richtlinie Begünstigten keinen Vorteil ziehen.

Bestimmungen des nationalen Rechts, die eine durch Richtlinie geregelte Materie betreffen, sind richtlinienkonform auszulegen. Wenn für die Auslegung einer innerstaatlichen Rechtsnorm ein Spielraum besteht, ist die Auslegung zu wählen, die im Einklang mit dem Gemeinschaftsrecht steht (Pflicht zur gemeinschafts-freundlichen Rechtsanwendung). Ist diese nicht möglich und steht das inner-staatliche Recht im Gegensatz zur Richtlinie, darf allerdings auch nach Meinung des EuGH eine Auslegung contra legem des nationalen Rechts nicht erfolgen. Es stellt sich dann aber die Frage nach einer Staatshaftung wegen unzureichender Richtlinienumsetzung. Deutschland ist bereits einmal, nämlich wegen unterlas-sener Umsetzung der Pauschalreisen-Richtlinie, erfolgreich in Anspruch genom-men worden.

2. Vorrang des Gemeinschaftsrechts

Nicht mit der Haftung für die Nichtumsetzung von Richtlinien verwechselt wer-den darf der **Vorrang des Gemeinschaftsrechts** gegenüber allen Normen des na-tionalen Rechts, wie ihn der EuGH von Anfang an postuliert hat. Widersprechen sich unmittelbar anwendbares europäisches Recht und Bestimmungen des na-tionalen Rechts, so ist das Gemeinschaftsrecht anzuwenden. Dieser **„Anwen-dungsvorrang"** des Gemeinschaftsrechts besteht aber nur im konkreten Fall; an-ders als beim Vorrang des Bundesrechts vor dem Landesrecht (vgl. Kapitel 2, Abschn. I.1.) ist das nationale Recht nicht automatisch unwirksam, wenn es dem Gemeinschaftsrecht widerspricht.

Dieser Vorrang des Gemeinschaftsrechts gilt grundsätzlich auch gegenüber den Bestimmungen des Grundgesetzes. Allerdings hat das BVerfG einschränkend festgestellt, dass eine Überprüfung des europäischen Rechts am Maßstab der Grundrechte nur so lange nicht stattfinde, als die europäische Rechtsordnung ei-nen dem deutschen GG entsprechenden Grundrechtsstandard biete. Auch nimmt das BVerfG die Prüfung der Frage für sich in Anspruch, ob der durch Gemein-schaftsrecht geregelte Gegenstand dem europäischen Gesetzgeber überhaupt übertragen war. Deshalb können nach der neueren Rechtsprechung auch Akte der EG mit der Verfassungsbeschwerde angegriffen werden. Entsprechendes gilt für innerstaatliches Recht, das Richtlinien des europäischen Rechts umsetzt. So hat das BVerfG im Jahre 2005 ein Gesetz über den Europäischen Haftbefehl für verfassungswidrig erklärt, weil das Grundrecht der Auslieferungsfreiheit (Art. 16 II 2 GG) nicht ausreichend beachtet wurde und das Gesetz die Auslieferung an das EU-Ausland in Fällen ermöglichte, in denen eine Strafverfolgung vor dem GG keinen Bestand haben kann. Der Gesetzgeber war gezwungen, ein neues, den Vorgaben des BVerfG entsprechendes Gesetz zu erlassen.

3. Die Gerichte der Europäischen Union

Seit Gründung der Europäischen Gemeinschaften besteht ein gemeinschaftliches Rechtsprechungsorgan, der Gerichtshof der Europäischen Gemeinschaften (**EuGH**). Seine Aufgabe ist es, die Rechtmäßigkeit der Handlungen der Gemeinschaft zu überprüfen und eine einheitliche Auslegung und Anwendung des Gemeinschaftsrechts zu gewährleisten. Der EuGH besteht derzeit aus 27 Richtern (je einem aus jedem Mitgliedstaat) und acht Generalanwälten, die die Richter durch Erstattung von Rechtsgutachten, den so genannten Schlussanträgen, unterstützen. Der EuGH kann als Plenum tagen; meist entscheiden aber Kammern des Gerichtshofs, nämlich die Große Kammer mit 13 Richtern oder Kammern mit drei oder fünf Richtern.

Zur Erfüllung seiner Aufgaben hat der EuGH genau umrissene Zuständigkeiten und entscheidet im Rahmen des Vorabentscheidungsverfahrens und verschiedener Klagearten.

Hat ein nationales Gericht Zweifel an der Auslegung oder Gültigkeit des Gemeinschaftsrechts, kann diese in einem **Vorabentscheidungsverfahren** (Art. 267 AEUV) vom EuGH geklärt werden. Die Vereinbarkeit des nationalen Rechts mit dem Gemeinschaftsrecht kann zwar nicht Gegenstand einer Vorlage sein; mittelbar ergibt sich aus der Antwort des Gerichtshofs auf die Frage, wie Gemeinschaftsrecht auszulegen ist, aber zugleich die Antwort auf die Frage, ob das nationale Recht mit dieser Auslegung vereinbar ist. Das Vorabentscheidungsverfahren fördert dadurch die Verzahnung des Gemeinschaftsrechts mit den nationalen Rechtsordnungen.

Gerichte, deren Entscheidungen nicht mehr mit Rechtsmitteln angefochten werden können, sind vorlageberechtigt, andere Gerichte sind nach ihrem Ermessen vorlageberechtigt und dann vorlageverpflichtet, wenn sie einen entscheidungserheblichen Rechtsakt der Gemeinschaft als unwirksam behandeln wollen (sog. „Verwerfungsmonopol" des EuGH). Voraussetzung der Vorlage ist die Erheblichkeit der Norm des Gemeinschaftsrechts für die Entscheidung des konkreten Falls und die Darlegung, warum das vorlegende Gericht die Auslegung oder die Gültigkeit für zweifelhaft hält. Von der Vorlagemöglichkeit wird auch von den deutschen Gerichten häufig Gebrauch gemacht, zumal der EuGH (anders als das BVerfG) auch schwach begründete Vorlagen als zulässig ansieht und es dabei nicht etwa um grundlegende Prinzipien des Gemeinschaftsrechts gehen muss, sondern auch Einzelfragen aus weniger bedeutenden Materien geklärt werden.

Beispiel: Das AG Müllheim hat dem EuGH die Frage vorgelegt, ob es sich bei der früher von der Höhe des Stammkapitals einer Kapitalgesellschaft abhängigen Gebühr für die Eintragung in das Handelsregister um eine „Steuer oder sonstige Abgabe" im Sinne einer EG-Richtlinie handle, die die Erhebung solcher Abgaben verbietet. Der EuGH hat die Frage bejaht; das deutsche Kostenrecht in Handelsregistersachen musste daraufhin geändert werden; nach heutigem Recht werden vom Stammkapital unabhängige feste Gebühren erhoben.

Allerdings führt das Vorabentscheidungsverfahren wegen der Verfahrensdauer vor dem EuGH (etwa 2 Jahre) zu einer erheblichen Verlängerung des anhängigen Rechtsstreits; auch setzen sich manche Gerichte bewusst über die Vorlagepflicht hinweg. Dabei handelt es sich freilich um seltene Ausgaben. Auch wenn Entscheidungen des EuGH nur das vorlegende Gericht binden, kann die Bedeutung der faktisch allgemeinen Wirkung der Auslegungsentscheidungen des EuGH für die Einheitlichkeit der Auslegung des europäischen Rechts kaum überschätzt werden.

Im **Vertragsverletzungsverfahren** (Art. 258, 259 AEUV) prüft der EuGH, ob ein Mitgliedstaat seinen gemeinschaftsrechtlichen Verpflichtungen nachgekommen ist. Die Klage kann von der Kommission oder einem anderen Mitgliedstaat erhoben werden; in der Praxis werden nahezu alle Klagen von der Kommission erhoben, die zuvor dem Mitgliedstaat Gelegenheit gegeben hat, sich zu den Vorwürfen zu äußern und die Verletzung abzustellen. Lehnt der Mitgliedstaat dies ab und hat die Klage Erfolg, ordnet der EuGH an, dass der Mitgliedstaat handeln muss; das Urteil kann durch die Auferlegung von Zahlungsverpflichtungen durchgesetzt werden.

Mit der **Nichtigkeitsklage** (Art. 263 AEUV) versucht der Kläger die Nichtigerklärung einer Handlung zu erreichen, die ein Organ der Gemeinschaft vorgenommen hat. Klagebefugt sind stets die Organe der Gemeinschaft und ihre Mitgliedstaaten, Einzelpersonen nur dann, wenn sie durch die Handlung unmittelbar betroffen sind.

Die **Untätigkeitsklage** (Art. 265 AEUV) stellt die Rechtmäßigkeit der Untätigkeit eines Gemeinschaftsorgans zur Entscheidung des Gerichtshofs, wenn der Kläger eine Pflicht zum Tätigwerden behauptet. Wird die Rechtswidrigkeit der Unterlassung festgestellt, ist das Organ verpflichtet, die geeigneten Maßnahmen zu ergreifen.

Der EuGH wird bei seiner Tätigkeit von den europäischen Instanzgerichten unterstützt, nämlich dem **Europäischen Dienstgericht** und dem Europäischen Gericht (**EuG**). Diesen sind bestimmte Arten von Klagen zugewiesen. Gegen die Entscheidungen des EuG ist ein auf Rechtsfragen beschränktes Rechtsmittel zum EuGH gegeben.

4. Die EuGVVO

Die zunehmende wirtschaftliche Verflechtung der Staaten der Europäischen Union erfordert eine wirksame grenzüberschreitende Durchsetzbarkeit von Ansprüchen. Wichtig ist dabei vor allem die gemeinschaftsweite Anerkennung von und Vollstreckungsmöglichkeit für Gerichtsentscheidungen, aber auch grenzüberschreitende Zuständigkeitsregelungen. Nachdem bereits 1968 ein entsprechender Staatsvertrag, das Europäische Gerichtsstands- und Vollstreckungsübereinkommen, geschlossen worden war, gilt jetzt in allen Mitgliedstaaten außer Dänemark die Verordnung über die gerichtliche Zuständigkeit und die Anerkennung und Vollstreckung von Entscheidungen in Zivil- und Handelssachen (EuGVVO).

Die Verordnung enthält zunächst Zuständigkeitsbestimmungen: Personen, die in einem Mitgliedstaat ihren Wohnsitz haben, können ohne Rücksicht auf ihre Staatsangehörigkeit in ihrem Wohnsitzstaat verklagt werden; in Verbrauchersachen kommt eine Abweichung nur ausnahmsweise in Frage. Ist in einem Mitgliedstaat eine Entscheidung ergangen, wird diese Entscheidung ohne besonderes Anerkennungsverfahren in allen Mitgliedstaaten anerkannt; es wird also eine Gleichwertigkeit des Rechtsschutzes in allen Mitgliedstaaten vorausgesetzt. Nur schwere Verfahrensmängel und ein offensichtlicher Widerspruch zum ordre public des Mitgliedstaats, in dem die Entscheidung geltend gemacht wird, hindern ausnahmsweise die Anerkennung; die ausländische Entscheidung darf sachlich nicht nachgeprüft werden. Anzuerkennende Entscheidungen können in jedem Mitgliedstaat für vollstreckbar erklärt werden; selbst diese Vollstreckbarerklärung ist aber bei unbestrittenen Forderungen entbehrlich. In Deutschland erfolgt die Vollstreckbarerklärung ähnlich wie bei innerstaatlichen Urteilen durch Erteilung der Vollstreckungsklausel (vgl. Kap. 9 III 3).

III. Die Europäische Menschenrechtskonvention

Deutschland ist – wie alle 47 Mitgliedstaaten des Europarats – Vertragsstaat der 1953 in Kraft getretenen Europäischen Konvention zum Schutz der Menschenrechte und Grundfreiheiten (EMRK). Sie gewährleistet beispielsweise das Recht auf Leben, das Folterverbot, den Schutz der persönlichen Freiheit, der Gewissens- und Religionsfreiheit und der freien Meinungsäußerung sowie das Recht auf rechtliches Gehör und ein faires Gerichtsverfahren. Die eigentliche Bedeutung der Konvention liegt aber darin, dass die Vertragsstaaten verpflichtet sind, endgültige Entscheidungen des zur Durchsetzung der Konvention eingerichteten Europäischen Gerichtshofs für Menschenrechte (EGMR) zu beachten (Art. 46 EMRK) und dass bei einer Verletzung der Konvention dem Verletzten eine Entschädigung zugesprochen werden kann (Art. 41 EMRK). Jede natürliche Person kann die Verletzung eines Konventionsrechts durch einen Vertragsstaat beim EGMR rügen. Dort prüft zunächst ein Ausschuss von drei Richtern die Beschwerde. Wird sie als zulässig angesehen, entscheidet eine Kammer von sieben Richtern; eine Große Kammer von 17 Richtern, an die die Sache verwiesen werden kann, gewährleistet die Einheitlichkeit der Rechtsprechung.

Stellt der EGMR eine Verletzung der Konvention fest, so ist der betreffende Vertragsstaat verpflichtet, für die Befolgung der Entscheidung zu sorgen. Allerdings sind die Urteile des EGMR (lediglich) Feststellungsurteile. Ist also die Konvention durch eine rechtskräftige Gerichtsentscheidung verletzt worden, bleibt deren Rechtskraft davon unberührt. Auch in Strafsachen kann der EGMR nicht die Durchführung eines neuen Verfahrens oder eine Aufhebung der Verurteilung anordnen; es ist vielmehr den Mitgliedstaaten überlassen, wie sie die Rechte des erfolgreichen Beschwerdeführers verwirklichen wollen. Im deutschen Recht ist eine Verletzung der EMRK ein Grund für die Wiederaufnahme des Verfahrens (§ 359 Nr. 6 StPO; vgl. Kap. 10 II 4).

In zahlreichen Entscheidungen hat der EGMR den Schutzbereich der durch die Konvention gewährleisteten Rechte zusehends ausgeweitet. Hiervon waren nicht nur Länder mit niedrigem Grundrechtsstandard betroffen; auch mehrere Beschwerden gegen Deutschland sind bereits erfolgreich gewesen, etwa 1984 wegen Verletzung des Rechts auf einen unentgeltlichen Dolmetscher vor Gericht (Art. 6 III EMRK) in Bußgeldsachen und 1995 wegen Verletzung des Diskriminierungsverbots (Art. 14 EMRK) dadurch, dass in Baden-Württemberg nur von Männern, nicht dagegen von Frauen eine Feuerwehrabgabe erhoben wurde.

Im deutschen Recht hat die EMRK den Rang eines (einfachen) Bundesgesetzes. Die Unterwerfung unter das Rechtsschutzsystem der Konvention war keine Übertragung von Hoheitsrechten. Ihre Verletzung kann daher, soweit nicht zugleich ein durch das GG gesichertes Grundrecht verletzt ist, nicht mit der Verfassungsbeschwerde vor dem BVerfG gerügt werden.

Übungsteil I – IPR

A. Rechtliche Aspekte

1 Fragen zum Internationalen Privatrecht

1. Wann werden Normen des IPR benötigt?

2. Was regelt das IPR?

3. Inwiefern können bei einem einheitlichen Lebenssachverhalt verschiedene Normen des IPR eine Rolle spielen? Nennen Sie einen konkreten Beispielsfall!

4. Welche IPR-Rechtsquellen kennen Sie?

5. Was verstehen Sie unter einer Kollisionsnorm? Nennen Sie ein Beispiel für eine Kollisionsnorm und einen Beispielsfall dazu!

6. Wann ist eine Kollisionsnorm eine allseitige Kollisionsnorm, wann eine einseitige Kollisionsnorm? Nennen Sie je ein Beispiel für diese Kollisionsnormen und bilden Sie zur Verdeutlichung des Unterschiedes je einen Fall!

7. Worin besteht der Hauptzweck von Kollisionsnormen?

8. Was versteht man unter territorialer, was unter personaler Rechtsspaltung? Führen Sie je einen Staat an, in dem eine dieser Formen der Rechtsspaltung auftritt. Welches Recht bestimmt in diesen Fällen, welche Teilrechtsordnung anwendbar ist?

9. Was ist mit Statut gemeint?

10. Wann kann es beispielsweise zu einem Statutenwechsel kommen? Welche rechtlichen Folgen hat dieser Wechsel möglicherweise?

11. Erklären Sie die Wörter „Gesamtverweisung" und „Rückverweisung" und geben Sie je einen Beispielsfall an!

12. Wie werden in Fällen, bei denen an die Staatsangehörigkeit angeknüpft wird, Staatenlose und Mehrstaater behandelt, wie Mehrstaater, die gleichzeitig die deutsche Staatsangehörigkeit besitzen?

13. Erläutern Sie, was unter Rechtswahl zu verstehen ist und nennen Sie Fälle, in denen diese zulässig ist.

14. Erörtern Sie den Begriff „Qualifikation" und erklären Sie, nach welchen Regeln diese normalerweise von den deutschen Gerichten vorgenommen wird.

15. Erklären Sie, was eine selbstständige und was eine unselbstständige Anknüpfung einer Vorfrage bedeutet und wann diese jeweils vorgenommen wird.

16. Erläutern Sie den Vorbehalt des ordre public und legen Sie dar, aus welchen Gründen oft umstritten ist, ob dieser Vorbehalt im Einzelfall tatsächlich zutrifft.

2 Bitte bearbeiten Sie die folgenden Fälle:

1. Die deutschen Urlauber Hinz und Kunz stoßen mit ihren jeweiligen Leihwagen auf einer türkischen Landstraße zusammen; Hinz wird erheblich verletzt und verlangt von Kunz Ersatz seiner Heilungskosten (40.000 €). Kunz beruft sich auf die Haftungshöchstgrenze des türkischen Straßenverkehrsgesetzes (umgerechnet 15.000 €). Mit Recht?

2. Otto, der US-amerikanischer Staatsbürger ist, wohnte zuletzt in Baden-Baden und starb beim Absturz eines schweizerischen Flugzeuges. Er hinterlässt ein Grundstück in Texas, eine Eigentumswohnung in Baden-Baden und ein Konto in der Schweiz. Nach welchem Recht richtet sich die Erbfolge?

3. Dodi hat durch einen in Deutschland vor einem Notar abgeschlossenen Erbvertrag Diana zu seinem Alleinerben eingesetzt. Beide verunglücken tödlich im Tunnel unter der Place d'Alma (Paris, Frankreich); Dodi stirbt zuerst. Dianas Kinder wollen das Erbe antreten; Dodis Erben bestreiten das Erbrecht, weil es nach englischem Recht keinen Erbvertrag gibt.

4. Paul und Virginie sind beide Griechen orthodoxen Bekenntnisses und haben in Paris standesamtlich geheiratet. Sie sind jetzt nach Deutschland gezogen und wollen ihre Eheschließung in das deutsche Familienbuch eintragen lassen. Der Standesbeamte weigert sich, weil – was zutrifft – man in Griechenland nur vor dem orthodoxen Geistlichen heiraten kann.

5. Ali und Fatima sind beide Marokkaner und haben in Marokko vor dem Imam geheiratet. Nach ihrer Übersiedlung nach Deutschland wendet sich Ali einer anderen Frau zu und möchte sich scheiden lassen. Da er die Anwalts- und Gerichtskosten scheut, erklärt er die Scheidung durch Verstoßung der Ehefrau, was nach marokkanischem Recht zulässig ist. Kurz darauf findet Fatima auch einen neuen Freund und stellt vor dem Familiengericht Scheidungsantrag. Ali wendet ein, dass sie bereits geschieden seien. Mit Recht?

6. Die Türkin Tansu ist aus der elterlichen Wohnung ausgezogen und studiert jetzt in einer anderen deutschen Stadt. Sie verlangt von ihren wohlhabenden türkischen Eltern Unterhalt bis zum Abschluss ihrer Ausbildung. Diese weigern sich mit der Begründung, das türkische Recht sehe eine Unterhaltspflicht für das Studium nicht vor.

7. Die deutsche Staatsangehörige Eva wünscht sich sehnlichst ein Kind, reist kurzentschlossen nach Thailand und bringt sich von dort ein Baby mit. Die leiblichen Eltern haben der Adoption in notarieller Urkunde zugestimmt. Evas Ehemann Hans (auch Deutscher) ist dagegen mit der

Adoption nicht einverstanden. Eva beantragt sie trotzdem mit der Begründung, dass nach thailändischem Recht die Zustimmung des Ehemanns nicht erforderlich sei.

8. Uka und Ika sind nach dem Recht des Inselstaates Hika-hika verheiratet. Uka möchte noch ein Kind, Ika nicht. Uka wird schwanger. Ika stellt bei dem Familiengericht Hika-hika den Antrag festzustellen, dass Uka zur Abtreibung verpflichtet ist. Das Familiengericht entspricht in richtiger Anwendung des Rechts von Hika-hika diesem Antrag. Uka flieht zu ihrem Bruder nach Deutschland. Ika reist ihr nach und betreibt die Vollstreckbarerklärung des Urteils des Familiengerichts Hika-Hika. Mit Aussicht auf Erfolg?

9. Anna hatte eine Werbeschrift zum Erwerb einer supergünstigen Küchenmaschine bekommen, die es nur auf der Insel Man (Großbritannien) zu kaufen geben soll. Sie reist mit einer von dem Werber zusammengestellten Reisegruppe auf die Insel Man und kauft dort bei einer Verkaufsveranstaltung, bei der es sehr lustig zugeht, diverse Küchenmaschinen zum Preis von insgesamt 9.500 €. Da Anna monatlich nur 2.000 € verdient, stellt sie nach ihrer Rückkehr fest, dass sie sich die tollen Sachen eigentlich nicht leisten kann. Sie schreibt sofort der Verkäuferfirma, dass sie den Vertrag widerrufe. Diese beruft sich, dass der Vertrag nach dem Recht der Insel Man abgeschlossen sei, das – was zutrifft – kein Widerrufsrecht bei derartigen Geschäften kennt.

10. Die beiden Deutschen Peter und Lisa haben in England einen Kaufvertrag über eine deutsche Eigentumswohnung bei einem solicitor abgeschlossen, um die hohen Notarkosten in Deutschland zu sparen. Nach der Rückkehr nach Deutschland ärgert sich Lisa über den nach ihrer Ansicht zu niedrigen Kaufpreis und beruft sich darauf, der Vertrag sei unwirksam. Peter dagegen geht mit dem Vertrag zum Grundbuchamt und verlangt seine Eintragung als Eigentümer. Das Grundbuchamt weist den Antrag zurück. Mit Recht?

3 Entscheiden Sie, um welches Problem es in den folgenden Fällen geht.

Forum Shopping / Hinkende Ehe / ordre public / Qualifikation / Rückverweisung (= Renvoi) / Rückverweisung / Verweisung / Weiterverweisung

1. Die Französin F verstirbt an ihrem letzten Wohnsitz in Berlin. Sie hinterlässt etwas Schmuck und je ein Grundstück in Berlin, in Paris und in Rom. Das französische IPR folgt dem Prinzip der Nachlassspaltung (bewegliches Vermögen Recht am letzten Wohnsitz des Erblassers; unbewegliches Vermögen lex rei sitae) und nimmt eine Gesamtverweisung vor. Die deutsche Nachlassrichterin fragt sich, um welche Arten der Verweisung es sich jeweils handelt.

 – Grundstück in Berlin: ....

 – Grundstück in Paris: ....

  – Grundstück in Rom: ....

  – Schmuck: ....

2. Der Iraker Ali verstößt seine deutsche Ehefrau E durch das im islamischen Recht geltende Rechtsinstitut des talàq. E kehrt nach Deutschland
   zurück und will dort bald danach eine Jugendliebe heiraten. Sie fragt den
   Staatsbeamten S, ob die Verstoßung nach islamischem Recht eine wirksame Ehescheidung im Sinne des deutschen Rechts darstellt. S hat Zweifel daran, da die Möglichkeit einer Scheidung aufgrund einseitiger Erklärung des Ehemannes gegen ein wichtiges Verfassungsprinzip der
   Bundesrepublik Deutschland, nämlich den Gleichbehandlungsgrund-
   satz nach Art. 3 Abs. 2 GG verstößt. Auf der anderen Seite erkennt er
   das Problem, dass dann möglicherweise die Scheidung im Irak gültig, in
   Deutschland jedoch ungültig ist.

3. Die Deutsche D und der Jemeniter J mit gewöhnlichem Aufenthalt in
   Deutschland haben im Jahr 2008 im Jemen geheiratet. Bei der Eheschließung wurde eine Morgengabe vereinbart. Der Familienrichter, der
   für die im Jahre 2012 in Berlin eingereichte Scheidung zuständig ist, fragt
   sich, wie die Morgengabe rechtlich zu behandeln ist.

4. Die deutsche Ehefrau B des weltberühmten deutschen Tennisspielers B B
   möchte sich scheiden lassen und überlegt, wo die Scheidungsfolgen für
   sie am günstigsten sind. Letztendlich reicht sie den Scheidungsantrag in
   Florida ein, wo die Eheleute eine Villa besitzen. Die gegnerische Anwältin überlegt, ob dies überhaupt möglich ist.

[4] Entscheiden Sie, um welches Statut es sich bei den folgenden Fällen jeweils
handelt, und nennen Sie die einschlägigen Artikel des EGBGB.

**Arbeitsvertragsstatut / Deliktsstatut / Ehewirkungsstatut / Erbstatut /
Namensstatut / Personalstatut / Scheidungsstatut / Statut der
eingetragenen Lebenspartnerschaft / Unterhaltsstatut / Vertragsstatut**

1. Der deutsche Tourist T und die französische Geschäftsfrau G stoßen in
   Tunis auf einer belebten Kreuzung mit ihren Mietwagen zusammen. T
   wird dabei leicht verletzt, beide Mietwagen werden beschädigt.

2. Der Slowake S verstirbt mit letztem Wohnsitz in Deutschland. Er besaß
   Immobilien in Dresden, London, Paris und Bratislava.

3. Der Portugiese P, die Österreicherin Ö und der Deutsche D gründen in
   Birmingham eine Limited-Gesellschaft nach englischem Recht. Die
   Rechtsanwältin R, die die Limited in Deutschland anwaltlich vertreten
   soll, fragt sich, ob diese überhaupt rechtsfähig ist.

4. Die Spanierin S und der Este E heiraten in Las Vegas und leben in Düsseldorf. Die Notarin N in Düsseldorf, bei der die beiden einen Ehevertrag schließen wollen, fragt sich, nach welchem Recht sich die Ehewirkungen bestimmen.

5. Das türkische 15-jährige Computergenie G, das seit seinem 3. Lebens jahr in Deutschland lebt, möchte sich dort neben der Schule mit Computerdienstleistungen selbständig machen. Der zuständige Vormundschaftsrichter V fragt sich, nach welchem Recht dies zu beurteilen ist.

6. Die Deutsche D und der Portugiese P heiraten in Deutschland. Sie fragen sich, ob sie ihre Nachnamen nach portugiesischem Recht wählen können, da dann die Kinder den Namen beider Elternteile tragen könnten, was nach deutschem Recht nicht zulässig ist.

7. Die Engländerin E und der Deutsche S leben seit zehn Jahren in Deutschland in eheähnlicher Lebensgemeinschaft. Jetzt wollen sie sich trennen und E fragt ihre Anwältin, nach welchem Recht sich die rechtlichen Folgen der Trennung richten.

8. Die Slowenin W, die mit ihren drei minderjährigen Kindern in Nürnberg lebt, verlangt von ihrem geschiedenen polnischen Ehemann P, der nach Krakau zurückgekehrt ist, monatliche Geldzahlungen, die ihr und den gemeinsamen Kindern ein sorgenfreies Leben ermöglichen.

9. Der US-Bürger B, der in der Ukraine geboren ist, arbeitet als Softwarespezialist in Erlangen. Wegen seiner muttersprachlichen Russischkenntnisse entsendet ihn sein Arbeitgeber mehrfach für einen vorübergehenden Zeitraum nach Russland. B fragt sich, ob sein Arbeitsvertrag sich dadurch nach den russischen Regeln richtet.

10. Der Finne F und der Schwede D leben seit fünf Jahren in Köln in einer dort eingetragenen gleichgeschlechtlichen Lebenspartnerschaft. Sie fragen sich, nach welchem Recht sich die Folgen richten, wenn sie sich einmal trennen sollten.

[5] Handelt es sich um eine territoriale Rechtsspaltung, Personalrechtsspaltung oder Nachlassspaltung?

1. Die amerikanische Staatsangehörige S, deren Heimatstaat Texas ist, verstirbt mit letztem Wohnsitz in München. Sie hinterlässt ein wenig Bargeld und einige kostbare Gemälde.

2. Fatima, die iranische Staatsangehörige ist und der sunnitischen Religion angehört, verstirbt an ihrem letzten Wohnsitz in Greifswald. Sie hinterlässt einige wertvolle Silbergegenstände und mehrere antike Orientteppiche.

3. Der Rumäne R verstirbt mit letztem Wohnsitz in Hamburg, er besaß Juwelen sowie Immobilien in Hamburg und Florenz. Das rumänische Kollisionsrecht wendet auf unbewegliches Vermögen den Grundsatz der lex rei sitae an, für bewegliches Vermögen verweist es auf das Recht des Heimatstaates.

B. Sprachliche Aspekte

1 Setzen Sie die richtigen Wörter ein:

anwendbar / Einführungsgesetzes / Gesamtverweisung / Gesetz /
Kollisionsnormen / Kollisionsnormen / Lebenssachverhalt / Normen /
Normen / Recht / Rechtsordnung / Rechtsordnungen / Rechtsspaltung /
Rechtsspaltung / Rückverweisung / Sachenrecht / Sachnormen /
Teilrechtsordnung

Normen des IPR werden benötigt, wenn ein Lebenssachverhalt Beziehungen zu mehreren _____(1) aufweist. Das IPR bestimmt dann, welches Staates Privatrechtsnormen auf den jeweiligen Sachverhalt _____ (2) sind. Dabei können bei einem einheitlichen _____ (3) mehrere _____ (4) des IPR Bedeutung erlangen.

Aus historischen Gründen ist das IPR nicht im BGB selbst, sondern im Wesentlichen in den Art. 3 bis 46 des _____ (5) zum BGB geregelt; daneben sind aber zahlreiche internationale Übereinkommen zu beachten, die den _____ (6) des EGBGB vorgehen, so dass es sich um ein recht unübersichtliches Rechtsgebiet handelt. Allerdings hat der Gesetzgeber einige besonders wichtige Staatsverträge in das _____ (7) inkorporiert, etwa das Haager Testamentsformübereinkommen in Art. 26 EGBGB.

Der wesentliche Inhalt des EGBGB ist ein System von _____ (8), die angeben, das Recht welchen Staates anzuwenden ist, und zwar allseitiger _____ (9), die nicht nur die Anwendbarkeit des deutschen, sondern auch die eines beliebigen ausländischen Rechts regeln.

Die Kollisionsnormen sind zu unterscheiden von den _____ (10) des durch sie berufenen Rechts; erst diese treffen eine inhaltliche Regelung. Das generelle Ziel der Kollisionsnormen ist die Auswahl derjenigen _____ (11), mit der der Sachverhalt die engste Berührung hat. In manchen Staaten gibt es allerdings kein einheitliches Privatrecht, etwa in den USA, wo die einzelnen Bundesstaaten ihr eigenes Privatrecht haben (territoriale _____ (12)) oder in manchen islamischen Staaten, in denen sich das Privatrecht nach der Religionszugehörigkeit richtet (personale _____ (13)). Hier bestimmt das interlokale bzw. interpersonale Privatrecht dieses Staates, welche (14) anwendbar ist.

Wenn das deutsche IPR auf ausländisches Recht verweist, handelt es sich dabei jeweils um eine _____ (15); es wird also sowohl auf das ausländische Sachrecht als auch auf das ausländische IPR verwiesen (Art. 4 I 1 EGBGB). Sollte aber das ausländische Recht wieder auf deutsches Recht zurückverweisen, nimmt das deutsche Recht diese _____ (16) endgültig an; es sind dann die deutschen Sachnormen anzuwenden (Art. 4 I 2 EGBGB).

2 Rechtspolitische Frage

Erörtern Sie, ob der den Gerichtsstandsvorschriften zugrundeliegende Gerechtigkeitsgedanke dem Forum Shopping nicht Grenzen setzen sollte.

Übungsteil II – Europarecht

A. Rechtliche Aspekte

1 Fragen zum Gemeinschaftsrecht

1. Was versteht man unter dem primären Gemeinschaftsrecht?

2. Welche Bestimmungen enthält der EG-Vertrag?

3. Wie sieht es mit der Geltung von Grundrechten im Gemeinschaftsrecht aus? Wo sind diese geregelt?

4. Welche Normen des sekundären Gemeinschaftsrechts kennen Sie? Erklären Sie, worin der Unterschied zwischen den Normen liegt.

5. Was ist unter dem Anwendungsvorrang des Gemeinschaftsrechts zu verstehen?

6. Was besagt die Solange-Entscheidung des Bundesverfassungsgerichts und welche Konsequenz hatte diese Rechtsprechung für das Gesetz über den Europäischen Haftbefehl?

7. Wie heißt das gemeinschaftliche Rechtsprechungsorgan der Europäischen Gemeinschaft und welche Aufgaben erfüllt es?

8. Wie viele Richter und wie viele Generalanwälte hat der EuGH?

9. Welche Aufgaben haben die Generalanwälte?

10. In welchen Formationen tagt der EuGH?

11. Erklären Sie kurz und mit Ihren eigenen Worten das Vorabentscheidungsverfahren nach Art. 267 AEUV.

12. Wen binden die Vorabentscheidungen des EuGH? Wie sieht es mit ihrer faktischen Wirkung aus?

13. Wer kann ein Vertragsverletzungsverfahren nach Art. 258, 259 AEUV einleiten und was wird darin geprüft?

14. Wer kann eine Nichtigkeitsklage nach Art. 263 AEUV erheben und worin besteht ihr Inhalt?

15. Erläutern Sie die Untätigkeitsklage nach Art. 265 AEUV und ihre Rechtsfolgen.

16. Welche weiteren Gemeinschaftsgerichte gibt es?

17. Wofür steht die Abkürzung EuGVVO?

[2] Welche der folgenden Klagearten vor dem Europäischen Gerichtshof ist für die einzelnen Fälle einschlägig?

a. Vorabentscheidungsverfahren, Art. 267 AEUV

b. Klage wegen Vertragsverletzung, Art. 258 f. AEUV

c. Nichtigkeitsklage, Art. 263 f. AEUV

d. Untätigkeitsklage, Art. 265 AEUV

1. Die nach Spanien gezogene Ärztin Äuglein wird, wie alle anderen zugezogenen ausländischen Ärzte, aufgefordert, an dem nationalen Auswahlverfahren „Médico Interno Residente" (MIR) teilzunehmen. Ihr Einwand, ihre bereits in Deutschland absolvierte fachärztliche Weiterbildung sei zu berücksichtigen, wird ebenso zurückgewiesen wie das Vorbringen ihrer zugezogenen Kollegen, sie verfügten über diverse, in ihren Heimatländern erworbene Befähigungsnachweise. Die Kommission will deshalb gegen Spanien wegen nicht ordnungsgemäßer Umsetzung der Gemeinschaftsbestimmungen zur Erleichterung der Freizügigkeit für Ärzte und zur gegenseitigen Anerkennung ihrer in anderen Mitgliedstaaten erworbenen Befähigungsnachweise vorgehen.

2. Die Deutsche Bahn hat im Juli 2008 bei der Europäischen Kommission eine Beschwerde gegen die steuerliche Bevorzugung des Luftverkehrs eingereicht, die den Wettbewerb auf innerdeutschen Strecken einseitig zu Lasten der Bahn verzerre. Nachdem die Kommission bis September 2008 nichts gegen die Befreiung des Flugbenzins von der Mineralöl- und der Ökosteuer unternommen hat, will die Bahn klagen.

3. Die Niederlande meinen, die Gemeinschaftsrichtlinie über den rechtlichen Schutz biotechnologischer Erfindungen verstoße gegen die Menschenwürde, weil sie den menschlichen Körper zu einem verfügbaren und veräußerlichen Gut erkläre.

4. Die Haftung des Herstellers für fehlerhafte Produkte muss in allen Mitgliedstaaten identisch sein. Nach Meinung der Kommission haben Frankreich und Griechenland die Harmonisierungsmaßnahmen nicht ordnungsgemäß umgesetzt.

5. Die Firma Pelle tauscht einen defekten Backofen um, verlangt aber von der Käuferin für die 17 Monate der Nutzung eine Vergütung. Die Richter des zuständigen VIII. Zivilsenats des Bundesgerichtshofs fragen sich, ob die Vorschrift des § 439 Abs. 4 BGB, die den Käufer im Falle einer Ersatzlieferung dazu verpflichtet, an den Verkäufer eine Vergütung für die Nutzung der zunächst gelieferten mangelhaften Kaufsache zu zahlen, mit Europäischem Gemeinschaftsrecht vereinbar ist.

6. Frankreich, Deutschland und Irland haben der Kommission nicht rechtzeitig Listen und Informationen zu Gebieten, in denen bestimmte Lebensraumtypen vorkommen, übermittelt. Die Kommission ist der Ansicht, diese Mitgliedstaaten hätten damit gegen die Richtlinie zur Erhaltung der natürlichen Lebensräume sowie der wild lebenden Tiere und Pflanzen verstoßen.

7. Das Chemieunternehmen Pflanzenglück hat die Zulassung der Genkartoffel Happy Potato beantragt. Während Gentechnik-Gegner vor den unkontrollierten Folgen beim Anbau der Genkartoffeln warnen, ist das Unternehmen der Meinung, das Zulassungsverfahren sei unnötigerweise wiederholt verzögert worden.

8. Der Assistenzarzt Aspirinius leistet regelmäßig im Städtischen Krankenhaus S Bereitschaftsdienste aus. Während dieser Bereitschaftsdienste kann er sich in einem Ruheraum ausruhen, wenn er nicht zur Krankenbehandlung in Anspruch genommen wird. Nach deutschem Recht werden die Bereitschaftsdienste nicht genauso wie Arbeitszeit behandelt, sondern als Ruhezeit, die z. B. durch Freizeit und niedrigere Vergütung abgegolten werden kann. Das Landesarbeitsgericht L hat große Zweifel, ob diese Behandlung des Bereitschaftsdienstes mit der Gemeinschaftsrichtlinie über bestimmte Aspekte der Arbeitszeitgestaltung übereinstimmt, nach der der Begriff „Arbeitszeit" jede Zeitspanne umfasst, während der ein Arbeitnehmer dem Arbeitgeber zur Verfügung steht und seine Tätigkeit ausübt oder Aufgaben wahrnimmt.

3 Um welche der Grundfreiheiten geht es in den unten angegebenen Fällen?

a. Warenverkehrsfreiheit, Art. 28 ff., 110 AEUV

b. Dienstleistungsfreiheit, Art. 56 ff. AEUV

c. Arbeitnehmerfreizügigkeit, Art. 45 ff. AEUV

d. Niederlassungsfreiheit, Art. 49 ff. AEUV

e. Kapitalverkehrsfreiheit, Art. 63 I, 64 AEUV

f. Zahlungsverkehrsfreiheit, Art. 63 II, 64 f. AEUV

g. Freizügigkeit, Art. 21 AEUV

1. Bei der Umwandlung des VW-Werks in eine Aktiengesellschaft wurde gesetzlich festgelegt, dass ein Aktionär ohne Rücksicht auf die Zahl seiner Aktien stets nur ein Stimmrecht in Höhe von 20 % des Grundkapitals hat. Der Hedgefonds H strebt die Aktienmehrheit bei der VW AG an und möchte deshalb auch die Mehrheit der Stimmen in der Hauptversammlung haben.

2. Das Unternehmen U will japanische Comics auf DVD oder Videocassette aus dem Vereinigten Königreich in Deutschland im Versandhandel vertreiben. Diese Filme tragen einen Aufkleber der britischen Stelle für die

Einstufung von Filmen, dass sie „ab 15 Jahren freigegeben" sind. Das deutsche Recht verbietet in § 12 III JSchG das Angebot oder die Überlassung von Bildträgern im Versandhandel, die nicht von einer innerstaatlichen zuständigen Behörde oder Organisation der freiwilligen Selbstkontrolle zum Zweck des Minderjährigenschutzes geprüft und eingestuft sind.

3. Gegen den Playboy P, der an der deutsch-luxemburgischen Grenze die von ihm zwecks Kaufs eines Sportwagens mitgeführten 30.000 € in bar auf Nachfrage eines Zollbeamten verschwiegen hatte, wurde ein Bußgeld verhängt. P meint, dass europäisches Recht eine solche Befragung und erst recht die Verhängung eines Bußgelds bei falschen Angaben im Rahmen einer solchen Befragung verbietet.

4. Die Ehegatten M leben in einem österreichischen Dorf nahe der deutschen Grenze und haben gerade ein Baby bekommen; Frau M ist Deutsche, Herr M ist Österreicher. Frau M arbeitet in Deutschland bei der Telekom, Herr M betreut zuhause das Baby. Sein Antrag auf Gewährung des (deutschen) Erziehungsgeldes wurde zurückgewiesen, weil er weder in Deutschland wohne noch dort erwerbstätig sei.

5. Die Gemeinde Hintertupfing hat eine Abgabe auf den Betrieb von Parabolantennen eingeführt, um das Ortsbild vor einer ungezügelten Vermehrung derartiger Antennen zu schützen. Die Bürgerin B vertritt die Ansicht, dass eine derartige Abgabe ein Hemmnis für den freien Empfang von Fernsehprogrammen aus anderen Mitgliedstaaten darstellt.

6. Der Fliesenleger F hat in England eine Gesellschaft (limited partnership by shares) gegründet, die in das dortige Handelsregister eingetragen ist. F war noch nie in England, hat dort keinen Geschäftsbetrieb und beabsichtigt auch nicht, jemals dort tätig zu werden. Er beantragt beim deutschen Handelsregister die Eintragung, sein englisches Unternehmen habe in München eine Zweigniederlassung errichtet. Der Antrag wird mit der Begründung zurückgewiesen, das englische Unternehmen existiere nach deutschem Recht gar nicht.

7. Die früher in England tätige deutsche Lehrerin L arbeitet jetzt wieder in Deutschland. Ihre vierzehnjährige Tochter hat es abgelehnt, mit ihrer Mutter zurückzuziehen, weil sie gerne weiter in ihre englische Internatsschule gehen möchte. Nach deutschem Einkommensteuerrecht können nur Aufwendungen für in Deutschland gezahltes Schulgeld steuermindernd geltend gemacht werden.

4 Finden Sie heraus, um welche der folgenden Rechte der Unionsbürger (Art. 15, 21–24 AEUV) es sich bei den einzelnen Fällen handelt.

a. Recht auf Freizügigkeit, unabhängig von wirtschaftlicher Betätigung, Art. 21 I AEUV

b. Kommunalwahlrecht am Wohnsitzort, Art. 22 I AEUV

c. Wahlrecht am Wohnsitzort bei Wahlen zum Europaparlament, Art. 22 II AEUV

d. Recht auf diplomatischen und konsularischen Schutz durch die anderen Mitgliedstaaten, Art. 23 AEUV

e. Petitionsrecht zum Europäischen Parlament, Art. 24 UA 1, 227 AEUV

f. Beschwerderecht beim Bürgerbeauftragten, Art. 24 UA 2, 228 AEUV

g. Recht auf Kommunikation mit den Unionsorganen in einer Vertragssprache nach Wahl, Art. 24 UA 3 AEUV

h. Recht auf Zugang zu den Dokumenten der Organe, Art. 15 AEUV

1. Die Rechtsanwältin R möchte gerne, dass sie einen Fall vor dem EuGH in ihrer griechischen Muttersprache verhandeln kann. Da der Fall finnisches Recht betrifft und Juristenübersetzer für die Sprachkombination finnisch/griechisch rar sind, R außerdem aufgrund einer langjährigen Auslandstätigkeit ausgezeichnet Französisch spricht, schlägt man ihr vor, sie möge doch alles in französischer Sprache lesen. R besteht auf die griechische Sprache.

2. Die Rentnerin R möchte im Ruhestand in der Nähe ihrer französischen Brieffreundin, die in der klimatisch günstigen Provence lebt, wohnen. Die französischen Behörden befürchten, dass Rs kleine Rente für den Aufenthalt in der Provence nicht ausreicht, und wollen sie nach Deutschland ausweisen, insbesondere da sie aufgrund ihres hohen Alters keiner wirtschaftlichen Betätigung mehr nachgeht.

3. Der thailändischen Ehefrau E des litauischen Staatsangehörigen G wird wegen wiederholten Verstoßes gegen das Betäubungsmittelgesetz die Einreise nach Litauen verweigert. Ihr Ehemann fragt an, ob er nicht eine Petition auf Familienzusammenführung einreichen könnte.

4. Der tschechische Gastschüler Michal fragt sich, ob er bei der nächsten Gemeinderatswahl, die während seines Gastschuljahres in Bayern stattfindet, wählen darf.

5. Die Bundesrepublik Deutschland betreibt zurzeit keinerlei diplomatische Vertretung im Staat I. Der deutsche Staatsangehörige D begehrt Schutz durch die spanische Botschaft vor Ort.

6. Die Bürgerin B findet, dass ihre polizeilichen Ermittlungsdaten aufgrund des Prümer Abkommens nicht sicher sind. Sie möchte sich bei einer kompetenten Stelle beschweren.

7. Die estnische Erasmusstudentin E fragt sich, ob sie bei den nächsten Wahlen zum Europaparlament, die während ihres Auslandsstudiums in Österreich stattfinden, dort wählen darf.

8. Die Schülerin S, die eine vehemente Verfechterin der europäischen Idee ist, möchte sich bei einer zuständigen europäischen Stelle darüber beschweren, dass es in ihrem Bundesland keine europäische Schule gibt.

9. Eremit E, der sich beharrlich weigert, das Internet zu benutzen, fordert, dass ihm die EU in Papierform Zugang zu bestimmten Dokumenten der Organe gewährt.

5 Von welchen der folgenden Gremien ist in den nachstehenden Definitionen die Rede?

a. Wirtschafts- und Sozialausschuss

b. Ausschuss der Regionen

c. Europäische Investitionsbank/europäischer Investitionsfonds

d. Europäische Zentralbank

e. Europäischer Bürgerbeauftragter

f. Europäischer Datenschutzbeauftragter

g. Amt für amtliche Veröffentlichungen

h. Europäisches Amt für Personalauswahl

i. Europäische Verwaltungsakademie

1. Er untersucht Beschwerden über Missstände in der Verwaltungtätigkeit der Organe und Institutionen der Europäischen Union. Er ist vollkommen unabhängig und unparteiisch.

2. Es handelt sich um das Verlagshaus der Europäischen Union. Es gibt Publikationen in gedruckter und elektronischer Form über die Tätigkeiten und politischen Konzepte der Europäischen Union heraus.

3. Seine Mitglieder vertreten eine breite Palette an wirtschaftlichen, sozialen und kulturellen Interessen in ihren Mitgliedstaaten. Diese gehören einer der folgenden drei Gruppen an: „Arbeitgeber", „Arbeitnehmer" und „verschiedene Interessen" (z. B. Verbraucherschutzverbände, Umweltschutzorganisationen, Familienverbände usw.). Er ist eine beratende Institution der EU, die den zentralen EU-Organen mit ihrem Sachverstand zur Seite steht und z. B. zu diesem Zweck Stellungnahmen zu EU-Legislativvorschlägen erarbeitet.

4. Ihre Aufgabe ist es, die Ziele der EU durch die langfristige Finanzierung tragfähiger Investitionen zu fördern. Sie finanziert z. B. Projekte und Programme, die sich nach eingehender Prüfung als gesamtwirtschaftlich, technisch, ökologisch und finanziell tragfähig erweisen.

5. Sie ist das erste organübergreifende Schulungszentrum und bietet Ausund Fortbildungsmaßnahmen für die EU-Bediensteten an.

6. Er sorgt dafür, dass die Organe und Einrichtungen der EU das Grundrecht auf Schutz der personenbezogenen Daten achten.

7. Es handelt sich um eine politische Versammlung, die die lokalen und regionalen Gebietskörperschaften im institutionellen Gefüge der Europäischen Union vertritt.

8. Seine Aufgabe besteht darin, hochqualifiziertes Personal für alle Institutionen der EU auszuwählen und der Öffentlichkeit freien Zugang zu verlässlichen Auskünften über die Einstellungen bei den EU-Institutionen zu gewähren.

9. Ihr vorrangiges Ziel besteht darin, die Preisstabilität zu gewährleisten, d. h., den Wert des EURO zu sichern.

[6] Rechtspolitische Frage

Erläutern Sie, inwieweit die Gerichtsbarkeit der Europäischen Union weiter ausgebaut werden sollte.

B. Sprachliche Aspekte

Ergänzen Sie im Zusammenhang mit dem Wortfeld „EU-Terminologie" passende Wörter aus der Liste.

Acquis communautaire / Empfehlung, Entscheidung/Beschluss / Gründungsverträge / Petition / Richtlinie / Verordnung / Vertragsverletzungsverfahren / Vorabentscheidungsverfahren; / Vorrang des Gemeinschaftsrechts

1. Der _____ bedeutet, dass im konkreten Fall die Anwendung des Gemeinschaftsrecht vor der Anwendung des nationalen Rechts gilt.

2. Die _____ gilt unmittelbar in den Mitgliedstaaten und bedarf keiner Umsetzung durch den nationalen Gesetzgeber.

3. Die _____ ist ein nicht verbindlicher Rechtsakt.

4. Eine _____ oder ein _____ ist eine Mitteilung des Rates oder der Kommission der EU, die für den Empfänger (Einzelperson, Unternehmen oder Mitgliedstaat) direkt, d. h. ohne nationale Umsetzungsmaßnahme, rechtsverbindlich ist.

5. Eine _____ ist eine Erscheinungsform der europäischen Gesetzgebung, die innerhalb einer bestimmten Frist in nationales Recht umgesetzt werden muss und den Mitgliedstaaten bei der Umsetzung einen gewissen Spielraum lässt.

6. Alle Personen, die ihren Wohnort in der EU haben sowie alle Vereinigungen, die dort ihren Sitz haben, haben das Recht, eine _____ in eigener Sache oder von allgemeinem Interesse an das Europäische Parlament zu richten.

7. Das _____ ist ein Verfahren, das die Europäische Kommission gegen einen Mitgliedstaat einleiten kann, der im

Verdacht steht, gegen seine Pflichten aus dem Gemeinschaftsrecht verstoßen zu haben.

8. Bei dem _____ handelt es sich um den gemeinschaftlichen Besitzstand, den das Primärrecht, das Sekundärrecht und die Rechtsprechung bilden.

8. Die _____ umfassen die Verträge zur Gründung der Europäischen Gemeinschaft für Kohle und Stahl (EGKS), der Europäischen Wirtschaftsgemeinschaft (EWG), der Europäischen Atomgemeinschaft (EAG) sowie der Europäischen Union (EU).

10. Das _____ nach Art. 267 AEUV dient dazu, eine einheitliche Anwendung des Gemeinschaftsrechts sicherzustellen.

Übungsteil III – Europäische Menschenrechtskonvention

A. Rechtliche Aspekte

1️⃣ Fragen zum Recht der EMRK:

1. Nennen Sie Beispiele für die von der EMRK gewährleisteten Menschenrechte und Grundfreiheiten.

2. Welche Aufgabe hat der EGMR, und was kann er den Verletzten bei Verletzung der Konvention zusprechen?

3. Wer kann den EGMR anrufen?

4. Welche Urteile kann der EGMR nur erlassen und welche Konsequenzen hat dies?

5. Wozu kann die Verletzung der EMRK im deutschen Strafverfahren führen?

6. Nennen Sie Beispielsfälle, in denen Beschwerden wegen Vertragsverletzung der EMRK gegen Deutschland erfolgreich waren.

2️⃣ Welche Artikel der Europäischen Menschenrechtskonvention dürften in den folgenden Fällen eine Rolle gespielt haben?

1. Die deutschen Gerichte haben der Zeitung Z die Veröffentlichung eines Artikels über den bekannten Schauspieler S und dessen Verhaftung wegen Kokainkonsums auf dem Oktoberfest untersagt. Auf Beschwerde der Z entschied der Europäische Gerichtshof für Menschenrechte in Straßburg, dass die Pressefreiheit in diesem Fall unverhältnismäßig ein-

geschränkt worden sei. Die Berichterstattung der Z sei korrekt, nicht rei-ßerisch und nicht herabwürdigend gewesen.

2. Das Land B hat einen afghanischen Asylsuchenden in das Land G zu-rückgeschoben mit der Begründung, er sei von dort in die EU eingereist. In Wirklichkeit war den Behörden des Landes B bekannt, dass die Le-bens-und Haftbedingungen in G menschenunwürdig sind und es keine ordnungsgemäßen Asylverfahren gibt.

3. Im Land Ö ist die Eizellenspende für die künstliche Befruchtung verbo-ten. Der EGMR entschied, dadurch wolle der Gesetzgeber verhindern, dass die genetische Mutter und die austragende Mutter behaupten, die biologische Mutter des selben Kindes zu sein. Darin liegt kein Verstoß gegen die EMRK.

4. Der Student S, der ein Kind entführt und dessen wohlhabende Eltern er-presst hatte, gestand unter massiver Androhung von Foltermaßnahmen die Tötung des Kindes und wo der Leichnam zu finden sei. Er wurde von den deutschen Gerichten zu lebenslänglicher Freiheitsstrafe mit Feststel-lung der besonderen Schuld verurteilt. Vor dem EGMR macht er gel-tend, das Strafverfahren hätte wegen der Folterandrohung eingestellt werden müssen. Außerdem hätten die Behörden nur aufgrund seines Ge-ständnisses Beweismittel sicherstellen und verwerten können (Früchte des verbotenen Baumes). Darin liege ein Verfahrensfehler.

5. Der Kläger K, der aufgrund schwieriger Familienverhältnisse seine leib-liche Schwester erst im Erwachsenenalter kennen lernte und zu ihr eine Liebesbeziehung aufnahm, aus der vier gemeinsame Kinder hervorgin-gen, wird wegen des im Land D geltenden Inzestverbots für Geschwis-ter zu mehr als drei Jahren Freiheitsstrafe verurteilt. Die Familie zer-bricht deswegen. Der Kläger trägt in Straßburg vor, das Inzestverbot verstoße gegen das Grundrecht auf Schutz des Familienlebens.

6. Dem bei der katholischen Kirchengemeinde K beschäftigten Kirchen-musiker M wurde zum 31. März gekündigt mit der Begründung, er un-terhalte nach der Trennung von seiner Ehefrau eine außereheliche Be-ziehung. Die Scheidung fand im August desselben Jahres statt. Die deutschen Gerichte hielten die Kündigung für rechtmäßig. M trägt vor, seine Interessen und die Interessen des Arbeitgebers seien nicht recht-mäßig abgewogen worden.

7. Nachdem sie in sämtlichen nationalen Gerichtsinstanzen unterlegen ist, ruft die Mutter M der beiden Schüler S und T den EGMR an mit der Be-gründung, ein christliches Kreuz im Klassenzimmer verletze die Religi-onsfreiheit der Schüler und nehme zudem den Eltern die Freiheit, ihre Kinder nach ihren philosophischen Überzeugungen zu erziehen. Dies sei nicht mit der Europäischen Menschenrechtskonvention vereinbar.

8. Die zwei Beschwerdeführer B und F wollten an Demonstrationen gegen den G8-Gipfel teilnehmen. Am Abend vor der geplanten Demonstration

wurden sie aufgrund gerichtlicher Entscheidung für fünf Tage in Gewahrsam genommen, nachdem sich einer gegen die Personenkontrolle
durch die Polizei gewehrt hatte und in einem Transporter, in dessen Nähe
sie sich aufhielten, Transparente mit der Aufschrift „freedom for all pri-
soners" und „free all now" sichergestellt worden waren.

9. Die Altenpflegerin P hatte wegen massiver Missstände in dem Pflege-
   heim, in dem sie beschäftigt war, Strafanzeige gegen die Heimverwaltung
   erstattet (sogenannter Whistleblower). Die deutschen Gerichte hielten
   ihre Kündigung wegen Verletzung der Loyalität gegenüber dem Arbeitgeber für rechtmäßig. P macht vor dem EGMR geltend, als Arbeitnehmerin müsse sie ihr Gewissen nicht an der Stechuhr abgeben.

10. Deutschland hatte die zeitliche Begrenzung der Sicherungsverwahrung
    eines gefährlichen Straftäters nach der Verbüßung einer lebenslangen
    Strafe im Gesetz gestrichen und das geänderte Gesetz auf Straftäter an-
    gewandt, die sich bereits in Sicherungsverwahrung befanden. Diese
    klagten in Straßburg wegen Verletzung ihres Rechts auf Freiheit und ei-
    nes Verstoßes gegen das Rückwirkungsverbot.

3 Rechtspolitische Frage

Erläutern Sie, ob der Europäische Gerichtshof für Menschenrechte, was den
Grundrechtsschutz angeht, mehr und mehr die Rolle des Bundesverfassungsgerichts schmälern wird.

B. Sprachliche Aspekte

Ergänzen Sie in Zusammenhang mit dem Wortfeld „Europäische Menschenrechtskonvention" in den nachfolgenden Sätzen passende Wörter aus der Liste.

**anordnen / Einheitlichkeit / Entschädigung / Entscheidungen /
Europäischen Konvention zum Schutz der Menschenrechte und
Grundfreiheiten / faires / Feststellungsurteile / freien / Mitgliedstaaten /
natürliche Person / persönlichen / rechtliches / Rechtskraft / Richtern /
verpflichtet/ Wiederaufnahme / zulässig**

Deutschland ist – wie alle 47 _____ (1) des Europarats –
Vertragsstaat der 1953 in Kraft getretenen _____ (2)
(EMRK). Sie gewährleistet beispielsweise das Recht auf Leben, das Folterverbot,
den Schutz der _____ (3) Freiheit, der Gewissens- und Religionsfreiheit und der _____ (4) Meinungsäußerung sowie das Recht auf _____ (5) Gehör und ein
_____ (6) Gerichtsverfahren. Die eigentliche Bedeutung
der Konvention liegt aber darin, dass die Vertragsstaaten verpflichtet sind, endgültige _____ (7) des zur Durchsetzung der Konvention

eingerichteten Europäischen Gerichtshofs für Menschenrechte (EGMR) zu beachten (Art. 46 EMRK), und bei einer Verletzung der Konvention dem Verletzten eine _____ (8) zugesprochen werden kann (Art. 41 EMRK).

Jede _____ (9) kann die Verletzung eines Konventionsrechts durch einen Vertragsstaat beim EGMR rügen. Dort prüft zunächst ein Ausschuss von drei _____ (10) die Beschwerde. Wird sie als _____ (11) angesehen, entscheidet eine Kammer von sieben Richtern; eine Große Kammer von 17 Richtern, an die die Sache verwiesen werden kann, gewährleistet die _____ (12) der Rechtsprechung.

Stellt der EGMR eine Verletzung der Konvention fest, so ist der betreffende Vertragsstaat _____ (13), für die Befolgung der Entscheidung zu sorgen. Allerdings sind die Urteile des EGMR (lediglich) _____ (14). Ist also die Konvention durch eine rechtskräftige Gerichtsentscheidung verletzt worden, bleibt deren _____ _____ (15) davon unberührt. Auch in Strafsachen kann der EGMR nicht die Durchführung eines neuen Verfahrens oder eine Aufhebung der Verurteilung _____ (16); es ist vielmehr den Mitgliedstaaten überlassen, wie sie die Rechte des erfolgreichen Beschwerdeführers verwirklichen wollen. Im deutschen Recht ist eine Verletzung der EMRK ein Grund für die _____ (17) des Verfahrens (§ 359 Nr. 6 StPO; vgl. Kap. 10).

Elftes Kapitel
Musterklausuren

I. Zivilrecht

1. Sachverhalt

Fuchs (F) sammelt Antiquitäten. Bei dem Antiquitätenhändler Anton (A) entdeckte er vor kurzem einen verschlissenen Beutel mit dem eingestickten königlichen Wappen und den Initialen CR, den er sofort als eine der Geldbörsen des böhmischen Königs Karl IV. erkannte. Er fragte A, was er denn für „das alte Ding" haben wollte. A, der den Beutel bei einer Haushaltsauflösung übernommen hatte, bot ihn für 5 € an; F griff sofort zu, gab A einen Zehneuroschein, verzichtete auf das Wechselgeld, steckte den Beutel in seine Supermarkttüte und eilte davon.

Auf der Heimfahrt ließ er die Tüte zerstreuterweise im Omnibus liegen; sie tauchte nie wieder auf und wurde vermutlich vom Reinigungspersonal in den Müll geworfen. A, der am gleichen Abend einem Freund den alten Beutel und seinen wundersamen Käufer beschrieben hatte, erfuhr von diesem, dass der Beutel wenigstens 5.000 € wert war. Er wandte sich an F, erklärte, er habe sich geirrt und verlangte den Beutel zurück. Als er hörte, dass die Börse für immer verloren sei, verlangte er 5.000 € als Schadensersatz. Mit Recht?

2. Allgemeine Hinweise zum Vorgehen bei der Lösung eines Falls aus dem Zivilrecht

Bei Sachverhalten aus dem Zivilrecht wird meist die Frage gestellt, ob ein Beteiligter gegen den anderen einen **Anspruch** hat, also das Recht, ein Tun oder ein Unterlassen zu verlangen (§ 194 I BGB). Daneben kommt, wenn auch seltener, die Fragestellung vor, ob ein Gestaltungsrecht ausgeübt werden kann („Kann A von dem mit B geschlossenen Kaufvertrag zurücktreten?") oder was ein Beteiligter in einer bestimmten Situation tun sollte („A möchte wissen, was er gegen B unternehmen kann.").

Den meisten Fragestellungen ist gemeinsam, dass **Anspruchsgrundlagen** gesucht und sodann geprüft werden müssen, aus denen sich die gewünschte Rechtsfolge ergibt (wenn eine solche in der Fallfrage angegeben ist) oder die den wirtschaftlichen Zielen des Fragestellers entspricht (wenn keine bestimmte Rechtsfolge den Gegenstand der Frage bildet). Die Lösung muss von diesen Anspruchsgrundlagen ausgehen, und in ihrem Rahmen werden die Tatbestandsmerkmale geprüft. Auf diese Weise wird erreicht, dass alle wesentlichen Fragen geprüft werden, aber andererseits nichts Überflüssiges erörtert wird, das die Beantwortung der gestellten Frage nicht weiterbringt.

Für die **Reihenfolge** der Prüfung von Anspruchsgrundlagen gibt es keine festen Regeln; sie ist eine Frage der Zweckmäßigkeit:

Normalerweise empfiehlt es sich, zunächst Ansprüche aus einem Vertrag zu untersuchen, da die übrigen Ansprüche (z. B. aus Verschulden bei Vertragsschluss, aus dem Eigentum, aus ungerechtfertigter Bereicherung, aus unerlaubter Handlung) häufig an die Bejahung oder Verneinung vertraglicher Ansprüche anknüpfen. Innerhalb einer Anspruchsgrundlage müssen logisch vorrangige Merkmale zuerst geprüft werden. So ist es bei Ansprüchen aus § 823 I BGB fehlerhaft, erst das Verschulden zu prüfen, bevor nicht untersucht wurde, ob das Verhalten rechtswidrig war.

Der **Umfang** der Prüfung hängt vom Einzelfall ab. „Offensichtlich" nicht zutreffende Anspruchsgrundlagen dürfen – wenn überhaupt – nur kurz erwähnt werden; den Schwerpunkt der Lösung des Falls müssen die Anspruchsgrundlagen bilden, die ernsthaft in Frage kommen. Innerhalb einer Anspruchsgrundlage müssen ebenso nur diejenigen Merkmale eingehend geprüft werden, die wirklich zweifelhaft sind oder über deren Vorliegen man geteilter Meinung sein kann. Die Erörterung unproblematischer Fragen erweckt den Eindruck, dass dem Bearbeiter oder der Bearbeiterin der Blick für das Wesentliche fehlt. Verpönt ist es in jedem Fall, den Sachverhalt in der Lösung „nachzuerzählen". Er muss vielmehr als dem Leser bekannt vorausgesetzt und es muss sofort in die Lösung eingetreten werden. Auch die nachstehenden „Vorüberlegungen" dürfen daher nicht als Teil einer Klausur erscheinen, sondern lediglich die „Lösung" selbst.

3. Vorüberlegungen zur Lösung des Falles

Der von A geltend gemachte Anspruch kann kein vertraglicher Anspruch sein, da der Kaufvertrag über die Geldbörse zu einem Kaufpreis von 5 € abgeschlossen worden war und überdies der Vertrag von beiden Seiten bereits erfüllt wurde. Es kommen daher nur Ansprüche aus dem Eigentum, aus unerlaubter Handlung oder aus ungerechtfertigter Bereicherung in Betracht. Die Anspruchsgrundlage für den Anspruch aus ungerechtfertigter Bereicherung ist für den Anfänger nicht leicht zu finden. Es ist deshalb hier akzeptabel, wenn auch nicht völlig korrekt, die Lösung „historisch" aufzubauen, d. h. mit dem Kaufvertrag zu beginnen, sodann das Verlangen des A, den Beutel zurückzugeben, rechtlich zu würdigen und dann zu fragen, welche Rechtsfolgen sich aus dem Verlust des Beutels ergeben. Die nach den anerkannten Aufbauregeln „richtige" Lösung ist aber auch hier die, die die Anspruchsgrundlage an die Spitze stellt; das setzt aber voraus, dass man die Lösung bereits gefunden hat.

4. Lösung

I. Vertragliche Ansprüche des A scheiden aus. A und F hatten über die Geldbörse einen Kaufvertrag abgeschlossen und sich über den Kaufpreis von 5 € geeinigt. Dieser Kaufvertrag ist aber beiderseits erfüllt worden: A hatte sich mit F darüber geeinigt, dass das Eigentum an der Geldbörse auf den F übergehen sollte, und ihm die Geldbörse übergeben (§ 929 1 BGB). Ebenso hatte F dem A den Zehneuroschein übereignet. Dass er auf das Wechselgeld „verzichtete", ist – da A nichts Gegenteiliges erklärte – dahin auszulegen, dass F dem A die Rückgabe des Wechselgeldes einvernehmlich erlassen hatte (§ 397 I BGB).

II. Auch ein Anspruch des A aus dem Eigentum (§ 985 BGB) scheidet aus. A hat sein Eigentum an der Geldbörse durch Einigung mit und Übergabe an F verloren.

III. 1. Aus demselben Grund scheidet ein Anspruch des A wegen Eigentumsverletzung aus unerlaubter Handlung (§ 823 I BGB) aus. F hat im Omnibus die ihm selbst gehörende Geldbörse durch seine Unachtsamkeit eingebüßt und das Eigentum des A deshalb nicht verletzt.

2. A könnte aber einen Anspruch gegen F nach § 823 II BGB haben, wenn F ein den Schutz des A bezweckendes Gesetz verletzt hat. In Betracht kommt hier das Strafgesetz des § 263 StGB (Betrug). Betrug setzt eine Täuschung voraus, die zu einem Irrtum des Getäuschten geführt hat. F fragte zwar nach dem Preis des „alten Dinges", erregte dadurch aber in dem A keinen Irrtum, sondern bestätigte den A lediglich in seinem Irrtum über das Alter und den Wert der Geldbörse, in dem sich dieser schon vorher befand.

Die Aufrechterhaltung eines Irrtums stellt aber nur dann eine Täuschung dar, wenn eine Pflicht zur Aufklärung bestand. Davon kann man bei einem privaten Kunden gegenüber einem Antiquitätenhändler nicht ausgehen. Da F also keinen Betrug begangen hat, scheidet ein Anspruch des A nach § 823 II BGB aus.

IV. A könnte aber gegen F einen Schadensersatzanspruch haben, weil F um die Geldbörse ungerechtfertigt bereichert war (§§ 819 I, 818 IV, 812 I 2, 1. Alt. BGB).[1]

1. F hatte die Geldbörse von A aufgrund des zwischen beiden geschlossenen Kaufvertrags übergeben und übereignet erhalten (s. oben I.). In der Erklärung des A, er habe sich geirrt und verlange die Börse zurück, könnte aber eine begründete Anfechtung des Kaufvertrags liegen. In Betracht kommt ein Inhaltsirrtum in der Form des Eigenschaftsirrtums (§ 119 II BGB). Der Wert der von A für 5 € verkauften Börse betrug mindestens 5.000 €. Der Wert oder der Marktpreis selbst sind aber keine Eigenschaft einer Sache. Allerdings ergibt sich aus dem Kaufpreis, dass A die Börse nicht für eine echte Antiquität hielt. Die Echtheit und der Ursprung einer Sache sind verkehrswesentliche Eigenschaften. Über diese hat sich A geirrt. Seine Anfechtungserklärung ist gegenüber dem richtigen Anfechtungsgegner und – mangels einer entgegenstehenden Angabe im Sachverhalt – offenbar auch rechtzeitig erfolgt (§§ 143 I, 121 BGB). Damit ist der Kaufvertrag von Anfang an als nichtig anzusehen (§ 142 I BGB). Eine Anfechtung wegen arglistiger Täuschung (§ 123 BGB) scheidet dagegen aus, da F nicht verpflichtet war, den bestehenden Irrtum des A richtigzustellen (s. o. III.2.).

2. Nach dem Abstraktionsprinzip berührt die Unwirksamkeit des Kaufvertrags nicht die Wirksamkeit der Übereignung, so dass F trotz der Anfechtung des Kaufvertrags Eigentümer der Geldbörse geblieben ist. Durch die Anfechtung des Kaufvertrags ist jedoch der rechtliche Grund für die Übereignung weggefallen (§ 812 I 2, 1. Alt. BGB).[1]

   F ist deshalb zur Herausgabe des Erlangten, nämlich des Eigentums an der Geldbörse verpflichtet. Wäre dies noch möglich, müsste er dieser Pflicht dadurch nachkommen, dass er dem A die Geldbörse zurückübereignet. Dazu ist er aber, da die Geldbörse im Bus liegen blieb, außerstande.

3. Für diesen Fall bestimmt § 818 II BGB grundsätzlich, dass der Wert der Bereicherung zu ersetzen ist. Das wäre der Betrag von 5.000 €.

4. Nach § 818 III BGB ist die Verpflichtung zur Herausgabe jedoch ausgeschlossen, soweit der Empfänger nicht mehr bereichert ist. Da F die Geldbörse nicht mehr hat, ist seine Bereicherung weggefallen.

5. Als Ausnahme von dieser Regel bestimmt allerdings § 819 I BGB, dass derjenige, der den Mangel des rechtlichen Grundes beim Empfang kannte, zur Herausgabe verpflichtet ist, wie wenn der Anspruch zu dieser Zeit rechtshängig geworden wäre; ein solcher Empfänger haftet nach § 818 IV BGB nach den allgemeinen Vorschriften.

---

[1] Wegen der in § 142 I BGB vorgesehenen Rückwirkung der Anfechtung lässt sich auch die Auffassung vertreten, dass es sich um einen Fall des § 812 I 1, 1. Alt. handle. Am weiteren Lösungsweg und am Ergebnis ändert sich dadurch nichts.

Der rechtliche Grund des Kaufvertrags ist erst durch die Anfechtungs-erklärung des A weggefallen, die in seinem freien Belieben stand und voraussetzte, dass er den wahren Wert der Geldbörse erfuhr. Dies geschah zudem erst nach dem Verlust im Bus, so dass zu diesem Zeitpunkt noch gar kein Herausgabeanspruch bestand. Jedoch bestimmt § 142 II BGB, dass derjenige, der die Anfechtbarkeit kannte, so behandelt wird, als wenn er die Nichtigkeit des Rechtsgeschäfts gekannt hätte.

F wusste aber, dass A ihm die Börse nicht zum Preis von 5 € verkauft hätte, wenn er gewusst hätte, worum es sich dabei handelte. Er kannte also die Anfechtbarkeit und haftet deshalb nach den allgemeinen Vor-schriften.

6. Die allgemeine Vorschrift über die Haftung bei der Herausgabe eines be-stimmten Gegenstands, hier der Börse, ist § 292 I BGB, der wiederum auf die Vorschriften über das Eigentümer-Besitzer-Verhältnis, hier also auf § 989 BGB verweist. Hiernach haftet F, wenn dem A dadurch ein Scha-den entstanden ist, dass F ihm die Börse infolge seines Verschuldens nicht herausgeben kann. Indem F unachtsam die Börse im Bus liegen ließ, hat er die im Verkehr erforderliche Sorgfalt nicht beachtet (§ 276 I 2 BGB). Hätte er auf die Börse Acht gegeben, wäre sie nicht in Verlust geraten. Er hat daher dem A Schadensersatz in Höhe von 5.000 € zu leisten.

7. Mit der Anfechtung des A ist allerdings auch der rechtliche Grund für die Zahlung des Kaufpreises von 5 € weggefallen. Ebenso ist der Erlassver-trag bezüglich des Wechselgeldes von weiteren 5 € nur im Hinblick auf den Abschluss des Kaufvertrags abgeschlossen worden. Ohne den Kauf-vertrag wäre auch der Erlassvertrag nicht zustande gekommen. F kann daher von A umgekehrt Rückzahlung der empfangenen 10 € verlangen (§ 812 I 2, 1. Alt. BGB).

8. F kann seine Forderung auf 10 € gegen die Forderung des A auf 5. 000 € aufrechnen (§ 387 BGB). Er muss daher dem F lediglich 4.990 € bezahlen.

II. Strafrecht

1. Sachverhalt

Theodor (T) ist der einzige Sohn der Witwe Bolte (B), deren Einfamilienhaus er bald zu erben hofft, da er den Verkaufserlös zur Finanzierung des luxuriösen Lebensstils von sich selbst und seiner Freundin Frieda (F), die ihn ständig um Geld bittet, benötigt. Um die Sache zu beschleunigen, besucht T seine alte Mut-ter nun täglich und gibt ihr jeden Tag ein langsam wirkendes Gift in den Kaffee.

Dieses Gift soll und muss, wie T weiß, bei der gewählten Dosierung nach 15 Tagen zum Tod der B führen. Nach fünf Tagen geht es B aber so schlecht, dass T Mitleid bekommt und kein Gift mehr in den Kaffee rührt. Wegen ihres reduzierten Allgemeinzustandes zieht sich B jedoch eine Lungenentzündung zu, an der sie alsbald stirbt. T hatte der F schon vor der ersten Giftgabe von seinem Plan erzählt. Als sie von dem Tod der B erfährt, meint sie, der Tod sei infolge der Vergiftung eingetreten. Wie haben sich T und F strafbar gemacht?

2. Vorüberlegungen zur Lösung des Falles

Die Fragestellung einer Strafrechtsklausur lautet regelmäßig dahin, wie sich die Beteiligten strafbar gemacht haben. Es ist also getrennt nach Beteiligten zu untersuchen, welche Tatbestände, also Paragraphen des Strafgesetzbuches ernsthaft in Frage kommen. Hinsichtlich jeden Tatbestands ist dann zu prüfen, ob Tatbestandsmäßigkeit, Rechtswidrigkeit und Schuld vorliegen. In welcher Reihenfolge dies zweckmäßigerweise geschieht, kann man nicht abstrakt beurteilen. Jedenfalls sollten Tatbestände, deren Bejahung einen anderen Tatbestand ausschließen würde, vor diesem anderen Tatbestand untersucht werden. So ist im vorliegenden Fall zunächst Mord (§ 211 StGB) zu prüfen, da im Fall der Bejahung dieses Tatbestands Totschlag (§ 212 StGB) ausscheidet. Bei mehreren Beteiligten beginnt man dabei zweckmäßigerweise mit dem Haupttäter, da die Strafbarkeit von Anstiftern und Gehilfen das Vorliegen einer Haupttat voraussetzt. Hier sollte also die Strafbarkeit des T vor der Strafbarkeit der F geprüft werden. In jedem Fall müssen alle in Frage kommenden Tatbestände untersucht werden, auch wenn die Strafbarkeit nach einer Bestimmung, die zur Bestrafung wegen des ganzen Unrechts der Tat führt, schon bejaht wurde. Auch wenn z. B. feststeht, dass sich der Täter wegen Mordes strafbar gemacht hat und deswegen zu lebenslanger Freiheitsstrafe verurteilt werden wird, sind trotzdem noch die weiteren in Frage kommenden Delikte zu prüfen.

3. Lösung

I. Strafbarkeit des T

1. § 211 StGB

T ist wegen Mordes strafbar, wenn er vorsätzlich einen Menschen getötet und dabei eines der Merkmale des § 211 II StGB verwirklicht hat. B ist gestorben, allerdings nicht durch das Gift im Kaffee, sondern an der Lungenentzündung. T hat aber durch sein Handeln eine notwendige Bedingung (*conditio sine qua non*) des Todeseintritts gesetzt. Nach der im Strafrecht geltenden Äquivalenztheorie ist das ausreichend. E hat also den objektiven Tatbestand des § 211 erfüllt.

Zweifelhaft ist aber, ob T vorsätzlich gehandelt hat. Der Vorsatz muss sich nicht nur auf den Eintritt des Erfolgs, sondern auch auf den Kausalzusammenhang zwischen Handlung und Erfolg beziehen. Allerdings muss die Tätervorstellung den Kausalverlauf nicht in allen Einzelheiten umfassen, solange sich die Abweichungen im Rahmen des nach der allgemeinen Lebenserfahrung Voraussehbaren halten. Das ist hier zu bejahen: Es liegt nicht außerhalb der Wahrscheinlichkeit, dass ein durch Gift geschwächtes Opfer einer anderen Krankheit erliegt. Auch hat sich das Risiko, an einer Lungenentzündung zu sterben, bei B gerade wegen der Giftbeibringung verwirklicht. T hat damit vorsätzlich getötet. Ein Rücktritt vom Versuch gemäß § 24 StGB scheidet aus, weil der Tod eingetreten ist. Fraglich ist weiterhin, ob T ein Mordmerkmal des § 211 II StGB verwirklicht hat.

T könnte zunächst grausam gehandelt haben. Das setzt voraus, dass er B besondere Schmerzen aus unbarmherziger Gesinnung zufügen wollte. T kam es aber nicht auf das Erleiden besonderer Schmerzen an, sondern nur auf den langsam eintretenden Erfolg.

T hat aber heimtückisch gehandelt. Heimtücke ist die Ausnutzung der Arg- und Wehrlosigkeit des Opfers. Beim Kaffeetrinken rechnete B mit keinem Angriff, war also arglos. Sie war aber auch wehrlos, da sie wegen ihrer Arglosigkeit auch keine Vorsichtsmaßnahmen traf. Vielmehr bestand zwischen ihr und dem Sohn eine Vertrauensbeziehung, die diesem die Art der Tötung auf diese Weise ermöglichte.

T hat auch aus Habgier gehandelt. Er tötete B, um alsbald in den Besitz ihres Vermögens zu kommen, auf das er keinen rechtlichen Anspruch hatte. T hat sich damit nach § 211 StGB strafbar gemacht.

2. § 229 StGB

T könnte sich auch wegen Vergiftung strafbar gemacht haben. Indem T Gift in den Kaffee gab, den B, wie er wusste, trinken würde, hat er ihr das Gift beigebracht. Das Gift war aber zur Herbeiführung des Todes oder zur Zerstörung der Gesundheit bei der Anwendung über nur fünf Tage nicht geeignet; es hätte 15 Tage lang gegeben werden müssen. Deshalb scheidet vollendete Vergiftung aus.

3. §§ 229, 22 StGB

T könnte aber wegen versuchter Vergiftung strafbar sein. T hatte den Vorsatz, B zu töten. Zweifelhaft ist, ob dieser Vorsatz den einer Gesundheitsbeschädigung ausschließt. Nach überwiegender Meinung stellt eine Körperverletzung das notwendige Durchgangsstadium zur Tötung dar. Der Tötungsvorsatz enthält also notwendig den Körperverletzungsvorsatz. Indem er der B fünf Tage lang Gift beigebracht hat, hat er auch mit der Verwirklichung dieses Tatbestands begonnen, also die Tat versucht (§ 22). Da Vergiftung ein Verbrechen ist, ist der Versuch auch strafbar. T ist aber möglicherweise vom Versuch der Vergiftung strafbefreiend zurückgetreten (§ 24). Der Versuch war noch nicht beendet, da zur Verwirklichung des Tatbestands noch weitere Giftbeibringung erforderlich war.

Damit war gemäß § 24 I 1, 1. Alt. genügend, dass er seinen Entschluss endgültig und freiwillig aufgab. Da er aus Mitleid nicht weitergehandelt hat, war sein Rücktritt freiwillig. Er ist deshalb nicht wegen Vergiftungsversuchs strafbar.

4. §§ 223 ff. StGB

Die Giftbeibringung durch T stellt auch eine Körperverletzung der B dar. Nachdem er aber wegen dieser Handlung wegen Mordes strafbar ist, tritt die Strafbarkeit wegen Körperverletzung aufgrund Subsidiarität zurück.

5. Ergebnis

T hat sich deshalb nur wegen Mordes strafbar gemacht.

II. Strafbarkeit der F

1. §§ 211, 27 StGB

F könnte wegen Beihilfe zum Mord durch aktives Tun strafbar sein. Sie müsste dann den Tatentschluss des T ausdrücklich oder konkludent bestärkt haben. In der Aufrechterhaltung der Beziehung zu T liegt aber keine psychische Unterstützung durch Tun. Zweifelhaft ist aber, ob F wegen Beihilfe zum Mord durch Unterlassen strafbar ist. Das setzt nach § 13 StGB eine Garantenstellung voraus, aus der sich eine Pflicht ergäbe, T von der Begehung des Mordes abzuhalten. Eine Lebensgemeinschaft zwischen F und B bestand nach dem Sachverhalt nicht, so dass nur eine Garantenstellung aus einem pflichtwidrigen Vorverhalten in Frage kommt. Das gefährdende Vorverhalten könnte hier nur in dem Drängen der F gesehen werden, dass B ihr Geld für ihre Luxusbedürfnisse zur Verfügung stellen sollte. Jedoch ist dieses Verhalten zwar vielleicht moralisch zu missbilligen, aber nicht rechtswidrig. Deshalb hat F keine Garantenpflicht, den T aufzufordern, von seinem Verhalten Abstand zu nehmen.

2. § 138 StGB

F hat sich aber wegen Nichtanzeige einer geplanten Straftat strafbar gemacht, da sie den Mordplan nicht anzeigte, obwohl die Ausführung noch abgewendet werden konnte (§ 138 Nr. 6 StGB). Da F bereits vor der ersten Giftbeibringung von den Plänen des T wusste, hätte eine rechtzeitige Anzeige die Ausführung des Plans und den Erfolg verhindert.

3. § 323 c StGB

F könnte schließlich auch wegen unterlassener Hilfeleistung strafbar sein. Ein Unglücksfall ist jedes plötzlich eintretende Ereignis, das eine erhebliche Gefahr für Menschen oder Sachen begründet. Auch wenn T die Sache schon lange geplant hatte, war zumindest die unmittelbar bevorstehende Ausführung ein solcher Unglücksfall. Allerdings ergibt sich aus § 138 StGB, dass das Gesetz die Benachrichtigung der Behörde oder des Bedrohten als ausreichende Hilfeleistung ansieht. Deshalb kommt eine Bestrafung nach § 323 c StGB neben der aus § 138 StGB nicht in Betracht.

III. Öffentliches Recht

1. Sachverhalt

Ein Vorstandsmitglied der Studentenverbindung Simbalia (S), die ihre Vereinsaktivitäten in einem Haus in der bayerischen Stadt N. betreibt, erklärte in einer Mitgliederversammlung unter starkem Beifall, „ein bisschen Gewalt gegen Frauen" sei „gar nicht so schlimm". Drei Studentinnen, die aus Kenia stammende Anna (A) und ihre zwei deutschen Freundinnen Berta (B) und Christine (C), sind empört, dass darüber in der Zeitung nur mit einer kleinen Notiz berichtet wurde, und beschließen, durch eine medienwirksame Aktion das Interesse der Öffentlichkeit zu wecken und gleichzeitig die Mitglieder der S ein wenig zu ärgern. Zu diesem Zweck ketten sie sich zu dritt an die Eingangstüre des Vereinshauses an; dieses liegt in einem umfriedeten Hof; über der Türe befindet sich ein Vordach. Mit ihrer Aktion verhindern A, B und C den Zugang der Vereinsmitglieder zu einem gleichzeitig stattfindenden Mitgliedertreffen der S. Dabei tragen sie Plakate mit den Aufschriften „Keine Gewalt gegen Frauen!" – „Sexisten raus!" Der Vorstand der S verständigt daraufhin die Polizei; er meint, die Vereinsmitglieder seien in ihrem Recht verletzt, sich ungestört zu versammeln (Art. 8 GG). Die eintreffenden Beamten sind der Auffassung, dass A, B und C die öffentliche Sicherheit und Ordnung stören, befreien die drei Frauen von ihren Ketten, verbieten ihnen den Aufenthalt vor dem Haus der S und bringen sie auf die andere Straßenseite, damit sie dort ihre Demonstration fortsetzen können. Das bayerische Polizeiaufgabengesetz enthält eine für das Vorgehen der Polizeibeamten ausreichende Ermächtigung. A, B und C fühlen sich jedoch durch das Handeln der Polizei in ihren Grundrechten aus Art. 2 I, 3 III 1, 5 I und 8 GG verletzt. Haben sie Recht?

2. Allgemeine Hinweise zur Lösung eines Falls aus dem Verfassungsrecht

Die Aufgabenstellungen bei den Klausuren im Öffentlichen Recht für noch nicht so fortgeschrittene Studierende (insbesondere also im „Kleinen Schein", s. oben 1. Kapitel) sind meist dem Verfassungsrecht entnommen. Es geht also um die Anwendung von Artikeln des Grundgesetzes auf einen bestimmten Sachverhalt. Dieser Sachverhalt berührt fast stets auch andere Vorschriften des öffentlichen Rechts (hier z. B. des Polizeiaufgabengesetzes und des Versammlungsgesetzes).

Diese anderen Vorschriften hat der Studierende aber regelmäßig nicht zur Verfügung, und sie stellen oft eine Spezialmaterie dar, die in der Ausbildung nicht (oder erst in höheren Semestern) vermittelt wird. Die Aufgabenstellung klammert dann aber diese Vorschriften aus und fragt lediglich nach der Beurteilung des Falls unter dem Gesichtspunkt des Grundgesetzes. Dabei ist die auch hier vorliegende Fragestellung sehr häufig, ob jemand durch eine bestimmte Maßnahme oder Entscheidung in seinen Grundrechten verletzt wird.

Andere Aufgaben verlangen beispielsweise die Beurteilung, ob eine (fiktive) Rechtsnorm ohne Verletzung des Grundgesetzes erlassen werden könnte oder ob ein bestimmter Vorgang im Staatsorganisationsrecht (z. B. das Zustandekommen eines Bundesgesetzes) verfassungsgemäß war.

Anders als im Bürgerlichen Recht sind dabei meist nur einige wenige, manchmal sogar nur eine einzige Vorschrift zu prüfen. Das Schwergewicht solcher Klausuren liegt daher in der Auslegung von Rechtsnormen und der Diskussion allgemeiner Rechtsregeln. Oft muss auch das Zusammenspiel einzelner Verfassungsvorschriften dargestellt werden. Viel öfter als im Bürgerlichen Recht gibt es dabei nicht ein „richtiges" oder „falsches" Ergebnis. Selbst wenn das Bundesverfassungsgericht die Fragestellung, an die die Klausur anknüpft, bereits entschieden hat – was durchaus nicht immer der Fall ist –, kann die Klausur ohne weiteres mit entsprechender Begründung zu einem gegenteiligen Ergebnis kommen. Die Kenntnis von Entscheidungen ist deshalb zwar nützlich, für den Klausurerfolg letztlich aber nicht ausschlaggebend.

3. Vorüberlegungen zur Lösung des Falles

Der hier gestellte Fall ist eine „Grundrechtsklausur". A, B und C sind von einer Maßnahme betroffen, von der sie annehmen, dass sie dadurch in ihren Grundrechten verletzt sind. Da sie die Grundrechte nennen, müssen die von ihnen angeführten Artikel des Grundgesetzes in jedem Fall geprüft werden. Auch auf das Argument der S, das ebenfalls mit einem Grundrechtsartikel untermauert wird, muss selbstverständlich eingegangen werden.

Bei der Prüfung mehrerer Grundrechte nacheinander ist es oft zweckmäßig, mit dem Grundrecht zu beginnen, das für die Lösung des Falles am ehesten einschlägig sein dürfte (gleichgültig, ob man eine Verletzung letztlich bejaht oder verneint), und die übrigen angeblich verletzten Grundrechte im Anschluss daran nur kurz abhandelt. So vermeidet man, die Gewichte des Falles falsch zu setzen, indem man Unproblematisches oder hier nicht Einschlägiges ausführlich diskutiert und nicht mehr zu den wirklich interessanten Fragen vorstößt. Auch das BVerfG folgt in seinen Entscheidungen zu Verfassungsbeschwerden diesem Schema.

4. Lösung

I. Die Maßnahme der Polizei verletzt A, B und C möglicherweise in ihrem Grundrecht der Versammlungsfreiheit (Art. 8 GG). Sie werden dadurch gehindert, ihre Aktion an der konkreten Haustüre fortzuführen. Da der Ort einer Zusammenkunft ein wesentliches Kriterium ist, ist es für eine mögliche Verletzung des Rechts ohne Bedeutung, dass A, B und C ihre Versammlung auf der anderen Straßenseite fortsetzen können.

1. A ist aber Kenianerin. Da Art. 8 GG nur Deutschen das Recht der Versammlungsfreiheit gewährleistet, kann sie sich auf dieses Grundrecht nicht berufen. Es können also nur B und C in diesem Grundrecht verletzt sein.

2. Fraglich ist, ob es sich bei der Veranstaltung, an der B und C teilnehmen, um eine „Versammlung" handelt. Dabei scheidet das Mitgliedertreffen der S als Versammlung aus. B und C wollen nicht an dem Mitgliedertreffen teilnehmen und dort ihre Meinung äußern, sondern das Mitgliedertreffen verhindern.

   Als Versammlung kommt daher nur die von A, B und C veranstaltete Aktion des Ankettens an der Tür des Vereinshauses in Frage. Fraglich ist, ob hier die erforderliche Personenzahl vorliegt, so dass von einer Versammlung gesprochen werden kann. Es dürfte keinem Zweifel unterliegen, dass eine Versammlung vorliegt, wenn drei Personen zusammenkommen, um eine bestimmte Meinung zu äußern. Da allerdings A nicht Trägerin des Grundrechts aus Art. 8 GG ist, kann sie bei der Ermittlung der für eine „Versammlung" erforderlichen Personenzahl nicht mitgezählt werden. Allerdings gibt es keinen durchgreifenden Gesichtspunkt, warum die Zusammenkunft von zwei Personen weniger schutzwürdig wäre als die von drei oder mehr Personen.

3. Problematisch ist außerdem, ob es sich bei der Aktion von A, B und C um eine „friedliche" Versammlung handelt. Zweifel an der Friedlichkeit könnten sich daraus ergeben, dass die Mitglieder der S durch die Blockade der Eingangstür durch körperlichen Zwang am Betreten ihres Vereinshauses gehindert worden sind. Allerdings steht das Wort „friedlich" in Art. 8 GG im Zusammenhang mit dem weiteren Erfordernis „ohne Waffen". Es ist deshalb dahin auszulegen, dass nur ein gefährliches oder aggressives Verhalten als unfriedlich anzusehen ist. A, B und C leisten aber durch ihr Angekettetsein nur passiven Widerstand und üben keine Gewalt gegen die Mitglieder der S aus, so dass es sich um eine friedliche Versammlung handelt.

4. Fraglich ist weiter, ob es sich bei der Aktion um eine „unter freiem Himmel" handelt. Derartige Versammlungen können nach Art. 8 II GG durch Gesetz oder aufgrund eines Gesetzes beschränkt werden, während Art. 8

I GG für Versammlungen in geschlossenen Räumen keine derartige Einschränkung enthält. Trotz der Formulierung „unter freiem Himmel" kann es hier nicht darauf ankommen, ob der Versammlungsraum überdacht ist, da es sonst im vorliegenden Fall tatsächlich darauf ankäme, ob sich die Haustüre unter einem Vordach befindet oder nicht. Entscheidend ist vielmehr, ob der Ort der Versammlung zur Umgebung als abgeschlossen erscheint oder nicht. Da sich die Eingangstür in einem eingefriedeten Hof befindet, handelt es sich nicht um eine Aktion „unter freiem Himmel".

5. Gleichwohl sind B und C in ihrer Versammlungsfreiheit nur dann verletzt, wenn die Maßnahme der Polizei nicht durch die verfassungsrechtlichen Grenzen des Art. 8 GG gerechtfertigt ist. Auch Grundrechte, die nach dem Grundgesetz ohne Schranken gewährleistet sind, sind durch die Grundrechte Dritter und andere durch das Grundgesetz geschützte Grundsätze beschränkt. Hier besteht eine Grundrechtskollision zwischen dem Grundrecht von B und C und dem Grundrecht der Mitglieder der S, die sich jeweils auf Art. 8 GG berufen können. Diese Kollision lässt sich nur durch Abwägung des Gewichts der widerstreitenden Interessen lösen.

   Dabei ist zu berücksichtigen, dass die Mitglieder der S sich in ihrem „eigenen" Vereinshaus treffen wollen, hinsichtlich dessen sie Besitzschutz nach § 859 BGB genießen, und ihr Mitgliedertreffen dort geplant haben, so dass sie ihre Versammlung ohne Änderung ihrer Planungen nicht an einem anderen Ort veranstalten können. Demgegenüber haben B und C für ihre Aktion eine Örtlichkeit gewählt, zu deren Benutzung sie kein Recht haben; zudem kann ihre Aktion – wenn auch weniger spektakulär – auf der anderen Straßenseite ebenso fortgesetzt werden. Die Abwägung der widerstreitenden Interessen dürfte deshalb zu einem höheren Gewicht des Interesses der Mitglieder der S führen.

6. Zu prüfen ist schließlich, ob das Vorgehen der Polizei verhältnismäßig, also geeignet und erforderlich ist. Durch das Wegbringen von A, B und C haben die Mitglieder der S wieder Zugang zu ihrem Vereinslokal. Die Maßnahme ist also geeignet. Es ist nicht ersichtlich, was die Polizei statt des Wegbringens von A, B und C hätte tun können, um den Mitgliedern der S den Zutritt zu verschaffen.

7. Art. 8 GG ist somit nicht verletzt.

II. Die Maßnahme der Polizei verletzt A, B und C möglicherweise in ihrem Grundrecht der Meinungsfreiheit (Art. 5 I 1 GG).

   1. Das Grundrecht der Meinungsfreiheit steht sowohl Deutschen als auch Ausländern zu. Deshalb können alle drei Frauen in diesem Grundrecht verletzt sein.

   2. Fraglich ist, ob es sich bei den Aufschriften auf den Plakaten „Keine Gewalt gegen Frauen!" und „Sexisten raus!" um eine „Meinung" handelt. Mit den Aufschriften wenden sich A, B und C ersichtlich gegen die Mei-

nung eines Mitglieds der S, Gewalt gegen Frauen sei nicht so schlimm. Es handelt sich also um die Äußerung einer Ansicht, die sich gegen eine andere Ansicht richtet, also um den typischen Fall einer Meinungsäußerung.

3. Fraglich ist weiter, ob die Polizei durch das Verbringen auf die andere Straßenseite in das Grundrecht eingegriffen hat. A, B und C können dort weiterhin ihre Plakate tragen und Passanten auf ihr Anliegen aufmerksam machen. Die Wirksamkeit der Meinungsäußerung ist dort nicht von vorneherein geringer als an der Tür des Vereinslokals, die sich in einem Hof befindet und daher für Passanten nicht in der gleichen Weise zugänglich ist wie ein öffentliches Trottoir.

4. A, B und C werden also in ihrem Grundrecht auf Meinungsfreiheit nicht verletzt.

III. Die Maßnahme der Polizei verletzt möglicherweise das Gebot, dass A, B und C nicht wegen ihres Geschlechts benachteiligt werden dürfen (Art. 3 III 1 GG).

Zwar sind A, B und C Frauen und demonstrieren wegen eines Anliegens, das sie als Frauen betrifft. Indessen richtet sich die Maßnahme der Polizei nicht deshalb gegen sie, weil sie Frauen sind, sondern weil die Voraussetzungen für ein Einschreiten nach dem Polizeigesetz gegeben sind. Die Polizei wäre auch gegen Männer eingeschritten, die zusammen mit A, B und C an der Aktion teilgenommen hätten.

Das Benachteiligungsverbot ist deshalb nicht verletzt.

IV. Die Maßnahme der Polizei verletzt A, B und C möglicherweise in ihrem Grundrecht auf freie Entfaltung ihrer Persönlichkeit (Art. 2 I GG).

1. Die Grundrechte aus Art. 5 I GG und Art. 8 GG sind gegenüber dem Grundrecht aus Art. 2 I GG die spezielleren Grundrechte. Soweit ein Verhalten also in den Schutzbereich der Grundrechte aus Art. 5 I und Art. 8 GG fällt, kommt Art. 2 I GG nicht in Betracht. Das gilt für alle Beteiligten hinsichtlich des Tragens von Plakaten und für B und C hinsichtlich des Ankettens.

2. Dagegen kann sich A, deren Versammlungsfreiheit nicht durch Art. 8 GG geschützt wird, insoweit auf ihr Grundrecht auf freie Entfaltung ihrer Persönlichkeit berufen. Art. 2 I GG schützt die allgemeine Handlungsfreiheit, also jedes menschliche Verhalten. In sie kann aber durch die verfassungsmäßige Ordnung, also durch jedes Gesetz eingegriffen werden, das seinerseits verfassungsgemäß ist. Nach dem Sachverhalt enthält das bayerische Polizeiaufgabengesetz eine ausreichende Ermächtigungsgrundlage für das Losketten der Frauen von der Eingangstür des Vereinshauses. Die Maßnahme ist auch, wie oben Ziffer I.7. festgestellt, verhältnismäßig.

3. A ist deshalb in ihrem Grundrecht auf freie Entfaltung ihrer Persönlichkeit nicht verletzt.

IV. Zivilurteil

Landgericht Bayreuth

12 O 274/12

Im Namen des Volkes

In dem Rechtsstreit

Hans Huber, Dorfstraße 10, 95401 Kleindorf   – Kläger –

Prozessbevollmächtigter: RA Hans Müller Mittelstraße 12, 95444 Bayreuth
gegen

Martha Müller, Dorfstraße 12, 95401 Kleindorf   – Beklagte –

Prozessbevollmächtigter: RA Neu, Hinz & Koll., Mühlbach 93,
95346 Stadtsteinach

wegen Unterlassung und Beseitigung

erläßt das Landgericht Bayreuth, 12. Zivilkammer, durch die Vorsitzende Richterin am Landgericht Dr. Renner und die Richter am Landgericht Hinz und Kunz aufgrund der mündlichen Verhandlung vom 4. 5. 2012 folgendes

Endurteil:

1. Die Beklagte wird verurteilt, die in einer einzuholenden bestandskräftigen naturschutzrechtlichen Erlaubnis des Landratsamts Bayreuth bezeichneten Maßnahmen zur Beseitigung der auf dem Grundstück Dorfstraße 12 in 95401 Kleindorf von Amphibien ausgehenden Geräuschimmissionen durchzuführen. Im übrigen wird die Klage abgewiesen.

2. Die Kosten des Rechtsstreits werden gegeneinander aufgehoben.

3. Das Urteil ist gegen Sicherheitsleistung von 20.000 € vorläufig vollstreckbar. Die Beklagte kann die Vollstreckung durch Sicherheitsleistung in gleicher Höhe abwenden.

Tatbestand:

Der Kläger (Kl.) ist Eigentümer des Grundstücks Dorfstraße 10 in Kleindorf. Eigentümerin des Nachbargrundstücks ist die Beklagte (Bekl.). Beide Grundstücke grenzen etwa 70m von der Straße entfernt an einen Bach. Im Sommer 2006 ließ die Bekl. auf ihrem Grundstück mit behördlicher Genehmigung einen Teich mit einer Fläche von ca. 144 qm anlegen. Die Entfernung von der Teichmitte bis zum

Schlafzimmer im Wohnhaus des Kl. beträgt etwa 35 m. Der Kl. behauptet, die Bekl. habe sofort nach dem Auffüllen des Teiches dort Frösche ausgesetzt, durch deren sehr lautes und unangenehmes Quaken er mehrere Monate im Jahr vor allem in der Nachtruhe erheblich gestört werde.

Der Kl. beantragt, die Bekl. zur Trockenlegung des Teiches zu verurteilen. Hilfsweise hat er die Entfernung der männlichen Frösche aus dem Teich und weiter hilfsweise die Durchführung geeigneter Maßnahmen verlangt, um Beeinträchtigungen durch Froschquaken zu beseitigen.

Der Bekl. beantragt, die Klage abzuweisen. Ihr Grundstück sei von jeher eine Feuchtwiese gewesen, daher von Fröschen bewohnt gewesen. Der Aufenthalt von Fröschen auf ihrem Grundstück sei daher ortsüblich, die von den Fröschen ausgehenden Geräuschimmissionen seien zu dulden. Eine Beseitigung der Frösche verstoße gegen die Bestimmungen des Naturschutzrechts.

Das Gericht hat Beweis erhoben durch Einnahme eines Augenscheins, Einholung eines Gutachtens über den Grad der Lärmentwicklung auf dem Grundstück der Bekl. und die amtliche Auskunft des Bayer. Staatsministeriums für Landesentwicklung und Umweltfragen sowie des Landratsamts Bayreuth – Untere Naturschutzbehörde –. Auf die Schriftsätze der Parteien samt Anlagen wird Bezug genommen.

Entscheidungsgründe:

Die zulässige Klage ist nur im Hilfsantrag und nur mit der aus dem Urteilstenor sich ergebenden Einschränkung begründet.

I.

1. Nach den Feststellungen des Sachverständigen, die sich das Gericht zueigen macht, sowie nach dem eingenommenen Augenschein steht fest, dass von dem Grundstück der Bekl. Geräuschimmissionen ausgehen, zu deren Duldung der Kl. nach bürgerlichem Recht nicht verpflichtet ist.

   a) Die Beeinträchtigung des Kl. ist wesentlich (§ 906 Abs. 1 BGB). Die Messungen des Sachverständigen ergaben für die Zeit zwischen 22 Uhr und 6 Uhr einen Meßwert von 64 dB (A). Spezielle Richtlinien für die Messung von Froschlärm gibt es nicht, so daß es auch keine Grenz- oder Richtwerte gibt, aus denen sich die Wesentlichkeit oder Unwesentlichkeit der Beeinträchtigung ergeben könnte. Aus den Richtlinien für Arbeitslärm und für Schalldämmung für Fenster ergibt sich jedoch, daß dieser Lärm das Maß des zuzumutenden Nachtlärms in der Nachbarschaft wesentlich überschreitet, wie sich aus den Richtlinien für Arbeitslärm und für Schalldämmung der Fenster ergibt.

   b) Dieser Nachtlärm ist auch nicht ortsüblich und deshalb auch nicht nach § 906 Abs. 2 BGB zu dulden. Es wird nicht einmal vorgetragen, dass sich in dem Wohngebiet der Parteien weitere künstlich angelegte Teile ähnlicher Größe befinden, von denen vergleichbarer Froschlärm ausgeht.

2. Gleichwohl kann die Bekl. nicht ohne weiteres zu den vom Kläger beantragten Handlungen verurteilt werden. Die Bekl. darf nämlich derzeit keine Maßnahmen ergreifen, um die Einwirkung von Froschlärm auf das Grundstück des Kl. zu verhindern.

a) Nach § 44 Abs. 1 BNatSchG ist es verboten, wildlebenden Tieren der besonders geschützten Arten nachzustellen, sie zu fangen, zu verletzen, zu töten oder ihre Entwicklungsformen, Nist-, Brut-, Wohn- und Zufluchtsstätten der Natur zu entnehmen, zu beschädigen oder zu zerstören. Im und am Gartenteich der Bekl., der in die Biotopkartierung aufgenommen ist, haben sich – zwischen den Parteien unstreitig – Frösche (Laubfrosch, Grünfrösche, Grasfrösche, Erdkröten) angesiedelt, die wie alle in Bayern vorkommenden Froscharten unter § 7 Abs. 2 Nr. 13 BNatSchG fallen und daher besonders geschützt sind. Dass diese Frösche zu den „wildlebenden Tierarten" im Sinne des Naturschutzrechts gehören, bezweifelt auch der Kl. nicht. Auch Tiere, die – wie der Kl. behauptet – von der Bekl. auf ihrem Grundstück ausgesetzt worden sind, bewegen sich nunmehr frei, können sich unverfolgt vom Grundstück wieder entfernen und sind deshalb „wildlebend".

Ob die Schutzbestimmungen „im unmittelbaren Wohnbereich des Menschen" uneingeschränkt angewendet werden können, mag hier offenbleiben. Der Gartenteich rechnet jedenfalls nicht zum unmittelbaren Wohnbereich. Naturschutz beansprucht Geltung im besiedelten und unbesiedelten Bereich. Da sich der besiedelte Bereich ständig ausdehnt und die Umweltbelastung auch im unbesiedelten Bereich immer mehr zunimmt, kann auf die Ausgleichsfunktion insbesondere der Gärten zur Sicherung des Naturhaushalts nicht verzichtet werden (vgl. auch § 1 V BNatSchG). Die Ziele des Naturschutzrechts würden teilweise verfehlt, wollte man Gärten aus dem Schutzbereich für besonders geschützte Tierarten ausnehmen. In der genannten Auskunft des Umweltministeriums wird unter Hinweis auf die Antwort zu einer Landtagsanfrage deshalb auch besonders darauf hingewiesen, welche Bedeutung der Anlage von Biotopen, insbesondere von Gartenteichen, in besiedelten Gebieten für den Amphibienschutz zukommt.

Aus den gleichen Überlegungen kann für das Verbot des § 44 Abs. 1 BNatSchG keine Rolle spielen, daß der Gartenteich künstlich angelegt wurde und kein natürlich entstandenes Gewässer ist. Für die in § 1 BNatSchG genannten Ziele geht es nicht nur darum, die „freie Natur" oder einen von Menschenhand unbeeinflußten Bereich (der ohnehin kaum noch anzutreffen ist) zu schützen, vielmehr liegen die Schwerpunkte des Naturschutzes heute im besiedelten und in dem durch menschlichen Einfluß veränderten Bereich von Natur und Landschaft. Dabei zielt das Entwicklungsgebot auch auf eine Bestandserweiterung (vgl. VGH Kassel, NuR 1986, 254 (255)). Das Naturschutzrecht schützt auch künstlich geschaffene Biotope, und zwar im gleichen Umfang wie die ohne menschliches Zutun entstandene Natur (vgl. LG Hanau, NJW 1985, 500; OLG Hamm m. Anm. Carlsen, NuR 1991, 43 (44, 45 ff.); Haarmann, NuR 1976, 11). Der gegenteiligen Ansicht (vgl. RG, JW 1910, 654; LG Lüneburg, NJW-RR 1986, 502) vermag das Gericht nicht zu folgen. Wie bereits ausgeführt, ist insoweit auch die Behauptung des Kl. ohne Bedeutung, die Bekl. habe nach Anlage des Teiches 2006 dort Frösche „eingesetzt". Abgesehen davon, dass auch diese Frösche als wildlebend Artenschutz genießen, geht es heute nicht mehr um sie, sondern um einen im Ablauf von sechs Jahren gewachsenen Bestand, durch den sich der Kl. gestört fühlt.

Entgegen der Ansicht des Kl. verstieße auch das Entfernen der Frösche oder auch nur „der besonders lautstarken Exemplare" und ihre Umsetzung in einen anderen Lebensraum gegen das Verbot nach § 44 Abs. 1 BNatSchG. Es kommt nicht darauf an, ob die Frösche in allen Entwicklungsphasen auf besondere eigene Wohn- und Zufluchtsstätten angewiesen sind und ihre Entwicklung durch eine Umsetzung beeinträchtigt wäre. Maßgebend ist vielmehr, daß diese Umsetzung ein Nachstellen und Fangen voraussetzt und dies ohne Rücksicht auf den damit verfolgten Zweck verboten ist. Dass ein Trockenlegen des Teiches die Zerstörung der „Brut-, Wohn- oder Zufluchtsstätten" der Frösche zur Folge hätte, bezweifelt auch der Kl. nicht.

Soweit der Kl. geltend macht, die Bekl. solle nur allgemein zu Abhilfemaßnahmen verurteilt werden, und es seien auch Maßnahmen denkbar, die nicht gegen Naturschutzrecht verstoßen, kann das seinen Anträgen nicht zum Erfolg verhelfen. Es gibt nämlich keine erfolgversprechenden Maßnahmen zur Lärmverhinderung, die naturschutzrechtlich nicht verboten wären.

Die entsprechenden naturschutzrechtlichen Bestimmungen dienen zur Abwehr einer Bestandsbedrohung besonders gefährdeter Tierarten und sichern als Maßnahme zum Schutz der Umwelt überragende Gemeinschaftsbelange. Sie sind deshalb auch verfassungsrechtlich nicht zu beanstanden, verstoßen insbesondere nicht gegen Art. 14 I GG, weil sie in zulässiger Weise Inhalt und Schranken des privaten Eigentums bestimmen (Art. 14 I 2 GG, vgl. dazu BVerfG, NJW 1990, 1229; OLG Düsseldorf, NJW 1989, 1807, 1808).

b) Mit Recht weist der Kl. aber darauf hin, daß nach § 45 VII BNatSchG von den Verboten des § 44 und den aufgrund des BNatSchG erlassenen Rechtsvorschriften auf Antrag Ausnahmen zugelassen werden können, unter anderem im Interesse der Gesundheit des Menschen und aus anderen zwingenden Gründen des überwiegenden öffentlichen Interesses einschließlich solcher sozialer oder wirtschaftlicher Art. Die Bekl. muss sich deshalb um die Beseitigung des rechtlichen Verbots über eine Ausnahme nach § 45 VII BNatSchG bemühen, insbesondere einen entsprechenden Antrag beim Landratsamt Bayreuth als Unterer Naturschutzbehörde (§ 43 Abs. 2 Nr. 3 BayNatSchG) stellen. Kommt es zu Lärmimmissionen, die an sich nach dem Maßstab des § 906 BGB abwehrfähig sind, verbietet aber das öffentliche Recht die dafür in Betracht kommenden Abhilfemaßnahmen, so kann dem Störer dann nicht erlaubt sein, sich hinter diesem Verbot zu verschanzen, wenn öffentlichrechtlich Ausnahmen zugelassen sind, die mit Erfolgsaussicht beantragt werden können. Nach der vom Gericht eingeholten Auskunft der Unteren Naturschutzbehörde erscheinen Maßnahmen, die eine Zuwanderung von Fröschen aus dem Bach, die für den Grad der Geräuschimmissionen verantwortlich sind, als erlaubnisfähig.

c) Die Bekl. durfte jedoch nur zu den durch eine solche Erlaubnis der Unteren Naturschutzbehörde erlaubten Handlungen verurteilt werden, denn nur die Naturschutzbehörden können das generelle Verbot über eine Erlaubnis durch Verwaltungsakt aufheben, nicht aber die Zivilgerichte. Auch muss die Erlaubnis bestandskräftig sein. Dies war im Urteilstenor klarzustellen.

Unschädlich ist, daß der Kl. diesen Vorbehalt nicht (auch nicht hilfsweise) in seinen Antrag aufgenommen hat, denn die entsprechende Einschränkung stellt sich nur als ein formell notwendiges Weniger gegenüber dem ursprünglichen Klageantrag dar, nicht aber gibt sie dem Kl. etwas anderes, als er beantragt hat (§ 308 ZPO).

Es bedarf auch keines Antrags zur Verurteilung der Bekl. zur Stellung eines entsprechenden Antrags bei der Unteren Naturschutzbehörde, weil der Kl. selbst einen solchen Antrag stellen kann, wenn die Bekl. dies unterlassen sollte.

II.

Nachdem die Klage nur teilweise erfolgreich war und derzeit nicht abgeschätzt werden kann, inwieweit der Kl. mit Hilfe der Erlaubnis der Unteren Naturschutzbehörde sein Klageziel inhaltlich erreichen kann, erscheint es angemessen, die Kosten des Rechtsstreits gegeneinander aufzuheben (§ 92 Abs. 1 ZPO).

Der Ausspruch zur vorläufigen Vollstreckbarkeit ergibt sich aus §§ 709, 712 ZPO.

Übungsteil

A. Rechtliche Aspekte

a) Zivilrecht

1 Bei einer Anspruchsklausur sollten Sie sich immer die Frage stellen: **„Wer will was von wem woraus?"**. Dabei bezeichnet „wer" den Anspruchsberechtigten, „was" den Anspruchsgegenstand, „von wem" den Anspruchsgegner und

„woraus" die Anspruchsgrundlage, also die gesetzliche Vorschrift, aufgrund derer der Anspruchsberechtigte den Anspruchsgegenstand von dem Anspruchsgegner verlangen kann.

Formulieren Sie dann den Anspruch als Klausureinstieg.

Beispiel:

A könnte gegen B einen Anspruch gem. § 433 II BGB auf Zahlung von 5.000 € haben.

Formulieren Sie jetzt die Ansprüche als Klausureinstieg. Vergessen Sie nicht, ganz konkret die richtige Anspruchsgrundlage zu zitieren. (Hier kommen in Betracht: §§ 433 I 1, 535 I 1, 604 I, 611 I, 651 I 1, 651 a I 2, 812 I 1, 1.Alt., 823 I, 985, 1004 I 1 BGB).

1. Eigentümerin E verlangt von Besitzerin B ihren vertauschten Mantel heraus.

2. Käufer K hat dem V einen Gartenzwerg abgekauft und bezahlt, aber V hat ihm den Gartenzwerg noch nicht gegeben.

3. Autofahrer A hat die Fußgängerin F fahrlässig angefahren, so dass sie sich vom Arzt behandeln lassen musste. Sie möchte die Arztkosten ersetzt bekommen.

4. Nachbar N fühlt sich von dem Tag und Nacht gurgelnden Brunnen des X gestört und verlangt Beseitigung.

5. Vermieterin V ist ihren Mieter M und seine ständigen lautstarken Partys leid. Sie lässt kurzerhand das Schloss zur Mietwohnung austauschen. M ist der Meinung, V müsste ihm zumindest für die Dauer des Mietvertrages den Gebrauch der Mietwohnung gewähren.

6. Wagnerianerin W hat ihrer Freundin F zur Festspielpremiere ihr bestes Abendkleid geliehen. F „vergisst" aber, es zurückzugeben. W braucht es dringend für den Besuch der nächsten Aufführung.

7. Tourist T hat eine teure Pauschalreise nach China gebucht. Das Reisebüro R verlangt von ihm den vereinbarten Reisepreis in Höhe von 4.000 €.

8. Fahrradhändlerin F hat dem Minderjährigen M ein Fahrrad für 1.100 € auf Raten verkauft und übereignet, da sie annahm, M sei bereits volljährig. Da der Kaufvertrag wegen der verweigerten Zustimmung der Eltern des M nichtig ist, verlangt F von M Rückübereignung des Rads.

9. Kunstmaler M hat entsprechend dem Auftrag des Kunden K ein Bild gemalt. Es gefällt ihm allerdings selbst so gut, dass er es behalten möchte. K will das Bild unbedingt für seine Kunstsammlung haben und verlangt Übergabe und Übereignung.

10. Die viel beschäftigte Gartenliebhaberin G hat dem Nachbarjungen N 30 € versprochen, wenn er ihren großen Rasen mäht. Nach getaner Arbeit verlangt er seinen Lohn.

[2] Gestaltungsrechte dagegen ändern die Rechtslage unmittelbar und sind deswegen keine Ansprüche. Gestaltungsrechte sind z. B. die Anfechtung, die Kündigung und der Rücktritt.

Formulieren Sie bei Gestaltungsrechten den Klausureinstieg folgendermaßen: *„A könnte den mit B geschlossenen Kaufvertrag nach § 119 II BGB anfechten."*

Formulieren Sie jetzt den Klausureinstieg. Vergessen Sie nicht, die konkrete gesetzliche Grundlage anzugeben. (Hier kommen in Betracht: §§ 119 I 2.Alt, 123 I 1. Alt., 123 I 2. Alt., 323 I BGB).

1. Der völlig überschuldete Sohn S zwingt seinen Vater mit vorgehaltener Pistole, einen unbeschränkten Bürgschaftsvertrag für ihn zu unterschreiben. V will seine Willenserklärung nicht gelten lassen.

2. Nachdem Autohändlerin A trotz mehrfacher Mahnung und letztendlicher Fristsetzung durch Kundin K den Kleinbus Galaxia nicht geliefert hat, will K von dem Vertrag zurücktreten. K hatte 1.000 € angezahlt.

3. Sammler S will ein schriftliches Gebot für einen Kristallschwan in Höhe von 50 € abgeben, verschreibt sich aber und bietet versehentlich 500 €. Als ihm der Schwan mit Rechnung zugeht, bemerkt er seinen Irrtum.

4. Autokäufer K will den Kaufvertrag anfechten, nachdem der Verkäufer V ihm arglistig vorgespiegelt hat, der Wagen wäre nur 100.000 km gefahren, er aber in Wirklichkeit schon 200.000 km gefahren ist.

[3] Nach Ausübung eines Gestaltungsrechts können Ansprüche entstehen, die natürlich als Ansprüche zu formulieren sind. Formulieren Sie für die folgenden Fälle den Klausureinstieg. (In Betracht kommen §§ 346 I, 535 II, 812 I 1 BGB).

1. Im Fall der Übung 2 Nr. 2 verlangt K nach Erklärung des Rücktritts ihre Anzahlung zurück.

2. Im Fall der Übung 1 Nr. 5 hat Vermieterin V dem M zum 31. 12. wirksam gekündigt, M hat die Dezembermiete noch nicht bezahlt und zieht am 30. 11. aus. V verlangt vom M noch die Dezembermiete.

3. Im Fall der Übung 2 Nr. 3 hat S angefochten, aber den Kristallschwan nicht zurückgesandt. Der Auktionator besteht auf Rücksendung des Schwans.

b) Strafrecht

[4] In der Strafrechtsklausur für Anfänger ist die Formulierung, dass jemand wegen einer Straftat zu bestrafen ist, der wichtigste Klausureinstieg.

Beispiel:

„X könnte wegen Körperverletzung gem. § 223 StGB zu bestrafen sein."

Formulieren Sie deshalb für die folgenden Fälle entsprechend dem Beispiel:

1. Journalist J hat den Soldaten S als „potentiellen Mörder" bezeichnet. S fühlt sich beleidigt und fordert Bestrafung des J.

2. Liebhaber L schwört für seine Geliebte vor Gericht einen Meineid.

3. Der Deutsche D, der Bigamie für die einzig wahre Lebensart hält, heiratet in seinem Heimatort zusätzlich zu seiner ersten Ehefrau E die Z, obwohl er weiß, dass dies in Deutschland unter Strafe gestellt ist.

4. Nichte N vergiftet ihren Erbonkel O, um schneller an dessen Vermögen zu kommen.

5. Hausmann H, dessen Taschengeld nicht sehr großzügig bemessen ist, stiehlt im Kaufhaus ein teures Herrenparfüm, das er sich schon lange wünschte.

c) Öffentliches Recht

⑤ Bei den Fragestellungen des Verfassungsrechts (s. o.) muss der Bearbeiter in der Regel feststellen, ob ein Beschwerdeführer in seinen Grundrechten verletzt ist oder ob eine Rechtsnorm inhaltlich nicht mit der Verfassung im Einklang steht oder nicht entsprechend den Vorschriften in der Verfassung zustande gekommen ist.

Beispiel:

„Die Beschwerdeführerin B könnte durch die Enteignung ihres Grundstücks zum Bau einer neuen Autobahn in ihrem Eigentumsrecht aus Art. 14 I GG verletzt sein."

„Väter, die mit der Mutter des Kindes nicht verheiratet sind, könnten dadurch in ihrem Elternrecht aus Art. 6 I GG verletzt sein, dass sie gegen den Willen der Mutter kein Sorgerecht erlangen können."

„Das Staatshaftungsgesetz des Bundes könnte verfassungswidrig sein, da die Zuständigkeit zum Erlass eines solchen Gesetzes möglicherweise allein bei den Ländern liegt."

Formulieren Sie einen Einstieg in die Lösung folgender Fälle:

1. Der Gesetzgeber des Bundeslandes B, dem die Vorbereitung junger Frauen auf ihre „spezifisch weibliche Rolle in der Gesellschaft" am Herzen liegt, erlässt ein Gesetz, nach dem jede Frau zwischen dem 16. und 20. Lebensjahr ein „soziales Pflichtjahr" ableisten muss.

2. Kind K, das keiner Konfession angehört und in Bayern in die Schule geht, fühlt sich durch die nach dem bayerischen Schulgesetz staatlich angeordneten Kruzifixe in den Klassenzimmern in seiner Religionsfreiheit verletzt, da es „immer unter dem Kreuz lernen müsse".

3. Beamter B, der seiner Lebensgefährtin L bei der Geburt ihres ersten gemeinsamen Kindes beistehen möchte, beantragt hierfür Sonderurlaub. Dieser wird von seinem Dienstherrn mit der Begründung abgelehnt, ein

solcher Sonderurlaub könne nach dem Gesetz nur verheirateten Beamten gewährt werden. Auch das Verwaltungsgericht und Bundesverwaltungsgericht, das B anruft, teilen diese Ansicht. B findet, dass eine verfassungswidrige Ungleichbehandlung stattfindet und ein Verstoß gegen die Pflicht des Staates, Familie und Ehe besonders zu schützen, vorliegt.

4. Im Bundesgesetzblatt wurde das „Gesetz zum Schutz vor der Rinderseuche BSE" verkündet, das vom Bundestag beschlossen, vom Bundesrat aber abgelehnt worden war. Es sieht unter anderem vor, dass jedes geschlachtete Rind von den Gesundheitsbehörden der Länder untersucht werden muss.

B. Sprachliche Aspekte

1️⃣ Nützliche Ausdrücke für eine Klausur im Zivilrecht.

Bringen Sie die Elemente des jeweils zweiten Satzes in die richtige Reihenfolge, um einen grammatikalisch richtigen Satz zu erhalten.

1. Der Vertrag wurde abgeschlossen und eine Einigung über den Kaufpreis erzielt.

    aus / scheiden / Ansprüche / Vertragliche

    _____

    _____

2. Er verzichtete auf das Wechselgeld.

    dass F dem A / einvernehmlich / Das ist / erlassen hat / die Rückgabe des Wechselgeldes / dahin auszulegen,

    _____

    _____

3. F könnte ein den Schutz des A bezweckendes Gesetz verletzt haben.

    des § 263 StGB / kommt hier / (Betrug) / In Betracht / die Bestimmung

    _____

    _____

4. A erklärte, er habe sich geirrt, und verlangte die Herausgabe der Geldbörse.

    des A / des Kaufvertrags/ könnte / In der Erklärung / liegen /eine begründete Anfechtung

    _____

    _____

5. A spricht von einem Irrtum.

   des Eigenschaftsirrtums / kommt / ein Inhaltsirrtum / In Betracht / (§ 119 II BGB) / in der Form

   _____

   _____

6. Die Anfechtungserklärung ist rechtswirksam erfolgt.

   anzusehen / von Anfang an / Damit / als nichtig / der Kaufvertrag / ist

   _____

   _____

7. Durch den Verlust der Geldbörse ist F die Herausgabe des Eigentums und Zurückübereignung der Geldbörse unmöglich geworden.

   diesen Fall / zu ersetzen /grundsätzlich, / § 818 II BGB / der Bereicherung / dass der Wert / Für / bestimmt / ist

   _____

   _____

8. Die Verpflichtung zur Herausgabe ist nach § 818 III BGB ausgeschlossen, sofern der Empfänger nicht mehr bereichert ist.

   von dieser Regel / bestimmt / Als Ausnahme / § 819 I BGB / Folgendes / allerdings

   _____

   _____

9. F wusste um den wahren Wert der Geldbörse, als er sie kaufte.

   und / die Anfechtbarkeit / haftet / also / deshalb / Er kannte / nach den allgemeinen Vorschriften

   _____

   _____

10. F kann die Geldbörse infolge seines eigenen Verschuldens nicht herausgeben.

   dem A / in Höhe von 5.000 € / daher /zu leisten / Er hat / Schadensersatz

   _____

   _____

2 Häufig vorkommende Verben in Grundrechtsklausuren
Streichen Sie die falsche Verbform aus.

1. Im vorliegenden Fall *kollidieren / streiten* zwei Grundrechtspositionen.

2. Beide Grundrechtspositionen sind gegeneinander *aufzurechnen / abzuwägen*.

3. Die Vermieterin berücksichtigt / beruft sich auf ihr verfassungsrechtlich geschütztes Eigentumsrecht (Art. 14 I GG).

4. S *begründet / gründet* seinen Anspruch mit dem Recht auf Informationsfreiheit, das sich aus Art. 5 I 1 GG *steht / ergibt*.

5. S ist außerdem der Ansicht, dass die Entscheidung des Amtsgerichts gegen sein Recht auf Freiheit der Berufsausübung aus Art. 12 GG *verstößt / verletzt*.

6. Zudem findet er, dass die Entscheidung des Amtsgerichts auch einen Eingriff in sein Erziehungsrecht aus Art. 6 I GG *darstellt / eingreift*.

7. Im vorliegenden Fall hat das Amtsgericht mit seiner Entscheidung den Anspruch des S auf Informationsfreiheit *verneint / ignoriert*.

8. S fühlt sich durch die Entscheidung des Amtsgerichts in seinen Grundrechten *verstoßen / verletzt*.

9. Zu klären ist, ob das Anbringen einer Parabolantenne in den Schutzbereich der Informationsfreiheit *liegt / fällt*.

10. Fraglich ist, ob das Amtsgericht die Bedeutung der Informationsfreiheit ausreichend *behandelt / berücksichtigt* hat.

11. Wenn die Verletzung des sachnäheren Grundrechts bereits *bejaht / befürwortet* ist, erübrigt sich eine Prüfung des allgemeinen Grundrechts.

12. Gegenüber dem Elternrecht und dem Recht auf Freiheit der Berufsausübung *ist / sind* das Recht der Informationsfreiheit im vorliegenden Fall das sachnähere Grundrecht.

3 **Termini für eine Klausur im Strafrecht**

Streichen Sie das Wort, das nicht in die Reihe passt.

1. Bei einer Falllösung erfolgt hinsichtlich jeden Tatbestands die Prüfung der:

a) Tatbestands-   b) Strafe   c) Schuld   d) Rechtswidrig-
mäßigkeit   keit

2. Beim Vorliegen einer Haupttat gibt es mehrere an der Haupttat Beteiligte, z. B.

a) einen Haupt-   b) einen   c) einen   d) einen Toten
täter   Anstifter   Gehilfen

3. Der Tötungsvorsatz bezieht sich auf

a) das Setzen
einer notwen-
digen Bedin-
gung des To-
deseintritts

b) den Wunsch,
Schaden
zuzufügen

c) den Kausalzu-
sammenhang
zwischen
Handlung
und Erfolg,

d) den Eintritt
des Hand-
lungserfolgs

4. Mordmerkmale nach § 211 II StGB sind:

a) grausames
Handeln

b) heimtücki-
sches Handeln

c) Handeln aus
Habgier

d) argloses
Handeln

5. Als notwendiges Durchgangsstadium zur Tötung werden meist angesehen:

a) die Zerstö-
rung der
Gesundheit

b) Schmerzen

c) die Körper-
verletzung

d) die Gesund-
heitsbeschä-
digung

6. Beteiligte an einem Mord können aus verschiedenen Gründen strafbar sein, z. B.:

a) wegen Beihilfe
zum Mord
durch aktives
Tun

b) wegen Beihilfe
zum Mord
durch Unter-
lassen

c) wegen Nicht-
anzeige einer
geplanten
Straftat

d) wegen An-
zeige des
Mordplans

Lösungshinweise zum Übungsteil

Kapitel 1

A. Rechtliche Aspekte

☐1 Die Beantwortung der Fragen 1–7 ergibt sich aus dem vorhergehenden Text.

☐2 a) Jurastudium; b) Student/Studentin; c) Erste Juristische Prüfung (= Referendarexamen); d) Vorbereitungsdienst; e) Referendar/Referendarin; f) Zweite Juristische Staatsprüfung (= Assessorexamen); g) Assessor/Assessorin.

☐3 1) Jura studieren; Rechtsanwältin werden 2) Repetitor besuchen; Freischuss versuchen. 3) Wahlstation. 4) Promovieren; Wirtschaftsjurist werden. 5) Richterin werden. 6) Habilitieren; Universitätsprofessor werden. 7) Eignungsprüfung ablegen; Rechtsanwältin werden. 8) Hochschulprofessor werden.

☐4 1) Studiert an einer Hochschule oder Universität. 2) Leistet den Vorbereitungsdienst ab. 3) Nimmt als Beamter des gehobenen Dienstes bestimmte Aufgaben der Rechtspflege wahr, z. B. Grundbuchsachen, Zwangsvollstreckungen und Kostenfestsetzung. 4) Bearbeitet juristische Fragestellungen in mittleren und größeren Wirtschaftsunternehmen. 5) Entscheidet Rechtsstreitigkeiten. 6) Wirkt neben dem Berufsrichter mit vollem Stimmrecht und gleicher sachlicher Unabhängigkeit an der Rechtsprechung mit. 7) Leitet das Ermittlungsverfahren, erhebt und vertritt die Anklage und ist zuständig für die Strafvollstreckung. 8) Berät und vertritt Mandanten in allen Rechtsangelegenheiten. 9) Beurkundet vor allem Rechtsgeschäfte, wobei er eine Prüfungs- und Belehrungspflicht gegenüber den Beteiligten bezüglich der Rechtslage hat. 10) Bearbeitet juristische Fragestellungen in den Verwaltungen. 11) Ist für Wirtschaftsunternehmen vor allem in der Streit- und Problemvermeidung tätig. Entwirft und überprüft Verträge und beschäftigt sich mit der außergerichtlichen Rechtsverfolgung und Rechtsverteidigung.

☐5 Für die Berufe, die unter Punkt ☐4, Ziffern 5, 7–11 aufgeführt sind.

☐6 1) Zivilgericht – Zivilrichter; 2) Strafgericht – Strafrichter; 3) Verwaltungsgericht – Verwaltungsrichter; 4) Arbeitsgericht – Arbeitsrichter; 5) Sozialgericht – Sozialrichter; 6) Finanzgericht – Finanzrichter; 7) Verfassungsgericht – Verfassungsrichter.

7 a) 1) Arbeitsrecht – Fachanwalt für Arbeitsrecht; 2) Steuerrecht – Fachan-
      walt für Steuerrecht; 3) Familienrecht – Fachanwalt für Familienrecht; 4)
      Sozialrecht – Fachanwalt für Sozialrecht; 5) Strafrecht – Fachanwalt für
      Strafrecht; 6) Insolvenzrecht – Fachanwalt für Insolvenzrecht.

   b) Fachanwalt für:

      Agrarrecht; Bank-und Kapitalmarktrecht; Bau- und Architektenrecht;
      Erbrecht; gewerblichen Rechtsschutz; Handels- und Gesellschaftsrecht;
      Informationstechnologierecht; Medizinrecht; Miet- und Wohnungseigen-
      tumsrecht; Transport- und Speditionsrecht; Urheber- und Medienrecht;
      Verkehrsrecht; Versicherungsrecht; Verwaltungsrecht.

B. Sprachliche Aspekte

1 1) Fakultät 2) Semester 3) Jahr 4) Pflichtfächer 5) Wahlfach 6) Leistungs-
      nachweise 7) Scheine 8) Zulassungsvoraussetzung 9) Juristischer Prüfung
      10) Oberseminar 11) Studienarbeit 12) Klausuren 13) Prüfung 14) Akten-
      vortrag.

2 1) vertritt 2) beraten 3) betreut 4) beurkunden/ermitteln/errichten/be-
      glaubigen 5) unterworfen 6) unterliegt 7) liegt 8) entscheidet 9) beteiligt
      10) klagt... an 11) führen/überwachen/vertreten 12) folgen.

Kapitel 2

A. Rechtliche Aspekte

1 Die Beantwortung der Fragen 1–7 ergibt sich aus dem vorhergehenden Text.

2 Skizze 1: Geschriebenes Recht; Gewohnheitsrecht. Skizze 2: Landesverfas-
   sungen; Landesgesetze; Verordnungen und Satzungen.

3 1. a) § 249 Satz 2   b) § 249 S. 2
   2. a) § 250 Satz 1   b) § 250 S. 1
   3. a) § 251 Abs. 2 S. 1   b) § 251 II 1
   4. a) § 252 Satz 2   b) § 252 S. 2

4 1. Wer durch die Leistung eines anderen auf dessen Kosten etwas ohne recht-
      lichen Grund erlangt, ist ihm zur Herausgabe verpflichtet.

   2. Wer vorsätzlich oder fahrlässig das Leben, die Gesundheit, die Freiheit,
      das Eigentum oder ein sonstiges Recht eines anderen widerrechtlich ver-
      letzt, ist dem anderen zum Ersatze des daraus entstehenden Schadens ver-
      pflichtet.

3. Dies gilt nicht, wenn er die Verletzung vorsätzlich herbeigeführt hat.

4. Der Besitzer kann die Herausgabe der Sache verweigern, wenn er oder der mittelbare Besitzer, von dem er sein Recht zum Besitz ableitet, dem Eigentümer gegenüber zur Überlassung des Besitzes berechtigt ist.

5. Die nachfolgenden Grundrechte binden Gesetzgebung, vollziehende Gewalt und Rechtsprechung als unmittelbar geltendes Recht.

5 Fall 1: Gutachtenstil. Fall 2: Urteilsstil.

6 1) Entscheidungssammlung 2) Lehrbuch 3) Juristische Zeitschrift 4) Kommentar 5) Monographie.

7

Anspruchsgrundlage	ja	nein	warum?
§ 1		X	Kein Recht, keine Verpflichtung
§ 105 Abs. 1		X	Kein Recht, keine Verpflichtung
§ 433 Abs. 2	X		
§ 535 I S. 1	X		
§ 823 Abs. 1	X		
§ 903 S. 1		X	Kein Recht, keine Verpflichtung gegenüber anderer Person
§ 1004 Abs. 1 S. 1	X		

Weil ein Prozess grundsätzlich nur gewonnen werden kann, wenn es für den Klageanspruch im Gesetz eine Anspruchsgrundlage gibt.

8 1) Juristische Arbeitsblätter. 2) Juristische Ausbildung. 3) Juristische Schulung

9 3 / 13 / 10 / 2 / 7 / 9 / 16 / 14 / 1 / 6 / 12 / 11 / 4 / 8 / 5 / 15.

B. Sprachliche Aspekte

1 1) Anspruch 2) Tun 3) Unterlassen 4) Ansprüche 5) geltend 6) machen 7)) Herausgabe 8) verlangen 9) Klagerecht 10) auf 11) klagen 12) Verpflichtung 13) verpflichtet 14) kann 15) Schadens.

2 1) könnte 2) wäre 3) könnte 4) müsste 5) könnte.

3 a) Der Bundespräsident/Die Bundespräsidentin __. __ jeder/jede Deutsche, der/die __. b) Können Eheleute __ für ihren Unterhalt __, so hat der Ehemann gegen die Ehefrau bzw. die Ehefrau gegen den Ehemann einen Anspruch __. c) Eigentümer können von den Besitzern __. d) __ von Verkäufern und Käufern / Käufer sind verpflichtet, den Verkäufern __. e) __ einer anderen Person __, mit deren Einverständnis __.

Kapitel 3

A. Rechtliche Aspekte

1 Die Beantwortung der Fragen 1–7 ergibt sich aus dem vorhergehenden Text.

2 1) ein fundamentales Recht des Individuums, das in der Verfassung verankert ist. 2) allen Menschen zusteht. 3) dem Individuum Freiheiten gewähren. 4) Ein Unverletzlichkeitsrecht ist ein Grundrecht, das eine bestimmte Rechtsposition vor staatlichen Eingriffen schützt. 5) Ein soziales Grundrecht bzw. Teilhaberecht gibt dem einzelnen Ansprüche auf positive Leistungen des Staates. 6) Der allgemeine Gleichheitssatz verbietet die willkürliche Ungleichbehandlung gleicher Sachverhalte. 7) Ein Justizgrundrecht gewährleistet Rechte in einem gerichtlichen Verfahren. 8) Ein Bürgerrecht ist ein Recht, das nur Deutschen zusteht.

3 1) (b) Unmittelbare Drittwirkung der Grundrechte. 2) (a) Direkte Grundrechtswirkung. 3) (c) Mittelbare Wirkung der Grundrechte.

4 Bundesstaat, Sozialstaat, Demokratie, Republik.

5 1) Art. 8 I GG; Versammlungsfreiheit 4. 2) Vereinigungsfreiheit, Art. 9. 3) Menschenwürde, Art. 1. II. 4) Meinungsfreiheit, Art. 5. 5) Wohnung, Art. 13. 6) Schutz der Ehe und Familie, Art. 6. 7) Gleichberechtigung, Art. 3. II. 8) Berufsfreiheit, Art. 12. 9) 5 I 2, Pressefreiheit 10) Freizügigkeit, Art. 11.

6 1) 3 II GG, Gleichberechtigung 2) Meinungsfreiheit, Versammlungsfreiheit, Art. 5, 8 GG 3) Bundesverfassungsgericht, Art. 92; Wahl durch Bundestag oder Bundesrat, Art. 94 I 2. 4) Bundestagsabgeordneter; Art. 38. 5) Bundespräsidentin; Art. 54. 6) Bundeskanzler; Art. 63. 7) Mitglied des Bundesrats; Art. 51. 8) Art. 14 I; Art. 14 II und III.

7 1) Legislative; Bundestag und Bundesrat. 2) Exekutive; Bundesregierung und Bundespräsident. 3) Judikative, Gerichte des Bundes und der Länder.

8 1) b 2) c 3) a 4) d.

B. Sprachliche Aspekte

1️⃣ 1) Grundgesetz 2) Gesetzgebung 3) Gesetzgebers 4) Gesetzesvorbehalt 5) Gesetz 6) Gesetzgebungsorgan 7) Gesetzes 8) Gesetzgebungsrechts 9) Gesetze 10) Gesetzeskraft.

2️⃣ 1) ausgefertigt / verkündet 2) eingebracht 3) vorgelegt 4) beschlossen 5) lehnt __ ab 6) kommen __ zustande 7) überstimmt 8) verabschiedet 9) getreten 10) geändert 11) erlassen 12) bestimmt / angewendet / galt.

3️⃣ 1) die Gewährleistung elementarer Rechte 2) die Auslegung der Grundrechte 3) die Kenntnis und Anwendung der Grundrechte 4) die Einlegung eines Rechtsmittels 5) die Verletzung eines Grundrechts 6) der Schutz des allgemeinen Persönlichkeitsrechts.

4️⃣ 1) Wahlrechtsgrundsätze 2) gewählt 3) Wahlgesetz / Wahlpflicht 4) Wahlsystem / Verhältniswahl 5) Verhältniswahlrecht 6) Wähler / Stimmen 7) Wahlkreisabgeordneten 8) Wahl / Zweidrittelmehrheit.

Kapitel 4

A. Rechtliche Aspekte

1️⃣ Die Beantwortung der Fragen 1–12 ergibt sich aus dem vorhergehenden Text.

2️⃣ Handels-und Gesellschaftsrecht; Arbeitsrecht.

3️⃣ Allgemeiner Teil; Schuldrecht; Sachenrecht; Familienrecht; Erbrecht.

4️⃣ 1) Verfügungsgeschäft 2) Verpflichtungsgeschäft 3) Verfügungsgeschäft 4) Verpflichtungsgeschäft.

5️⃣ Abschlussfreiheit; Gestaltungsfreiheit.

6️⃣ 1) Geschäftsunfähigkeit; Rechtsgeschäft kommt nicht zustande.
2) Beschränkte Geschäftsfähigkeit; Rechtsgeschäft kommt zustande.
3) Beschränkte Geschäftsfähigkeit; Rechtsgeschäft kommt nicht zustande.
4) Geschäftsunfähigkeit; Rechtsgeschäft kommt nicht zustande.

7️⃣ 1) Sachdarlehen, § 607 I BGB. 2) Reisevertrag, § 651 a. 3) Werkvertrag, § 631. 4) Auslobung, § 657. 5) Miete, § 535. 6) Darlehen, § 488 I. 7) Dienstvertrag, § 611. 8) Tauschvertrag, § 480.

[8] 1) Besitzerin. 2) Besitzerin und Eigentümerin. 3) Eigentümerin.

[9] Willenserklärungen; Verträge.

[10] 1) B: Invitatio ad offerendum; L: Angebot 2) Jackett im Schaufenster: Invitatio ad offerendum; M: Angebot; H: Annahme

[11] 1) Ausdrückliche mündliche Willenserklärung. 2) Konkludente Willenserklärung. 3) Ausdrückliche schriftliche Willenserklärung.

B. Sprachliche Aspekte

[1] 1) ist nichtig 2) wird wirksam 3) widerrufen 4) eingehalten 5) angefochten / sich geirrt 6) getäuscht / bedroht

[2] 1) Leistungen 2) Geld 3) Waren 4) Sachen 5) Arbeitsleistungen 6) Gegenleistung 7) Vertragsfreiheit 8) Pflichten 9) Vereinbarung 10) Handlung 11) Bereicherung

Kapitel 5

A. Rechtliche Aspekte

[1]
[2] Die Beantwortung der unter Punkt [1] und [2] gestellten Fragen ergibt sich aus dem vorhergehenden Text.

[3] 1) B ist nicht ehemündig, § 1303 I; das Familiengericht kann sie aber von diesem Erfordernis befreien, 1303 II. Die kirchliche Eheschließung beurteilt sich nach Kirchenrecht 2) Die Ehe ist aufhebbar, § 1314 II Nr. 3. 3) Die Ehe ist aufhebbar, §§ 1314 I, 1306. 4) Die Ehe ist aufhebbar, §§ 1314 I, 1311 S. 1. 5) Die Ehe ist aufhebbar, § 1314 II Nr. 5. 6) Die Ehe ist nicht aufhebbar, § 1314 II Nr. 3 2. Hs. 7) Die Ehe ist nicht aufhebbar, weil die Krankheit nicht bei der Eheschließung vorgelegen hat, § 1314 II Nr. 1. 8) Die Ehe ist aufhebbar, §§ 1314 I, 1304. 9) Die Ehe ist aufhebbar, §§ 1314 I, 1307. 10) Eine Eheschließung ist nicht möglich, weil das BGB eine Ehe zwischen Personen des gleichen Geschlechts nicht vorsieht. Möglich ist aber eine eingetragene Lebenspartnerschaft.

[4] 1) Notarielles Testament. 2) Gesetzliche Erbfolge. 3) Handschriftliches oder notarielles Testament. 4) Erbvertrag.

5 1) Testament nichtig, § 2247 I. 2) Erbeinsetzung des Arco unwirksam, § 1923. 3) Testament wirksam, § 2247 III S. 2. 4. Testament wirksam, § 2247 I. 5) Testament widerrufen, § 2255. 6) Verfügung unwirksam, § 1967. 7) Testament wirksam, § 1938. 8) Testament unwirksam, § 2265. 9) Testament unwirksam, § 2247 IV. 10) O, P, Q, R erben je ein Siebtel; S, T, U, V, W und X erben je ein Vierzehntel, §§ 1925 III, 1924 III und IV.

6 a) Frau Simon, Herr Waldner
   b) Frau Simon, Herr Simon
   c) Frau Simon, Herr Waldner-Simon
   d) Frau Simon, Herr Simon-Waldner
   e) Frau Waldner, Herr Waldner
   f) Frau Waldner-Simon, Herr Waldner
   g) Frau Simon-Waldner, Herr Waldner.

7 a) Simon oder Waldner, wie bei der Geburt des ersten Kindes bestimmt.
   b) Simon
   c) Simon
   d) Simon
   e) Waldner
   f) Waldner
   g) Waldner.

8 1. Nein 2) Ja 3) Ja 4) Ja 5) Nein 6) Ja 7) Nein 8) Ja 9) Ja 10) Ja.

9 1) Vormund 2) Betreuer 3) Gesetzlicher Vertreter.

10 1) Möglich, § 1566 II. 2) Möglich, § 1565 II. 3) Möglich, § 1566 I.

11 1) Zugewinngemeinschaft. 2) Gütergemeinschaft. 3) Gütertrennung.

12 1) Freiheitsstrafe bis zu zwei Jahren oder Geldstrafe. 2) Freiheitsstrafe bis zu drei Jahren oder Geldstrafe. 3) Freiheitsstrafe bis zu fünf Jahren oder Geldstrafe. 4) Freiheitsstrafe bis zu drei Jahren oder Geldstrafe. 5) Freiheitsstrafe bis zu drei Jahren oder Geldstrafe. 6) Freiheitsstrafe bis zu drei Jahren oder Geldstrafe. 7) Freiheitsstrafe bis zu zwei Jahren oder Geldstrafe.

B. Sprachliche Aspekte

1 1) Zivilehe 2) Trauung 3) Standesbeamten 4) Familiengericht 5) Folgesachen 6) Unterhaltungsansprüche 7) Versorgungsausgleich 8) Sorgerecht

2 1) Vermögensverhältnisse 2) Privaterbfolge 3) Erbe 4) Testament 5) Erbfolge 6) Erblasser 7) Pflichtteil 8) Erbberechtigten 9) Nachlasses 10) beerben 11) erben 12) Das 13) Der 14) Erbschaft 15) Erbengemeinschaft 16) Miterbe

Kapitel 6

A. Rechtliche Aspekte

1 Die Beantwortung der Fragen 1–14 ergibt sich aus dem vorhergehenden Text.

2 1) Nicht rechtsfähig 2) Natürliche Person 3) Nicht rechtsfähig. 4) Juristische Person 5) Juristische Person 6) Natürliche Person 7) Juristische Person 8) Juristische Person.

3 1) Kaufmann, § 6 HGB. 2) Kein Kaufmann. 3) Kaufmann, § 6 HGB. 4) Kein Kaufmann. 5) Kaufmann, § 2 HGB.

4 1) Unternehmergesellschaft. 2) OHG. 3) AG. 4) Nicht eingetragener Einzelkaufmann. 5) GmbH & Co. KG. 6) Genossenschaft. 7) Eingetragener Einzelkaufmann. 8) GmbH. 9) Gesellschaft des bürgerlichen Rechts. 10) Kommanditgesellschaft.

5 Ein öffentliches Register, in dem die Kaufleute und bestimmte auf sie bezogene Tatsachen und Rechtsverhältnisse eingetragen werden. Verfolgt den Zweck, jedermann darüber Auskunft zu geben, wer Kaufmann ist. Führung beim Amtsgericht als Registergericht. Eintragungen werden im Bundesanzeiger und einer Zeitung bekannt gemacht.

6 1) Zusätzliche Regelung. 2) Abweichende Regelung. 3) Abweichende Regelung. 4) Abweichende Regelung. 5) Zusätzliche Regelung.

7 1) Dienstvertrag. 2) Arbeitsvertrag. 3) Arbeitsvertrag. 4) Arbeitsvertrag. 5) Dienstvertrag.

8 1) Heimarbeitsgesetz 2) Jugendarbeitsschutzgesetz 3) Arbeitssicherheitsgesetz 4) SGB IX 5) Mutterschutzgesetz 6) Insolvenzordnung 7) Arbeitszeitgesetz 8) Kündigungsschutzgesetz.

9 1) Ja, bei hohem Schaden unter Umständen nur teilweise (grobe Fahrlässigkeit). 2) Ja, unbeschränkt (gröbste Fahrlässigkeit). 3) Nein (höchstens leichte Fahrlässigkeit). 4) Ja, teilweise (normale Fahrlässigkeit). 5) Ja, zu einem größeren Teil (grobe Fahrlässigkeit).

10 1) Monatliches Gehalt von 1.750 €. und 6 €. Prämie für jeden Tag, an dem er wirklich arbeitet. 2) Monatliches Gehalt von 1.500 €. 3) Lohn von 35 € über dem tariflichen Wochenlohn, Entgeltfortzahlung ab dem ersten Krankheitstag. 4) Gehalt von 2.300 € und 25 Tage Jahresurlaub.

11 1) ja 2) ja 3) nein 4) nein 5) nein

B. Sprachliche Aspekte

1. 1) Vorstand 2) Werkvertrag 3) Minister 4) Angestellter 5) Friedenspflicht 6) Beamter 7) selbstständig 8) Schwangerschaft.

2. 1) Gewerbetreibende 2) Gewerbetreibenden 3) Buchführung 4) Handelsregister 5) Geschäft 6) Gewerbes 7) Handelsregister 8) Gewerbetreibender 9) Eintragung 10) Geschäftsjahres 11) Kaufleute 12) Bilanz.

Kapitel 7

A. Rechtliche Aspekte

1. Die Beantwortung der Fragen 1–15 ergibt sich aus dem vorhergehenden Text.

2. 1) D könnte sich wegen Diebstahls strafbar gemacht haben, § 242 StGB. 2) R könnte sich wegen Urkundenfälschung strafbar gemacht haben, § 267 StGB. 3) E könnte wegen Vergewaltigung (§ 177 II StGB) zu bestrafen sein. 4) F und L könnten wegen Mordes strafbar sein, § 211 StGB. 5) Dagobert könnte wegen Erpressung strafbar sein (§ 253 StGB). 6) B und G könnten wegen Körperverletzung zu bestrafen sein, § 223 StGB. 7) G könnten wegen Nötigung strafbar sein, § 240 StGB. 8) S könnte wegen Sachbeschädigung zu bestrafen sein, § 303 StGB. 9) G und V könnten wegen erpresserischen Menschenraubs strafbar sein, § 239 a StGB. 10) R und K könnten sich wegen Brandstiftung mit Todesfolge strafrechtlich zu verantworten haben, § 306 c StGB.

3. 1) Generalprävention und Vergeltung 2) Spezialprävention und Generalprävention 3) Generalprävention und Vergeltung 4) Vergeltung und Generalprävention.

4. 1) Schuldunfähig, § 19 StGB. 2) Schuldunfähig, § 20 StGB. 3) Schuldfähig. 4) Schuldfähig, aber nach dem Jugendstrafrecht zu bestrafen, § 1 Jugendgerichtsgesetz. 5) Schuldfähig, aber nach dem Jugendstrafrecht zu bestrafen, § 105 Jugendgerichtsgesetz. 6) Vermindert schuldfähig, § 21 StGB, und nach dem Jugendstrafrecht zu bestrafen, § 1 Jugendgerichtsgesetz.

5. 1) Ja, § 1 Völkerstrafgesetzbuch. 2) Ja. § 7 Abs. 2 Nr. 2 StGB. 3) Ja, § 6 Nr. 4 StGB. 4) Ja, § 6 Nr. 5 StGB. 5) Ja, § 6 Nr. 4 StGB.

6. 1) Nein 2) Ja 3) Nein 4) Ja.

7 1) Freispruch. 2) lebenslange Freiheitsstrafe und besondere Schwere der Schuld. 3) Gemeinnützige Arbeit. 4) lebenslange Freiheitsstrafe, besondere Schwere der Schuld und Sicherungsverwahrung. 5) Freiheitsstrafe: 8 Jahre. 6) B lebenslange Freiheitsstrafe; S und K Freiheitsstrafe: 10 Jahre; E und N Freiheitsstrafe: 5 ½ Jahre. 7) Berufsverbot; zeitige Freiheitsstrafe: 2 Jahre auf Bewährung. 8) Entzug der Fahrerlaubnis; Geldstrafe 50 Tagessätze à 1.000 €. 9) Freispruch; Maßregel der Besserung und Sicherung: Unterbringung in einem psychiatrischen Krankenhaus. 10) Freispruch.

8 1) Tatbestandsmäßigkeit 2) Schuld 3) Rechtswidrigkeit. 4) Tatbestandsmäßigkeit (keine Handlung des X, lediglich Erfüllung einer Hoffnung). 5) Rechtswidrigkeit. 6) Schuld (entschuldigender Notstand, § 35 StGB).

9 1) Mittäterschaft 2) Alleintäterschaft 3) Anstiftung 4) Beihilfe

10 1) Vorsatz 2) Bedingter Vorsatz 3) Vorsatz bezüglich der Brandstiftung, Fahrlässigkeit bezüglich der Körperverletzung.

11 1) Vorbereitungshandlung 2) Versuch.

12 1) Rückwirkungsverbot 2) Analogieverbot 3) Bestimmtheitsgrundsatz.

13 § 108 e: Vergehen; § 123: Vergehen; § 130 I: Vergehen; § 146 I: Verbrechen; § 154 I: Verbrechen; § 172: Vergehen; § 177 II: Verbrechen; § 212: Verbrechen; § 218 I 1: Vergehen; § 223: Vergehen.

B. Sprachliche Aspekte

1 1) strafbar / bestraft 2) Tat / Tatbestand / Strafgesetzes 3) Strafvorschrift 4) Strafbar / Strafe 5) Täter / Tat 6) Täters / Strafe 7) Täter / Tatzeit 8) Taten / Freiheitsstrafe 9) Kernstrafrecht / Nebenstrafrecht 10) Bestrafung.

2 1) schuldunfähig 2) verminderte 3) Vorsätzlich 4) fahrlässiges 5) rechtswidrige 6) unterlassene 7) gemeingefährlichen 8) umweltgefährdende 9) unerlaubte 10) verfassungswidrig.

3 1) Einer Person unter 18 Jahren dürfen keine pornographischen Schriften angeboten, überlassen oder zugänglich gemacht werden. 2) Man darf einen anderen nicht zur Ableistung eines falschen Eides verleiten. 3) Eine fremde Sache darf nicht rechtswidrig beschädigt oder zerstört werden. 4) Bei der Planung, Leitung oder Ausführung eines Baues müssen die anerkannten Regeln der Technik eingehalten werden, um Leib und Leben anderer Personen nicht zu gefährden. 5) Die Ahndung einer Straftat soll den Täter (durch die Strafe) davon abhalten, weitere Straftaten zu begehen.

4 a) nicht dürfen b) müssen c) sollen.

⑤ 1) Waldflächen dürfen durch Rauchen nicht in Brandgefahr gebracht werden. 2) Öffentliche Lotterien dürfen nicht ohne behördliche Erlaubnis veranstaltet werden. 3) Bei drohender Zahlungsunfähigkeit dürfen Bestandteile des Vermögens, die im Falle der Insolvenzeröffnung zur Insolvenzmasse gehören, nicht beiseite geschafft werden. 4) Ein Kraftfahrzeug darf nicht gegen den Willen des Berechtigten in Gebrauch genommen werden.

Kapitel 8

A. Rechtliche Aspekte

① Die Beantwortung der Fragen 1–8 ergibt sich aus dem vorhergehenden Text.

② 1) Privatrecht 2) Öffentliches Recht 3) Öffentliches Recht 4) Privatrecht 5) Privatrecht 6) Öffentliches Recht.

③ 1) Gerichtliche Überprüfbarkeit 2) Vorbehalt des Gesetzes 3) Ermessen.

④ 1) Ja 2) Ja 3) Nein 4) Ja 5) Nein 6) Ja 7) Ja 8) Nein.

⑤ 1) Ja 2) Nein 3) Nein 4) Ja.

⑥ ④ 1) Staatsangehörigkeitsrecht 2) Sicherheits- und Polizeirecht 3) Gemeinderecht 4) Asylrecht 5) Schul- und Universitätsrecht 6) Beamtenrecht 7) Baurecht 8) Schul- und Universitätsrecht.
⑤ 1) Abfallrecht 2) Baurecht 3) Sozialrecht 4) Gewerberecht.

⑦ 1) Leistungsverwaltung 2) Eingriffsverwaltung 3) Eingriffsverwaltung 4) Leistungsverwaltung.

⑧ 1) Steuer 2) Gebühr 3) Beitrag.

⑨ 1) Verbrauchsteuer 2) Personensteuer 3) Verkehrsteuer 4) Aufwandsteuer.

⑩ 1) Bundesverwaltung 2) Kommunalverwaltung 3) Landesverwaltung.

⑪ Lösungen je nach Argumentation.

B. Sprachliche Aspekte

1 1) regelt 2) unterliegt 3) ergänzt 4) angeordnet 5) gewährt 6) erlassen 7) schaffen 8) verblieben 9) zeigt 10) dient 11) ist 12) nimmt __ ein 13) eingreifen 14) regelt 15) beanspruchen 16) geplant 17) fertig gestellt 18) getreten 19) benötigt 20) zufließen 21) enthält 22) gibt.

2 1) erteilen 2) stehen 3) treffen 4) vornimmt / hat 5) gefasst 6) getroffen 7) erteilt 8) steht 9) kommt 10) leisten 11) nehmen 12) haben 13) hat 14) sind 15) kommen.

Kapitel 9

A. Rechtliche Aspekte

1 Die Beantwortung der Fragen 1–10 ergibt sich aus dem vorhergehenden Text.

2 1) Arbeitsgericht 2) Verwaltungsgericht 3) Finanzgericht 4) Amtsgericht (Familiengericht) 5) Landgericht (Zivilgericht) 6) Sozialgericht 7) Amtsgericht (Strafgericht) 8) Verwaltungsgericht 9) Landgericht (Kammer für Handelssachen) 10) Amtsgericht (Zivilgericht).

3 1) Öffentlichkeitsgrundsatz 2) Justizgewährungsanspruch 3) Zuständigkeit; Rechtliches Gehör 4) Rechtliches Gehör 5) Rechtliches Gehör 6) Mündlichkeit 7) Rechtliches Gehör 8) Öffentlichkeitsgrundsatz 9) Rechtsweg 10) Gesetzlicher Richter.

4 1) Revision; Bundesgerichtshof 2) Revision; Bundesgerichtshof. Abwandlung: Kein Rechtsmittel sinnvoll 3) Berufung; Oberlandesgericht 4) Kein Rechtsmittel sinnvoll wegen Wertgrenze in Finanzgerichtsordnung 5) Berufung; Landesarbeitsgericht 6) Revision; Bundesgerichtshof 7) Kein Rechtsmittel sinnvoll wegen Berufungssumme 8) Berufung; Landessozialgericht. 9) Berufung; Landgericht 10) Berufung; Oberverwaltungsgericht (Verwaltungsgerichtshof).

5 1) Materielles Recht, § 1004 BGB 2) Verfahrensrecht, § 253 ZPO 3) Verfahrensrecht, § 296 ZPO 4) Materielles Recht, § 651g BGB 5) Materielles Recht, § 253 II BGB 6) Verfahrensrecht, § 50 ZPO.

6 1) Iudex a quo 2) Iudex a quo 3) Iudex a quo 4) Iudex ad quem 5) Iudex ad quem.

7 1) 3 Berufsrichter, 2 Laienrichter 2) 3 Berufsrichter 3) 1 Berufsrichter. 4) 8 Berufsrichter 5) 1 Berufsrichter, 2 Laienrichter 6) 5 Berufsrichter 7) 5 Berufsrichter 8) 3 Berufsrichter, 2 Laienrichter.

B. Sprachliche Aspekte

1 1) Streitfall 2) Rechtsweg 3) Gerichtsbarkeit 4) Streitigkeiten 5) Streitfälle 6) Gerichtszweig 7) Amtsgericht 8) Parteien 9) Berufung 10) Anwaltsprozess 11) Rechtsanwalt 12) Oberlandesgericht 13) Rechtsmittel 14) Revision 15) Beweismaterial 16) Anwendung 17) Urteil 18) Prozesses 19) Gerichtskosten 20) Prozessgegners 21) Streitwert 22) Prozesskostenhilfe.

2

Zivilprozess				
der Kläger / die Klägerin	der / die Beklagte	Klage erheben	Klageschrift	Beibringungs-grundsatz
Strafprozess				
a) der Rechtsan-walt / die Rechts-anwältin	b) der / die Ange-klagte	c) Anklage erhe-ben	d) Anklageschrift	e) Untersuchungs-grundsatz

3 1) a) erhebt b) abweisen c) verurteilen d) ergeht e) eingelegt 2) a) geahndet b) verwirklicht c) erhebt d) spricht e) verhängt 3) a) benannt b) vernommen c) einholen 4) a) gewährleistet b) übt __ aus c) verletzen d) begeht e) belangt 5) a) führen b) gewinnen c) verlieren d) tragen e) erstatten 6) a) abgeschlossen b) beurkundet c) ausgehandelt d) erfüllen e) erbringen 7) a) geltend machen b) verfolgen c) durchsetzen 8) a) stellt __ fest b) haften 9) a) verlangen b) zubilligen c) leisten 10) a) verstoßen b) eingehalten c) gibt __ ab d) unterliegt e) anfechten f) widerrufen.

Kapitel 10

Übungsteil I – IPR

A. Rechtliche Aspekte

1 Die Beantwortung der Fragen 1–16 ergibt sich aus dem Text.

2 Hinweise zur Lösung

1) Deliktsstatut ist grundsätzlich das Recht des Tatortes. Das wäre türkisches Recht. Bei gemeinsamer Staatsangehörigkeit der Beteiligten und gemeinsamem gewöhnlichem Aufenthalt im Inland ist an die gemeinsame Staatsangehörigkeit anzuknüpfen. Kunz hat also nicht Recht. Hinweis: Den „umgekehrten" Fall regelt Art. 38 EGBGB; das Deliktstatut ist nicht positiv geregelt. 2) Grundsätzlich gilt US-amerikanisches Recht (Art. 25 Abs. 1 EGBGB). Dieses verweist aber bezüglich des Grundbesitzes auf deutsches Recht zurück; diese Rückverweisung ist maßgeblich (Art. 4 Abs. 1 EGBGB). Es gilt also für das Grundstück und das Konto das Recht von Texas, für die Eigentumswohnung deutsches Erbrecht. 3) Der Erbvertrag ist wirksam (Art. 26 Abs. 2 Nr. 2 EGBGB). Dianas Kinder haben Recht. 4) Die Ehe ist gültig geschlossen (Art. 11 Abs. 1 EGBGB). 5) Für die Ehewirkungen gilt marokkanisches Recht (Art. 14 Abs. 1 Nr. 1 EGBGB). Daher ist Scheidung durch Verstoßung grundsätzlich möglich. Ob sie an Art. 6 EGBGB scheitert, kann dahinstehen, da jedenfalls Art. 17 Abs. 2 EGBGB dieser Scheidung im Inland entgegensteht. 6) Tansu hat Recht (Art. 18 Abs. 1 S. 1 EGBGB). 7) Für die Adoption gilt deutsches Recht (Art. 22 Satz 1 EGBGB), insbesondere auch für die Frage, ob die Adoption durch einen Ehegatten möglich ist (Art. 22 Satz 1 EGBGB; 14 Abs. 1 Nr. 1 EGBGB). Das ist nicht der Fall (§ 1741 Abs. 2 Satz 1 BGB). Eva hat also Pech. 8) Kaum. Verpflichtung zur Abtreibung verstößt gegen den deutschen ordre public, Art. 6 EGBGB. 9) Der von Anna geschlossene Vertrag unterliegt deutschem Recht (Art. 29 Abs. 1 Nr. 1, Abs. 2 EGBGB). Anna kann also binnen 1 Woche widerrufen (§ 1 HaustürWG). 10) Der Kaufvertrag ist gültig (Art. 11 Abs. 1 EGBGB). Das Grundbuchamt konnte aber den Antrag trotzdem zurückweisen, weil die Auflassung (§ 925 BGB) deutscher Grundstücke nur vor einem deutschen Notar erklärt werden kann (Art. 11 Abs. 4 BGB).

3 1) Rückverweisung / Verweisung / Weiterverweisung / Rückverweisung 2) Möglichkeit der Scheidung aufgrund einseitiger Erklärung des Ehemanns: Ordre public. Möglicherweise Scheidung im Irak gültig, in Deutschland ungültig: Hinkende Ehe. 3) Qualifikation 4) Forum Shopping

4 1) Deliktsstatut, Art. 40 f EGBGB 2) Erbstatut, Art. 25 EGBGB 3) Personalstatut, Art. 5 EGBGB 4) Ehewirkungsstatut, Art. 14 EGBGB 5) Personalstatut, Art. 5 EGBGB 6) Namensstatut, Art. 10 EGBGB 7) Vertragsstatut,
Art. 27 ff. EGBGB 8) Unterhaltsstatut, Art. 18 EGBGB 9) Arbeitsvertragsstatut, Art. 30 ff. EGBGB 10) Statut der eingetragenen Lebenspartnerschaft,
Art. 17 b EGBGB

5 1) Territoriale Rechtsspaltung 2) Personalrechtsspaltung 3) Nachlassspaltung

B. Sprachliche Aspekte

1 Rechtsordnungen / anwendbar / Lebenssachverhalt / Normen / Einführungsgesetzes / Normen / Gesetz / Kollisionsnormen / Kollisionsnormen / Sachnormen / Rechtsordnung / Rechtsspaltung / Rechtsspaltung / Teilrechtsordnung / Gesamtverweisung / Rückverweisung.

Übungsteil II – Europäisches Gemeinschaftsrecht

A. Rechtliche Aspekte

1 Die Beantwortung der Fragen zum Gemeinschaftsrecht ergibt sich aus dem
Text.

2 1b, 2d, 3c, 4b, 5a, 6b, 7d, 8a.

3 1e, 2a, 3f, 4c, 5b, 6d, 7g.

4 1g, 2a, 3e, 4b, 5d, 6i, 7e, 8f, 9h.

5 1e, 2g, 3a, 4c, 5i, 6f, 7b, 8h, 9d.

B. Sprachliche Aspekte

1) Vorrang des Gemeinschaftsrechts. 2) Verordnung. 3) Empfehlung. 4) Ent-
scheidung/Beschluss. 5) Richtlinie. 6) Petition. 7) Vertragsverletzungsverfahren.
8) Acquis communautaire. 9) Gründungsverträge. 10) Vorabentscheidungsverfahren.

Übungsteil III – Die Europäische Menschenrechtskonvention

A. Rechtliche Aspekte

1 Die Beantwortung der Fragen zum Recht der EMRK ergibt sich aus dem Text.

2 1) Art. 10 Freiheit der Meinungsäußerung; Art. 8 Freiheit auf Achtung des Privat-und Familienlebens; 2) Art. 3 Verbot unmenschlicher und erniedrigender Behandlung; Art. 13 Recht auf wirksame Beschwerde; Art. 8 Freiheit auf Achtung des Privat-und Familienlebens; 3) Art. 8 Freiheit auf Achtung des Privat-und Familienlebens; 4) Art. 3 Folter-und Misshandlungsverbot; Art. 6 faires Verfahren; 5) Art. 8 Freiheit auf Achtung des Privat-und Familienlebens; 6) Art. 8 Freiheit auf Achtung des Privat-und Familienlebens; 7) Art. 9 Gedanken-, Gewissens- und Religionsfreiheit; Art. 8 Freiheit auf Achtung des Privat- und Familienlebens; 8) Art. 5 § 1 Recht auf Freiheit und Sicherheit; Art. 11 Recht auf Versammlungs- und Vereinigungsfreiheit; 9) Art. 9 Gedanken-, Gewissens- und Religionsfreiheit; 10) Art. 5 § 1 Recht auf Freiheit und Sicherheit; Art. 7 Rückwirkungsverbot.

B. Sprachliche Aspekte

Mitgliedstaaten / Europäischen Konvention zum Schutz der Menschenrechte und Grundfreiheiten / persönlichen / freien / rechtliches / faires / Entscheidungen / Entschädigung / natürliche Person / Richtern / zulässig / Einheitlichkeit / verpflichtet / Feststellungsurteile / Rechtskraft / anordnen / Wiederaufnahme.

Kapitel 11

A. Rechtliche Aspekte

a) Zivilrecht

1 1) E könnte gegen B einen Anspruch auf Herausgabe des Mantels gem. § 985 BGB haben. 2) K könnte einen Anspruch gegen V auf Übereignung und Übergabe des Gartenzwergs gem. § 433 I S. 1 BGB haben. 3) F könnte gegen A einen Anspruch auf Ersatz ihrer Arztkosten gem. § 823 I BGB haben. 4) N

könnte gegen X einen Anspruch auf Beseitigung der Störung gem. § 1004 I 1 BGB haben. 5) M könnte gegen V einen Anspruch auf Gewährung des Gebrauchs der Wohnung gem. § 535 I S. 1 BGB haben. 6) W könnte gegen F einen Anspruch auf Rückgabe des Abendkleides gem. § 604 I BGB haben. 7) R könnte gegen T einen Anspruch auf Zahlung des Reisepreises gem. § 651 a I 2 BGB haben. 8) F könnte gegen M einen Anspruch auf Rückübereignung des Fahrrades gem. § 812 I 1 1. Alt. BGB haben. 9) K könnte gegen M einen Anspruch auf Übereignung des Bildes gem. § 651 I S. 1 BGB haben. 10) N könnte gegen G einen Anspruch auf Zahlung von 30 € gem. § 611 I BGB haben.

2 1) V könnte die für S übernommene Bürgschaftserklärung nach § 123 I 2. Alt. BGB anfechten. 2) K könnte von dem mit A geschlossenen Kaufvertrag nach § 323 I BGB zurücktreten. 3) S könnte den Kaufvertrag nach § 119 I 2. Alt. BGB anfechten. 4) K könnte den mit V geschlossenen Kaufvertrag nach § 123 I 1. Alt. BGB anfechten.

3 1) K könnte gegen V einen Anspruch auf Rückzahlung des Kaufpreises gem. § 812 I 1 1. Alt. i. V. m. § 818 II BGB haben. 2) V könnte gegen M einen Anspruch auf Entrichtung des vereinbarten Mietzinses gem. § 535 II BGB haben. 3) Der Auktionator könnte gegen S einen Anspruch auf Rückgabe des Schwans gem. § 812 I 1 2. Alt. BGB haben.

b) Strafrecht

4 1) J könnte wegen Beleidigung gem. § 185 StGB zu bestrafen sein. 2) L könnte wegen Meineids gem. § 154 StGB zu bestrafen sein. 3) D könnte sich wegen Doppelehe gem. § 172 StGB strafbar gemacht haben. 4) M könnte wegen Mordes gem. § 211 StGB strafbar sein. 5) H könnte wegen Diebstahls gem. § 242 StGB zu bestrafen sein.

c) Öffentliches Recht

5 1) Das Bundesland B könnte durch das Gesetz gegen das Verbot der Zwangsarbeit gem. Art. 12 III, 12 a GG verstoßen haben. 2) K könnte durch das Schulgesetz in seiner Glaubensfreiheit gem. Art. 4 I GG verletzt sein. 3) B könnte durch die Ablehnung seines Antrags in seinem Anspruch auf Gleichbehandlung gem. Art. 3 II 1 GG und auf Schutz der Familie gem. Art. 6 I GG verletzt sein. 4) Das Gesetz könnte wegen Verstoßes gegen Art. 84 I GG nichtig sein, weil die Zustimmung des Bundesrates fehlt.

B. Sprachliche Aspekte

1 1) Vertragliche Ansprüche scheiden aus. 2) Das ist dahin auszulegen, dass F dem A die Rückgabe des Wechselgeldes einvernehmlich erlassen hat. 3) In Betracht kommt hier das Strafgesetz des § 263 StGB (Betrug). 4) In der Erklärung des A könnte eine begründete Anfechtung des Kaufvertrags liegen. 5) In Betracht kommt ein Inhaltsirrtum in der Form des Eigenschaftsirrtums (§ 119 II BGB). 6) Damit ist der Kaufvertrag von Anfang an als nichtig anzusehen. 7) Für diesen Fall bestimmt § 818 II BGB grundsätzlich, dass der Wert der Bereicherung zu ersetzen ist. 8) Als Ausnahme von dieser Regel bestimmt allerdings § 819 I BGB Folgendes. 9) Er kannte also die Anfechtbarkeit und haftet daher nach den allgemeinen Vorschriften. 10) Er hat daher dem A Schadensersatz in Höhe von 5.000 € zu leisten.

2 1) kollidieren 2) abzuwägen 3) beruft 4) begründet / ergibt 5) verstößt 6) darstellt 7) verneint 8) verletzt 9) fällt 10) berücksichtigt 11) bejaht 12) ist

3 1 b, 2 d, 3 b, 4 d, 5 b, 6 d.

GLOSSARE

Glossar I, Deutsch – Englisch

Die Ziffern nach dem deutschen Wort verweisen auf sein Vorkommen im entsprechenden Kapitel. Dabei bezeichnen Belege ohne nähere Bezeichnung ein Vorkommen im Text, Belege mit A den Abschnitt „Rechtliche Aspekte" und Belege mit B den Abschnitt „Sprachliche Aspekte" im Übungsteil, also z. B.
abändern 5 I 4 = Kapitel 5 Text Gliederungsabschnitt I 4
abnehmen 2 B 1 = Kapitel 2 Übungsteil, Sprachliche Aspekte, Übung 1

abändern *f* to amend, to alter, to change 5 I 4

Abgabenordnung *f* internal revenue code, tax code 8 III 7

Abgeordneter *m* elected representative, Member of Parliament 3 II 1

Abhilfe *f* remedy 2 IV 2

Abhörgesetz *n* statute on eavesdropping 3 I 1

Abkömmling *m* descendant 5 II 1

abnehmen (beim Kaufvertrag) to take delivery of 2 B 1

Absatz *m* (Teil eines Gesetzes) subsection of an article or paragraph in German law 2 I 1

Abschlussfreiheit *f* freedom to contract 4 II

Abschnitt, *m* part of paragraph of an article, section or chapter 1 II

Abschreckung *f* deterrence 7 I 1

Absicht *f* intention, intent, purpose 2 A 9

absolut absolute, total 1 III 5

Abstammung *f* origin, parentage 5 I 5

Abstimmung *f* vote, referendum 3 II 1

Abstraktionsprinzip *n* principle of the separation of the rights and duties of the parties and the transfer of title to property 4 I

Abtreibung *f* abortion 7 I 2

Abtretung *f* assignment, cession 2 A 4

Abwägung *f* weighing up 2 I 2

abweichend differing or diverging from 2 vor I

abweisen to dismiss, to turn down, to repudiate 9 III 2

adoptiert adopted 5 vor I

Adoption *f* adoption 5 I 6

ahnden to punish 7 B 4

Ahndung *f* punishment 7 vor I

akademisch academic 1 I

Akte *f* file 7 IV

aktenkundig officially documented 2 A 9

Aktenzeichen *n* reference number, file number 2 II

Aktie *f* share 6 II

Aktiengesellschaft *f* (AG) public limited liability company 6 II 2

Aktiengesetz *n* statute on companies 6 II

Aktienrecht *n* company law 6 II 2

Amt *n* (Tätigkeit) function, office 1 II 4

amtlich officially 2 I 1

Amtsblatt *n* official journal, official gazette 2 I 1

Amtsgericht *n* local court of first instance 9 I 2

Analogieverbot *n* prohibition of extension by analogy 7 III 1

anbieten to offer 9 IV

anfechten (eine Willenserklärung) to challenge, to dispute 4 II

anfechten (ein Urteil) to appeal against 9 A 6

Anfechtung *f* (einer Willenserklärung) challenge 4 II

Angebot *n* offer, proposal 4 II

Angehöriger *m* (Verwandter) *m* relative 7 I 1

Angehöriger *m* (Mitglied) member 1 II 3

Angeklagter *m* accused, defendant 3 A 2

angemessen reasonable 2 A 3

anhören to grant a hearing, to give the opportunity to be heard 8 II

Anhörungsrüge *f* legal remedy on point of having been denied the opportunity to be heard 9 II 2

Anklage *f* accusation, indictment, charge 1 II 2

Anklageschrift *f* indictment 9 IV

anknüpfen to add to 7 II

Annahme *f* acceptance 4 II

annehmen to accept 4 II

anordnen to order, to direct 5 I 7

anrufen *das Gericht* ~ to appeal to the court 7 I 2

Anspruch *m* claim, right, entitlement 2 III 2

Anspruchsgrundlage *f* legal basis or foundation of a claim 2 III 2

Anstiftung *f* incitement, solicitation 7 II 2

Antrag *m* application, motion, proposition, submission, petition, request 3 II 1

Antragsteller *m* claimant, petitioner 2 IV 2

Anwalt *m* private lawyer (in German law there is no difference between solicitor and barrister) 1 II 4

Anwaltskanzlei *f* lawyer's office 2 II

Anwaltsnotar *m* notary who is also a private lawyer 1 II 4

Anwaltszwang *m* obligation to be represented by a lawyer 9 III 1

Anwartschaft *f* future interest, future estate, reversion 2 A 6

Anweisung *f* direction 1 II 1

anwenden to use, to apply 3 B 1

Anwendung *f* use, application 1 II 5

Arbeitgeber *m* employer 1 II 6

Arbeitgeberverband *m* employers' association 6 B 1

Arbeitnehmer *m* employee 6 I 1

Arbeitsamt *n* labour exchange, job centre 9 A 3

Arbeitsbedingungen *pl. f* conditions of work 6 III 2

Arbeitsentgelt *n* pay 6 III 2

Arbeitsförderung *f* job creation 6 III 2

Arbeitsgericht *n* industrial tribunal, labour court 9 I 3

Arbeitsgesetzbuch *n* labour law code 6 III

Arbeitskampfrecht *n* laws relating to industrial disputes 6 III 2

Arbeitslosenversicherung *f* unemployment insurance 8 III 6

Arbeitsminister *m* Minister of Labour 6 III 2

Arbeitsrecht *n* labour law 6 III

Arbeitsverhältnis *n* relationship between employer and employee 6 III

Arbeitsvertrag *m* contract of employment 6 III 1

Arbeitszeitgesetz *n* regulations governing working hours 6 III

arglistig fraudulently 4 III 1

arglistige Täuschung *f* wilful deceit, fraudulent misrepresentation 10 I 4

Artikel *m* article 2 I 1

Assessor *m* fully qualified lawyer 1 I 4

Asylbewerber *m* asylum seeker 7 A 9

Asylrecht *n* (Asylrechtsanspruch) right of political asylum 3 I 1

Asylrecht *n* (Asylrechtsordnung) asylum law 8 A 4

Atomrecht *n* laws regulating the use of nuclear power 8 III

Aufenthaltsgenehmigung *f* residence permit 5 A 3

auferlegen to impose 2 IV

Auferlegung *f* imposition 7 IV

aufführen to set out, to specify 8 II

aufheben to repeal, to cancel 5 II

Aufhebung *f* reversal, repeal, cancellation 3 II

Auflassung *f* conveyance of land 4 V

Aufsichtsrat *m* ~ *einer Gesellschaft* supervisory board 6 II 2

Auftrag *m* mandate, commission, demand 3 II 2

auftreten *vor Gericht* ~ to plead in court 1 III

Aufwendung *f* expense, expenditure 2 III

ausarbeiten to prepare 4 III

Ausbildungszeitschrift *f* legal journal for students 1 II

ausdrücklich expressly 1 II 3

ausfertigen ein *Gesetz* ~ to sign, to confirm 3 B 1

Ausfertigung *f* confirmation 3 II 1

ausführen to implement, to execute 3 II 2

ausführende Gewalt *m* executive power 3 A 7

auslegen to interpret 3 B 2

Auslegung *f* interpretation 2 III 1

Ausnahme *f* exception 6 I 1

Ausnahmebestimmung *f* exemption clause 2 I 1

Ausnahmegericht *n* special court or tribunal 3 I 1

Aussage *f* testimony, statement of a witness 9 II 3

aussagen to testify, to give evidence 9 II 4

aussetzen to suspend 3 II 1

Aussperrung *f* lock-out 6 III 2

Austausch *m* exchange 4 B 2

austauschen to exchange 4 B 2

Austauschvertrag *m* contract of exchange 6 III

ausüben *ein Recht* ~ to exercise a right 9 A 4

Auswahlermessen *n* discretion as to the choice of measures to be taken 8 II

Auszubildender *m* trainee, apprentice 6 I 1

Baubehörde *f* planning authority 8 II

Baugenehmigung *f* building approval 8 III 1

Baugesetzbuch *n* (BauGB) building law code 8 III 1

Bauordnung *f* building regulations 8 III 1

Bauordnungsrecht *n* laws on the regulation of building 8 III 1

Bauplanungsrecht *n* planning law 8 III 1

Bauträgerverordnung *f* regulations governing builders 8 III 4

BayObLG *(das Bayerische Oberste Landesgericht)* Supreme Court of Bavaria 9 I 2

BayVerfGH *(der Bayerische Verfassungs-gerichtshof)* The Constitutional Court of Bavaria 7 A 9

Beamtengesetz *n* statute relating to the civil servants 8 III 3

Beamter *m* civil servant 1 I 3

beanspruchen to claim, to apply for 1 II 3

beanstanden to object to 8 III 2

beantragen to apply for 3 II 1

bearbeiten to work through, to analyze 1 I 2

Bebauungsplan *m* building plan 8 A 5

Bedingung *f* condition, provision, term, stipulation 4 II

beerben to succeed to s. o.'s estate 5 B 2

Befähigung *f* qualification, competence 1 I 4

Befangenheit *f* partiality, prejudice 9 B 3

Befugnis *f* authority, power 3 II 1

befugt sein to be authorized 2 I 2

begehen, *eine Tat* ~ to commit a punishable act 7 I 1

Begehung *f* commission 2 A 4

Beglaubigung *f* authentication, verification 1 II 4

begnadigen to pardon, to reprieve 3 A 6

Begriff *m* concept, term 1 II 6

begründen to give reasons, to justify 2 A 5

Begründung *f* grounds, justification 1 II 1

Behörde *f* public authority, administrative body 3 II 2

beifügen to enclose 3 II 1

Beihilfe *f* (Gehilfenschaft) aiding and abetting 7 II 2

Beischlaf *m* sexual intercourse 5 A 9

Beitrag *m* contribution 2 II

Bekämpfung *f* fight against 2 II

Bekenntnis *n* religion, denomination 3 I 1

Beklagter *m* defendant, respondent 2 A 5

belehren to instruct, to caution 2 A 9

Beleidigung *f mündliche* ~ slander 7 I 2

Beleidigung *f schriftliche* ~ libel 7 I 2

Benutzungsrecht *n* right of use 4 V

berechtigen to entitle 6 II 2

Bereicherung *f* gain, enrichment 4 IV 2

Berufsbeamtentum *n* professional civil service 8 III 3

Berufsrichter *m* professional judge 1 II 1

Berufsverbot *n* prohibition of practising one's profession 7 IV

Berufswahl *f* choice of career 3 I 1

Berufung *f* ~ einlegen to lodge an appeal 9 I 2

Berufungsschrift *f* notice of appeal 9 II

Berufungssumme *f* required sum for appeal to be permitted 9 I 2

Berufungsurteil *n* decision by the appeal court 9 I 2

beruhen *auf (Dat.)* to be based on 2 IV 1

beschädigen to damage, to injure 2 I 2

Bescheid *m* decision, decree, ruling, order, note, notice 8 II

beschließen to decide on, to pass, to approve 3 II 1

beschränken to restrict, to limit, to restrain 3 I 1

Beschränkung *f* limitation, restriction 1 II 2

beschreiten, *den Rechtsweg* ~ to take legal action 3 A 8

Beschuldigter *m* defendant, person charged, accused 7 IV

Beschwerde *f* complaint 3 I 1

Beschwerdeführer *m* complainant 3 I 2

Besitz *m* possession 2 IV 1

Besitzer *m* possessor, tenant 2 IV 1

Besitzschutz *m* protected possession 4 V

Besserung *f* improvement 7 A 1

Besteuerung *f* taxation 8 III 7

Bestimmtheitsgrundsatz *m* principle of certainty 7 A 9

Bestimmung *f* rule 8 III

bestrafen to punish 7 I 2

Bestrafung *f* punishment 7 I 1

bestreiten to contest, to disclaim 6 III 1

Beteiligter *m* party 4 I

Betreuer *m* guardian (of an adult) 5 I 7

Betreuung *f* guardianship 5 I 7

Betriebsrat *m* works council 6 III 2

Betriebsrisiko *n* business risk 6 III 1

Betriebsvereinbarung *f* works agreement 6 III 2

Betriebsverfassungsgesetz *n* statute governing works councils 6 III 2

Betrug *m* fraud, swindle, deceit 10 I 4

beurkunden to document, to certify 1 II 4

Beurkundung *f* authentication 9 B 2

beurteilen to assess, to judge 1 II 6

Beurteilung *f* assessment, judgement 1 II 6

bevollmächtigen to authorize, to give power of attorney 6 I 2

Bewährung *f* probation 7 IV

Bewährungshelfer *m* probation officer 7 B 1

Bewährungsstrafe *f* suspended sentence 7 IV

Bewährungszeit *f* period of probation 7 IV

Beweis *m* evidence, proof 9 II

beweisen to prove 9 III 2

Beweiserhebung *f* taking or hearing evidence 9 B 1

Beweislast *f* burden of proof 4 IV 1

Beweismittel *n* evidence 9 II

Beweisregel *f* rule of evidence 9 II

bewerten to assess, to grade 1 I 2

Bewusstseinsstörung *f* mental disturbance 7 II 2

Bezirk *m* region 8 III

Bezirksregierung *f* regional government 8 III

BGB-Gesellschaft *f* non-commercial partnership 6 II 1

billigen to approve 4 IV 2

binden to bind 3 II 1

Bindung *f* binding force 3 I 2

Brandstifter *m* arsonist 7 A 6

Brandstiftung *f* arson 7 II 2

Branntweinsteuer *f* tax on spirits 8 III 7

Bund *m* federation 3 II 1

Bundesarbeitsgericht *n* Federal Labour Court 9 I 3

Bundesfinanzhof *m* Federal Tax Court 9 I 3

Bundesgericht *n* federal court 3 I 2

Bundesgerichtshof *m* (BGH) Federal Supreme Court 9 I 2

Bundesgesetz *n* federal statute 3 II 2

Bundesgesetzblatt *n* official gazette 3 II 1

Bundesgesetzgebung *f* federal legislation 3 II 1

Bundesgrenzschutz *m* Federal Frontier Guards 8 III 5

Bundeskanzler *m* Federal Chancellor 3 II 1

Bundeskindergeldgesetz *n* federal statute on family (child) allowance 8 III 6

Bundeskriminalamt *n* Federal Bureau of Investigation 8 III 5

Bundesland individual state of the German Federal Republic, land 8 III

Bundesminister *m* federal minister 3 II 1

Bundesoberbehörde *f* supreme federal authority 8 II

Bundesparlament *n* federal parliament 2 I 1

Bundespräsident *m* President of the Federal Republic of Germany 3 II 1

Bundesrat *m* Federal Council 3 II 1

Bundesrecht *n* federal law 2 I 1

Bundesregierung *f* federal government 3 II 1

Bundesrepublik *f* federal republic 2 I 1

Bundesrichter *m* federal judge 1 II 1

Bundesseuchengesetz *n* federal statute on contagious diseases 8 III 6

Bundessozialgericht *n* Federal Social Court 9 I 3

Bundesstaat *m* federal state 3 II 1

Bundestag *m* the elected House of Representatives of the German Parliament 3 II 1

Bundestagsabgeordneter *m* member of the German House of Representatives 3 A 6

Bundestagsmandat *n* parliamentary mandate 3 A 6

Bundestagswahl *f* elections to the Bundestag 3 II 1

Bundesurlaubsgesetz *n* federal statute on holidays 6 III

Bundesverfassungsgericht *n* (BVerfG) Federal Constitutional Court 3 II 1

Bundesversammlung *f* Federal Assembly electing the Federal President 3 II 1

Bundesversorgungsgesetz *n* federal statute relating to public assistance 8 III 6

Bundesverwaltung *f* federal administration, federal civil service 3 II 2

Bundesverwaltungsgericht *n* Federal Administrative Court 9 I 3

Bundeswehr *f* Federal Army 3 II 2

Bundeszuständigkeit *f* federal competence 3 II 2

Bürger *m* citizen 3 I

Bürgerliches Gesetzbuch *n* (BGB) Code of Civil Law 2 I 1

Bürgermeister *m* mayor 8 III 2

Bürgerrecht *n* rights of German citizens 3 I 1

Bürgschaft *f* surety 4 II

Bürgschaftserklärung *f* contract of guarantee 4 II

Bußgeldbescheid *m* decision imposing a fine 7 V

Darlehensvertrag *m* loan agreement 4 I

Daten, *pl.* data 3 I 1

Datenerhebung *f* data retrieval 3 I 1

Delikt *n* offence 7 II 1

Demonstrant *m* demonstrator, protester 2 III 1

Demonstration *f* demonstration 3 I 1

Demonstrationsfreiheit *f* freedom to demonstrate 3 I 1

Dieb *m* thief 7 A 2 1

Diebstahl *m* theft 7 II 3

Dienstbesprechung *f* conference 9 A 3

Dienstleistung *f* services 6 III

Dienstunfähigkeit *f* unfitness for service 8 III 3

Dienstverhältnis *öffentlich-rechtliches, n* public employment 6 III 1

Dienstvertrag *m* service, contract of service 6 III

dinglich real, in rem 2 IV 1

Direktionsrecht *n* employer's right to give instructions 6 III 1

dispositiv discretionary, optional 4 III vor 1

dissenting opinion (= abweichende Meinung, Minderheitsvotum beim BVerfG) dissenting opinion at the Supreme Constitutional Court 3 II 1

Dissertation *f* doctoral thesis 2 II

Doktorarbeit *f* doctoral thesis 1 II 7

Doppelehe *f* bigamy 7 III

dreistufig at three levels 8 III

Drittwirkung *f* effects on third parties, side effects 3 I 2

Duldung *f* acquiescence, toleration 7 I 2

durchführen to implement, to carry out, to accomplish 3 II 2

Durchführung *f* implementation 2 IV 2

durchlaufen to go through 1 I

durchsetzen, *einen Anspruch* ~ to enforce a claim 8 I

Durchsetzung *f* enforcement of a claim 3 II 1

Ehe *f* marriage, matrimony 5 I 1

Eheauflösung *f* dissolution of marriage 5 B 2 2

Ehegatte *m* spouse 5 I

Ehegesetz *n* (EheG), statute on marriage 5 I

Eheleute, *pl. f* married couple 5 I 4

ehelich matrimonial 5 I

ehelich (in der Ehe gezeugt) legitimate 5 I 5

Ehelichkeit *f* legitimacy 5 B 2 4

Ehemündigkeit *f* marriageable age 5 B 1 2

Ehereformgesetz *n* marriage reform statute 5 I 2

Ehescheidung *f* divorce 5 vor I

Eheschließung *f* marriage ceremony 5 I 1

Ehevertrag *m* marriage contract 5 I

Ehre *f* honour 2 II

Eigentum *n* property, title, ownership 4 V

Eigentümer *m* owner, proprietor 4 V

Eigentumsgarantie *f* guarantee of property 3 I 2

Eigentumsübergang *m* transfer of property 4 V

Eigentumsübertragung *f* transfer of ownership 4 V

Eigentumsvorbehalt *m* retention of title 4 V

Eigentumswohnung *f* dwellings 4 V

einbehalten to retain 8 III 7

Einberufung *f* calling up 8 III

Eingriff *m* intervention, interference 3 I 1

Eingriffskondiktion *f* a form of unjustified enrichment 4 IV 2

Eingriffsverwaltung *f* administrative intervention 8 III 6

einhalten, *Formvorschriften* ~ to observe formal requirements 1 II 2

Einhaltung *f* adhering to requirements 5 I 3

Einheitsjurist *m* all-purpose lawyer 1 I

Einheitsstaat *m* unitary state 3 II 1

Einigung *f* agreement, settlement, mutual consent 4 V

einklagen to sue for sth. 5 B 2 4

Einkommensteuer *f* income tax 8 III 7

Einkommensteuerrecht *n* income tax law 8 III 7

Einlassung *f* response to a claim 2 A 5

einlegen, *Einspruch* ~ to file an objection 9 III 1

einlegen, Berufung ~ to appeal against 9 II

Einlegung *f* filing an objection, appealing against 3 I 1

Einrede *f* ~ *der Nichterfüllung* objection or defence of non-fulfilment 2 VI 3

einreichen to submit, to present 9 III 1

Einrichtung *f* establishment 1 I 1

einschlägig relevant 1 II 5

einschränkbar capable of being limited or restricted 3 I 2

Einschränkung *f* limitation, restriction 3 I 2

Einschreiten *n* intervention 8 III 5

einseitig one-sided 4 II

Einsichtnahme *f* ~ *in die Akten* inspection, usually of files 2 A 9

Einspruch *m* objection 3 II 1

Einspruchsrecht *n* right of objection 3 II 1

einstufig single-stage 1 I

eintragen to register 6 I 1

Eintragung *f schriftliche* ~ entry, registration 4 V

Eintritt *m* ~ *der Volljährigkeit* commencement of adulthood 5 B 1

Einvernehmen *n* agreement 1 III

einvernehmlich by mutual agreement 5 I 2

einverstanden agreed 4 IV 2

einverständlich by mutual agreement 5 I 3

Einverständnis *n* agreement 4 II

Einwendung *f* objection, plea 2 III 3

Einwilligung *f* consent 7 II 2

Einzelfall *m* individual case 6 A 11

Einzelfallgesetz *n* statute regulating a single case 8 III 6

Einzelhändler *m* retailer 6 I 1

Einzelrichter *m* judge sitting alone 1 II 1

einziehen to confiscate, to seize 8 A 3

Empfänger *m* receiver 4 IV 2

empfangsbedürftig something which has to be communicated 4 A 10

enteignen to expropriate, to dispossess 9 I 1

Enteignung *f* compulsory acquisition 8 III 1

enterben to disinherit 5 A 5

Entfaltung *f* development 3 I 1

entgangen ~*er Nutzen* lost use 2 I 2

entgangen ~*er Gewinn* lost profit 2 A 3

Entgelt *n* (Lohn) remuneration 2 A 5

Entgeltfortzahlung *f* ~ *im Krankheitsfall* continuance of pay during sickness 6 III 1

Entmündigung *f* deprivation of rights 5 I 7

entschädigen to indemnify, to compensate, to reimburse 2 A 3

Entschädigung *f* compensation 2 A 3

entscheiden to decide, to rule on 1 II 1

Entscheidung *f* decision, ruling 1 II 1

entscheidungserheblich pertinent 9 IV

Entscheidungssammlung *f* casebook, law reports 2 II

entwenden to steal, to pilfer 7 A 2

entziehen, *ein Recht* ~ to deprive of a right 2 IV 1

Entziehung *f* deprivation of rights 9 A 5

Entziehungsanstalt *f* treatment centre for alcoholics and drug addicts 7 IV

Entzug *m* deprivation 8 III 1

Erbanspruch *m* right to inherit 5 I 1

Erbanteil *m* portion of the estate 5 II 3

Erbberechtigter *m* person entitled to inherit 5 II 1

Erbe *m* heir 5 II 1

Erbe *n* inheritance 5 B 2

erben to inherit 5 II 1

Erbengemeinschaft *f* community of heirs 5 II 3

Erbfolge *f* succession 5 II 1

Erblasser *m* testator 5 II 2

Erbrecht *n* law or right of inheritance 5 II

Erbschaft *f* inheritance 5 II 2

Erbschaftsteuer *f* death duties, inheritance tax 5 II 4

Erbteil *n* share of the inheritance 5 II 2

erforderlich requisite, necessary 2 III

Erfordernis *n* requirement 1 I 1

erfüllen to fulfil, to perform, to carry out 1 A 1

ergehen to be pronounced, to be passed 7 V

erheben, *Klage* ~ to initiate an action 9 III 1

Erhebung *f Klage*~ initiation of an action 2 IV 1

erlassen *(Strafe)* to release from 10 I 4

erlassen *(Gesetz bzw. Urteil)* to enact, to deliver 2 I 1

erlöschen to expire, to lapse 2 III 3

ermächtigen to authorize 6 I 2

Ermächtigung *f* authorization 3 II 1

Ermächtigungsgrundlage, *f* basis of authorization 3 II 1

Ermessen *n* discretion 8 II

Ermessensentscheidung *f* discretionary decision 8 III 2

Ermessensfehlgebrauch *m* misuse of discretionary powers 8 II

Ermessensspielraum *m* scope for discretion 8 B 1

ermitteln to investigate, to ascertain 1 II 4

Ermittlungsverfahren *n* preliminary investigation, preliminary proceedings 1 II 2

ermorden to murder 7 II 2

Ernennung *f* appointment 1 II 1

Ernennungsverfahren *n* appointment process 1 II 1

eröffnen to open 3 II 1

Erpressung *f* blackmail 7 III

erschleichen to obtain fraudulently 9 II

Erststimme *f* first vote, first choice (for direct election to parliament) 3 II 1

Ersttäter *m* first offender 7 IV

erteilen *Genehmigung* ~ to give permission, to approve 3 A 3

Examensergebnis *n* examination result 1 I 4

Examensklausur *f* examination paper 1 B 3

Examensnote *f* examination mark 1 I 4

Exekutive *f* the executive 3 II 1

Exekutivgewalt *f* executive power 3 II 1

Fach *n* subject, speciality 1 A 3

Fachanwalt *m* solicitor specializing in a specific area of law 1 II 3

Fachanwaltsbezeichnung *f* name for specialized solicitor 1 A 7

Fachaufsicht *f* general supervision 8 III 2

Fachausdruck *m* technical term 9 B 4

Fachbehörde *f* specialist public body 1 II 5

Hochschule *f* vocational college, technical college 1 II 7

Hschulprofessor *m* technical college professor 1 II 7

Fachrichtung *f* subject area 1 II 5

Fachsprache *f* technical language 2 IV

Factoring *n* factoring 4 III

Fahrerlaubnis *f* driving licence 7 IV

fahrlässig negligently, carelessly 6 III 1

Fahrlässigkeit *f* negligence, carelessness 6 III 1

Fahrverbot *n* driving ban 7 A 6

Fakultät *f juristische* ~ School of Law 1 I 1

Fall *m* case, precedent 2 III

Fallbearbeitung *f* written study of a case 2 I 1

Fallfrage *f* legal problem posed by the case 10 I 2

Falllösung *f* solution of the case problem 2 III 2

Fälschung *f* forgery, falsification 5 II

Familienbuch *n* family register 5 I

Familienname *m* family name, surname 5 I 2

Familienrecht *n* family law 5 I

Familiensache *f* family matter falling within the jurisdiction of the family court 9 II 1

Familienunterhalt *m* family maintenance 5 I

feststellen to establish, to determine, to ascertain 2 III 2

Feststellung *f* establishment, ascertainment 9 II 4

Finanzamt *n* Inland Revenue 8 IV

Finanzgericht *n* fiscal court, revenue court 9 I 3

Finanzgerichtsbarkeit *f* tax or revenue court jurisdiction 9 I 1

Finanzministerium *n* Ministry of Finance 8 IV

Finanzverwaltung *f* tax administration, Inland Revenue 8 IV

Firma *f* (Name des Kaufmanns), name of a firm or business 6 I 1

Firma *f* (Unternehmen) firm, commercial undertaking 6 I 1

fordern to demand 4 V

Forderung *f* demand 10 I 4

Forderungskauf *m* factoring 4 III

förmlich formal 5 I 1

formlos informal, not requiring specific form 6 II 1

Formvorschrift *f* formal requirement 2 II

Forstamt *n* forestry superintendent's office 8 IV

Forstwirtschaft *f* forestry 6 I 1

Fraktionszwang *m* party discipline 3 II 1

freiberuflich free-lance, self-employed, in private practice 1 II 3

Freibetrag *m* tax-free allowance 5 II 4

Freiheit *f* freedom, liberty 3 I 1

Freiheitsberaubung *f* wrongful deprivation of personal liberty, false imprisonment 7 II

Freiheitsgrundrechte, *pl. (n)* fundamental liberties 3 I 2

Freiheitsstrafe *f* prison sentence 7 IV

Freispruch *m* acquittal 9 IV

Freizügigkeit *f* freedom of movement 3 I 1

Fremdorganschaft *f* separation of ownership and management, dissociation between membership and representation at a company 6 II 2

Friedenspflicht *f* obligation binding on employers and unions to avoid industrial action while a collective agreement is in force 6 III 2

Frist *f* time limit, fixed period, deadline 9 II

Fristsetzung *f* imposition of a time limit 2 A 3

Fürsorge *f* social welfare, care 8 III 6

Garantenpflicht *f* obligation to act 7 II

Gaststättengesetz *n* statute on public houses 8 III 4

Gebot *n* command requirement 2 I 2

Gebrauch *m* use 2 III 3

Gebühr *f* fee, charge 8 III 7

Gefährdungshaftung *f* strict liability, liability based on risk not fault 4 IV

Gefahrenabwehr *f* avoidance of danger to public order, accident prevention 8 III 5

Gefängnis *n* prison 7 IV

Gegenleistung *f* consideration, counter-performance 8 III 7

gegenseitig mutual 5 I

Gegenzeichnung *f* counter-signature, counter-signing 3 II 1

Gehör *n* hearing 3 I 1

Geisel *f* hostage 7 II 2

Geiselnahme *f* taking of hostages 7 II 2

geisteskrank insane, mentally ill 5 A 3

Geisteskrankheit *f* insanity, mental illness 5 A 3

Geldbuße *f* fine 7 V

Geldentschädigung *f* indemnification, compensation 2 I 2

Geldentwertung *f* devaluation 5 I 6

Geldfälschung *f* counterfeiting 7 II 3

Geldforderung *f* money claim, money debt 4 V

Geldstrafe *f* money penalty, fine 7 IV

geltend valid, in effect, in force, prevailing 2 A 4

Geltendmachung *f* assertion, claim 2 III 3

Geltung *f* validity, effectiveness 3 vor I

Gemeinde *f* local authority 8 III 2

Gemeindeordnung *f* rules governing local authorities 8 III 2

Gemeinderat *m* local council 8 III 1

Gemeindeverband *m* association of local authorities 2 I 1

Gemeindeverwaltung *f* local government 8 III 2

gemeindlich local authority 8 III 2

gemeingefährlich dangerous to the public 7 III

Gemeinschaft *f* community 2 A 4

Genehmigung *f* approval, licence 4 IV 2

Generalbundesanwalt *m* Federal Attorney General 1 II 2

Generalklausel *f* general clause, blanket clause 3 I 2

Generalprävention *f* general crime prevention (as one objective of punishment in criminal law) 7 I 1

Generalstaatsanwalt *m* Director of Public Prosecutions 1 II 2

Generalversammlung *f* general meeting 6 II 3

Genossenschaft *f* co-operative society 6 II 3

Genossenschaftsregister *n* public register of cooperative societies 6 II 3

gerecht just, fair 1 II 7

gerechtfertigt justified, justifiable 7 II 2

Gerechtigkeit *f* justice, fairness 2 A 4

Gericht *n* court or tribunal 9 I

gerichtlich judicially, by a court 7 IV

Gerichtsbarkeit *f* jurisdiction 9 I 1

Gerichtsbeschluss *m* decision of the court 5 I 6

Gerichtskosten *pl. f* court costs, legal costs 9 II 5

Gerichtsverfahren *n* legal proceedings, trial 9 II 3

Gerichtsverfassungsgesetz *n* statute on the constitution of the courts 2 IV 1

Gerichtsverhandlung *f* hearing, trial 9 A 3

Gerichtsvollzieher *m* bailiff 9 II 4

Gerichtszweig *m* particular type of court 9 I 1

Geschädigter *m* injured party 4 IV 1

Geschäftsbedingungen *pl. f* terms and conditions of trade 4 II 1

Geschäftsbesorgungsvertrag *m* agency contract 4 B 2

geschäftsfähig, legally capable of entering a transaction 4 II

Geschäftsfähigkeit *f* contractual capacity 4 II

Geschäftsführer *m* manager, executive, director 6 II 2

geschäftsunfähig legally incapable of entering a transaction 4 II

Geschäftsunfähiger *m* legally incapacitated person 4 II

geschieden divorced 5 I 3

Geschwindigkeitsbeschränkung *f* speed limit 2 A 5

Geschwindigkeitsüberschreitung *f* exceeding the speed limit 2 A 5

Geschworener *m* juror 9 IV

Gesellschaft *f* company, society, association 6 II 1

Gesellschaft mit beschränkter Haftung *f* (GmbH) private limited company 6 II 2

Gesellschafter *m* partner, shareholder 6 II 1

Gesellschaftsform *f* type of company 6 II 1

Gesellschaftsrecht *n* company law, law of associations 6 II

Gesellschaftsschulden *pl. f* company debts 6 II 1

Gesellschaftsvermögen *n* company assets 6 II 1

Gesellschaftsvertrag *m* contract forming a company 6 II 2

Gesetz *n* law, act, statute 2 I 1

Gesetzbuch *n* code, law manual 2 I 1

Gesetzentwurf *m* draft bill 3 B 1.2

Gesetzesänderung *f* change of law 6 II 2

Gesetzesinitiative *f* legislative proposal

Gesetzeskraft *f* force of law 3 II 1

Gesetzesmaterialien *pl. f* all the material regarding a law 2 III 1

Gesetzessammlung *f* collection of statutes 2 I 1

Gesetzestechnik *f* method used in German law codes to distinguish among legal problems 4 I

Gesetzesvorbehalt *m* reservation of a statutory power 3 I 2

Gesetzesvorlage *f* (*der Regierung*) legislative proposal 3 B 1.2

gesetzgebende Gewalt *f* legislative power 3 A 7

Gesetzgeber *m* legislator 1 II 7

Gesetzgebungsorgan *n* legislative body 3 II 1

Gesetzgebungsverfahren *n* legislative procedure 3 B 1.2

gesetzlich by law 3 I 1

Geständnis *n* confession 9 II

gestohlen *(stehlen)* stolen 4 V

getrennt leben living separately, separation 5 I 3

gewährleisten to guarantee, to ensure 3 I 1

Gewährleistung *f* guarantee, warranty 4 II 1

Gewährleistungsanspruch *m* claim under a guarantee 4 B 3

Gewahrsam *m* taking into custody, detention 8 III 5

Gewalt *f* force 2 III 1

Gewalt *f vollziehende* ~ executive power 3 II 1

Gewaltenteilung *f* separation of powers 3 II 1

Gewaltverbrechen *n* crime of violence 8 III 6

Gewerbe *n* trade, business, industry 8 III 4

Gewerbeaufsichtsamt *n* factory inspectorate 1 II 5

Gewerbepolizei *f* factory inspection 8 I

Gewerberecht *n* law governing trades 8 III 4

Gewerbesteuer *f* business tax 8 III 7

Gewerbetreibender *m* tradesman, businessman 6 I 1

Gewerbeuntersagung *f* banning from carrying on a trade 8 I

gewerblich commercial, industrial 8 III 7

Gewerkschaft *f* trade union 6 III 2

Gewohnheitsrecht *n* customary law or right 2 I

Gläubiger *m* creditor 2 A 3

Gleichbehandlung *f* equal treatment 10 A 3

Gleichberechtigungsgebot *n* requirement of equality of legal rights 5 I 2

Gleichheitsgrundsatz *m* basic principle of equality 3 A 8

Gleichheitssatz *m* principle of equal treatment of comparable situations and facts 3 I 1

Gleichordnung *f* equality 8 I

gleichrangig equal, of equal rank 3 II 1

Glücksspiel *n* gambling, game of chance 7 B 2

GmbH-Gesetz *n* statute governing private limited companies 6 II

Grundbuch *n* land register 4 V

Grundbuchrecht *n* law relating to matters involving the land register 1 I 5

Grundentscheidungen *pl. f* fundamental decisions 6 II 2

Grunderwerbsteuer *f* land transfer duty 8 III 7

Grundgesetz *n* (GG) the German constitutional Basic Law 2 I 1

Grundgesetzartikel *m* section (= article) in the German constitution 3 A 2

Grundpfandrecht *n* lien on real property 4 V

Grundrecht *n* basic constitutional right

Grundschuld *f* land charge 4 V

Grundsteuer *f* land tax 8 III 7

Grundstück *n* plot of land property 4 V

Grundstücksrecht *n* land law, law of property 4 V

gültig valid, in force 2 I 1

Günstigkeitsprinzip *n* principle that in the case of conflict between a collective and individual contract of employment what is most favourable to the employee prevails 6 III 2

Gutachten *n* expert opinion 2 III 4

Gutachtenstil *m* style used in an expert's report 2 III 4

Gütergemeinschaft *f* joint marital property, community of goods 5 I 4

Güterstand *m* matrimonial property regime 5 I 4

Gütertrennung *f* separation of property 5 I 4

gutgläubig in good faith 4 V

gütlich amicable 9 III 1

Habilitation *f* habilitation (qualification for becoming a professor in German universities) 1 II 7

Haft *f* arrest, detention, custody, imprisonment 7 A 11

haftbar liable 6 II 2

Haftbefehl *m* arrest warrant 3 I 1

haften to be responsible 4 IV 1

Haftpflichtversicherung *f* liability insurance 7 II

Haftung *f* liability 2 A 4

Haftungsmilderung *f* mitigation of liability 6 III 1

Halter *m* owner 4 IV 1

Handel *m* trade, commerce 6 I 1

Handelsgesellschaft *f* commercial partnership 6 I 2

Handelsgesetzbuch *n* (HGB) Commercial Code 6 I

Handelsgewerbe *n* commercial enterprise 6 A 5

Handelsrecht *n* commercial law 6 I

Handelsregister *n* commercial register 6 I 1

Handwerksordnung *f* handicrafts regulations 8 III 4

Hauptverhandlung *f* main trial, hearing 9 IV

Hauptversammlung *f* general meeting 6 II 2

Hausfriedensbruch *m* breaking and entering 7 A 12

Haustürgeschäft *n* door-to-door selling 4 III 1

Hebammengesetz *n* statute governing midwives 2 IV 2

Hehler *m* receiver of stolen goods 9 A 2

Herausgabeanspruch *m* claim for transfer 2 A 7

herausverlangen to demand from 4 V

herbeiführen to bring about 3 II 1

hinrichten to execute 7 A 11

Hintermann *m* person behind an offence 7 II 2

Hochschulassistent *m* research assistant at university 1 II 7

Hochschulstudium *n* university course 1 I

Höchststrafe *f* maximum penalty 7 A 11

Hochverrat *m* high treason 7 III

Höfeordnung *f* law on inheritance of agricultural estates 5 II

hoheitlich as a sovereign 8 I

Hoheitsakt *m* act of the state or sovereign authority 8 I

höherrangig superior, higher ranking 7 II 2

Hundesteuer *f* tax on dogs 8 III 7

Hypothek *f* mortgage 4 V

illegal illegal, unlawful 2 I 2

Immobilie *f* property 4 I

Individualarbeitsrecht *n* labour law governing individual relationships between employer and employee 6 III 1

Inhaber *m* holder, owner 6 I 1

In-Kraft-Treten *n* coming into force 4 III

Innenministerium *n* Ministry of the Interior 8 III

Insolvenz *f* bankruptcy 6 A 8

Instanz *f* instance 9 I 2

Invitatio ad offerendum *f* (*lat.*), invitation to make an offer 4 A 11

Irrtum *m* mistake, error 4 II

Jura *pl.* (*of lat. jus*), ~ *studieren* to study law 1 A 3

Kautelarjurisprudenz *f* preventive or precautionary jurisprudence 4 III 2

Kernstrafrecht *n* main body of criminal law 7 II

kidnappen to kidnap 7 A 2

Kindergeld *n* family (child) allowance 8 III 6

Kindschaftsrecht *n* child law 5 I 5

Klage *f* plea, writ of summons 9 III 1

Klagebegründung *f* statement of claim 9A 3

Kläger *m* plaintiff, claimant 9 III 1

Klageschrift *f* written statement of claim, writ 9 A 5

Klausel *f* clause 4 II

Klausur *f* written examination 2 III 2

Klausureinstieg *m* beginning of written legal paper 7 A 2

Koalitionsfreiheit *f* freedom of association 3 I 1

Kodifikation *f* codification 2 IV 1

Kollegialgericht *n* court with more than one judge 1 II 1

Kommanditgesellschaft *f* (KG) limited liability partnership 6 II 1

Kommanditist *m* partner with limited liability 6 II 1

Kommentar *m* commentary, comment 2 II

Kommissionsgeschäft *n* business on commission, agency business 6 I 2

Kommunalabgabengesetze *pl. n* legislation governing local rates and taxes 8 III 2

Kommunalrecht *n* local government law 8 III 2

Kompetenz *f* responsibility, power 3 II 2

Komplize *m* accomplice 9 II

Konfiskation *f* confiscation 7 IV

konkludent implied 4 II

Kontrahierungszwang *m* obligation to contract 4 II

Konventionalstrafe *f* penalty for breach of contract 7 I 2

Körperschaftsteuer *f* corporation tax 8 III 7

Körperverletzung *f* physical injury 7 III

Kostenrecht *n* law relating to fees and charges 1 I 5

Kriminalität *f* criminality, delinquency 7 IV

kriminell criminal 7 V

kündigen (durch Arbeitgeber) to dismiss, to give notice 6 III 1

Kündigung *f* notice to quit or terminate a contract of employment 4 II

Kündigungsschutzgesetz *n* statute protecting against unfair dismissal 6 III 1

Kündigungsschutzklage *f* complaint of unfair dismissal 6 III 1

Ladenschlussgesetz *n* statute governing opening hours of shops 8 III 4

Laie *m* lay person 2 IV 1

Laienrichter *m* lay judge, non-professional judge 1 II 1

Landesarbeitsgericht *n* Labour Court of Appeal 9 I 3

Landesbehörde *f* authority of a „Land" 8 III

Landesrecht *n* law of a „Land" 8 B 1

Landesregierung *f* government of a federal state („Land") in Germany 2 I 1

Landessozialgericht *n* social court of appeal 9 I 3

Landgericht *n* (LG) regional higher court of first instance and appeal, Provincial Court 9 I 2

Landkreis *m* county district 8 IV

Landratsamt *n* county office, district council office 8 IV

Landtag *m* Land House of Representatives, Diet 3 II 1

Leasingvertrag *m* leasing agreement 4 III

lebenslang for life 7 IV

Lebensmittelrecht *n* law relating to food matters 8 III

Lebensunterhalt *m* livelihood 7 A 5

Lebensversicherung *f* life insurance 7 A 9

Legalitätsprinzip *n* principle of mandatory prosecution of offenses 7 II

Legislative *f* legislative power 3 II 1

Legitimation *f* declaration of legitimacy, legitimation 3 II 1

Lehrbuch *n* text book 2 II

Leistung *f* performance 4 IV

Lernbuch *n* study guide 2 II

letztwillig by will 5 II 2

Lohnsteuer *f* income tax 8 III 7

Lösegeld *n* ransom 7 A 2

Mahnung *f* warning 9 II 5

Makler *m* broker, (estate) agent 8 III 4

Mangel *m* (Fehler) defect, deficiency, fault, imperfection 2 III

Mangel *m einen ~ vertreten* to be responsible for a defect 2 A 4

Mangel *m einen ~ geltend machen* make a claim for defects 2 III 3

Mängelrügepflicht *f* purchaser's obligation to report a defect 6 A 1

Maßregel *f* rule, regulation, disciplinary action 7 IV

Mehrheitswahlrecht *n* first past the post voting system 3 II 1

Mehrwertsteuer *f* value added tax (VAT) 8 III 7

Meineid *m* perjury 7 III

Meinungsfreiheit *f* freedom of opinion, freedom of expression 3 I 2

Menschenrecht *n* human right 3 I

Menschenwürde *f* human dignity 3 I

Miete *f* tenancy, hire, rent 4 III 2

Mieter *m* tenant, lessee, hirer 4 III 2

Mieterschutz *m* security of tenure 4 III 2

Mietvertrag *m* tenancy agreement, lease 4 III 2

Minderjähriger *m* person who is under age, minor 9 A 3

Minderkaufmann *m* small trader 6 I 1

mindern to diminish, to reduce, to decrease, to lessen 2 A 4

Minderung *f* reduction 4 II 1

Mindestlohn *m* minimum wage 6 III 1

Mindeststudienzeit *f* minimum time of study at university 1 I 2

Minister *m* minister 3 II 1

Ministerium *n* ministry 8 IV

Ministerpräsident *m* chief minister (of a Land) 2 IV 2

Missbrauch *m* abuse, improper use 4 II

Misstrauensvotum, *n* vote of no confidence 3 II 1

Miterbe *m* joint heir, co-heir 5 II 3

Mittäterschaft *f* complicity, joint commission of a crime 7 A 8

Mörder *m* murderer 7 A 2

Mutterschutzgesetz *n* social legislation protective of working mothers 6 III

Nachlass *m* (Hinterlassenschaft) deceased's estate, inheritance 5 II 1

Nebenstrafe *f* supplementary penalty, secondary punishment 7 A 6

Nebenstrafrecht *n* supplementary criminal law 7 II

Nichtbeachtung *f* failure to observe 2 A 9

nichtehelich (nicht in der Ehe gezeugt) illegitimate 5 II 1

Nichterfüllung *f* non-fulfilment, non-performance, non-compliance 4 B 1

Nießbrauch *m* usufruct, usufructury enjoyment, use, beneficial interest 2 IV

Norm *f* legal norm, rule of law, standard 6 III 2

Normenkontrolle *f* judicial review of the constitutionality of laws 3 II 1

Normenpyramide *f* pyramidal ranking of norms 2 A 2

Notar *m* notary, notary public 1 II 4

notariell by a notary 5 II 2

Notstand *m* emergency 7 II 2

Notwehr *f* self-defence 7 II 2

Nurnotar *m* a notary only, lawyer who is only a notary 1 II 4

Nutzung *f* use 5 II 1

Nutzungsrecht *n* right of use or enjoyment 5 II 1

Oberbegriff *m* generic term, heading 4 II

Oberfinanzdirektion *f* superior finance directorate 8 IV

Oberforstdirektion *f* superior forestry directorate 8 IV

Obergericht *n* higher court 1 II 1

Oberlandesgericht *n* regional appeal court 9 I 2

Oberstadtdirektor *m* town clerk, city manager 8 III 2

Oberverwaltungsgericht *n* regional administrative court 9 I 3

obliegen *jdm obliegt die Verpflichtung* it is someone's duty 4 III 1

Öffentliches Recht *n* Public Law 8 I

Öffentlichkeitsgrundsatz *m* principle of public access 9 II 3

öffentlich-rechtlich governed by public law 6 III 1

Opfer *n* victim 7 I 1

Ordnungswidrigkeit *f* administrative offence 7 V

Rechtsquelle *f* source of law 6 II

Rechtsreferendar *m* post-graduate trainee in the legal profession 1 I 3

Rechtsschutzversicherung *f* insurance against legal costs 1 II 1

Rechtssprache *f* legal terminology 2 IV 2

Rechtsstaat *m* state based on the Rule of Law 7 II 1

Rechtsstreitigkeit *f* legal dispute, litigation 1 II 6

Rechtsverkehr *m* legal relations 2 III 3

Rechtsverletzung *f* violation of law, infringement of rights 7 I 1

Rechtsverordnung *f* statutory order, decree 3 II 1

Rechtsweg *m* legal process 3 A 8

rechtswidrig illegally, unlawfully 7 II

Referendar *m* post-graduate trainee in civil service 1 I 2

Referendarexamen *n* examination at the end of post-graduate civil service training 1 I 2

Referendarzeit *f* period of post-graduate civil service training 1 A 1

Regierung *f* government 3 II 1

Reichsstrafgesetzbuch *n* Imperial penal code 7 A 11

Reichstag *m* Imperial House of Representatives 7 A 11

Reisevertrag *m* travel contract 4 II

Religionsausübung *f* religion's practice 3 I 1

Rentenanspruch *m* pension claim 5 I 3

Rentenversicherung *f* old age pension insurance fund, pension scheme 8 III 6

Repetitorium *n* coaching or cramming course for law students 1 I 1

repressiv repressive 8 III 5

Republik *f* republic 3 II 1

Republikflucht *f* escape from the former German Democratic Republic 7 I 2

Resozialisierung *f* rehabilitation 7 I 1

Revision *f* appeal on points of law 9 I 2

richten to judge 1 A 3

Richter *m* judge 1 II 1

Richteramt *n* office of a judge 1 I 4

richterlich by a judge, judicially 1 II 1

Richterrecht *n* judge-made law 2 I 2

Rücktrittsrecht *n* right of withdrawal from a contract, right of cancellation 9 III 2

rückwirkend retroactive, retrospective 7 II 1

Rückwirkungsverbot *n* prohibition of retroactive effect 8 A 11

Sachbearbeiter *m* subject specialist, employee in charge 1 II 6

Sachbeschädigung *f* damage to property 7 II 2

Sachenrecht *n* law of property 4 I

sachgerecht proper, relevant 8 II

Sachmangel *m* defect of quality, fault 2 A 4

Sachverhalt *m* facts, facts of the case 10 I 1

Sachverständiger *m* expert, specialist, expert witness 9 II 5

Sachverständigengutachten *n* expert opinion 9 II 5

Sanktion *f* sanction 7 vor I

sanktionieren to penalise 7 A 1

Satzung *f* bye-laws, articles of association 8 II 3

Schaden *m* damage 2 A 3

Schadensersatz *m* compensation, indemnification 2 I 2

Schadensersatzpflicht *f* obligation to pay compensation 1 A 4

schadhaft defective 1 III 1

scheiden to divorce 5 B 1

scheiden *sich ~ lassen* to get divorced 5 B 1

Scheidung *f* divorce 5 I 3

Scheidungsurteil *n* divorce decree 5 B 1

Scheidungsverfahren *n* divorce proceedings 9 II 3

Schenkung *f* gift, present, donation 4 III

Schenkungsteuer *f* gift tax, tax on donations 5 II 4

Schlägerei *f* brawl, fight, affray 7 A 2

Schlüsselgewalt *f* husband's or wife's authorization to purchase necessaries 5 II

schlüssig conclusive 4 A 12

Schmerzensgeld *n* compensation for pain and suffering 7 I 1

Schmiergeld *n* bribe 6 III 1

Schöffe *m* juror, unpaid lay magistrate 9 IV

Schöffengericht *n* magistrate's court with lay members 9 IV

Schriftsatz *m* brief, written statement 9 II 3

Schuld *f* ~en (Verpflichtung im Privatrecht) debt, obligation, liability 5 A 5

Schuld *f* (Verschulden im Strafrecht) guilt, fault 7 I 2

schuldfähig capable of being responsible for a crime 7 II 2

schuldhaft culpably 7 I 1

Schuldprinzip *n* principle of culpability 7 I 2

Schuldrecht *n* law of obligations 4 I

Schuldverhältnis *n* creating an obligation 4 I

Schutzbereich *m* protected area 3 I 2

Schwangerschaftsabbruch *m* termination of pregnancy 7 A 12

Schwarzbau *m* illicit building work 8 II

Schweigen *n* silence 6 I 2

Schwindel *m* swindle, fraud 7 A 2

Schwurgericht *n* criminal court for major cases 9 IV

Selbstbestimmung *f* self-determination 3 I 1

Selbsthilfe *f* self-help, self-redress 8 III 6

Selbstkontrahieren *n* self-dealing 4 II

Selbstverwaltung *f* self-government, self-administration 8 IV

Semester *n* semester, term (of six months) 1 I 1

Seminar *n* seminar 1 I 1

Senat *m* senate 1 II 1

Sicherheit *f* security, safety, surety 2 A 5

Sicherung *f* securing, ensuring, safeguarding 4 V

Sicherungsübereignung *f* transfer of property as security 4 V

sine *Lat* (ohne) without 7 II

sittenwidrig immoral, improper 3 I 2

Sitz *m* seat 3 II 1

Sonderrechte *pl. n* special rights 6 vor I

Sonderregelung *f* special regulation, special settlement 4 III 1

Sonderstellung *f* special position, exceptional position 8 B 1

Sondervorschrift *f* special provision 5 I 5

sorgeberechtigt entitled to have right to the custody, care and control of a child 5 I 3

Sorgerecht *n* right to the custody, care and control of a child 5 I 3

Sorgfalt *f* (due) care 4 IV 1

Sozialamt *n* social services department 8 A 5

Sozialgericht *n* social court, social insurance tribunal 9 I 3

Sozialgerichtsbarkeit *f* jurisdiction of the social courts 9 I 1

Sozialgesetzbuch *n* social security code 8 III 6

Sozialhilfe *f* income support 8 III 6

Sozialprodukt *n* social product, national product 8 III 7

Sozialstaatsprinzip *n* principle of social justice and the welfare state 3 I 1

Sozialversicherung *f* national insurance, social insurance 8 III 6

Speditionsgeschäft *n* transport or haulage contracting 6 I 2

Spezialgesetz *n* special law 6 II

Spezialprävention *f* deterrent effect on a particular offender 7 I 1

Spitzensteuersatz *m* maximum tax rate 8 III 7

Sprengstoffattentat *n* bomb attack 7 A 2

Staatenbund *m* confederation, union 3 II 1

staatlich of the state 3 I 1

Staatsangehöriger *m* national, subject 1 III

Staatsangehörigkeit *f* nationality, citizenship 8 I

Staatsanwalt *m* public prosecutor 1 II 2

Staatsanwaltschaft *f* public prosecutor's office, in GB: Crown Prosecution Service (CPS) 1 II 2

Staatsgewalt *f* state authority, state power, sovereignty 3 II 1

Staatsorgane *pl n* organs of the state 3 II 1

Staatsprüfung *f* state examination 1 I 4

Staatsziel *n* state aims 3 A 4

Stammkapital *n* registered capital 6 II 2

Standardwerk *n* standard work, leading work 2 IV 1

Standesamt *n* registry office 5 A 3

standesamtliche Trauung *f* civil marriage 5 B 1

Station *f Ausbildungs~* training placement 1 I 3

Statut *n* charter, statute, regulation 6 II 3

Stellvertreter *m* agent, representative, deputy 4 II

Steuer *f* tax 8 III 7

Steueraufkommen *n* tax revenue 3 II 1

Steuerberater *m* tax consultant 1 II 3

Steuerbescheid *m* tax assessment, tax demand 8 A 7

Steuergesetz *n* tax statute 8 III 7

Steuerhinterziehung *f* tax evasion 8 III 7

steuerlich relating to tax 8 III 7

Steuertatbestand *m* facts causing tax liability 8 III 7

Steuervermeidung *f* tax avoidance 8 III 7

Stimme *f* (Wählerstimme) vote 3 II 1

Stimmengleichheit *f* equal number of votes 6 III 2

Stimmrecht *n* right to vote 9 III 1

Strafaussetzung *f* suspension of a sentence 7 IV

strafbar punishable, criminal, guilty 7 II 1

Strafbarkeit *f* punishability, culpability 2 III 1

Strafbarkeitslücken *pl. f* gaps in the criminal law 7 I 1

Strafdrohung *f* penalty laid down in the penal code 7 A 12

Strafbestimmung *f* penal provision 7 II

Strafe *f* punishment, penalty, sentence 7 II 1

straffällig *~ werden* to commit a punishable offence 2 A 9

straffrei unpunished, exempt from punishment 7 IV

Strafgericht *n* criminal court 9 IV

Strafgesetz *n* criminal law, penal law 1 II 2

Strafgesetzbuch *n* (StGB) criminal code 7 II

Strafkammer *f* criminal division of a court 9 IV

straflos unpunished 7 II 3

Strafmaß *n* form or degree of punishment 9 IV

Strafprozess *m* criminal proceedings 9 II

Strafprozessordnung *f* (StPO) code of criminal procedure, GB: The Criminal Law Procedure Act 9 II

Strafrecht *n* criminal law 7

Strafsache *f* criminal case 9 II

Straftat *f* criminal act, crime 7 II 1

Straftatbestand *m* elements of a criminal offence 7 II 1

Strafverfahren *n* criminal proceedings 9 A 3

Strafverfolgung *f* prosecution 8 III 5

Strafvollzug *m* penal system, execution of a sentence 7 I 1

Straßenverkehrsordnung *f* regulation governing the use of roads 2 III 1

Streik *m* strike 6 III 2

stricta *Lat* clear formulation of a law 7 II

Subsumtion *f* subsumption 2 III 3

summa *Lat.*, ~ *cum laude* highest mark awarded (for doctorate) 1 A 3

Syndikusanwalt *m* in-house lawyer 1 II 6

systematisch systematic 2 III 1

Tarifautonomie *f* autonomy of collective bargaining 6 III 2

tarifgebunden bound by a collective agreement 6 III 2

Tarifpartei *f* party to a collective agreement 6 III 2

Tarifvertrag *m* collective agreement 6 III 2

tarifvertraglich being governed by collective agreement 6 III 2

Taschengeld *n* pocket money 4 A 7

Tat *f* act, deed, offence 7 II

Tatablauf *m* course of action 7 I

Tatbegehung *f* committing a punishable act 7 II 1

Tatbestand *m* (im Strafrecht) elements of an offence 7 I

Tatbestand *m* (im Verfahrensrecht) facts of the case 3 I 2

Tatbestandsirrtum *m* mistake of fact 7 II 4

tatbestandsmäßig in accordance with the facts of an offence 7 II 2

Tatbestandsmerkmal *n* element of an offence, constituent fact 10 I 1

Tatbestandsvoraussetzung *f* prerequisite stipulated by law which produces a certain legal consequence 2 III 3

Täter *m* perpetrator, offender, delinquent 7 II

Täterschaft *f* commission of an offence 7 II

Tatort *m* scene of a crime 7 I 2

Tatsache *f* fact 8 III 7

Taubstummer *m* person who is deaf and dumb 3 A 4

Tausch *m* exchange 4 B 2

täuschen to deceive, to delude 2 A 9

Täuschung *f* deceit, deception 9 II

Teilhaberecht *n* right to share in services and benefits provided by the state 3 I 1

teleologisch functional 2 III 1

Testament *n* testament, last will 5 II 2

Testamentsvollstrecker *m* executor of a will 5 II 3

Testierfreiheit *f* freedom of testamentary disposition 5 II

Tierversuch *m* animal experiment 3 I 2

Titel *m* title 1 I 4

Tod *m* death 10 II 1

Todesstrafe *f* death penalty 3 I 1

Totalschaden *m* total loss, complete write-off 7 I 1

Totschlag *m* manslaughter, unjustifiable homicide 7 A 12

Tötung *f* killing, putting to death 7 A 2

Tötungsabsicht *f* intention to kill 2 A 9

Träger *m* ~ *von Rechten und Pflichten* person having rights and duties 6 A 2

trauen to marry 5 B 1.3

Trauung *f kirchliche* ~ church wedding 5 I 1

Treuepflicht *f* duty of loyalty 6 III 1

Treueverhältnis *n* relationship of loyalty 8 III 3

Trunkenheit *f* drunkenness 7 II 2

Trunkenheitsfahrt *f* drink driving 7 IV

Typenzwang *m* restriction to particular types e. g of contract 4 II

typisiert standard 6 I 2

übereignen to transfer ownership, to pass title 4 V

Übereignung *f* transfer of property, passing of title 4 V

Übergabe *f* delivery, transfer 4 V **übergehen** to pass 2 A 4 **übergeordnet** superior 8 II

überlassen to leave, to hand over 2 I 2

übermitteln to transmit 4 II

überschreiten to exceed, to go beyond 2 III 1

Überschreitung *f* exceeding 2 A 5

überstimmen to outvote 3 II 1

Übertragungsvertrag *m* agreement to transfer rights 6 II 2

Umgangsrecht *n* right of access 5 I 3

Umsatz *m* turnover 6 I 1

Umsatzsteuer *f* purchase tax, turnover tax, sales tax 8 III 7

Umstand *m* circumstance, factor 2 A 3

umstritten controversial 2 II

umwandeln to transform, to change 9 B 2

Umweltschutz *m* protection of the environment 8 I

unabhängig independent 3 II 1

Unabhängigkeit *f* independence 1 II 1

unangemessen inappropriate 4 II

unabwendbar unavoidable 4 IV 1

unausweichlich inescapable 3 II 1

unbeweglich immovable 4 V

unerheblich unimportant 2 A 4

unerlaubt unlawful 4 IV

Unfall *m* accident 4 IV 1

Unfallgegner *m* the other party involved in an accident 7 I 1

Unfallhergang *m* course of events of an accident, details of an accident 9 II 5

Unfallopfer *n* victim of an accident 7 II

Unfallversicherung *f* personal accident insurance 6 III 1

ungerechtfertigt unjustified 4 IV

unkündbar undismissable 8 III 3

unmittelbar immediate, direct 3 I 2

unparteilich impartial 1 II 4

Unrecht *n* wrong, injustice 7 I 2

unrechtmäßig unlawful(ly) 9 IV

unsachgemäß incompetent 8 III 4

Unschuld *f* innocence 9 IV

untauglich unsuitable, impossible 7 II 4

Unterbringung *f* accomodation, placement 7 IV

unterhaltsberechtigt entitled to maintenance 5 I 3

Unterhaltspflicht *f* obligation to provide maintenance 5 I

Unterlassen *n* omission 7 II

unterlassene Hilfeleistung *f* failure to render aid 7 II

Unterlassungsdelikt *n* crime of omission 7 II

unterlegen *im Prozess ~ sein* to lose a case 9 I 1

Unternehmen *n* enterprise, business 6 I 1

Unterordnung *f* subordination 8 I

Unterrichtungsanspruch *m* entitlement to information 6 III 2

untersagen to forbid, to bar, to ban 8 I

Unterschlagung *f* embezzlement, misappropriation 7 I 2

unterschreiben to sign 5 A 5

untersuchen to examine, to investigate, to inspect 6 I 2

Untersuchungsgrundsatz *m* inquisitorial principle 9 IV

unverhältnismäßig disproportionate 2 A 3

unverletzlich inviolable 2 A 4

Unverletzlichkeitsrecht *n* right to inviolability 3 I 1

Unversehrtheit *f* physical integrity 3 I 1

unveräußerlich inalienable 2 A 4

unverzüglich immediately, without delay 6 I 2

unwiderlegt uncontradicted 2 A 5

unzulässig inadmissable 7 II 1

Unzurechnungsfähigkeit *f* mental incapacity 7 II 2

Urheberrecht *n* copyright law 6 vor I

Urkunde *f* document 7 A 2

Urteil *n* judgement, decision, decree, sentence, verdict 3 II 1

Urteilsformel *f* operative part of a judgement 2 III 3

Urteilsstil *m* style used in formulating a judgement 2 III 4

Urteilsverkündung *f* pronouncement of judgement 9 II 3

Vaterschaft *f* paternity 5 I 5

verabschieden *ein Gesetz* ~ to pass a law 3 A 8

Verantwortlichkeit *f* responsibility 2 A 3

Verband *m* federation, association, union 1 I 3

verbieten to prohibit, to ban, to forbid, to veto 3 II 1

Verbot *n* prohibition, ban 4 II

Verbotsirrtum *m* mistake of law as to the prohibited nature of an act 7 II 4

Verbraucherkreditgesetz *n* statute on consumer credit 4 III 1

Verbrauchsteuer *f* consumer tax 8 III 7

Verbrechen *n* crime, felony 7 II 1

Verbrechensbekämpfung *f* fight against crime 3 I 1

Verbrecher *m* criminal, felon 7 I 2

verdächtig suspect, suspicious 2 A 9

Verein *m* society, club, association 4 II

vereinbaren to stipulate, to agree 2 B 1

Vereinbarkeit *f* compatibility 3 II 1

vereinheitlichen to unify 8 III 6

Vereinigung *f* association 3 A 5

Vereinigungsfreiheit *f* freedom to form associations 3 I 1

Verfahren *n* proceedings, procedure, trial, process 9 II

Verfahrensgrundsatz *m* principle governing procedure 9 II

Verfahrensordnung *f* procedural code 9 II

Verfahrensrecht *n* procedural law 9 II

Verfassung *f* constitution 3 I

Verfassungsänderung *f* constitutional amendment 3 I 2

Verfassungsbeschwerde *f* constitutional complaint 3 I 2

Verfassungsgericht *n* constitutional court 9 I 1

verfassungsmäßig constitutional 3 I 1

Verfassungsrecht *n* constitutional law 10 III 1

verfassungsrechtlich constitutional 5 II 4

Verfassungsurkunde *f* constitutional document 3 vor I

verfassungswidrig unconstitutional 3 II 1

verfolgen to pursue, to prosecute, to persecute 7 I 1

Verfolgung *f* pursuit, prosecution, persecution 3 A 5

verfügen (anordnen) to direct, to order 8 II

verfügen ~ *über (Akk.)* to have s.th. at one's disposal, to dispose of 4 V

Verfügung *f* (Anordnung) directive, order 8 II

Verfügung *f* (Willenserklärung) disposal, disposition, settlement 4 I

Verfügung *f, letztwillige* ~ last will, testament 5 II 2

Verfügung *f zur* ~ *stehen* to be available 8 II

Verfügungsbefugnis *f* ~ *über (Akk.)* power of disposal, power of disposition 4 B 4

Verfügungsgeschäft *n* transaction affecting property rights 4 I

Vergeltung *f* retaliation, reprisal, retribution 7 A 3

vergewaltigen to rape 7 II 2

Vergewaltigung *f* rape 7 III

Vergleich *m* (im Privatrecht) settlement, compromise, arrangement 9 III

verhaften to arrest, to apprehend, to take into custody 7 A 3

Verhaftung *f* arrest 3 I 1

Verhältnismäßigkeitsgrundsatz *m* the principle of proportionality, of the appropriateness of the means 2 I 1

Verhältniswahl *f* system of proportional representation 3 II 1

verhandeln to hear (a case) 9 II 2

Verhandlung *f* (im Prozessrecht) court hearing 9 II 2

Verhandlung *f* (im Völkerrecht und geschäftlich) negotiation 6 III 2

verhängen to impose, to inflict 7 I 2

verjährt (statute-) barred by limitation 2 III 4

Verjährung *f* (statute of) limitation 2 III 3

Verkehrsmittel *n* vehicle 4 II

Verkehrsregel *f* traffic regulation 9 B 3

Verkehrsteuer *f* tax on transactions 8 III 7

verkehrsüblich customary, usual 2 A 5

verklagen to sue 3 A 3

Verkündung *f* Urteils~ pronouncement of judgement 9 II 3

verletzen to injure, to cause injuries 9 II 2

Verleumdung *f* calumny, malicious representation 7 III

vermeiden to avoid 10 III 3

Vermieter *m* lessor 4 II 3

vermindern to diminish, to lessen, to reduce, to decrease 4 III 2

Vermögen *n* wealth, property, fortune, assets 5 I 4

Vermögensrecht *n* property law 5 I

Vermögensschaden *m* pecuniary loss, property loss 9 A 5

Vermögensstrafe *f* penalty consisting of confiscation of property 7 IV

Vermögensverschiebung *f* transfer of assets 4 IV 2

Verordnung *f* statutory order, decree 2 I 1

Verordnungsblatt *n* official journal publishing statutory orders 2 I 1

Verpflichtungsgeschäft *n* transaction which imposes duties 4 I

Versammlungsfreiheit *f* freedom of assembly 3 I 1

Versammlungsgesetz *n* (VersammlG) statute regulating public meetings 3 I 1

verschaffen to procure 3 I 1

verschulden (schuld sein) to be to blame, to be at fault 4 IV 1

verschuldet in debt 5 B 2

Versicherung *f* insurance 8 III 6

Versicherungsbeitrag *m* insurance contribution 8 III 6

Versicherungsgesellschaft *f* insurance company 1 II 6

Versorgung *f* maintenance, care, old age pension 8 III 6

Versorgungsausgleich *m* statutory division of pensions 5 I 3

verstorben deceased 2 IV 1

Verstoß *m* contravention, breach 2 A 4

verstoßen to breach 3 A 3

Versuch *m* attempt 7 II **versuchen** *n* to attempt 8 II **Versäumnisurteil** *n* default judgement 9 III 1

Verteidiger *m* defence counsel 9 IV

Verteidigung *f* defence 3 II 2

Vertrag *m* contract, agreement, covenant, treaty 4 II

vertraglich contractually 3 A 5

Vertragsbedingung *f* contractual condition, clause of the contract 4 II

Vertragspartei *f* party to a contract 6 III 1

Vertragsstrafe *f* contractual penalty 7 I 2

Vertreter *m* agent, representative, deputy 4 II

Vertretungsbefugnis *f* power of agency, power to act as proxy 4 II

Verunglimpfung *f* defamation 3 I 2

verursachen to cause 5 I 3

verurteilen to sentence, to convict, to condemn 7 A 11

Verurteilung *f* conviction 9 IV

Verwaltung *f* administration, management 3 II 2

Verwaltungsakt *m* administrative act 8 I

Verwaltungsermessen *n* discretion of the administration 8 I

Verwaltungsgericht *n* administrative court or tribunal 9 I 3

Verwaltungsjurist *m* legally qualified employee in civil service 2 A 9

Verwaltungsrecht *n* administrative law 8 I

Verwaltungsverfahrensgesetz *n* statute governing administrative procedure 8 II

Verwandtschaftsgrad *m* degree of relationship 5 II 4

verwarnen to caution, to reprimand 7 V

Verwarnung *f* caution, reprimand 7 V

verweisen ~ *an+Akk.* to refer to 10 I 4

verwitwet widowed 5 II 1

Verzugszinsen *pl., n* interest on arrears 6 A 5

Völkermord *m* genocide 7 IV

völkerrechtlich relating to international law 3 A 6

Volksabstimmung *f* plebiscite, referendum 3 II 1

Volksverhetzung *f* incitement to racial or class hatred 7 A 12

Volkszählung *f* census 3 I 1

Volljähriger *m* person who has attained majority 5 I 6

Volljurist *m* fully qualified lawyer 1 I 4

Vollkaufmann *m* qualified merchant, full trader 6 I 1

Vollmacht *f* power of attorney, proxy 4 II

Vollmacht *f jdm eine ~ erteilen* to grant s. o power of attorney 4 II

Vollmachtgeber *m* grantor of a power of attorney 4 II

vollziehen to execute, to enforce 2 A 4

Vollzug *m* imprisonment 7 IV

Vorbehalt *m* reservation of statutory power 8 I

Vorbereitungsdienst *m* apprenticeship 1 I 3

Vorbereitungshandlung *f* act preparatory to the commission of an offence 7 II 3

vorbeugend preventive, precautionary 8 III 5

vorbildlich exemplary 4 I

Vorbringen *n* presentation 9 II 2

vorformuliert pre-formulated, pre-worded 4 III 2

Vorgang *m* process 10 III 2

Vorgehen *n* ~ *gegen+Akk.* proceeding against, action 8 III 5

Vorgesetzter *m* superior 1 II 1

Vorlesung *f* lecture 1 II 7

Vormund *m* guardian

Vormundschaft *f* guardianship, wardship 5 I 7

Vormundschaftsgericht *n* guardianship court 5 I 7

Vorrang *m* priority 2 I 1

Vorsatz *m* intent, intention 7 II 4

vorsätzlich intentionally 7 II 2

Vorschrift *f* legal rule or provision 7 V

Vorsitzender *m* chairman 1 II 1

Vorstand *m* board of a company 6 II 2

Vorsteuer *f* prior turnover tax 8 III 7

Vorverfahren *n* pre-trial process, preliminary proccedings 9 III 1

Vorwurf *m* reproach, charge 7 I 2

Wahl *f* election, choice, option 3 II 1

Wahlbezirk *m* constituency 3 II 1

wählen to elect, to choose, to vote 3 II 1

Wahlfach *n* optional subject 1 I 1

Wahlgesetz *n* statute governing elections 3 II 1

Wahlkreis *m* electoral district, constituency 3 II 1

Wahlkreisabgeordneter *m* constituency representative 3 II 1

Wahlrechtsgrundsatz *m* principle governing electoral law 3 II 1

Wahlstation *f* optional training placement 1 I 3

wahrheitswidrig untruthfully 9 II

Wehrdienst *m* military service 8 III 6

Wehrpflichtrecht *f* law governing compulsory military service 8 III

weisungsgebunden bound to take orders 6 III 1

Weiterbeschäftigungsanspruch *m* entitlement to further employment 6 III 1

Weltrechtsprinzip *n* principle of applying German criminal law to offences committed abroad 7 I 2

Werkzeug *n* tool, implement 7 II 3

Wertminderung *f* loss of value 9 A 3

Wesensgehalt *m* essence, substance 3 I 2

wesentlich significantly 5 I 3

Wettbewerbsrecht *n* law on competition, fair trading law 6 vor I

Wettbewerbsverzerrung *f* distortion of competition 6 III 1

widerrechtlich unlawfully, in contravention of the law 2 A 4

Widerruf *m* revocation, retraction 4 II

widerrufen to revoke, to retract 4 II

widersprechen to object, to protest, to contradict, to oppose 4 III 2

Widerspruchsbehörde *f* authority to which an appeal or objection can be made 8 II

Widerspruchsbescheid *m* ruling on an objection 8 II

Wiederaufnahme *f* resumption of proceedings, reopening of proceedings 9 II 4

Willenserklärung *f* declaration of intention 4 II

Willkür *f* arbitrary action, arbitrariness 8 II

Willkürverbot *n* prohibition of the arbitrary exercise of power 3 I 1

Wirksamkeitsvoraussetzung *f* prerequisite for effectiveness 6 III 2

Wirkung *f* effect 5 I

Witwer *m* widower 5 II 1

Wohlfahrtsstaat *m* welfare state 8 I

Wohngeldgesetz *n* statute governing housing benefit 8 III 6

wohnhaft residing 2 A 9

Wohnsitz *m* residence 3 A 5

Wucher *m* usury 2 III

wucherisch usurious, profiteering 4 II

Zahlungsanspruch *m* entitlement to payment 2 A 5

Zerrüttungsprinzip *n* principle of irretrievable breakdown of marriage 5 I 3

Zeuge *m* witness 9 II

Zeugenaussage *f* testimony 9 II 3

Zinsen *pl. m* interest 4 I

Zivilgericht *n* civil court 3 I 1

Zivilprozess *m* civil proceedings 9 II

Zivilprozessordnung *f* (ZPO) code of civil procedure 9 II

Zivilrecht *n* civil law, private law 8 I

zivilrechtlich relating to private law 7 I 2

Zivilsache *f* private law case 9 I 2

Zugang *m* access 9 I

Zugewinnausgleich *m* division of accrued gains 5 I 4

Zugewinngemeinschaft *f* community of accrued gains 5 I 4

Zuhälter *m* pimp, procurer 2 IV 2

Zuhälterei *f* procuring sex 7 III

Zulassung *f* admission, permission, licence 1 II 3

Zurechnungsfähigkeit *f* criminal responsibility 7 II 2

zurückweisen to reject 8 II 2

Zuschlag *m* (Aufpreis) surcharge 6 III 2

zuständig competent, responsible 8 II

Zuständigkeit *f* competence, jurisdiction 3 II 1

Zustellung *f* delivery, notification 9 A 5

Zustimmung *f* assent, consent, agreement 3 II 1

Zustimmungsgesetz *n* statute requiring consent of the Bundesrat 3 II 1

Zuverlässigkeit *f* reliability, trustworthiness 8 III 4

Zwang *m* coercion, compulsion 3 II 1

Zwangsgeld *n* coercive fine or penalty, coercive enforcement penalty 7 I 2

Zwangsvollstreckung *f* enforcement, execution, foreclosure 9 II 4

zwangsweise by force, forcibly 8 I

Zweckbindung *f* obligation to use for a particular purpose, hypothecation 8 III 7

Zweckverband *m* special administrative alliance, association for a particular purpose 8 IV

Zweidrittelmehrheit *f* two thirds majority 2 I 2

zweistufig at two levels, in two stages 9 I 3

zwingen to force, to coerce, to compel 2 III 1

zwingend compulsory, obligatory 4 III 2

Glossar II, Deutsch – Französisch

Die Ziffern nach dem deutschen Wort verweisen auf sein Vorkommen im entsprechenden Kapitel. Dabei bezeichnen Belege ohne nähere Bezeichnung ein Vorkommen im Text, Belege mit A den Abschnitt „Rechtliche Aspekte" und Belege mit B den Abschnitt „Sprachliche Aspekte" im Übungsteil, also z. B.
abändern 5 I 4 = Kapitel 5 Text Gliederungsabschnitt I 4
abnehmen 2 B 1 = Kapitel 2 Übungsteil, Sprachliche Aspekte, Übung 1

abändern modifier, changer, amender 5 I 4

Abgabenordnung *f* code des impôts 8 III 7

Abgeordneter *m* député, parlementaire, représentant du peuple 3 II 1

Abhilfe *f* remède, palliatif, dépannage 2 IV 2

Abhörgesetz *n* loi sur les écoutes téléphoniques 3 I 1

Abkömmling *m* descendant, enfant, postérité 5 II 1

abnehmen enlever, prendre, recevoir 2 B 1

Absatz *m* (Teil eines Gesetzes) alinéa, paragraphe 2 I 1

Abschlussfreiheit *f* liberté de conclure un contrat 4 II

Abschnitt *m* paragraphe d'un article, chapitre, section, secteur 1 II

Abschreckung *f* dissuasion 7 I 1

Absicht *f* intention, but, volonté 2 A 9

absolut absolu, inconditionnel 1 III 5

Abstammung *f* filiation, descendance 5 I 5

Abstimmung *f* scrutin, vote, consultation électorale, votation 3 II 1

Abstraktionsprinzip *n* principe de l'ensaisinement, principe de la dissociation entre l'effet obligatoire de la vente et le transfert de la propriété 4 I

Abtreibung *f* interruption volontaire de grossesse, avortement 7 I 2

Abtretung *f* cession, cession de créance, transfert, vente 2 A 4

Abwägung *f* considération 2 I 2

abweichend divergent, différent 2 vor I

abweisen rejeter, refuser, débouter qn. de sa demande 9 III 2

adoptiert adopté 5 vor I

Adoption *f* adoption 5 I 6

ahnden punir, réprimer, sanctionner 7 B 4

Ahndung *f* punition 7 vor I

akademisch académique 1 I I

Akte *f* dossier 7 IV

aktenkundig inscrit dans un dossier 2 A 9

Aktenzeichen *n* cote du dossier, numéro de référence 2 II

Aktie *f* action 6 II

Aktiengesellschaft *f* (AG) société anonyme (S. A.), société anonyme de droit (S. A.), société par actions 6 II 2

Aktiengesetz *n* loi sur les sociétés anonymes 6 II

Aktienrecht *n* droit des sociétés anonymes 6 II 2

Amt *n* (Tätigkeit) activité, mission 1 II 4

amtlich officiel, public 2 I 1

Amtsblatt *n* journal officiel, bulletin officiel, gazette officielle 2 I 1

Amtsgericht *n* tribunal de première instance 9 I 2

Analogieverbot *n* interdiction d'analogie 7 III 1

anbieten offrir 9 IV

anfechten (eine Willenserklärung widerrufen) revoquer une déclaration de volonté 4 II

anfechten (ein Urteil mit einem Rechtsmittel angreifen) exercer une voie de
recours 9 A 6

anfechten (einen Verwaltungsakt angreifen)
agir en annulation d'un acte
administratif 8 II

Anfechtung *f* révocation d'une déclaration
de volonté, demande d'annulation 4 II

Angebot *n* offre 4 II

Angehöriger *m* (Verwandter) parent 7 I 1

Angehöriger *m* (Mitglied) membre,
adhérent 1 II 3

Angeklagter *m* accusé 3 A 2

angemessen juste, raisonnable, conforme à
2 A 3

anhören entendre, ouïr 8 II

Anhörungsrüge *f* voie de recours en cas de
déni du droit d'être entendu

Anklage *f* accusation, acte d'accusation,
inculpation, action publique 1 II 2

Anklageschrift *f* acte d'accusation, acte de
mise en accusation 9 IV

anknüpfen ajouter 7 II

Annahme *f* (Einverständnis) acceptation,
agrément, consentement formel 4 II

annehmen accepter, donner son
consentement 4 II

anordnen (befehlen) enjoindre, décréter,
édicter, ordonner, prescrire 5 I 7

anrufen, *ein Gericht* ~ saisir un tribunal
7 I 2

Anspruch *m* droit subjectif, demande, droit
d'exiger, droit de faire, titre 2 III 2

Anspruchsgrundlage *f* fondement du droit,
fondement de la demande 2 III 2

Anstiftung *f* incitation, instigation,
provocation 7 II 2

Antrag *m* demande, requête 3 II 1

Antrag *m* (Angebot) offre 4 II

Antragsteller *m* requérant 2 IV 2

Anwalt *m* avocat, mandataire au procès
1 II 4

Anwaltskanzlei *f* bureau, cabinet 2 II

Anwaltsnotar *m* avocat exerçant en outre
les fonctions d'un notaire 1 II 4

Anwaltszwang *m* obligation de prendre un
avocat, obligation de se faire représenter
par un avocat 9 III 1

Anwartschaft *f* expectative, droit en cours
d'acquisition 2 A 6

Anweisung *f* (im Verwaltungsrecht)
directive, instruction 1 II 1

anwenden appliquer, employer, utiliser
3 B 1

Anwendung *f* application, emploi,
utilisation 1 II 5

Arbeitgeber *m* employeur 1 II 6

Arbeitgeberverband *m* association
patronale, chambre patronale, syndicat
patronal 6 B 1

Arbeitnehmer *m* travailleur 6 I 1

Arbeitsamt *n* office du travail, agence pour
l'emploi, bureau de placement 9 A 3

Arbeitsbedingungen *pl. f* conditions de
travail 6 III 2

Arbeitsentgelt *n* rémunération, salaire
6 III 2

Arbeitsförderung *f* projets destinés à
procurer du travail 6 III 2

Arbeitsgericht *n* tribunal du travail, conseil
de prud'hommes 9 I 3

Arbeitsgesetzbuch *n* code du travail 6 III

Arbeitskampfrecht *n* loi qui règle les
conflits collectifs de travail 6 III 2

Arbeitslosenversicherung *f* assurance
chômage 8 III 6

Arbeitsminister *m* ministre du travail 6 III 2

Arbeitsrecht *n* droit social, législation du
travail, droit du travail 6 III

Arbeitsverhältnis, *n* contrat de travail 6 III

Arbeitsvertrag *m* contrat de travail, louage
de services 6 III 1

Arbeitszeitgesetz *n* code qui règle les heures
de travail, code qui règle la durée du
travail 6 III

arglistig dolosif 4 III 1

arglistige Täuschung *f* dol, machination frauduleuse 10 I 4

Artikel *m* article 2 I 1

Assessor *m* titulaire du second examen d'État en droit 1 I 4

Asylbewerber *m* réfugié politique 7 A 9

Asylrecht *n* droit d'asile 3 I 1

Atomrecht *n* droit nucléaire 8 III

Aufenthaltsgenehmigung *f* permis de séjour, autorisation de séjour 5 A 3

auferlegen imposer, infliger 2 IV

aufführen citer 8 II

aufheben annuler, supprimer, rapporter 5 II

Aufhebung *f* arrêt, cassation, levée, résiliation, résolution, annulation 3 II

Auflassung *f* accord des parties pour le transfert de propriété d'un bien foncier 4 V

Aufsichtsrat *m*, conseil de surveillance 6 II 2

Auftrag *m* mandat, procuration, ordre 3 II 2

auftreten vor Gericht ~ plaider au tribunal 1 III

Aufwendung *f* dépenses, frais, impenses 2 A 3

ausarbeiten élaborer, préparer 4 III

Ausbildungszeitschrift *f* revue pour les étudiants en droit 1 II

ausdrücklich expressément 1 II 3

ausfertigen *ein Gesetz* ~ promulguer 3 B 1

Ausfertigung *f* promulgation 3 II 1

ausführen exécuter 3 II 2

ausführende Gewalt pouvoir exécutif 3 A 7

auslegen interpréter, commenter, expliquer 3 B 2

Auslegung *f* interprétation 2 III 1

Ausnahme *f* exception, dérogation 6 I 1

Ausnahmebestimmung *f* règlement qui statue une dérogation 2 I 1

Ausnahmegericht *n* tribunal d'exception, juridiction exceptionnelle 3 I 1

Aussage *f* affirmation, déclaration, déposition, témoignage 9 II 3

aussagen époser, déclarer, témoigner 9 II 4

aussetzen interrompre, suspendre, abandonner 3 II 1

Aussperrung *f* lock-out 6 III 2

Austausch *m* échange, troc, remplacement 4 B 2

austauschen échanger, troquer 4 B 2

ausüben exercer (un droit), remplir (une fonction), pratiquer (une religion) 9 A 4

Auswahlermessen *n* pouvoir discrétionnaire, liberté d'appréciation, appréciation 8 II

Auszubildender *m* apprenti 6 I 1

Baubehörde *f* administration des plans d'aménagement urbain 8 II

Baugenehmigung *f* autorisation de construire, permis de bâtir 8 III 1

Baugesetzbuch *n* (BauGB) code de la construction 8 III 1

Bauordnung *f* législation sur la construction 8 III 1

Bauordnungsrecht *n* droit relatif aux constructions 8 III 1

Bauplanungsrecht *n* droit qui règle la procédure de l'établissement des plans d'aménagement urbain 8 III 1

Bauträgerverordnung *f* règlement concernant les maîtres d'oeuvre 8 III 4

BayObLG *n* (das Bayerische Oberste Landesgericht) Cour Suprême de Bavière 9 I 2

BayVerfGH *m* (der Bayerische Verfassungsgerichtshof) Cour Constitutionnelle de Bavière 7 A 11

Beamtengesetz *n* statut de la fonction publique, statut du personnel 8 III 3

Beamter *m* fonctionnaire, agent, magistrat 1 I 3

beanspruchen demander, requérir 1 II 3

beanstanden faire une réclamation, faire des objections, s'opposer, réclamer 8 III 2

beantragen demander, faire une demande 3 II 1

bearbeiten étudier, examiner 1 I 2

Bebauungsplan *m* plan d'aménagement urbain, plan d'urbanisme 8 A 5

Bedingung *f* (Voraussetzung) condition 4 II

beerben hériter de 5 B 2

Befähigung *f* qualification, capacité, compétence, aptitude 1 I 4

Befangenheit *f* prévention, parti pris, suspicion légitime 9 B 3

Befugnis *f* autorisation, droit, pouvoir, compétence 3 II 1

befugt sein être autorisé 2 I 2

begehen commettre, perpétrer, exécuter 7 I 1

Begehung *f* perpétration (d'un crime), consommation (d'une infraction) 2 A 4

Beglaubigung *f* légalisation, certification, authentification 1 II 4

begnadigen gracier, amnistier 3 A 6

Begriff *m* notion 1 II 6

begründen fonder, justifier, indiquer les motifs 2 A 5

Begründung *f* (Erklärung) argument, motif, raison 1 II 1

Behörde *f* administration, service, office 3 II 2

beifügen attacher 3 II 1

Beihilfe *f* (Gehilfenschaft) complicité 7 II 2

Beischlaf *m* coït, copulation 5 A 11

Beitrag *m* contribution, cotisation, apport 2 II

Bekenntnis *n* confession, profession de foi, croyance 3 I 1

Beklagter *m, f* défendeur 2 A 5

belehren instruire, renseigner, informer 2 A 9

Beleidigung *f,* offense, insulte 7 I 2

Benutzungsrecht *n* droit d'utiliser, droit d'usage, droit d'employer, droit de tirer profit de qc. 4 V

berechtigen autoriser 6 II 2

Bereicherung *f* enrichissement 4 IV 2

Berufsbeamtentum *n* fonctionnaires de carrière 8 III 3

Berufsrichter *m* juge de carrière, magistrat de carrière 1 II 1

Berufsverbot *n* interdiction d'exercer sa profession, interdiction professionnelle 7 IV

Berufswahl *f* choix d'une profession, choix d'un métier 3 I 1

Berufung *f* (Rechtsmittel) appel, pourvoi en appel, recours 9 I 2

Berufungssumme *f* montant de la demande qui permet d'interjeter appel 9 I 2

Berufungsurteil *n* jugement de la deuxième instance, décision après la „Berufung" 9 I 2

beruhen *auf (Dat.)* reposer sur, dépendre de, provenir de 2 IV 1

beschädigen endommager, détériorer 2 I 2

Bescheid *m* (Entscheidung) décision administrative 8 II

beschließen (festsetzen) décider, statuer 3 II 1

beschränken restreindre, limiter 3 I 1

Beschränkung *f* restriction, limitation 1 II 2

beschreiten *den Rechtsweg* ~ prendre la voie judiciaire 3 A 8

Beschuldigter *m* inculpé 7 IV

Beschwerde *f* (Widerspruch) plainte, réclamation, recours administratif 3 I 1

Beschwerdeführer *m* demandeur, partie réclamante 3 I 2

Besitz *m* possession 2 IV 1

Besitzer *m* possesseur 2 IV 1

Besitzschutz *m* protection de la possession paisible 4 V

Besserung *f* amélioration 7 A 1

Besteuerung *f* imposition 8 III 7

Bestimmtheitsgrundsatz *m* principe de clarté 7 A 11

Bestimmung *f* clause, stipulation, règle, norme 8 III

bestrafen punir, pénaliser 7 I 2

Bestrafung *f* punition, peine, pénalité, sanction 7 I 1

bestreiten contester, dénier, nier 6 III 1

Beteiligter *m* partie intéressée, participant 4 I

Betreuer *m* personne chargée de prendre soin d'un adulte incapable de contracter 5 I 7

Betreuung *f* soin, assistance 5 I 7

Betriebsrat *m* comité d'entreprise, délégués d'une entreprise 6 III 2

Betriebsrisiko *n* risque résultant du fait de posséder ou de contrôler un objet dangereux 6 III 1

Betriebsvereinbarung *f* accord d'entreprise 6 III 2

Betriebsverfassungsgesetz *n* loi sur le statut des entreprises, loi relative aux relations entrepreneur-salarié au sein de l'entreprise 6 III 2

Betrug *m* escroquerie, tromperie, fraude 10 I 4

beurkunden certifier, authentifier 1 II 4

Beurkundung *f* authentification, certification de l'authenticité 9 B 2

beurteilen juger, analyser, apprécier 1 II 6

Beurteilung *f* jugement, critique, analyse, appréciation 1 II 6

bevollmächtigen mandater, autoriser, commissionner 6 I 2

Bewährung *f* épreuve, probation 7 IV

Bewährungshelfer *m* délégué à la probation, adjoint de probation 7 B 1

Bewährungsstrafe *f* peine infligé à un condamné qui bénifice du sursis 7 IV

Bewährungszeit *f* sursis 7 IV

Beweis *m* preuve 9 II

beweisen prouver, démontrer, justifier, faire la preuve de 9 III 2

Beweiserhebung *f* administration de la preuve 9 B 1

Beweislast *f* charge de la preuve 4 IV 1

Beweismittel *n* moyen de preuve 9 II

Beweisregel *f* règle de preuve 9 II

bewerten apprécier, évaluer, taxer 1 I 2

Bewusstseinsstörung *f* altération des facultés intellectuelles 7 II 2

Bezirk *m* district, région, arrondissement 8 III

Bezirksregierung *f* gouvernement régional, gouvernement du district 8 III

BGB-Gesellschaft *f* société civile 6 II 1

billigen approuver, consentir à 4 IV 2

binden obliger, contraindre, lier 3 II 1

Bindung *f* (Verpflichtung) obligation, engagement 3 II 1

Brandstifter *m* incendiaire 7 A 6

Brandstiftung *f* incendie volontaire 7 II 2

Branntweinsteuer *f* taxe sur les spiritueux 8 III 7

Bund *m* fédération (nationale), union, alliance, coalition 3 II 1

Bundesarbeitsgericht *n* Cour fédérale du travail 9 I 3

Bundesfinanzhof *m* Cour fédérale des finances 9 I 3

Bundesgericht *n* Cour fédérale 3 I 2

Bundesgerichtshof *m* (BGH) Cour fédérale de justice 9 I 2

Bundesgesetz *n* loi fédérale 3 II 2

Bundesgesetzblatt *n* journal officiel de la République fédérale d'Allemagne où une nouvelle loi doit être publiée avant d'entrer en vigueur 3 II 1

Bundesgesetzgebung *f* législation fédérale 3 II 1

Bundesgrenzschutz *m* garde fédérale des frontières, police fédérale pour la protection des frontières 8 III 5

Bundeskanzler *m* chancelier de la République fédérale d'Allemagne 3 II 1

Bundeskindergeldgesetz *n* loi fédérale sur les allocations familiales 8 III 6

Bundeskriminalamt *n* office fédéral de la police judiciaire 8 III 5

Bundesland *n* land 8 III

Bundesminister *m* ministre fédéral 3 II 1

Bundesoberbehörde *f* autorité supérieure fédérale 8 II

Bundesparlament *n* parlement fédéral 2 I 1

Bundespräsident *m* président de la République fédérale d'Allemagne 3 II 1

Bundesrat *m* conseil fédéral, deuxième chambre de la législation fédérale 3 II 1

Bundesrecht *n* droit fédéral 2 I 1

Bundesregierung *f* gouvernement fédéral 3 II 1

Bundesrepublik *f* république fédérale 2 I 1

Bundesrichter *m* juge fédéral 1 II 1

Bundesseuchengesetz *n* loi fédérale relative aux épidémies 8 III 6

Bundessozialgericht *n* Cour fédérale du contentieux social 9 I 3

Bundesstaat *m* état fédéral, confédération 3 II 1

Bundestag *m* Assemblée fédérale, parlement, Bundestag 3 II 1

Bundestagsabgeordneter *m* député de l'Assemblée fédérale 3 A 6

Bundestagsmandat *n* mandat pour l'Assemblée fédérale 3 A 6

Bundestagswahl *f* élections des membres de l'Assemblée fédérale 3 II 1

Bundesurlaubsgesetz *n* loi fédérale qui règle les congés 6 III

Bundesverfassungsgericht *n* (BVerfG) Cour constitutionnelle de la République fédérale d'Allemagne 3 II 1

Bundesversammlung *f* congrès fédéral pour élire le président de la République fédérale d'Allemagne, Bundesversammlung 3 II 1

Bundesversorgungsgesetz *n* loi fédérale relative aux prestations sociales 8 III 6

Bundesverwaltung *f* administration fédérale 3 II 2

Bundesverwaltungsgericht *n* Cour administrative fédérale 9 I 3

Bundeswehr *f* armée de la République fédérale d'Allemagne 3 II 2

Bundeszuständigkeit *f* compétence fédérale 3 II 2

Bürger *m* citoyen 3 I

Bürgerliches Gesetzbuch *n* (BGB) code civil 2 I 1

Bürgermeister *m* maire 8 III 2

Bürgerrecht *n* droit fondamental qui peut être exercé seulement par une personne de nationalité allemande 3 I 1

Bürgschaft *f* cautionnement, garantie 4 II

Bürgschaftserklärung *f* contrat de garantie 4 II

Bußgeldbescheid *m* avis d'amende forfaitaire 7 V

Darlehensvertrag *m* contrat de prêt 4 I

Daten *pl.* données, indications, informations, caractéristiques 3 I 1

Datenerhebung *f* fait de recueillir des données 3 I 1

Delikt *n* délit, infraction 7 II 1

Demonstrant *m* manifestant 2 III 1

Demonstration *f* manifestation 3 I 1

Demonstrationsfreiheit *f* liberté de manifestation 3 I 1

Dieb *m* voleur 7 A 2 1

Diebstahl *m* vol, soustraction frauduleuse 7 II 3

Dienstbesprechung *f* conférence 9 A 3

Dienstleistung *f* service, prestation de service 6 III

Dienstunfähigkeit *f* incapacité au service 8 III 3

Dienstverhältnis *n* contrat de travail, contrat de service 6 III 1

Dienstvertrag *m* contrat de travail, contrat de service 6 III

dinglich réel 2 IV 1

Direktionsrecht *n* pouvoir de direction 6 III 1

dispositiv facultatif, non impératif, dispositif 4 III vor 1

dissenting opinion (abweichende Meinung, Minderheitsvotum beim BVerfG) opinion dissidente

Dissertation *f* thèse de doctorat 2 II

Doktorarbeit *f* thèse de doctorat 1 II 7

Doppelehe *f* bigamie 7 III **dreistufig** de trois niveaux 8 III **Drittwirkung** *f* effet à l'égard des tiers 3 I 2

Duldung *f* tolérance 7 I 2

durchführen réaliser, exécuter, effectuer 3 II 2

Durchführung *f* exécution, réalisation 2 IV 2

durchlaufen parcourir toutes les voies de recours 1 I

durchsetzen *einen Anspruch* ~ exercer son droit de, gagner sa cause 8 I

Durchsetzung *f* action d'exercer son droit de 3 II 1

Ehe *f* mariage 5 I 1

Eheauflösung *f* dissolution du mariage 5 B 2.2

Ehegatte *m* époux 5 I

Ehegesetz *n* (EheG), loi sur le mariage 5 I

Eheleute *pl.* époux 5 I 4

ehelich matrimonial, conjugal 5 I

ehelich (in der Ehe gezeugt) légitime 5 I 5

Ehelichkeit *f* légitimité 5 B 2.4

Ehemündigkeit *f* âge acquis pour contracter mariage 5 B 1.2

Ehereformgesetz *n* loi sur la réforme du mariage 5 I 2

Ehescheidung *f* divorce 5 vor 1

Eheschließung *f* conclusion du mariage, mariage 5 I 1

Ehevertrag *m* contrat de mariage 5 I

Ehre *f* honneur 2 II

Eigentum *n* propriété 4 V

Eigentümer *m* propriétaire 4 V

Eigentumsgarantie *f* garantie de propriété 3 I 2

Eigentumsübergang *m* transfert de propriété 4 V

Eigentumsübertragung *f* transfert de propriété 4 V

Eigentumsvorbehalt *m* réserve de propriété 4 V

Eigentumswohnung *f* logement en copropriété, appartement en copropriété 4 V

einbehalten retenir, précompter 8 III 7

Einberufung *f* convocation 8 III

Eingriff *m* intervention, empiétement 3 I 1

Eingriffskondiktion *f* enrichissement injustifié sans intervention de la personne enrichie 4 IV 2

Eingriffsverwaltung *f* administration ayant pour fonction l'ordonnancement juridique 8 III 6

einhalten *Formvorschriften* ~ observer les instructions formelles 1 II 2

Einhaltung *f* observation (des instructions) 5 I 3

Einheitsjurist *m* juriste de formation traditionnelle et à savoir étendu du droit 1 I

Einheitsstaat *m* État unitaire 3 II 1

Einigung *f* accord, arrangement, unification 4 V

einklagen (Schuld) poursuivre le recouvrement de 5 B 2.4

Einkommensteuer *f* impôt sur le revenu 8 III 7

Einkommensteuerrecht *n* droit relatif aux impôts sur le revenu 8 III 7

Einlassung *f* exposé, argumentation 2 A 5 2

einlegen *m Einspruch* ~ porter plainte 9 III 1

einlegen *Berufung* ~ interjeter appel 9 II

Einlegung *f* fait d'interjeter 3 I 1

Einrede *f* exception, objection 2 VI 3

einreichen (Klage) introduire une action, intenter un procès à qn. 9 III 1

Einrichtung *f* institution, installation 1 I 1

einschlägig se rapportant à, relatif à, concernant 1 II 5

einschränkbar limitable 3 I 2

Einschränkung *f* limitation, réduction, restreinte 3 I 2

Einschreiten *n* intervention 8 III 5

einseitig unilatéral 4 II

Einsichtnahme *f* ~ *in die Akten* consultation du dossier 2 A 9

Einspruch *m* objection 3 II 1

Einspruch *m* (im Strafverfahren) contestation, réclamation 3 A 3

Einspruch *m* (gegen Versäumnisurteil) opposition 9 III 1

Einspruchsrecht *n* droit de protester, droit de réclamer 3 II 1

einstufig d'un seul niveau 1 I

eintragen enregistrer, inscrire 6 I.1

Eintragung *f schriftliche* ~ enregistrement, inscription 4 V

Eintritt *m* début, commencement 5 B 1

Einvernehmen *n* accord mutuel, consentement mutuel 1 III

einvernehmlich d'accord mutuel 5 I 2

einverstanden d'accord, consentant 4 IV 2

einverständlich par le consentement mutuel des parties 5 I 3

Einverständnis *n* accord, consentement 4 II

Einwendung *f* objection, exception 2 III 3

Einwilligung *f* consentement, acquiescement 7 II 2

Einzelfall *m* cas individuel, cas unique 6 A 11

Einzelfallgesetz *n* loi qui règle un cas individuel (unique) 8 III 6

Einzelhändler *m* petit commerçant 6 I 1

Einzelrichter *m* juge unique 1 II 1

einziehen (aus dem Verkehr ziehen) retirer de la circulation 8 A 3

einziehen (beschlagnahmen) saisir, confisquer 8 A 3

Empfänger *m* destinataire, bénéficiaire, titulaire 4 IV 2

empfangsbedürftig ce qui doit être reçu 4 A 10

enteignen exproprier 9 I 1

Enteignung *f* expropriation 8 III 1

enterben déshériter, exhéréder 5 A 5

Entfaltung *f* épanouissement 3 I 1

entgangen ~*er Nutzen* utilisation manquée 2 I 2

entgangen ~*er Gewinn* gain manqué, manque à gagner 2 A 3

Entgelt *n (Lohn)* rémunération, salaire 2 A 5

Entmündigung *f* interdiction judiciaire 5 I 7

entschädigen dédommager, indemniser 2 A 3

Entschädigung *f* dédommagement, indemnisation, indemnité 2 A 3

entscheiden décider, résoudre 2 A 7

entscheiden (urteilen) statuer, juger 3 I 1

Entscheidung *f* décision 1 II 1

entscheidungserheblich pertinent, important 9 IV

Entscheidungssammlung *f* recueil de jurisprudence 2 II

entwenden voler, dérober, soustraire 7 A 2

entziehen retirer, priver 2 IV 1

Entziehung *f* retrait 9 A 5

Entziehung *f* (Besitzentzug) dépossession 9 A 5

Entziehungsanstalt *f* établissement de désintoxication 7 IV

Entzug *m* confiscation 8 III 1

Erbanspruch *m* droit de succession 5 I 1

Erbanteil *m* part d'héritage 5 II 3

Erbberechtigter *m* personne qui a le droit de succession 5 II 1

Erbe *m* héritier, successeur 5 II 1

Erbe *n* héritage, succession 5 II 1

erben hériter, succéder, faire un héritage 5 II 1

Erbengemeinschaft *f* communauté héréditaire, indivision héréditaire 5 II 3

Erbfolge *f* succession, ordre de succession 5 II 1

Erblasser *m* de cujus, testateur, défunt 5 II 2

Erbrecht *n* droit de succession 5 II

Erbschaft *f* héritage, succession 5 II 2

Erbschaftsteuer *f* impôt sur les successions 5 II 4

Erbteil *n* part héréditaire 5 II 2

erforderlich nécessaire, requis, indispensable, essentiel 1 II 7

Erfordernis *n* exigence, nécessité 6 III 1

erfüllen exécuter, remplir, satisfaire, accomplir, faire 1 A 1

ergehen (Urteil) être prononcé 7 V

erheben (Klage) intenter une action 9 III 1

Erhebung *f Klage~* introduction de la demande, introduction de l'action 2 IV 1

erlassen (befreien) dispenser, remettre 10 I 4

erlassen (Gesetz bzw. Urteil) promulger, voter une loi 2 I 1

erlöschen expirer, périmer, prendre fin 2 III 3

ermächtigen autoriser, habiliter 6 I 2

Ermächtigung *f* autorisation, pouvoir, pleins pouvoirs, habilitation 2 II 1

Ermächtigungsgrundlage *f* base de l'autorisation 3 II 1

Ermessen *n* pouvoir discrétionnaire, liberté d'appréciation, appréciation 8 II

Ermessensentscheidung *f* décision qui dépend du pouvoir discrétionnaire 8 III 2

Ermessensfehlgebrauch *m* détournement de pouvoir, détournement de pouvoir discrétionnaire 8 II

Ermessensspielraum *m* liberté d'appréciation 8 B 1

ermitteln rechercher, découvrir, enquêter 1 II 4

Ermittlungsverfahren *n* instruction préparatoire, procédure d'enquête 1 II 2

ermorden assassiner 7 II 2

Ernennung *f* nomination, désignation 1 II 1

Ernennungsverfahren *n* procédure de nomination 1 II 9

eröffnen ouvrir 3 II 1

Erpressung *f* chantage 7 III

erschleichen capter 9 II

Erststimme *f* premier choix (pour l'élection directe au parlement allemand) 3 II 1

Ersttäter *m* auteur d'un crime qui commet sa première infraction 7 IV

erteilen *Genehmigung* ~ donner la permission 3 A 3

Examensergebnis *n* résultat de l'examen final 1 I 4

Examensklausur *f* épreuve écrite de l'examen final 1 B 3

Examensnote *f* résultat de l'examen final 1 I 4

Exekutive *f* pouvoir exécutif 3 II 1

Exekutivgewalt *f* pouvoir exécutif 3 II 1

Fach *n* sujet 1 A 3

Fachanwalt *m* avocat spécialiste 1 II 3

Fachanwaltsbezeichnung *f* terme qui désigne un avocat spécialiste 1 A 7

Fachaufsicht *f* contrôle administratif 8 III 2

Fachausdruck *m* terme technique 9 B 4

Fachbehörde *f* autorité compétente 1 II 5

Hochschule *f* école professionnelle spécialisée 1 II 7

Hochschulprofessor *m* professeur à une école professionnelle spécialisée 1 II 7

Fachrichtung *f* domaine 1 II 5

Fachsprache *f* langue technique 2 IV

Fachzeitschrift *f* journal spécialisé 1 C 4.1

Factoring *n* affacturage 4 III

Fahrerlaubnis *f* permis de conduire 7 IV

fahrlässig négligent, imprudent 6 III 1

Fahrlässigkeit *f* faute, quasi-délit, imprudence, négligence 6 III 1

Fahrverbot *n* interdiction de circuler 7 A 6

Fakultät *f juristische ~* faculté de droit 1 I 2

Fall *m* cas, litige 2 III

Fallbearbeitung *f* analyse écrite d'un cas juridique 2 I 1

Fallfrage *f* problème central d'un cas juridique 10 I 2

Falllösung *f* résolution du problème central d'un cas juridique 2 III 2

Fälschung *f* faux, falsification 5 II

Familienbuch *n* livret de famille 5 I

Familienname *m* nom de famille, nom 5 I 2

Familienrecht *n* droit de la famille 5 I

Familiensache *f* contentieux matrimonial 9 II 1

Familienunterhalt *m* aliments, pension alimentaire 5 I

feststellen constater 2 III 2

Feststellung *f* constatation 9 II 4

Finanzamt *n* administration des finances, Hôtel des finances 8 IV

Finanzgericht *n* tribunal du contentieux fiscal 9 I 3

Finanzgerichtsbarkeit *f* juridiction fiscale 9 I 1

Finanzministerium *n* Ministère des Finances, Trésorerie 8 IV

Finanzverwaltung *f* administration des finances, administration financière 8 IV

Firma *f* (Name des Kaufmanns), nom commercial, dénomination sociale, raison sociale 6 I 1

Firma *f* (Unternehmen) firme, entreprise, établissement, compagnie (Cie.) 6 I 1

fordern revendiquer, demander, réclamer, exiger 4 V

Forderung *f* demande, exigence, revendication 10 I 4

Forderungskauf *m* (Factoring) affacturage 4 III

förmlich formel 5 I 1

formlos informel, ce qui ne demande pas de forme prescrite 6 II 1

Formvorschrift *f* forme prescrite 2 II

Forstamt *n* bureau des Eaux et Forêts 8 IV

Forstwirtschaft *f* aménagement des eaux et forêts 6 I 1

Fraktionszwang *m* discipline de vote, discipline de groupe 3 II 1

freiberuflich profession libérale, indépendant 1 II 3

Freibetrag *m* abattement à la base, montant exonéré, montant disponible 5 II 4

Freiheit *f* liberté 3 I 1

Freiheitsberaubung *f* délit de séquestration, atteinte à la liberté 7 II

Freiheitsgrundrechte *pl. (n)* droits fondamentaux de liberté 3 I 2

Freiheitsstrafe *f* peine d'emprisonnement 7 IV

Freispruch *m* acquittement, relaxe 9 IV

Freizügigkeit *f* (der Arbeitnehmer) libre circulation des travailleurs 3 I 1

Fremdorganschaft *f* fait que les membres des organes représentant une société sont étrangers à la société 6 II 2

Friedenspflicht *f* (im Arbeitsrecht) obligation d'éviter tout conflit collectif du travail 6 III 2

Frist *f* délai, laps de temps, terme, échéance 9 II

Fristsetzung *f* fixer un délai 2 A 3

Fürsorge *f* aide sociale, assistance sociale 8 III 6

Garantenpflicht *f* obligation de prévention 7 II

Gaststättengesetz *n* loi relative à la restauration 8 III 4

Gebot *n* (Anordnung) ordre, commandement 2 I 2

Gebrauch *m* usage, emploi, utilisation 2 III 3

Gebühr *f* taxe, droit, honoraire 8 III 7

Gefährdungshaftung *f* responsabilité sans faute, responsabilité objective 4 IV

Gefahrenabwehr *f* maintien de la sécurité publique, activité de la police afin de maintenir la sécurité publique 8 III 5

Gefängnis *n* prison 7 IV

Gegenleistung *f* contre-prestation, contre-partie 8 III 7

gegenseitig mutuel 5 I

Gegenzeichnung *f* contreseing, contre-signature 3 II 1

Gehör *n* ~ *finden* avoir la chance de communiquer son point de vue 3 I 1

Geisel *f* otage 7 II 2

Geiselnahme *f* prise d'otage 7 II 2

geisteskrank aliéné, détraqué 5 A 3

Geisteskrankheit *f* aliénation mentale, démence, trouble mental 5 A 3

Geldbuße *f* amende, amende forfaitaire 7 V

Geldentschädigung *f* dédommagement, indemnisation, indemnité (en argent) 2 I 2

Geldentwertung *f* dévaluation, démonéti-sation 5 I 6

Geldfälschung *f* falsification de monnaie, faux-monnayage 7 II 3

Geldforderung *f* créance, créance en argent 4 V

Geldstrafe *f* amende pénale 7 IV

geltend valable, en vigueur 2 A 4

Geltendmachung *f* fait de solliciter d'un tribunal la reconnaissance d'un droit, fait de réclamer 2 III 3

Geltung *f* validité, être en vigueur, être important 3 vor I

Gemeinde *f* commune, municipalité 8 III 2

Gemeindeordnung *f* code des communes, loi relative à l'organisation communale 8 III 2

Gemeinderat *m* conseil municipal 8 III 1

Gemeindeverband *m* association inter-communale, syndicat intercommunal, district urbain, communauté urbaine 2 I 1

Gemeindeverwaltung *f* administration communale 8 III 2

gemeindlich communal, municipal

gemeingefährlich dangereux pour la com-munauté, constituant un danger public 7 III

Gemeinschaft *f* communauté, collectivité 2 A 4

Genehmigung *f* autorisation, approbation 4 IV 2

Generalbundesanwalt *m* procureur général auprès de la Cour fédérale de justice 1 II 2

Generalklausel *f* clause générale 3 I 2

Generalprävention *f* prévention collective 7 I 1

Generalstaatsanwalt *m* procureur général 1 II 2

Generalversammlung *f* assemblée générale 6 II 3

Genossenschaft *f* coopérative 6 II 3

Genossenschaftsregister *n* registre des coopératives 6 II 3

gerecht juste, équitable 1 II 7

gerechtfertigt juste, justifié 7 II 2

Gerechtigkeit *f* justice 2 A 4

Gericht *n* tribunal, cour, juridiction 9 I

gerichtlich judiciaire, juridictionnel 7 IV

Gerichtsbarkeit *f* juridiction 9 I 1

Gerichtsbeschluss *m* arrêt, ordonnance 5 I 6

Gerichtskosten *pl.* frais de justice 9 II 5

Gerichtsverfahren *n* procédure judiciaire 9 II 3

Gerichtsverfassungsgesetz *n* loi qui règle l'organisation judiciaire 2 IV 1

Gerichtsverhandlung *f* audience 9 A 3

Gerichtsvollzieher *m* huissier de justice 9 II 4

Gerichtszweig *m* type de juridiction 9 I 1

Geschädigter *m* personne à qui on a porté préjudice 4 IV 1

Geschäftsbedingungen *pl. f* conditions générales du contrat 4 II 1

Geschäftsbesorgungsvertrag *m* contrat de gestion des affaires 4 B 2

geschäftsfähig capable de contracter 4 II

Geschäftsfähigkeit *f* capacité d'exercice, capacité de contracter 4 II

Geschäftsführer *m* gérant, administrateur de société 6 II 2

geschäftsunfähig incapable de contracter 4 II

Geschäftsunfähiger *m* personne qui est incapable de contracter 4 II

geschieden divorcé 5 I 3

Geschwindigkeitsbeschränkung *f* limite de vitesse 2 A 5

Geschwindigkeitsüberschreitung *f* excès de vitesse 2 A 5

Geschworener *m* juré 9 IV

Gesellschaft *f* société 6 II 1

Gesellschaft des bürgerlichen Rechts *f* société civile 6 II 1

Gesellschaft mit beschränkter Haftung *f* (GmbH) société à responsabilité limitée (S. A. R. L.) 6 II 2

Gesellschafter *m* associé, sociétaire 6 II 1

Gesellschaftsform *f* type de société 6 II 1

Gesellschaftsrecht *n* droit des sociétés 6 II

Gesellschaftsschulden *pl. f* dettes de société 6 II 1

Gesellschaftsvermögen *n* biens sociaux, actif social 6 II 1

Gesellschaftsvertrag *m* contrat de société 6 II 2

Gesetz *n* loi 2 I 1

Gesetzbuch *n* code 2 I 1

Gesetzentwurf *m* projet de loi, proposition de loi

Gesetzesänderung *f* modification d'une loi, amendement 6 II 2

Gesetzesinitiative *f* initiative législative 3 II 1

Gesetzeskraft *f* force de loi 3 II 1

Gesetzessammlung *f* bulletin des lois 2 I 1

Gesetzestechnik *f* méthode utilisée dans les codes allemands pour différencier les problèmes juridiques 4 I

Gesetzesvorbehalt *m* restriction légale d'une liberté publique 3 I 2

Gesetzesvorlage *f* projet de loi 3 B 1.1

gesetzgebende Gewalt *f* pouvoir législatif 3 A 6

Gesetzgeber *m* législateur 1 II 7

Gesetzgebungsorgan *n* organe législatif, institution législative 3 II 1

Gesetzgebungsverfahren *n* procédure de l'élaboration de la loi 3 B 1.2

gesetzlich légal 3 I 1

Geständnis *n* aveu 9 II

gestohlen *(stehlen)* volé 4 V

getrennt leben *n* séparation de fait, vie séparée 5 I 3

gewährleisten garantir 3 I 2

Gewährleistung *f* garantie 4 II 1

Gewährleistungsanspruch *m* demande relative à la garantie 4 B 3

Gewahrsam *m* détention, prison, garde 8 III 5

Gewalt *f höhere ~* force majeure 2 III 1

Gewalt *f vollziehende ~* pouvoir exécutif 3 II 1

Gewalt *f* (im Strafrecht) violence, contrainte 2 III 1

Gewaltenteilung *f* séparation des pouvoirs 3 II 1

Gewaltverbrechen *n* acte de violence 8 III 6

Gewerbe *n* activité professionnelle, métier, industrie, commerce 8 III 4

Gewerbeaufsichtsamt *n* office d'inspection industrielle 1 II 5

Gewerbepolizei *f* inspection industrielle 8 I

Gewerberecht *n* loi relative à l'exercice des professions artisanales, commerciales et industrielles 8 III 4

Gewerbesteuer *f* taxe professionnelle 8 III 7

Gewerbetreibender *m* industriel, commerçant, artisan 6 I 1

Gewerbeuntersagung *f* interdiction d'exercer une profession artisanale, commerciale ou industrielle 8 I

gewerblich professionnel, industriel, artisanal 8 III 7

Gewerkschaft *f* syndicat, association professionnelle ouvrière 6 III 2

Gewohnheitsrecht *n* droit coutumier, coutume 2 I

Gläubiger *m* créancier, créditeur 2 A 3

Gleichbehandlung *f* égalité de traitement, non-discrimination 10 A 3

Gleichberechtigungsgebot *n* exhortation à l'égalité de traitement 5 I 2

Gleichheitsgrundsatz *m* principe de l'égalité de traitement 3 A 8

Gleichheitssatz *m* principe du traitement égal des situations et faits comparables 3 I 1

Gleichordnung *f* ordre non-hiérarchisée 8 I

gleichrangig du même ordre, de même rang 3 II 1

Glücksspiel *n* jeu de hasard 7 B 2

GmbH-Gesetz *n* loi relative aux sociétés à responsabilité limitée 6 II

Grundbuch *n* registre foncier, cadastre 4 V

Grundbuchrecht *n* droit relatif à la tenue des registres fonciers et à la publicité foncière 1 I 5

Grundentscheidungen *pl. f* décisions fondamentales 6 II 2

Grunderwerbsteuer *f* droits de mutation, taxe sur les mutations de propriété foncière 8 III 7

Grundgesetz *n* (GG) loi fondamentale, Constitution de l'Allemagne 2 I 1

Grundgesetzartikel *m* article de la loi fondamentale 3 A 2

Grundpfandrecht *n* gage immobilier 4 V

Grundrecht *n* droit fondamental, libertés publiques 3 I

Grundschuld *f* dette foncière 4 V

Grundsteuer *f* impôt foncier 8 III 7

Grundstück *n* fonds, bien foncier, immeuble 4 V

Grundstücksrecht *n* droit réel 4 V

gültig valable, valide, en vigueur 2 I 1

Günstigkeitsprinzip *n* principe qu'une modification de la convention collective de travail doit avantager l'employé 6 III 2

Gütergemeinschaft *f* communauté des biens 5 I 4

Güterstand *m* régime matrimonial 5 I 4

Gütertrennung *f* séparation de biens 5 I 4

gütlich amiable, à l'amiable 9 III 1

Gutachten *n* expertise, avis 2 III 4

Gutachtenstil *m* style de l'expertise 2 III 4

gutgläubig de bonne foi 4 V

Habilitation *f* admission à titre de professeur suppléant d'université 1 II 7

Haft *f* détention, emprisonnement 7 A 11

haftbar responsable 6 II 2

Haftbefehl *m* mandat d'arrêt 3 I 1

haften répondre de qn., se porter garant, être tenu 6 II

Haftpflichtversicherung *f* assurance responsabilité civile 7 II

Haftung *f* responsabilité 2 A 4

Haftungsmilderung *f* atténuation de responsabilité 6 III 1

Halter *m* détenteur, gardien 4 IV 1

Handel *m* commerce, trafic 6 I 1

Handelsgesellschaft *f* société commerciale 6 I 2

Handelsgesetzbuch *n* (HGB) code de commerce 6 I

Handelsgewerbe *n* activité commerciale 6 A 5

Handelsrecht *n* droit commercial 6 I

Handelsregister *n* registre du commerce, registre du commerce et des sociétés 6 I 1

Handwerksordnung *f* code de l'artisanat 8 III 4

Hauptverhandlung *f* débats, audience principale 9 IV

Hauptversammlung *f* assemblée générale 6 II 2

Hausfriedensbruch *m* violation de domicile 7 A 12

Haustürgeschäft *n* démarchage, démarchage à domicile 4 III 1

Hebammengesetz *n* loi relative aux sage-femmes 2 IV 2

Hehler *m* recéleur 9 A 2

Herausgabeanspruch *m* droit à restitution 2 A 7

herausverlangen demander la restitution, revendiquer la remise 4 V

herbeiführen produire, amener, introduire 3 II 1

hinrichten exécuter 7 A 11

Hintermann *m* instigateur 7 II 2

Hochschulassistent *m* assistant, attaché de recherche 1 II 7

Hochschulstudium *n* études universitaires 1 I 1

Höchststrafe *f* peine maximale 7 A 11

Hochverrat *m* trahison, haute trahison 7 III

Höfeordnung *f* dispositions portant sur la succession des biens ruraux 5 II

hoheitlich souverain, suprême 8 I

Hoheitsakt *m* acte d'autorité, fait du Prince 8 I

höherrangig d'ordre supérieur, de rang supérieur 7 II 2

Hundesteuer *f* taxe sur les chiens 8 III 7

Hypothek *f* hypothèque 4 V

illegal illégal 2 I 2

Immobilie *f* bien immobilier, immeuble 4 I

Individualarbeitsrecht *n* droit du travail régissant les relations individuelles employeur-salarié 6 III 1

Inhaber *m* détenteur 6 I 1

In-Kraft-Treten *n* entrée en vigueur 4 III

Innenministerium *n* ministère de l'intérieur 8 III

Insolvenz *f* faillite, défaillance 6 A 8

Instanz *f* instance 9 I 2

Invitatio *f* ~ *ad offerendum* invitation à faire une offre 4 A 11

Irrtum *m* erreur 4 II

Jura *pl. (de lat. jus),* ~ *studieren* étudier le droit 1 A 3

Kautelarjurisprudenz *f* jurisprudence cauteleuse 4 III 2

Kernstrafrecht *n* droit pénal essentiel (basé sur le code pénal) 7 II

kidnappen enlever, kidnapper 7 A 2

Kindergeld *n* allocation familiale 8 III 6

Kindschaftsrecht *n* droit relatif à la relation enfant-parent 5 I 5

Klage *f* action, plainte, demande 9 III 1

Klage *f* (Verwaltungsrecht) recours contentieux 8 A 3

Klage *f* (Zivilklage) action en justice, demande en justice 2 IV 1

Klagebegründung *f* moyens 9 A 3

Kläger *m* (im Verwaltungsstreitverfahren) requérant 9 A 7

Kläger *m* (im Zivilprozessrecht) demandeur 9 III 1

Klageschrift *f* demande, requête, mémoire 9 A 5

Klausel *f* clause, stipulation, disposition 4 II

Klausur *f* (Prüfungsklausur) épreuve écrite d'examen 2 III 2

Klausureinstieg *m* début d'une analyse juridique 7 A 2

Koalitionsfreiheit *f* liberté d'association professionnelle, liberté syndicale 3 I 1

Kodifikation *f* codification 2 IV 1

Kollegialgericht *n* tribunal à forme collégiale 1 II 1

Kommanditgesellschaft *f* (KG) société en commandite simple 6 II 1

Kommanditist *m* commanditaire 6 II 1

Kommentar *m* commentaire 2 II

Kommissionsgeschäft *n* contrat de commission, commission 6 I 2

Kommunalabgabengesetze *pl. n* législation qui règle les redevances et contributions communales et les impôts communaux 8 III 2

Kommunalrecht *n* droit communal, droit des collectivités locales 8 III 2

Kompetenz *f* compétence 3 II 2

Komplize *m* coauteur, complice 9 II

Konfiskation *f* confiscation 7 IV

konkludent concluant, probant 4 II

Kontrahierungszwang *m* obligation de contracter 4 II

Konventionalstrafe *f* amende conventionnelle, peine stipulée 7 I 2

Körperschaftsteuer *f* impôt sur les bénéfices des sociétés, impôt sur les sociétés 8 III 7

Körperverletzung *f* lésion corporelle, blessure corporelle 7 III

Kostenrecht *n* droit relatif aux frais procéduraux 1 I 5

Kriminalität *f* criminalité, délinquance 7 IV

kriminell criminel 7 IV

kündigen (durch Arbeitgeber) licencier, congédier 6 III 1

Kündigung *f* résiliation, rupture, congé, licenciement, congédiement, démission, résolution, renonciation, dénonciation 4 II

Kündigungsschutzgesetz *n* loi sur la protection en matière de résiliation des contrats 6 III 1

Kündigungsschutzklage *f* action relative à la protection en matière de résiliation des contrats 6 III 1

Ladenschlussgesetz *n* loi fixant l'heure de fermeture des magasins 8 III 4

Laie *m* non-professionnel, amateur 2 IV 1

Laienrichter *m* échevin, juge non-professionnel 1 II 1

Landesarbeitsgericht *n* tribunal supérieur du travail 9 I 3

Landesbehörde *f* service ou office administratif du Land 8 III

Landesrecht *n* droit du Land 8 B 1

Landesregierung *f* gouvernement du Land 2 I 1

Landessozialgericht *n* tribunal supérieur du contentieux social, commission régionale de contentieux social 9 I 3

Landgericht *n* (LG) tribunal régional, tribunal de grande instance 9 I 2

Landkreis *m* cercle, district 8 IV

Landratsamt *n* services administratifs du cercle 8 IV

Landtag *m* parlement du Land, landtag 3 II 1

Leasingvertrag *m* leasing, crédit-bail, location-financement 4 III

lebenslang pour toute la vie, perpétuel, à vie 7 IV

Lebensmittelrecht *n* droit relatif aux produits alimentaires 8 III

Lebensunterhalt *m* aliments, pension alimentaire 7 A 5

Lebensversicherung *f* assurance vie 7 A 9

Legalitätsprinzip *n* principe de légalité 7 II

Legislative *f* pouvoir législatif 3 II 1

Legitimation *f* légitimation 3 II 1

Lehrbuch *n* livre d'enseignement, manuel 2 II

leisten (erfüllen) payer, remplir, exécuter 4 C 1

Lernbuch *n* livre d'études 2 II

letztwillig par testament, testamentaire 5 II 2

Lohnfortzahlung *f* ~ *im Krankheitsfall* continuation du payement de salaire en cas de maladie 6 III 1

Lohnsteuer *f* impôt sur les salaires, impôt sur les traitements et salaires 8 III 7

Lösegeld *n* rançon 7 A 2

Mahnung *f* mise en demeure 9 II5

Makler *m* (Grundstücksmakler) agent immobilier 8 III 4

Mangel *m* (Fehler) vice, défaut, défectuosité 2 III

Mangel *m einen ~ vertreten* être responsable pour un défaut 2 A 4

Mangel *m einen ~ geltend machen* réclamer pour vice 2 III 3

Mängelrügepflicht *f* obligation de l'acheteur de réclamer pour cause de défaut ou de vice 6 A 1

Maßregel *f* règle, mesure, sanction 7 IV

Mehrheitswahlrecht *n* scrutin majoritaire 3 II 1

Mehrwertsteuer *f* taxe sur la valeur ajoutée (T. V A.) 8 III 7

Meineid *m* faux serment, parjure 7 III

Meinungsfreiheit *f* liberté d'opinion 3 I 2

Menschenrecht *n* droit de l'homme 3 I

Menschenwürde *f* dignité humaine 3 I

Miete *f* location, louage 4 III 2

Mieter *m* locataire, preneur à bail 4 III 2

Mieterschutz *m* protection des locataires 4 III 2

Mietvertrag *m* contrat de location, contrat de bail, bail 4 III 2

Minderjähriger *m* mineur 9 A 3

Minderkaufmann *m* petit commerçant non soumis aux prescriptions générales du code de commerce 6 I 1

mindern diminuer, réduire, minorer 2 A 4

Minderung *f* diminution, réduction, minoration 4 II 1

Mindestlohn *m* salaire minimum inter-professionnel garanti 6 III 1

Mindeststudienzeit *f* études minimum obligatoires 1 I 2

Minister *m* ministre 3 II 1

Ministerium *n* ministère 8 IV

Ministerpräsident *m* premier ministre, ministre président, chef du gouvernement d'un Land 2 IV 2

Missbrauch *m* abus, usage fautif 4 II

Misstrauensvotum *n* vote d'une motion de censure, vote de défiance, vote de censure 3 II 1

Miterbe *m* cohéritier 5 II 3

Mittäterschaft *f* coactivité, complicité 7A 8

Mörder *m* assassin selon le § 211 du code pénal allemand 7 A 2

Mutterschutzgesetz *n* loi sur la protection maternelle 6 III

Nachlass *m* (Hinterlassenschaft) héritage, patrimoine du de cujus, succession 5 II 1

Nebenstrafe *f* peine secondaire, peine accessoire 7 A 6

Nebenstrafrecht *n* droit pénal complémentaire, accessoire 7 II

Nichtbeachtung *f* fait d'ignorer 2 A 9

nichtehelich (nicht in der Ehe gezeugt) naturel 5 II 1

Nichterfüllung *f* non-exécution, inexécution 4 B 1

nichtig nul 4 II

Nießbrauch *m* usufruit 2 IV

Norm *f* norme, règle 6 III 2

Normenkontrolle *f* contrôle de la constitutionnalité d'une norme 3 II 1

Normenpyramide *f* pyramide des normes 2 A 2

Notar *m* notaire 1 II 4

notariell notarié 5 II 2

Notstand *m* état de nécessité, état d'urgence 7 II 2

Notwehr *f* légitime défense 7 II 2

Nurnotar *m* notaire unique 1 II 4

Nutzung *f* utilisation, exploitation, jouissance 5 II 1

Nutzungsrecht *n* droit de jouissance, droit d'exploitation, droit d'utilisation 5 II 1

Oberbegriff *m* terme générique 4 II

Oberfinanzdirektion *f* direction régionale des finances 8 IV

Oberforstdirektion *f* direction régionale des Eaux et Forêts 8 IV

Obergericht *n* cour supérieure, tribunal d'instance supérieure 1 II 1

Oberlandesgericht *n* tribunal régional supérieur, Cour d'appel 9 I 2

Oberstadtdirektor *m* secrétaire général supérieur de l'administration municipale 8 III 2

Oberverwaltungsgericht *n* tribunal administratif supérieur, Cour administrative d'appel 9 I 3

obliegen (Verpflichtung) incomber 4 III 1

Öffentliches Recht *n* droit public 8 I

Öffentlichkeitsgrundsatz *m* principe de publicité 9 II 3

öffentlich-rechtlich réglé par le droit public 6 III 1

Opfer *n* victime 7 I 1

Ordnungswidrigkeit *f* illégalité réprimée par une sanction administrative, peine de police 7 V

Pacht *f* (Pachtverhältnis) bail à ferme, bail 4 B 2

Paragraph *m* paragraphe, article 2 I 1

Parkverbot *n* interdiction de stationner 7 V

Parlamentsgesetz *n* loi ayant suivi la procédure parlementaire 2 A 2

Partei *f* parti politique, partie 2 A 5

Personengesellschaft *f* société commerciale de personnes 6 II 1

Personenstandsgesetz *n* loi sur l'état civil 5 I

Personenvereinigung *f* groupement de personnes 6 vor I

Persönlichkeitsrecht *n* droit général de la personnalité 2 I 2

Petitionsrecht *n* droit de pétition 3 I 1

Pflegeversicherung *f* assurance obligatoire pour soins 8 III 6

Pflichtteil *m* part réservataire, réserve légale 5 II 2

Pflichtteilsergänzungsanspruch *m* demande en vue de compléter le montant de la réserve, droit du réservataire de demander la réduction des donations et legs à la quotité disponible 5 II 2

Pflichtversicherungsgesetz *n* loi sur les assurances obligatoires 7 II

Pflichtverteidiger *m* avocat commis d'office, avocat désigné d'office 9 IV

Plädoyer *n* plaidoirie, plaidoyer 9 IV

Planungsrecht *n* droit relatif à l'établissement des plans d'aménagement urbain 8 III 1

plebiszitär plébiscitaire 3 II 1

Polizei *f* police 8 III 5

Polizeigesetz *n* loi policière, loi de police 8 III 5

polizeilich de police, de la police 2 A 9

Polizeirecht *n* législation relative à la police 8 III 5

Popularklage *f* recours pour violation des droits fondamentaux 3 II 1

Präjudizienrecht *n* droit régi par des précédents 2 I 2

Pressefreiheit *f* liberté de la presse 3 I 1

Privatautonomie *f* liberté contractuelle 4 II

Privatdozent *m* maître de conférences, chargé de cours 1 II 7

Privaterbfolge *f* succession régie par le droit privé 4 II

Privatrecht *n* droit privé 8 I

privatrechtlich de droit privé 9 I 1

Produkthaftung *f* responsabilité du producteur pour vice de la marchandise, responsabilité produite 4 IV

Promotion *f* promotion au grade de docteur d'université 1 II 7

Prozess *m* procès, litige, affaire 9 II 4

Prozesskostenhilfe *f* aide juridique, aide juridictionnelle, aide concernant les frais d'un procès 9 II 5

Prozessordnung *f* code de procédure 9 II 5

Publikums-KG *f* société en commandite simple 6 II 1

rächen venger 7 I 1

Rangfolge *f* hiérarchie, ordre de préférence 4 V

Raub *m* extorsion par force, ou violence ou contrainte, vol commis à l'aide de violence ou menace en faisant usage d'une arme 7 III

Reallast *f* charge foncière 2 IV

Recht *n* (Rechtsordnung) droit objectif, droit 9 I 1

Recht *n* (Rechtsanspruch) droit subjectif, autorisation 4 II 1

rechtfertigen justifier, défendre, disculper 2 I 2

Rechtfertigungsgrund *m* fait justificatif, cause de justification 7 II

rechtlich juridique 9 II 2

rechtmäßig légal, légitime 7 I 2

Rechtsanwalt *m* avocat 1 II 3

Rechtsanwaltskanzlei *f* cabinet d'avocat 1 A 3

Rechtsanwaltszulassung *f* autorisation d'exercer la profession d'avocat 1 III

Rechtsauffassung *f* opinion juridique 9 III 2

Rechtsaufsicht *f* tutelle (administrative) 8 III 2

Rechtsbehelf *m* moyen de recours, voie de droit 3 I 2

Rechtsfolge *f* conséquence juridique, effet juridique 2 III 2

Rechtsgeschäft *n* acte juridique 4 II

Rechtsgrundlage *f* base juridique, titre juridique 3 II 1

Rechtsgut *n* bien, bien protégé par une disposition légale 7 II

Rechtskraft *f* force de chose jugée 9 II 4

rechtskräftig ayant force de chose jugée 9 II 4

Rechtsmittel *n* voie de recours, moyen de recours, recours (en Allemagne seulement „Berufung" et „Revision") 9 I 2

Rechtsordnung *f* ordre juridique 7 I 1

Rechtspfleger *m* fonctionnaire de l'administration judiciaire chargé de certaines fonctions juridictionnelles, juge auxiliaire à compétence limitée 1 I 5

Rechtsprechung *f* jurisprudence, juridiction 2 A 4

Rechtsquelle *f* source du droit 6 II

Rechtsreferendar *m* titulaire du premier examen d'État en droit 1 I 3

Rechtsschutzversicherung *f* assurance défense et recours 1 II 1

Rechtssprache *f* langue juridique, langage du Palais 2 IV 2

Rechtsstaat *m* État de droit 7 II 1

Rechtsstreitigkeit *f* litige, procès, contentieux juridique 1 II 6

Rechtsverkehr *m* vie juridique 2 III 3

Rechtsverletzung *f* violation du droit, lésion 7 I 1

Rechtsverordnung *f* ordonnance, règlement, règlement subordonné à la loi 3 II 1

Rechtsweg *m* voie judiciaire, voie de droit, voie juridique 3 II 1

rechtswidrig illégal, illicite 7 II

Referendar *m* stagiaire, titulaire du premier examen d'État 1 I 2

Referendarexamen *n* examen à la fin des études de droit 1 I 2

Referendarzeit *f* stage obligatoire pour le deuxième examen d'État 1 A 1

Regierung *f* gouvernement 3 II

Reichsstrafgesetzbuch *n* code pénal du Reich 7 A11

Reichstag *m* parlement du Reich 7 A 11

Reisevertrag *m* contrat de voyage et de séjour 4 II

Religionsausübung *f* pratique d'une religion 3 I 1

Rentenanspruch *m* droit à une retraite, droit à une pension, droit à une rente, droit à une annuité 5 I 3

Rentenversicherung *f* assurance vieillesse, assurance retraite 8 III 6

Repetitorium *n* cours de répétition 1 I 1

repressiv répressif 8 III 5

Republik *f* république 3 II 1

Republikflucht *f* évasion de l'ex RDA, fuite 7 I 2

Resozialisierung *f* réinsertion dans la société 7 I 1

Revision *f* pourvoi en cassation, recours en cassation 9 I 2

richten juger 1 A 3

Richter *m* juge, magistrat, conseiller 1 II 1

Richteramt *n* judicature, magistrature 1 I 4

richterlich judiciaire 1 II 1

Richterrecht *n* droit prétorien, droit jurisprudentiel 2 I 2

Rücktrittsrecht *n* droit de résiliation 9 III 2

rückwirkend rétroactif 7 II 1

Rückwirkungsverbot *n* principe de la légalité (du droit pénal) 7 A 11

Sachbearbeiter *m* responsable, employé compétent, chargé de fonctions 1 II 6

Sachbeschädigung *f* dommage matériel, détériorisation matérielle 7 II 2

Sachenrecht *n* biens et droits réels, régime des biens meubles et immeubles 4 I

sachgerecht juste, correct 8 II

Sachmangel *m* vice de la chose 2 A 4

Sachverhalt *m* état des faits, circonstances 10 I 1

Sachverständiger *m* expert, technicien, spécialiste 9 II 5

Sachverständigengutachten *n* expertise 9 II 5

Sanktion *f* sanction 7 vor I

sanktionieren sanctionner 7 A 1

Satzung *f* statut, dispositions statutaires, régime 8 II 3

Schaden *m* dommage, préjudice 2 A 3

Schadensersatz *m* indemnité, dommages-intérêts, dédommagement 2 I 2

Schadensersatzpflicht *f* obligation de payer des dommages-intérêts 1 A 4

schadhaft défectueux 4 III 1

scheiden divorcer 5 B 1

scheiden *sich ~ lassen* divorcer 5 B 1

Scheidung *f* divorce 5 I 3

Scheidungsurteil *n* décret sur le divorce 5 B 1

Scheidungsverfahren *n* procédure de divorce 9 II 3

Schenkung *f* donation, don 4 III

Schenkungsteuer *f* impôt sur les donations 5 II 4

Schlägerei *f* rixe, bagarre 7 A 2

Schlüsselgewalt *f* mandat domestique 5 II

schlüssig convaincant, pertinent 4 A 12

Schmerzensgeld *n* indemnité pour dommage moral, pretium doloris (lat.) 7 I 1

Schmiergeld *n* pot-de-vin 6 III 1

Schöffe *m* juge-assesseur non-professionnel, assesseur échevin 9 IV

Schöffengericht *n* tribunal répressif à juge unique assisté de deux assesseurs-jurés 9 IV

Schriftsatz *m* acte écrit, mémoire 9 II 3

Schuld *f* (Geldschuld) dette 5 A 5

Schuld *f* (Verschulden im Strafrecht) culpabilité 7 I 2

schuldfähig responsable pour un crime 7 II 2

schuldhaft fautif 7 I 2

Schuldner *m* débiteur 2 B 1

Schuldprinzip *n* principe de culpabilité 7 I 2

Schuldrecht *n* droit des obligations 4 I

Schuldverhältnis *n* rapport juridique entre le créancier et le débiteur, rapport d'obligation 4 I

Schutzbereich *m* (geschütztes Gebiet im Verwaltungsrecht) zone protégée 3 I 2

Schwangerschaftsabbruch *m* interruption de grossesse, avortement 7 A 12

Schwarzbau *m* construction clandestine, bâtiment illégal 8 II

Schweigen *n* silence 6 I 2

Schwindel *m* tromperie 7 A 2

Schwurgericht *n* cour d'assises 9 IV

Selbstbestimmung *f* autodétermination, autonomie 3 I 1

Selbsthilfe *f* autodéfense 8 III 6

Selbstkontrahieren *n* acte passé avec soi-même, fait de se porter contrepartie de son commettant 4 II

Selbstverwaltung *f* autonomie administrative 8 IV

Semester *n* semestre 1 I 1

Seminar *n* travaux dirigés (T. D.) 1 I 1

Senat *m* (Abteilung eines Gerichts) chambre 1 II 1

Sicherheit *f* sécurité, sûreté 2 A 5

Sicherung *f* protection, sauvegarde, garantie 4 V

Sicherungsübereignung *f* remise d'un bien en propriété à titre de garantie 4 V

sine *lat.* (ohne) sans 7 II

sittenwidrig contraire aux bonnes moeurs, contre les bonnes moeurs 3 I 2

Sitz *m* siège, siège social 3 II 1

Sonderrecht *n* droit spécial, privilège 6 vor I

Sonderregelung *f* clause spéciale 4 III 1

Sonderstellung *f* position spéciale 8 B 1

Sondervorschrift *f* instruction spéciale, règlement spécial 5 I 5

sorgeberechtigt ayant droit de garde sur les enfants 5 I 3

Sorgerecht *n* droit de garde sur les enfants 5 I 3

Sorgfalt *f* diligence, soin 4 IV 1

Sozialamt *n* bureau d'aide sociale 8 A 5

Sozialgericht *n* tribunal du contentieux social, tribunal des affaires de sécurité sociale 9 I 3

Sozialgerichtsbarkeit *f* juridiction sociale 9 I 1

Sozialgesetzbuch *n* code de la sécurité sociale 8 III 6

Sozialhilfe *f* aide sociale 8 III 6

Sozialprodukt *n* produit social 8 III 7

Sozialstaatsprinzip *n* principe de l'État social 3 I 1

Sozialversicherung *f* assurance sociale 8 III 6

Spedition *f* commission de transport, expédition, envoi 6 I 2

Spezialgesetz *n* loi spéciale 6 II

Spezialprävention *f* prévention individuelle 7 I 1

Spitzensteuersatz *m* tranche d'impôt maximale 8 III 7

Sprengstoffattentat *n* attentat à l'aide de l'explosion d'une bombe 7 A 2

Staatenbund *m* confédération d'États 3 II 1

staatlich d'État 3 I 1

Staatsangehöriger *m* ressortissant national, citoyen 1 III

Staatsangehörigkeit *f* nationalité, citoyenneté 8 I

Staatsanwalt *m* magistrat du parquet, procureur 1 II 2

Staatsanwaltschaft *f* ministère public, parquet 1 II 2

Staatsgewalt *f* pouvoirs publics, puissance publique, autorité publique 3 II 1

Staatsorgane *pl n* Grands corps de l'État, organes supérieurs de l'Administration et de la Justice 3 II 1

Staatsprüfung *f* examen d'État, diplôme de fin d'études universitaires 1 I 4

Staatsziel *n* objectif de l'État 3 A 4

Stammkapital *n* capital social 6 II 2

Standardwerk *n* ouvrage de référence 2 IV 1

Standesamt *n* service de l'état civil, bureau de l'état civil 5 A 4

standesamtliche Trauung *f* mariage civil 5 B 1

Station *f Ausbildungs~* stage 1 I 3

Statut *n* statut 6 II 3

Stellvertreter *m* représentant, mandataire, remplaçant, substitut, suppléant 4 II

Steuer *f* taxe, impôt, contribution 8 III 7

Steueraufkommen *n* revenus publics ou de l'État 3 II 1

Steuerberater *m* conseiller fiscal 1 II 3

Steuerbescheid *m* feuille d'impôt 8 A 7

Steuergesetz *n* loi fiscale 8 III 7

Steuerhinterziehung *f* fraude fiscale 8 III 7

steuerlich fiscal 8 III 7

Steuertatbestand *m* fait déclenchant l'obligation de payer des impôts 8 III 7

Steuervermeidung *f* évasion fiscale 8 III 7

Stimme *f* (Wählerstimme) voix, vote 3 II 1

Stimmengleichheit *f* égalité des voix, égalité des suffrages exprimés 6 III 2

Stimmrecht *n* droit de vote 9 III 1

Strafaussetzung *f* sursis, dispense de l'exécution de la peine 7 IV

strafbar punissable, pénalisable 7 II 1

Strafbarkeit *f* pénalité, fait d'être punissable 2 III 1

Strafbarkeitslücke *f* lacune de pénalité 7 I 1

Strafbestimmung *f* peine 7 II

Strafdrohung *f* peine prévue par le code pénal 7 A 12

Strafe *f* peine 7 II 1

straffällig criminel 2 A 9

straffrei ne pas être soumis à un châtiment, sans punition 7 IV

Strafgericht *n* tribunal de police, tribunal répressif, juridiction pénale, tribunal correctionnel 3 II 1

Strafgesetz *n* loi pénale 1 II 2

Strafgesetzbuch *n* (StGB) code pénal, code criminel 7 II

Strafkammer *f* chambre criminelle, chambre correctionnelle 9 IV

straflos impuni 7 II 3

Strafmaß *n* peine, quantum de la peine 9 IV

Strafprozess *m* procès pénal 9 II

Strafprozessordnung *f* (StPO) code de procédure pénale, code d'instruction criminelle 9 II

Strafrecht *n* droit pénal 7

Strafsache *f* affaire pénale 9 II

Straftat *f* infraction, crime, délit 7 II 1

Straftatbestand *m* paragraphe du code pénal décrivant une infraction, un crime ou un délit 7 II 1

Strafverfahren *n* procédure pénale, procédure criminelle 9 A 3

Strafverfolgung *f* poursuite pénale 8 III 5

Strafvollzug *m* exécution des peines 7 I 1

Straßenverkehrsordnung *f* code de la route 2 III 1

Streik *m* grève 6 III 2

stricta *lat.* formulation claire d'une loi 7 II

Subsumtion *f* application d'une règle de droit, qualification 2 III 2

summa *lat.*, ~ *cum laude* mention très bien pour le doctorat 1 A 3

Syndikusanwalt *m* avocat lié à une entreprise par un contrat de louage de service 1 II 6

systematisch systématique 2 III 1

Tarifautonomie *f* autonomie des partenaires sociaux 6 III 2

tarifgebunden obligé de respecter une convention collective de travail 6 III 2

Tarifpartei *f* partie à une convention collective de travail 6 III 2

Tarifvertrag *m* convention collective de travail 6 III 2

tarifvertraglich soumis à une convention collective de travail 6 III 2

Taschengeld *n* argent de poche 4 A 7

Tat *f* acte, action, fait 7 II

Tatablauf *m* déroulement des événements d'une infraction 7 II

Tatbegehung *f* perpétration du crime 7 II 1

Tatbestand *m* (im Strafrecht) éléments constitutifs d'une infraction 7 II

Tatbestand *m* (im Verfahrensrecht) état de choses 3 I 2

Tatbestandsirrtum *m* erreur portant sur un élément constitutif de l'infraction 7 II 4

tatbestandsmäßig avoir tous les éléments constitutifs d'une infraction 7 II 2

Tatbestandsmerkmal *n* élément constitutif d'une infraction 10 I 2

Tatbestandsvoraussetzung *f* élément constitutif d'une infraction, condition stipulée par la loi qui produit une conséquence juridique déterminée 2 III 3

Täter *m* auteur 7 II

Täterschaft *f* fait d'être l'auteur d'une infraction 7 II

Tatort *m* lieu du crime 7 I 2

Tatsache *f* fait 8 III 7

Taubstummer *m* sourd-muet 3 A 4

Tausch *m* échange, change, troc 4 B 2

täuschen tromper 2 A 9

Täuschung *f* tromperie 9 II

Teilhaberecht *n* droit de participation aux prestations de l'État 3 I 1

teleologisch téléologique 2 III 1

Testament *n* testament 5 II 2

Testamentsvollstrecker *m* exécuteur testamentaire 5 II 3

Testierfreiheit *f* liberté de disposer par testament 5 II

Tierversuch *m* expérience sur les animaux 3 I 2

Titel *m* titre 1 I 4

Tod *m* mort, décès 10 II 1

Todesstrafe *f* peine de mort, peine capitale 3 I 1

Totalschaden *m* perte totale 7 I 1

Totschlag *m* meurtre, homicide 7 A 12

Tötung *f* homicide 7 A 2

Tötungsabsicht *f* intention de tuer 2 A 9

Träger *m* ~ *von Rechten und Pflichten* personne ayant des droits et des obligations 6 A 2

trauen (eine Eheschließung vornehmen) marier 5 B 1

Trauung *f kirchliche* ~ mariage religieux 5 I 1

Treuepflicht *f* devoir de loyauté, devoir de loyalisme 6 III 1

Treueverhältnis *n* relation de loyauté 8 III 3

Trunkenheit *f* ivresse 7 II 2

Trunkenheitsfahrt *f* conduite en état d'ivresse 7 IV

Typenzwang *m* obligation de se conformer à ce qui est prescrit par la loi 7 II

typisiert type, standardisé 6 I 2

übereignen transférer la propriété 4 V

Übereignung *f* transfert de la propriété 4 V

Übergabe *f* transfert, tradition, traditio (lat.), remise, livraison, délivrance 4 V

übergehen passer, être transféré 2 A 4

übergeordnet supérieur 8 II

überlassen céder qc. à qn. 2 I 2

übermitteln transmettre, communiquer 4 II

überschreiten excéder, dépasser 2 III 1

Überschreitung *f* non-respect, transgression 2 A 5

überstimmen mettre en minorité 3 II 1

Übertragungsvertrag *m* contrat de transfert, transmission, dévolution, cession 6 II 2

Umgangsrecht *n* droit de visite 5 I 3

Umsatz *m* chiffre d'affaires, chiffre de ventes 6 I 1

Umsatzsteuer *f* taxe sur le chiffre d'affaires 8 III 7

Umstand *m* circonstance, détail 2 A 3

umstritten discuté, contesté, controversé 2 II

umwandeln changer, transformer 9 B 2

Umweltschutz *m* protection de l'environnement 8 I

unabhängig indépendant, souverain 3 II 1

Unabhängigkeit *f* indépendance 1 II 1

unangemessen inadéquat 4 II

unabwendbar inévitable, inéluctable 4 IV 1

unausweichlich inévitable 3 II 1

unbefugt non autorisé, sans droit 7 C 2

unbeweglich immobilier 4 V

unerheblich insignifiant, peu important 2 A 4

unerlaubt interdit, illicite 4 IV

Unfall *m* accident 4 IV 1

Unfallgegner *m* l'autre personne impliquée dans un accident 7 I 1

Unfallhergang *m* enchaînement des circonstances lors d'un accident, détails d'un accident 9 II 5

Unfallopfer *n* victime d'un accident 7 II

Unfallversicherung *f* assurance individuelle accidents 6 III 1

ungerechtfertigt injustifié 4 IV

unkündbar qui ne peut pas être congédié 8 III 3

unmittelbar direct 3 I 2

unparteilich impartial, neutre 1 II 4

Unrecht *n* injustice, tort 7 I 2

unrechtmäßig contraire au droit, illégitime, illégal 9 IV

unsachgemäß impropre 8 III 4

Unschuld *f* innocence 9 IV

untauglich inapte, incapable 7 II 4

Unterbringung *f* logement, placement 7 IV

unterhaltsberechtigt ayant le droit à une pension alimentaire 5 I 3

Unterhaltspflicht *f* obligation alimentaire, dette alimentaire 5 I 1

Unterlassen *n* négligence, omission 7 II

unterlassene Hilfeleistung *f* omission de porter secours à qn., abstention délictueuse 7 II

Unterlassungsdelikt *n* délit d'omission 7 II

unterlegen *im Prozess ~ sein* perdre un procès 9 I 1

Unternehmen *n* entreprise, exploitation 6 I 1

Unterordnung *f* subordination 8 I

Unterrichtungsanspruch *m* droit d'être informé 6 III 2

untersagen interdire, défendre, prohiber 8 I

Unterschlagung *f* détournement, soustraction frauduleuse 7 I 2

unterschreiben signer 5 A 5

untersuchen examiner, enquêter, vérifier, analyser 6 I 2

Untersuchungsgrundsatz *m* principe inquisitoire, procédure inquisitoire, principe de la procédure inquisitoriale 9 IV

unverhältnismäßig disproportionné 2 A 3

unverletzlich inviolable 2 A 4

Unverletzlichkeitsrecht *n* droit de l'inviolabilité 3 I 1

Unversehrtheit *f* intégrité physique 3 I 1

unveräußerlich inaliénable 2 A 4

unverzüglich immédiat, sans délai 6 I 2

unwiderlegt irréfuté 2 A 5

unzulässig irrégulier, non autorisé 7 II 1

Unzurechnungsfähigkeit *f* incapacité de discernement, irresponsabilité 7 II 2

Urheberrecht *n* droit relatif à la propriété littéraire et artistique 6 vor 1

Urkunde *f* acte écrit, document, pièce 7 A 2

Urteil *n* décision, arrêt, jugement 3 II 1

Urteilsformel *f* dispositif du jugement 2 III 3

Urteilsstil *m* style utilisé dans une décision 2 III 4

Urteilsverkündung *f* prononciation d'un arrêt 9 II 3

Vaterschaft *f* paternité 5 I 5

verabschieden *ein Gesetz ~* voter une loi 3 B 1

Verantwortlichkeit *f* responsabilité 2 A 3

Verband *m* groupement, association, union 1 I 3

verbieten interdire, défendre 3 II 1

Verbot *n* interdiction, défense, prohibition 4 II

Verbotsirrtum *m* ignorance du fait qu'un acte constitue une infraction, erreur du droit 7 II 4

Verbraucherkreditgesetz *n* loi sur des crédits à la consommation 4 III 1

Verbrauchsteuer *f* impôt de consommation, taxe de consommation, accise 8 III 7

Verbrechen *n* crime, acte criminel, forfait, délit 7 II 1

Verbrechensbekämpfung *f* lutte contre la criminalité 3 I 1

Verbrecher *m* criminel, malfaiteur, délinquant 7 I 2

verdächtig suspect, soupçonnable 2 A 9

Verein *m* association 4 II

vereinbaren convenir, stipuler, se mettre d'accord sur 8 B 1

Vereinbarkeit *f* compatibilité 3 II 1

vereinheitlichen uniformiser 8 III 6

Vereinigung *f* (*Zusammenschluss)* association, réunion, rassemblement 3 A 5

Vereinigungsfreiheit *f* liberté d'association, liberté syndicale 3 I 1

Verfahren *n* procédure, procès, méthode 9 II

Verfahrensgrundsatz *m* principe directeur du procès, principe générale de la procédure 9 II

Verfahrensordnung *f* règlement de procédure 9 II

Verfahrensrecht *n* droit procédural, procédure 9 II

Verfassung *f* constitution 3 I

Verfassungsänderung *f* amendement à la constitution, modification de la constitution 3 I 2

Verfassungsbeschwerde *f* recours constitutionnel 3 I 2

Verfassungsgericht *n* cour constitutionnelle 9 I 1

verfassungsmäßig constitutionnel 3 I 1

Verfassungsrecht *n* droit constitutionnel 10 III 1

verfassungsrechtlich du droit constitutionnel 5 II 4

Verfassungsurkunde *f* acte constitutionnel 3 vor I

verfassungswidrig inconstitutionnel, contraire à la Constitution 3 II 1

verfolgen poursuivre, persécuter 7 I 1

Verfolgung *f* poursuite, persécution 3 A 5

verfügen (anordnen) décréter, arrêter, ordonner, décider 8 II

verfügen ~ *über (Akk.)* disposer de 4 V

Verfügung *f* (Anordnung) arrêté, ordonnance, décret 8 II

Verfügung *f* (Willenserklärung) disposition 4 I

Verfügung *f letztwillige* ~ testament, disposition par testament 5 II 2

Verfügung *f zur* ~ *stehen* être à la disposition de 8 II

Verfügungsbefugnis *f* ~ *über (Akk.)* pouvoir de disposition de 4 B 4

Verfügungsgeschäft *n* contrat sur la délivrance des biens vendus, disposition 4 I

Vergeltung *f* représailles, revanche 7 A 3

vergewaltigen violer 7 II 2

Vergewaltigung *f* viol 7 III

Vergleich *m* (im Privatrecht) transaction 9 III

verhaften arrêter, appréhender 7 A 3

Verhaftung *f* arrestation 3 I 1

Verhältnismäßigkeitsgrundsatz *m* principe de commensurabilité 2 I 11

Verhältniswahl *f* scrutin avec représentation proportionnelle 3 II 1

verhandeln présider l'audience 9 II 2

Verhandlung *f* (im Prozessrecht) débats, audience 9 II 2

Verhandlung *f* (im Völkerrecht und geschäftlich) négociation 6 III 2

verhängen infliger une peine 7 I 2

verjähren se prescrire, se perdre par prescription 2 III 4

Verjährung *f* prescription 2 III 3

Verkehrsmittel *n* moyen de transport, véhicule 4 II

Verkehrsregeln *pl. f* code de la route 9 B 3

Verkehrsteuer *f* taxe sur les transactions 8 III 7

verkehrsüblich usuel, d'usage 2 A 5

verklagen intenter une action contre 3 A 3

Verkündung *f Urteils*~ prononciation d'un jugement 3 A 3

verletzen (eine Person) blesser 9 II 2

Verleumdung *f* calomnie 7 II

vermeiden éviter 10 III 3

Vermieter *m* loueur, bailleur 4 II 3

vermindern diminuer, réduire, restreindre, amoindrir 4 III 2

Vermögen *n* patrimoine, biens, capital 5 I 4

Vermögensrechte *pl., n* droits patrimoniaux 5 I

Vermögensschaden *m* dommage patrimonial 9 A 5

Vermögensstrafe *f* peine consistant en la confiscation des biens 7 IV

Vermögensverschiebung *f* transfert des biens, transfert du patrimoine 4 IV 2

Verordnung *f* règlement, décret, arrêté, ordonnance 2 I 1

Verordnungsblatt *n* bulletin officiel publiant des règlements 2 I 1

Verpflichtungsgeschäft *n* acte aboutissant à une obligation personnelle 4 I

Versammlungsfreiheit *f* liberté de réunion 3 I 1

Versammlungsgesetz *n* (VersammlG) loi relative à la réglementation des réunions et manifestations publiques 3 I 1

Versäumnisurteil *n* jugement par défaut 9 III 1

verschaffen procurer, fournir 3 I 1

verschulden (schuld sein) être responsable de 4 IV 1

verschuldet endetté, chargé de dettes 5 B 2

Versicherung *f* assurance 8 III 6

Versicherungsbeitrag *m* prime d'assurance 8 III 6

Versicherungsgesellschaft *f* compagnie d'assurances 1 II 6

Versorgung *f* prestation d'assistance, aide, fourniture, approvisionnement, alimentation 8 III 6

Versorgungsausgleich *m* répartition compensatoire des droits à la retraite entre conjoints en cas de divorce 5 I 3

verstorben mort, décédé 2 IV 1

Verstoß *m* contravention, infraction 2 A 4

verstoßen violer, commettre une infraction, porter atteinte à 3 A 3

Versuch *m* (im Strafrecht) tentative 7 II

versuchen tenter, essayer 8 II

Verteidiger *m* avocat, défenseur au pénal 9 IV

Verteidigung *f* défense 3 II 2

Vertrag *m* contrat, traité, accord, convention, pacte, stipulation 4 II

vertraglich contractuel 9 A 5

Vertragsbedingung *f* stipulation d'un contrat, clause d'un contrat 4 II

Vertragspartei *f* partie contractante 6 III 1

Vertragsstrafe *f* clause pénale, pénalité conventionnelle 7 I 2

Vertreter *m* représentant, mandataire 4 II

Vertretungsbefugnis *f* pouvoir de représentation, mandat 4 II

Verunglimpfung *f* diffamation 3 I 2

verursachen causer 5 I 3

verurteilen condamner, sanctionner 7 A 11

Verurteilung *f* condamnation 9 IV

Verwaltung *f* administration, gestion, service, direction 3 II 2

Verwaltungsakt *m* acte administratif individuel 8 I

Verwaltungsermessen *n* pouvoir discrétionnaire de l'administration 8 I

Verwaltungsgericht *n* tribunal administratif 9 I 3

Verwaltungsjurist *m* juriste travaillant dans l'administration, fonctionnaire de l'administration qualifié en droit 2 A 9

Verwaltungsrecht *n* droit administratif 8 I

Verwaltungsverfahrensgesetz *n* loi relative à la procédure administrative 8 II

Verwandtschaftsgrad *m* degré de parenté 5 II 4

verwarnen avertir, donner un avertissement, verbaliser 7 V

Verwarnung *f* avertissement, avis de contravention, admonestation 7 V

verweisen ~ *an (Akk.)* renvoyer à 10 I 4

verwitwet veuf (veuve) 5 II 1

Verzugszinsen *pl., n* intérêts moratoires 6 A 5

Völkermord *m* génocide 7 IV

völkerrechtlich du droit international public 3 A 6

Volksabstimmung *f* plébiscite, référendum 3 II 1

Volksverhetzung *f* incitation à la haine raciale 7 A 12

Volkszählung *f* recensement de la population 3 I 1

Volljähriger *m* majeur 5 I 6

Volljurist *m* juriste titulaire des deux examens d'État allemands 1 I 4

Vollkaufmann *m* commerçant de plein droit 6 I 1

Vollmacht *f* pouvoir, procuration, mandat 4 II

Vollmacht *f jdm eine ~ erteilen* mandater, donner une procuration, donner pouvoir 4 II

Vollmachtgeber *m* qui donne une procuration 4 II

vollziehen exécuter 2 A 4

Vollzug *m* exécution 7 IV

Vorbehalt *m* réserve 8 I

Vorbereitungsdienst *m* stage préparatoire 1 I 3

Vorbereitungshandlung *f* acte préparatoire 7 II 3

vorbeugend préventif 8 III 5

vorbildlich exemplaire 4 I

Vorbringen *n* le fait de présenter 9 II 2

vorformuliert formulé d'avance 4 III 2

Vorgang *m* procédure, procès, transaction, incident 10 III 2

Vorgehen *n ~ gegen (Akk.)* assignation, intenter une action contre qn. 8 III 5

Vorgesetzter *m* supérieur hierarchique 1 II 1

Vorlesung *f* cours 1 II 7

Vormund *m* tuteur 5 I 7

Vormundschaft *f* tutelle 5 I 7

Vormundschaftsgericht *n* tribunal des tutelles 5 I 7

Vorrang *m* priorité 2 I 1

Vorsatz *m* (im Strafrecht) dol pénal, intention 7 II 2

vorsätzlich intentionnel 7 II 2

Vorschrift *f* instruction, règlement 7 V

Vorsitzender *m* président 1 II 1

Vorstand *m* conseil de direction, comité de direction, directoire 6 II 2

Vorsteuer *f* taxe déductible 8 III 7

Vorverfahren *n* procédure préliminaire 9 III 1

Vorwurf *m* reproche, grief 7 I 2

Wahl *f* élection, scrutin, vote, choix 3 II 1

Wahlbezirk *m* circonscription électorale 3 II 1

wählen voter, élir, choisir 3 II 1

Wahlfach *n* matière facultative 1 I 1

Wahlgesetz *n* loi électorale 3 II 1

Wahlkreis *m* circonscription électorale 3 II 1

Wahlkreisabgeordneter *m* député représentant une circonscription électorale 3 II 1

Wahlrechtsgrundsatz *m* principe régissant la loi électorale 3 II 1

Wahlstation *f* choix du stage 1 I 3

Wahndelikt *n* délit putatif, infraction putative 7 II 4

wahrheitswidrig contraire à la vérité 9 II

Wehrdienst *m* service national, service militaire 8 III 6

Wehrpflichtrecht *f* droit relatif au service militaire obligatoire 8 III

weisungsgebunden soumis aux instructions 6 III 1

Weiterbeschäftigungsanspruch *m* droit de continuer dans son emploi 6 III 1

Weltrechtsprinzip *n* principe de l'application du droit pénal allemand dans les relations juridiques internationales 7 I 2

Werkzeug *n* outil 7 II 3

Wertminderung *f* dépréciation 9 A 3

Wesensgehalt *m* essence, substance 3 I 2

wesentlich essentiel, fondamental 5 I 3

Wettbewerbsrecht *n* droit de la concurrence 6 vor I

Wettbewerbsverzerrung *f* distorsion de la concurrence 6 III 1

widerrechtlich illicite, illégal 2 A 4

Widerruf *m* rétractation, révocation, dédit, retrait 4 II

widerrufen rétracter, révoquer, abroger 4 II

widersprechen contredire, protester contre 4 III 2

Widerspruchsbehörde *f* autorité administrative à laquelle il faut adresser une protestation (un contredit) 8 II

Widerspruchsbescheid *m* décision rendue sur une opposition, décision de l'autorité administrative sur un contredit 8 II

Wiederaufnahme *f* révision, réexamen, reprise 9 II 4

Willenserklärung *f* déclaration de volonté, manifestation de volonté 4 II

Willkür *f* arbitraire 8 II

Willkürverbot *n* interdiction de tout abus de droit 3 I 1

Wirksamkeitsvoraussetzung *f* condition dont dépend l'efficacité 6 III 2

Wirkung *f* effet 5 I

Witwer *m* veuf 5 II 1

Wohlfahrtsstaat *m* État-providence 8 I

Wohngeldgesetz *n* loi relative à l'allocation de logement 8 III 6

wohnhaft domicilié 2 A 9

Wohnsitz *m* domicile, résidence 3 A 5

Wucher *m* usure 2 III 3

wucherisch usuraire 4 II

Zahlungsanspruch *m* droit de créance pour exiger un paiement 2 A 5

Zerrüttungsprinzip *n* divorce, constat d'échec 5 I 3

Zeuge *m* témoin 9 II

Zeugenaussage *f* déposition du témoin 9 II 3

Zinsen *pl.*, *m* intérêt, fruits civils, redevance 4 I

Zivilgericht *n* tribunal en matière de droit civil 3 I 1

Zivilprozess *m* procédure civile, procès civil, contentieux civil 9 II

Zivilprozessordnung (ZPO) code de procédure civile 9 II

Zivilrecht *n* droit civil 8 I

zivilrechtlich du droit civil 7 I 2

Zivilsache *f* affaire civile, cause civile 9 I 2

Zugang *m* accès 9 I

Zugewinnausgleich *m* prestation compensatoire, péréquation des acquêts 5 I 4

Zugewinngemeinschaft *f* régime légal de la participation aux acquêts 5 I 4

Zuhälter *m* proxinète, souteneur 2 IV 2

Zuhälterei *f* proxénétisme 7 III

Zulassung *f* permission, permis, autorisation, admission 1 II 3

Zurechnungsfähigkeit *f* imputabilité, discernement, responsabilité 7 II 2

zurückweisen *f* rejeter, refuser, débouter 8 II 2

Zuschlag *m* (Aufpreis) surtaxe, supplément 6 III 2

zuständig compétent, responsable 8 II

Zuständigkeit *f* compétence 3 II 1

Zustellung *f* notification, signification, délivrance 9 A 5

Zustimmung *f* consentement, accord 3 II 1

Zustimmungsgesetz *n* loi qui dépend du consentement du „Bundesrat" 3 II 1

Zuverlässigkeit *f* sûreté, fiabilité, fidélité 8 III 4

Zwang *m* contrainte, force 3 II 1

Zwangsgeld *n* amende administrative, astreinte administrative 7 I 2

Zwangsvollstreckung *f* exécution forcée, saisie-exécution 9 II 4

zwangsweise par contrainte, de force 8 I

Zweckbindung *f* obligation de respecter le but (l'intention, le sens) 8 III 7

Zweckverband *m* (von Gemeinden) syndicat (de communes) 8 IV

Zweidrittelmehrheit *f* majorité réunissant deux tiers des suffrages 2 I 2

zweistufig de deux niveaux 9 I 3

zwingen forcer, contraindre, obliger 2 III 1

zwingend obligatoire, coercitif 4 III 2